国家林业局普通高等教育"十三五"规划教材

西方生态伦理学

周国文　主编

中国林业出版社

图书在版编目（CIP）数据

西方生态伦理学/周国文主编. —北京：中国林业出版社，2017.7
国家林业局普通高等教育"十三五"规划教材
ISBN 978-7-5038-9156-4

Ⅰ.①西…　Ⅱ.①周…　Ⅲ.①生态伦理学–西方国家—高等学校—教材　Ⅳ.①B82-058

中国版本图书馆 CIP 数据核字（2017）第 162298 号

国家林业局生态文明教材及林业高校教材建设项目

中国林业出版社·教育出版分社

策划、责任编辑：许　玮
电　话：(010) 83143559　　　　　　传　真：(010) 83143516

出版发行　中国林业出版社（100009　北京市西城区德内大街刘海胡同 7 号）
　　　　　　E-mail：jiaocaipublic@163.com　电话：(010) 83143500
　　　　　　网　址：http：//lycb.forestry.gov.cn
经　　销　新华书店
印　　刷　北京昌平百善印刷厂
版　　次　2017 年 7 月第 1 版
印　　次　2017 年 7 月第 1 次印刷
开　　本　787mm×1092mm　1/16
印　　张　16.25
字　　数　376 千字
定　　价　32 元

国家林业局普通高等教育"十三五"规划教材

《西方生态伦理学》
顾问委员会名单

名誉顾问（按姓氏笔划排序）

万俊人　卢　风　叶　平　李闽榕　刘孝廷

刘湘溶　刘福森　余谋昌

顾　　问（按姓氏笔划排序）

包庆德　田　松　张　闯　肖显静　郇庆治

徐　春　曹孟勤　谢扬举　雷　毅

《西方生态伦理学》
编写人员名单

主　　编　周国文

副 主 编　张惠娜　余泽娜　张会永

参编人员　文贤庆　田广兰　田　英　林红梅　周治华

徐海红　夏承伯　张　卫　贾桂君　黄春桥

张逸冰

前　言

　　生态伦理源于人类对自然生态的同情式关注。生态伦理是一种朝向自然的伦理，是基于资源与环境平衡的伦理。立足于向后看自然、向前看人类，生态伦理是一个富有体系的伦理形态，它深刻地体现出人类关心自然、尊重自然、保护自然的内在品质。生态伦理，以生态学基本规律为凭借，在人类与自然的关系范畴返归于人之内在的道德心性与外在的伦理行为。它离不开生态环境界域的整体生成情境，更离不开自然界这个母体。

　　毕竟生态本身是自然的，充满变化的是人类面对自然生态的方式及活动。因此对应于此的伦理，必须在审慎面对生态环境的过程中采取理性节制的行为及合理有度的生活及生产方式。而聚焦于此的 21 世纪的生态伦理，是道德观念融入自然界的思想尺度，它强调人类合理、均衡与和谐面对自然生态及环境的行为规范，既来自人类对自然界的基本情感，又来自一种自然规律与生态准则之约定的行为约束。

　　生态伦理属于伦理学之界域。作为一种新型伦理形态，生态伦理是人立下的对于自然界的庄严约定。给生态伦理贴上一个西方的标签，在复杂社会生活中审视西方生态伦理，也需要一个新的背景、进路与范式。西方生态若是一种自然人文之概念，其本身并非一成不变的，它也是在社会转型过程中因应人与自然之互动的场景、境遇与时空的融合。

　　西方生态伦理学需要整体考量中西境遇中生态伦理的研究目标、研究内容与研究对象，也有必要返归中国的生态环境场景及社会生活状况。终究我们是站在中国的土地上，抵近或遥望西方生态伦理的态势和脉络。它立足于全球化时代新的视域、新的角度与新的范畴，在多元互动的观念交叉审视中提炼西方生态伦理学新的质素、新的方法与新的材料。追溯源流，才能厘清新的发展。理清脉络，才能把握新的态势。掌握趋势，才能拥有新的未来。

　　全球环境正在发生微妙的变化，地球生态也在交相叠变中面临着挑战。当下夹杂着危机与希望，进入后工业文明时期的人类社会面对的不仅仅是过去生产力低下、社会生活水平亟待提高的问题，更多的则是工业文明发展到今天，它所带来的一系列社会环境效应，除了社会经济方面等传统意义上的积极影响，更多的则是要考虑工业文明发展至今对生态环境的消极影响。因为在过去，人类急于通过生产力的高速发展来提升社会的经济发展水平，从而不断地，甚至是不加任何节制地向自然环境索取资源，并排放了大量未经控制的污染物，导致了生态环境的恶化。

随着时间的推移及人们生态意识的普及，人类越来越意识到恶化的生态环境无疑会阻碍社会经济的进一步持续发展，于是开始反思工业文明的观念。因而在哲学社会科学领域，生态伦理学应运而生。人类试图从思想的高度来认识生态环境伦理与自身发展的关系，以及如何协调处理好自然与人类的关系。在针对人与自然关系的认知中，人类的视角也逐步从"人类中心主义"转变为"自然中心主义"。

生态伦理学（ecological ethics）也称环境伦理学（environmental ethics），是伦理学的一门分支学科。它最突出的特点是强调自然界的内在价值（intrinsic value），将人对自然存在物的义务纳入伦理学关注的视野，进而将传统伦理学关注的人际义务扩展到代际之间。生态伦理学在西方发展的历史并不算长，但它对以人类为中心的传统伦理学提出了严峻的挑战，以至于有人称它的兴起是伦理学上的一场革命。受其影响，我国学界于20世纪80年代开始该领域的研究，并取得了令人瞩目的成果。

西方生态伦理学事实早已存在，从19世纪下半叶以来在以梭罗、利奥波德、卡逊、罗尔斯顿、辛格等为代表的西方思想家的环境文学与生态伦理学著作中就可以看出。它在一般的意义上，也被解读为西方环境伦理学。生态伦理学与环境伦理学的区别主要体现在"生态"与"环境"含义的区别上。"环境"是"生态"的一个界域，是与人类生存生产活动和发展进程相互关联的各种外部条件和要素的总体。"生态"则是一个更大的范围，是自然界整体生物圈的系统组成。

生态伦理学研究的主要问题有以下两项：

1. 人类与自然界生命及事物之间有没有道德关系？对非人动植物要不要讲道德？

2. 人与自然界生命及事物的价值关系问题，每个人都有不可剥夺的尊严和权利，即都有价值和权利，非人自然界生命及事物有没有价值和权利？

生态伦理学是一门将研究视角回归自然本身，并关注自然的持续发展以缓解人类因不恰当活动引发的自然危机的学科。与传统环境伦理学不同，生态伦理学比环境伦理学研究涉及的范围更大，更加注重整个包括人类所赖以生存的外部世界和除此以外的其他自然界生物圈的系统协调，这和中国传统儒家思想中强调的"天人合一"也是契合的，只有达到整个生物圈系统的和谐，人类才能获得更加长足稳步的发展。因而，生态伦理学是回归自然、研究自然价值的学科，将自然放在研究的首位，"自然的才是最好的"是其基本原则，人类要适度发展，顺应自然的发展规律，这与马克思主义物质观也是一致的。发现并认同自然价值，是生态伦理学这门学科发展的主线。生态伦理学摆脱了过去功利主义的价值观，将人视作自然中必不可少的一份子，将人与自然视作休戚与共的关系。

西方环境哲学界一些先驱的思想理论为生态伦理学的产生奠定了重要的思想基础，这些思想理论通过不断的演变和发展，成为西方生态伦理学学科的重要内涵，至今具有现实意义。例如，斯宾诺莎的泛神论认为万物有神，相互转化；边沁的功用主义认为动物也可感受苦乐，应纳入苦乐计算；梭罗的整体主义和非人类中心主义认为人和其他自然存在物同属于一个"社会"（爱的共同体），"没有任何理由崇拜人类""要接受宇宙的更为宽广的视角"；施韦泽提出敬畏生命，敬畏包括草木虫鱼等所有生物的生命；《沙乡年鉴》的作者利奥波德 在"大地伦理"中提到，大地是一个有机整体，地球上的任何存在物都有生命，人和其他自然存在物之间存在着伦理关系；卡逊认为，"害虫"仅仅是相对于人而言的，杀虫剂的使用会破坏整个生态系统，应与其他生物一起共享地球。若想更为深刻地理解西方生态伦理学的学科内涵，则需要纵观整个西方生态伦理学产生、演变、发展并完善的过程。回溯历史，西方生态伦理学的发展大致经历了以下五个阶段：

第一阶段，从 18 世纪末到 20 世纪初是西方生态伦理学的酝酿阶段；第二阶段，20 世纪初到 20 世纪 50 年代是西方生态伦理学的诞生阶段；第三阶段，20 世纪 50 年代到 20 世纪 60 年代末是西方生态伦理学的成长阶段；第四阶段，20 世纪 70 年代初到 20 世纪 80 年代末是西方生态伦理学的成熟阶段；第五阶段，20 世纪 90 年代初至今是生态伦理学的深入阶段。

我们编写这本教材的目的也在于此，一方面总结西方生态伦理学发展的历程，另一方面从中为我国生态伦理学的发展提供借鉴。从而使多数人树立起一种"尊重自然"，甚至"敬畏自然"的价值观念，从而自觉自愿地善待自然，保护生态环境，为我国后续的经济社会的可持续发展奠定深厚的思想理论基础。

周国文　贾桂君
2016 年 12 月

目 录

前言

第一章 西方生态伦理学的概念与内涵 …………………………………………（1）

  第一节 西方生态伦理学的缘起与脉络 ……………………………………（1）

    一、西方生态伦理思想的孕育 ……………………………………………（1）

    二、西方生态伦理学的创立 ………………………………………………（2）

    三、西方生态伦理学的发展 ………………………………………………（3）

    四、后现代主义对西方生态伦理学的影响 ………………………………（6）

    五、对西方生态伦理学的展望 ……………………………………………（7）

  第二节 西方生态伦理学的概念与定义 ……………………………………（8）

    一、什么是生态伦理 ………………………………………………………（8）

    二、什么是生态伦理学 ……………………………………………………（9）

    三、生态伦理学的使命与困境 ……………………………………………（10）

    四、生态伦理学的特征 ……………………………………………………（11）

  第三节 生态伦理学的使命与困境 …………………………………………（13）

    一、生态伦理学的使命：谋求生态保护的道德理由和依据 ……………（13）

    二、生态伦理学的困境与宿命 ……………………………………………（15）

第二章 西方生态伦理学的学科特征 …………………………………………（20）

  第一节 西方生态伦理学的学科内涵 ………………………………………（20）

    一、西方生态伦理学研究的两个主要问题 ………………………………（20）

    二、生态伦理学发展的五个阶段 …………………………………………（21）

  第二节 西方生态伦理学的学科特征 ………………………………………（26）

    一、以自然存在论为基础的生态价值观 …………………………………（27）

    二、以环境价值为核心的生态价值观 ……………………………………（27）

    三、以"生命同根"为价值前提的生态伦理观 …………………………（28）

    四、以"生态约束"为特征的新发展观 …………………………………（28）

  第三节 西方生态伦理学的学科界限 ………………………………………（30）

一、西方生态伦理学与环境哲学 ………………………………………… (30)

二、西方生态伦理学与生态学 …………………………………………… (30)

三、西方生态伦理学与环境科学 ………………………………………… (31)

四、西方生态伦理学与环境政治学 ……………………………………… (31)

五、西方生态伦理学与环境社会学 ……………………………………… (31)

六、西方生态伦理学与环境心理学 ……………………………………… (32)

第三章　西方生态伦理学的酝酿：从 18 世纪末到 20 世纪初 ………… (34)

第一节　杰斐逊的"农业天然道德论"和泰勒的"田园共和主义" …… (34)

一、杰斐逊的"农业天然道德论" ……………………………………… (34)

二、泰勒的"田园共和主义" …………………………………………… (36)

第二节　从爱默生的《论自然》、梭罗的《瓦尔登湖》到马什的《人与自然》

………………………………………………………………………… (38)

一、爱默生的《论自然》 ………………………………………………… (38)

二、梭罗的《瓦尔登湖》 ………………………………………………… (40)

三、马什的《人与自然》 ………………………………………………… (43)

第三节　美国第一次环境保护运动：约翰·缪尔的自然保护主义与吉福特·平

肖的资源保护主义 …………………………………………………… (45)

一、缪尔的自然保护主义 ………………………………………………… (45)

二、平肖的资源保护主义 ………………………………………………… (48)

第四章　西方生态伦理学的诞生：20 世纪初到 20 世纪 50 年代 ……… (52)

第一节　阿尔贝特·史怀泽"敬畏生命"的理念 ……………………… (52)

一、阿尔贝特·史怀泽的生平 …………………………………………… (52)

二、"敬畏生命"理念的思想资源 ……………………………………… (53)

三、"敬畏生命"理念的理论逻辑 ……………………………………… (55)

第二节　美国第二次环境保护运动思想 ………………………………… (59)

一、第二次环境保护运动发生的时代背景 ……………………………… (59)

二、克莱门茨的"顶级群落"理论 ……………………………………… (60)

三、利奥波德的"土地伦理学" ………………………………………… (61)

四、美国政府对资源和环境保护的举措 ………………………………… (61)

第三节　利奥波德的《沙乡年鉴》 ……………………………………… (62)

一、利奥波德的生平 ……………………………………………………… (63)

二、土地伦理的思想基础 ………………………………………………… (63)

三、《沙乡年鉴》与土地伦理 …………………………………………… (65)

四、对土地伦理的批判、辩护与发展 …………………………………… (68)

第五章　西方生态伦理学的成长：20 世纪 50 年代到 20 世纪 60 年代末 ……… (73)

第一节　时代主题与特征 ……………………………………………（73）
　一、对环境的关怀 …………………………………………………（73）
　二、思想取向和特征 ………………………………………………（74）
第二节　蕾切尔·卡逊的《寂静的春天》 ………………………………（75）
　一、蕾切尔·卡逊的背景介绍 ……………………………………（75）
　二、《寂静的春天》的主要观点 …………………………………（75）
第三节　保罗·埃利希的《人口炸弹》 …………………………………（80）
　一、人口问题与生态环境问题 ……………………………………（80）
　二、《人口爆炸》的主要观点 ……………………………………（80）
第四节　怀特的《我们生态危机的历史根源》 …………………………（84）
　一、人类文明形态与生态环境问题 ………………………………（84）
　二、怀特的《我们生态危机的历史根源》的主要观点 …………（84）
第五节　哈丁的《公有地的悲剧》 ………………………………………（87）
　一、市场经济与生态环境问题 ……………………………………（87）
　二、哈丁的《公有地的悲剧》的主要内容 ………………………（87）

第六章　西方生态伦理学的发展：20 世纪 70 年代初到 20 世纪 80 年代末 ……（92）
第一节　鲁特莱的《是否需要建立一种新的伦理，或一种生态伦理》…（92）
　一、鲁特莱生态伦理观点提出的理论视域 ………………………（93）
　二、鲁特莱的生态伦理观点 ………………………………………（95）
第二节　帕斯摩尔的《人对自然的责任：生态问题与西方传统》………（99）
　一、帕斯摩尔《人对自然的责任：生态问题与西方传统》的写作背景 …（99）
　二、帕斯摩尔《人对自然的责任：生态问题与西方传统》的主要观点 …（103）
第三节　从罗尔斯顿的《哲学走向荒野》到考利科特的《捍卫大地伦理》
　　　　 ……………………………………………………………（106）
　一、罗尔斯顿的《哲学走向荒野》 ………………………………（107）
　二、考利科特的《捍卫大地伦理》 ………………………………（115）

第七章　西方生态伦理学的深入：20 世纪 90 年代初至 21 世纪 ………（122）
第一节　1992 年联合国环境与发展会议 ………………………………（123）
　一、《里约环境与发展宣言》 ……………………………………（123）
　二、《21 世纪议程》 ………………………………………………（124）
　三、《气候变化框架公约》 ………………………………………（125）
　四、《生物多样性公约》 …………………………………………（125）
第二节　从诺顿的"环境主义者统一体"到卡特尔的"环境政治学" …（127）
　一、诺顿的弱化人类中心主义和环境主义者统一体 ……………（127）
　二、卡特尔的环境政治学 …………………………………………（129）
第三节　从彼德·辛格的动物解放论到汤姆·雷根的动物权利论 ……（131）

一、彼德·辛格的动物解放论 ……………………………………… (132)

二、汤姆·雷根的动物权利论 ……………………………………… (134)

第四节 保罗·泰勒的尊重自然的生物中心论 …………………… (136)

一、"尊重自然"的终极道德态度 ………………………………… (137)

二、"生物中心主义"的信念系统 ………………………………… (138)

三、义务规则和德性品质 …………………………………………… (139)

第八章 西方生态伦理学的拓展：从深生态学到社会正义 ………… (142)

第一节 奈斯与深生态学 …………………………………………… (143)

一、深生态学对浅生态学的批判 ………………………………… (143)

二、深生态学的主要观点 ………………………………………… (143)

三、深生态学的影响 ……………………………………………… (146)

第二节 布克金与社会生态学 ……………………………………… (146)

一、布克金对资本主义的批判 …………………………………… (146)

二、布克金眼中的生态学 ………………………………………… (147)

三、社会生态学的基本观点 ……………………………………… (148)

四、社会生态学的生态正义理论 ………………………………… (150)

五、布克金社会生态学的影响 …………………………………… (152)

第三节 生态社会主义及对资本主义的批判 ……………………… (152)

一、大卫·佩珀的《生态社会主义——从深生态学到社会正义》 …… (153)

二、生态社会主义对资本主义反生态性的批判 ………………… (153)

三、生态社会主义的影响 ………………………………………… (155)

第四节 卡洛琳·麦茜特与生态女性主义 ………………………… (155)

一、卡洛琳·麦茜特眼中的生态学 ……………………………… (156)

二、生态女性主义视域的自然之死 ……………………………… (156)

三、生态女性主义对父权制的批判 ……………………………… (157)

第九章 西方生态伦理学的前沿动态 ……………………………… (160)

第一节 西方生态伦理学的道德困惑 ……………………………… (161)

一、道德主体与客体的界限 ……………………………………… (161)

二、道德哲学方法 ………………………………………………… (164)

三、道德建构的路径 ……………………………………………… (166)

第二节 西方生态伦理学的观念演化 ……………………………… (167)

一、自然主义的立场自发 ………………………………………… (167)

二、道德主体扩展与生态伦理诞生 ……………………………… (167)

三、在批判中不断成长 …………………………………………… (168)

四、观念多元化与理论成熟 ……………………………………… (168)

五、于反思中走向深入 …………………………………………… (168)

第三节　西方生态伦理学的流派纷争 ……………………………………（169）
　一、现代人类中心主义 …………………………………………………（169）
　二、动物解放/权利论 …………………………………………………（170）
　三、生物中心主义 ………………………………………………………（172）
　四、生态中心主义 ………………………………………………………（174）

第十章　西方生态伦理学的理论进路 …………………………………（177）
第一节　后果主义与生态伦理 ……………………………………………（178）
　一、后果主义的内涵与渊源 ……………………………………………（178）
　二、功利主义的动物解放论 ……………………………………………（179）
　三、后果主义的生物/生态中心论 ……………………………………（181）
第二节　义务论与生态伦理 ………………………………………………（183）
　一、义务论的内涵与特质 ………………………………………………（183）
　二、康德式义务论的伦理扩展 …………………………………………（185）
第三节　德性论与生态伦理 ………………………………………………（186）
　一、德性伦理走向自然 …………………………………………………（187）
　二、环境美德的追寻 ……………………………………………………（189）
　三、环境德性伦理学的前景 ……………………………………………（192）

第十一章　西方生态伦理学的价值取向 ……………………………（197）
第一节　西方生态伦理学的伦理直觉 ……………………………………（197）
　一、伦理直觉的基本内涵 ………………………………………………（197）
　二、尊重自然的伦理直觉 ………………………………………………（198）
　三、直觉主义生态伦理学的当代价值 …………………………………（200）
第二节　西方生态伦理学的道德结构 ……………………………………（203）
　一、种际道德 ……………………………………………………………（203）
　二、代际道德 ……………………………………………………………（206）
　三、人际道德 ……………………………………………………………（208）
第三节　西方生态伦理学的未来进路 ……………………………………（210）
　一、西方生态伦理学的理论旨趣 ………………………………………（210）
　二、西方生态伦理学的逻辑困境 ………………………………………（211）
　三、西方生态伦理学的环境美德转向 …………………………………（212）
　四、环境美德伦理的培养目标 …………………………………………（214）

第十二章　西方生态伦理学的全球实践 ……………………………（217）
第一节　绿色发展报告的出台 ……………………………………………（217）
　一、发展中国家报告 ……………………………………………………（217）
　二、发达国家报告 ………………………………………………………（219）

三、国际报告 ……………………………………………………（220）

四、剖析绿色发展报告 …………………………………………（222）

第二节 环境保护宣言的发布 ………………………………………（226）

一、人类环境会议与《人类环境宣言》 ……………………（227）

二、内罗毕会议与《内罗毕宣言》 …………………………（228）

三、联合国环境与发展大会与《里约环境与发展宣言》 ……（228）

四、约翰内斯堡可持续发展世界首脑会议与《约翰内斯堡可持续发展宣言》

………………………………………………………………（229）

五、洞察环境会议与环保宣言 ………………………………（230）

第三节 生态国际公约的缔结 ………………………………………（230）

一、天空环保公约 ……………………………………………（231）

二、陆地环保公约 ……………………………………………（232）

三、海洋环保公约 ……………………………………………（233）

四、探究环保公约 ……………………………………………（234）

后 记 ……………………………………………………………………（237）

第一章
西方生态伦理学的概念与内涵

本章提要： 生态伦理学（ecological ethics），也称环境伦理学（environmental ethics），是伦理学的一门分支学科。它最突出的特点是强调自然界的内在价值（intrinsic value），将人对自然存在物的义务纳入伦理学关注的视野，进而将传统伦理学关注的人际义务扩展到代际之间。生态伦理学在西方发展的历史并不算长，但它对以人类为中心的传统伦理学提出了严峻挑战，以至于有人称它的兴起是伦理学上的一场革命。受其影响，我国学界于20世纪80年代开始加入到该领域的研究中，并取得了令人瞩目的成果。本章拟借鉴这些研究成果，对西方生态伦理学的发展历程进行全面回顾，在此基础上，对其未来的走势加以展望。

第一节　西方生态伦理学的缘起与脉络

一、西方生态伦理思想的孕育

工业革命的早期，在促进经济高速发展的同时，也带来了一定的环境问题，从而促使人们对工业社会中人与自然的关系进行反思。但生态伦理学作为一门学科的出现，则是在西方，特别是作为美国环境保护运动的直接产物，并随着环保运动的发展而发展。

18 世纪末到 20 世纪初，是西方生态伦理学的孕育阶段。在这一阶段的早期，生态伦理思想的萌芽朴素而带有浪漫基调。到了后期，随着现代工业的蓬勃发展，许多西方国家都出现了严重的环境问题：一方面是森林和土地资源遭破坏，另一方面是工业城市的空气和水被污染。这一时期的代表人物们对生态环境的忧虑凸显，19 世纪末到 20 世纪初，一些有识之士开始自发组织起来，发起美国的，也是西方的第一次环境保护运动，从而奠定了生态伦理学诞生的思想基础。

在这些人中，对生态伦理学的创立产生了最直接影响的莫过于梭罗和缪尔。梭罗（Henry David Thoreau，1817—1862）是美国超验主义思想运动的代表人物之一，他的《瓦尔登湖》（1854）一书被誉为划时代的作品，在世界范围内广为传播。梭罗对自然有着特殊的爱好，他把大部分时间都用来观察自然。他对待自然的立场和感情带有浓厚的浪漫主义色彩，强调自然的整体性和人与自然的亲近，认为自然界是一个广阔而平等的"爱的共同体"（community of love），其中的存在物没有任何等级和歧视。基于此，他反对把人提高到其他自然物之上，宣称"没有任何理由崇拜人"，人也不应该拥有比其他自然物更独特的权利。梭罗的思想是超时代的，他本人也因此被认为是"美国环境主义的第一位圣徒"。

缪尔（John Muir，1838—1914）是美国环境保护运动的主要领袖人物。他赞同梭罗等人的"共同体"主张，反对高估人类的价值，认为自然共同体的一切成员都是平等的，动植物不是上帝创造的共同体中的"臣民"，人类也不是自然的"主人"。但他比梭罗更进一步，强调任何自然物，甚至石头和水都是上帝创造的共同体的一部分，都有自己存在的权利，而且不以人的存在为前提或目的。缪尔反对人类暴虐自然，指出，人类非但不能破坏自然，反而要承担对自然的责任和义务。因此，他极力倡导建立自然保护区和国家公园，号召人们从美学的角度去欣赏它们，以期发现自然在经济价值之外的价值。缪尔关于"大自然拥有权利"的思想，后来发展成为生态中心论的理论支柱。

与梭罗和缪尔强调对自然的热爱和保护不同，马什（George Perkins Marsh，1801—1882）和平肖（Gifford Pinchot，1865—1946）等人则强调对资源的"明智利用"。马什在《人与自然》（1864）一书中对当时美国流行的资源无限论提出了严厉批评，他指出，人们如果不改变把自然当作一种消费品的信念，最终将会招致人类的毁灭。平肖是环境保护运动的奠基人，曾担任美国农部林业局第一任局长，所以尤为关注自然资源特别是森林的保护问题。但是他提出，保护环境的目的是为了明智地利用自然资源，而不是放弃利用。他的口号是：为了人类的现实和长远利益，必须高效、明智地利用森林。马什和平肖的生态伦理思想，其基调是功利主义和人类中心论，但它对于纠正人们盲目开发自然资源的观念和行为起到了重要作用。

马什和平肖的资源保护立场与梭罗和缪尔的自然保护立场，虽然都强调环境保护的重要性，但价值观和目的却截然不同。前者从人类自身的利益出发，主张明智地利用自然资源，其目的从根本上来说并不是为了保护自然，而是为了使自然更好地服务于人类。而后者则从自然的权利出发，主张对自然加以热爱和保护。它保护自然的首要目的并不是为了人类的利益，而是为了自然本身。生态伦理思想的孕育阶段所蕴含的这种以人类为中心的"人类中心论"和以自然为中心的"非人类中心论"之间的分歧，一直贯穿于生态伦理学的发展过程中，并对生态伦理学理论的发展产生了极其重要的影响。

二、西方生态伦理学的创立

20世纪初到20世纪中叶，是西方生态伦理学的创立阶段。在此期间发生的两次世界大战，不仅破坏了许多国家的经济和生态环境，而且也加剧了欧美国家对自然资源的掠夺性开发。严酷的现实迫使人们重新思考环境问题，进而催生了西方第二次环境保护运动，由此催生了生态伦理学这门学科的诞生。史怀泽的《文明的哲学：文明与伦理学》（1923）和利奥波德的《沙乡年鉴》（1949）两部著作是生态伦理学创立的标志性作品。

史怀泽（Albert Schweitzer，1875—1965）是法国哲学家、诺贝尔和平奖获得者，他在非洲人道主义的行医实践中形成了"敬畏生命"的伦理观。这种观点认为，所有生命都是平等的，都有其内在价值，都值得敬畏。所谓敬畏生命，就是要关心周围所有的人和生物，给予他（它）们真正的人道帮助。为此，史怀泽给善恶下了这样的定义："善是保持生命、促进生命，使可发展的生命实现其最高的价值。恶则是毁灭生命、伤害生命，压制生命的发展。这是必然的、普遍的、绝对的伦理原理。"他批评以往的伦理学是不完整的，因为它们都只关注人与人之间的关系。他认为应当创立一种新的伦理学，以解决人对世界以及人类所遇到的所有对待生命的态度问题。尽管史怀泽本人并没有构造出一套概念明晰的伦理学体系，但他关于创立一种新的伦理学的主张表明，呼唤生态伦理学作为一门学科的诞生已成为时代所需。

利奥波德（Aldo Leopold，1887—1948）是美国著名的生态学家和环境保护者。他发展了梭罗和缪尔的"共同体"思想，在《大地伦理学》（The Land Ethics）一文中提出，共同体是伦理关系存在的基本单位，而传统伦理学只是把人作为共同体的成员，这是远远不够的。他所倡导的大地伦理学就是要扩大伦理共同体的范围，使它"包括土壤、水、植物和动物，或者把它们概括起来：土地"，因为它们和人类一样，都有存在的权利。这就意味着，在这个扩大的共同体中，人类只是普通一员，不是决定者和征服者，应该尊重其他同伴，包括共同体本身。在此基础上，利奥波德确定了大地伦理学的基本道德准则："当一个事物有助于保护生物共同体的和谐、稳定和美丽的时候，它就是正确的；当它走向反面时，就是错误的。"利奥波德明确提出了大地伦理学的概念，并将所有自然物作为一个整体纳入其道德体系，标志着生态伦理学学科的正式形成，他本人也因此被誉为发展"生态中心论的环境伦理学"的领域最有影响的大师。

与孕育时期相比较，西方生态伦理学在创立阶段的特征主要表现为：第一，生态伦理思想更为系统化、理论化。孕育时期的生态伦理思想主要停留在直观、情感诉求的层面，而且多为零散、诗意的表达，充满了浪漫主义的色彩；而创立阶段的生态伦理思想则是通过抽象、反思和批评等方式，理性地呈现自己的整体主张。第二，史怀泽、利奥波德等学者明确提出要创建一种新的伦理学。孕育时期的生态伦理思想更多的只是表达对自然及其存在物的朴素关怀，而创立阶段的生态伦理思想则公开宣称，要超越以往以人类为中心的伦理学，在人与自然之间建立起一种伦理关系。

三、西方生态伦理学的发展

20 世纪中叶至今，是西方生态伦理学进入长足发展的阶段。第二次世界大战之后，随着西方国家工业化进程的加快，发展中国家也相继走上了工业化的道路，人口的快速增长、农药的大量使用以及城市化的迅猛发展等，都使全球性的环境危机日趋突出和严重。在这种背景下，以美国海洋生物学家卡逊（Rechel Casson，1907—1964）出版的《寂静的春天》（1962）一书为契机，西方第三次环境保护运动拉开了序幕，生态伦理学也随之进入了全面发展的阶段。这一时期生态伦理学的进展体现在以下四个方面：

1. 生态伦理学领域创立了国际性学术期刊，如《环境伦理学》《环境价值观》《深生态学家》《伦理学与动物》等，推动了理论研究的发展；

2. 定期召开国际学术会议，促进生态伦理学国际学术交流；

3. 在大学开办生态伦理学课程，设置相应的学位，并出版相关教材和专著；

4. 从理论研究向实际应用扩展，体现了生态伦理学理论与实践相结合的趋势。

而最能体现生态伦理学发展的，则是各种理论观点纷呈，派系林立。这些学派的思想与生态伦理学孕育和创立阶段的思想有着渊源关系，但又是对后者的补充、丰富和发展。它们主要从人类中心论（anthropocentrism）和非人类中心论（non-anthropocentrism）两个不同方面，围绕"人类保护自然的伦理依据究竟是什么"这一生态伦理学的基本问题展开激烈的争论。而在这两个主要阵营的交锋中，又夹杂着个体主义与整体主义、弱人类中心论与强人类中心论等立场的对立，从而使得西方生态伦理学的发展出现了百家争鸣的局面。这些不同流派的思想在促进西方生态伦理学发展的同时，也推动了西方环境保护运动的开展。

人类中心论与非人类中心论（也称生态中心论）的目的是一致的，都是为了从根本上解决人类生存环境日益恶化的问题，它们的分歧主要集中在价值观上。人类中心论认为，人是大自然中唯一具有内在价值的存在物，其他存在物的价值都是人的主观情感投射的产物，因此，只有人才具备道德关怀的资格，人对自身负有直接的道德义务，对环境只负有保护义务。而非人类中心论则主张，大自然中的其他存在物也具有内在价值，这种价值是客观的，并不是人的主观赋予，因此，它们也具备道德关怀的资格，人对这些存在物负有直接的道德义务，这种义务不能完全还原或归结为对人的义务。

人类中心论的最主要的代表人物是诺顿和默迪。美国哲学家诺顿（Bryan G. Norton）将人类中心论分为强和弱两种。所谓强人类中心论（strong anthropocentrism），就是以感性偏好（felt preference）为价值参照系，将自然作为满足人的任意欲望或需要的工具；而弱人类中心论（weak anthropocentrism），则以理性偏好（considered preference）为准则，经过审慎的理智思考后，才有选择、有节制地满足自己的欲望或需要。诺顿反对强人类中心论，而主张弱人类中心论。在他看来，前者只承认自然具有满足人的需要的价值，容易导致人类只考虑直接需要和当前利益，而放弃了长远利益和共同利益，其实质是个人中心主义或人类沙文主义；而后者则认为，自然还有转化为人的价值观的价值，即转换价值（transfoimative value），对它们的观察和体验"能够启发人们进行反思，从而净化人的价值"。

美国植物学家默迪（Willian H. Murdy）则提出一种现代人类中心论。默迪认为，人类评价自身的利益高于其他非人类，这是自然的，不是人为的，一切其他物种也都是如此，这是他信奉人类中心论的最主要原因。但是他又主张，并非只有人才是价值的源泉，自然界的事物也同时具有工具价值（instrumental value）和内在价值（intrinsic value）。作为工具价值，它是按照自然物对于人种延续和良好存在等有益于人的特性而赋予的价值；作为内在价值，它是指自然物本身就是目的。只有承认自然物的内在价值，才能使人类有足够的动力去保存包括人的个性和人的物种属性在内的生存状态。默迪将内在价值赋予自然物，既是对人类中心论的发展，也是对非人类中心论的让步和妥协。

非人类中心论的主要代表人物有辛格（Peter Singer）、雷根（Tom Regan）、泰勒（Paul W. Taylor）、罗尔斯顿（Holmes Rolston）等，他们分别提出或发展了动物解放论（animal liberation theory）、动物权利论（animal rights theory）、生物中心论（biocentrism）、生态中心论（ecocentrism）等多种理论主张，把道德义务和伦理关怀的范围从人类依次扩展到了动物、所有生命和整个生态系统。其中，动物解放论、动物权利论、生物中心论与人类中心论一样，较为关注个体的权利与价值，带有明显的个体主义色彩，而生态中心论则注重生态系统本身的完整与和谐，在方法论上倾向于整体主义。

辛格以边沁的功利主义为其哲学基础。功利主义认为，快乐是一种内在的善，而痛苦是一种内在的恶；凡带来快乐的就是道德的，带来痛苦的就是不道德的；而且，在计算某个行为的道德后果时，必须把受此行为影响的所有个体的利益都平等地考虑在内。辛格据此提出，动物和人一样，也有感受苦乐的能力，所以，基于平等与功利的原则，它们理应和人一样，从不平等的奴役中解放出来，成为利益的主体。雷根则从康德的道义论出发，从哲学的高度，提出了"动物拥有权利"这一命题。他指出，人之所以拥有天赋价值（inherent value），是因为人是"生命的主体"（the subject of a life）。然而，动物也不同程度地拥有作为生命主体的特征，所以它们也拥有值得我们尊重的天赋价值。因此，人类不能把动物当作一种实现自身利益的工具，而必须以一种尊重它们天赋价值的方式来对待它们。辛格和雷根的理论为 20 世纪的动物解放运动提供了两种不同的道德依据。

泰勒秉承史怀泽"敬畏生命"的伦理主张，将道德关怀的范围扩大到所有生命。泰勒提出，有机体是生命的目的中心，任何动物、植物都有一种保持其自身存在的趋向，它们通过自我更新、自我繁殖和自我调控等手段，不断适应变化着的环境。从这个意义上说，所有有机体都是有其自身"善"（good）的存在物，因而也都有其天赋价值。而既然它们都拥有天赋价值，那么就意味着，一方面，应该把它们视作应获得道德关心和道德关怀的道德客体（moral object），另一方面，所有道德主体（moral subject）都有义务把它们的善当作一种自在目的，并且为了它们本身去增进或保护它们的善。在《尊重自然》一书中，泰勒建构了一套完整的由尊重大自然、生物中心论世界观和生态伦理规范三部分组成的生物中心论体系。

罗尔斯顿则提出了自然价值论和整体主义生态中心论，进一步发展了利奥波德所创立的大地伦理学。利奥波德通过把人视作大地共同体的成员，而确立人对大地共同体的义务，而罗尔斯顿则试图通过确立生态系统的客观内在价值，为保护生态系统提供了一个客观的道德依据。他认为，价值是进化的生态系统内在所具有的那种创造性属性，它客观地存在于自然中。尽管自然价值可以分为两类：对人的非工具性价值即内在价值和对人的工具性价值，但是从根本上来说，自然价值的所有者是自然本身，自然（生态系统）所拥有的是超越工具价值和内在价值的系统价值（systemic value）。因此，我们不仅对那些被创造出来作为生态系统中的内在价值之放置点的动植物负有义务，而且对这个设计与保护、再造与改变着生物共同体的所有成员的生态系统负有义务。这种超越物种自身及其同类和后代利益的利他主义精神，只有人类这个物种才具有。

四、后现代主义对西方生态伦理学的影响

20 世纪 80 年代以后，受后现代主义影响，西方生态伦理学的发展出现了一些新的变化。生态伦理学与后现代主义之间本来就存在着密切的关联，一方面，西方生态伦理学反对人类主宰自然、控制自然，强调自然权利和自然价值，本身就蕴含有后现代主义的风格和意味，生态伦理学的思想先驱海德格尔（Martin Heidgger，1898—1976）同时也是后现代主义的奠基人；另一方面，"后现代思想是彻底的生态主义的，它为生态学运动所倡导的持久的见识提供了哲学和意识形态方面的根据"。随着后现代主义在西方的兴起和流行，西方生态伦理学更自觉地以后现代主义为哲学基础，对以往的研究进行反思，从而产生了深生态学、社会生态学、生态女性主义等新的理论流派。它们的共同特点是，从价值观念、思维方式和社会制度等层面去探寻环境问题的原因，并试图通过发起各种形式的环境保护运动，以便从根本上扭转这种局面。

深生态学（deep ecology）这一概念是挪威哲学家奈斯（Arne Naess）最早提出的，经塞申斯（George Sessions）、德沃尔（Bill Devall）、福克斯（Warwick Fox）等人的发展，演变成一个流派的代名词。深生态学反对以人类为中心的浅生态学（shallow ecology），主张以生物或生态为中心，构筑生态伦理学价值体系。奈斯曾提出深生态学的两条最高

准则：自我的实现和生态中心的平等，以及八项基本纲领。其中，自我实现论被认为是深生态学最独特的理论贡献之一。它主张，人类的自我意识经历了一个从本能的自我(ego)到社会的自我(self)，再到形而上的"大自我"(self)，即生态的自我(ecological self)的过程。这种自我的实现是在人与生态的互动中完成的，这也是深生态学所要追求的终极目标。深生态论学者认为，把自我实现作为生态伦理学的基础，既可以超越利己主义与利他主义的对立，又可以使环境保护主张容易被人们接受。

社会生态学(social ecology)是针对深生态学只注重抽象的伦理原则和概念，忽视社会的政治、经济、技术等因素对生态的影响和作用的弊端，在人与自然共同进化、协调发展的基础上，把生态问题和社会问题结合起来研究的一个流派，其创始人是美国无政府主义者布克金(Murray Bookchin)。与深生态学强调环境问题的根源在于人的观念不同，社会生态学强调社会等级制度是环境危机的根源，并且注重从社会的层面予以批判和重构。布克金提出，人类之所以对自然采取主宰、征服的态度，与人类社会的组织方式，尤其是等级制度密切相关。要从根本上解决环境问题，就必须对社会制度进行改造。具体地说，就是要实行地方分权式的整治模式，保证基层民众的有效民主参与，并据此改造政党组织等。社会生态论学者的理想是要建立一个没有自由市场竞争，与生态系统和谐一致，由小规模社区构成的民主自治社会。

生态女性主义(ecological feminism)是西方女性主义运动在生态伦理学领域的反映，它关注的主要是对女性的统治与对自然的统治这二者之间的关系。最早提出这一概念的是法国的女性主义者奥波尼(F. d'Eaudbonne)，其他代表人物主要有沃伦(Karen. J. Warren)、帕拉姆伍德(Val Plwnwood)、麦茜特(Carolyn Merchant)等。生态女性主义者认为，人对自然的控制与支配，与男性对女性的控制与支配是密切相关的。其背后的原因既有男性偏见、等级观念的因素，也有受西方二元论思维模式影响等因素。她们提出，女性因为其创造生命、抚育生命的特殊经历，而对生命有更深刻的理解，也更容易与自然保持亲近的关系。所以，人类要拯救自然，进而建立新型的人与自然的关系，首先必须解放女性。

五、对西方生态伦理学的展望

纵观西方生态伦理学的发展历程，我们不难发现其中蕴含的几个明显特征：首先，不同理论流派之间的论争主要是围绕人类中心论与非人类(自然)中心论这一主线展开的。其次，诸流派都没有停留于对伦理学的概念和判断做性质和用法上的学理分析，而是进一步探讨如何将他们的道德观、价值观内化到社会的观念、制度和法律体系中，进而转化为人们的行为规范和准则。也正是因为如此，西方生态伦理学又被人们认为是一种应用伦理学。第三，不同的流派间虽然有分歧甚至对立，但都有一个最基本的共识，那就是，人类正面临着严重的生态环境问题，需要靠全人类的智慧和合作去共同加以解决。保护了生态环境，人类的生存就有了充分的保障。在此基础上，我们不妨对西方生态伦理学未来的发展做出几点大胆的预测。

1. 人类中心论与非人类中心论的分歧将趋于融合

除上述基本共识外，人类中心论与非人类中心论其实还有其他诸多的共识，例如，人是地球上唯一的道德主体，能够用道德来约束自己的行为；环境问题的实质是文化和价值问题，而非技术和经济问题；后代人的权利和当代人一样多，我们有义务给他们保留一个适合生存的自然空间；对人和非人类存在物要区别对待等，这些共识是二者走向融合的基础。20 世纪 90 年代以后"可持续发展"（sustainable development）的生态伦理观被广泛接受，其实就代表了这种融合的趋势。

2. 从理论向实践转化的步伐将会进一步加快

生态伦理学从孕育阶段开始，就与环境保护运动有着极为密切的关系，环境保护运动从生态伦理学中汲取理论营养，生态伦理学又反过来促进环境保护运动的发展。随着生态伦理学研究的深入、环境保护运动的拓展以及环境保护观念的深入人心，生态伦理学理论向实践转化的道路将更为平坦，进程也将随之加快。

3. 生态伦理学研究将走向全球化

西方生态伦理学曾经受到很多发展中国家学者的批评，其中的焦点是：他们掩盖和抹杀了西方发达国家与广大发展中国家对环境所造成的破坏的差异性，也没有充分考虑到发展中国家要求发展经济的迫切性。但是，环境问题毕竟又是全球性的，是发达国家和发展中国家都要共同面对的。在此背景下，来自世界各个国家和地区的相关领域的学者，都必将在借鉴古人的伦理智慧，继承本国的伦理传统，相互取长补短的基础上，共同来开展对生态伦理问题的研究，进而构筑起一座具有全球视野的生态伦理学研究平台。

第二节　西方生态伦理学的概念与定义

一、什么是生态伦理

生态伦理即人类处理自身及其周围的动物、环境和大自然等生态环境的关系的一系列道德规范。"生态伦理是公民在公共生态生活中与自然相交往所应遵循的准测。"①通常是人类在进行与自然生态有关的活动中所形成的伦理关系及其调节原则。人类的自然生态活动反映出人与自然的关系，其中又蕴藏着人与人的关系，表达出特定的伦理价值理念与价值关系。人类作为自然界系统中的一个子系统，与自然生态系统进行物质、能量和信息交换，自然生态构成了人类自身存在的客观条件。因此，人类对自然生态系统给予道德关怀，从根本上说也是对人类自身的道德关怀。生态伦理有如下几个特点。

1. 社会价值优先于个人价值

为了使生态得到真正可靠的保护，应制定出具有强制性的生态政策。在制定生态政策的过程中，必须处理好个人偏好价值、市场价格价值、个人善价值、社会偏好价值、社会善价值、有机体价值、生态系统价值等价值关系。在个人与整体的关系上，应把整体利益看得更为重要。所谓社会善价值，就是有助于社会正常运行的价值；而个人善价值代表的则是个人的利益。可见，生态保护政策不仅触及个人利益与社会利益的关系问题，而且主张社会价值优先于个人价值。

2. 具有强制性

生态伦理无论在内涵方面还是在外延方面，都不同于传统意义上的伦理。传统意义上的伦理是自然形成的而不是制定出来的，通常也不写进法律之中，它只存在于人们的常识和信念之中。传统意义上的伦理仅仅协调人际关系，一般不涉及大地、空气、野生动植物等。传统意义上的伦理虽然也主张他律，但核心是自觉和自省，不是强制性的。由于生态保护问题的复杂性和紧迫性，生态伦理不仅要得到鼓励，而且要作为一种道德观念而被广泛推广。

3. 扩展了道德的范围，超越了人与人的关系

生态伦理所要求的道德观念，不仅把道德的范围扩展到了全人类，而且超越了人与人的关系，将道德关切拓展到了人之外的自然世界。"生态伦理是一种自然之道予以人类的告诫，是人类头顶三尺对自然界及其自然规律的敬畏"。②

---

①　周国文. 自然权与人权的融合. 北京：中央编译出版社，2011：98.

②　周国文. 生态公民论. 北京：中国环境出版社，2016：71.

4. 努力实现人与自然和谐发展

生态危机主要是由于生态系统的生物链遭到破坏，进而给生物的生存发展带来困难。人类发展史表明，缓和人与自然的关系，必须重建人与自然之间的和谐。只有当人类能够自觉控制自己的生态道德行为，并理智而友善地对待自然界时，人类与自然的关系才会走向和谐，从而实现生态伦理的真正价值。

二、什么是生态伦理学

生态伦理学是一门以"生态伦理"或"生态道德"为研究对象的应用伦理学。所谓生态道德，是指由一定社会经济条件所决定的，以善恶标准评价的，依靠人们的内心信念、社会舆论和传统习惯来维系的，调整人与自然环境之间关系的原则和规范的总和，它是从伦理学的视角审视和研究人与自然的关系。"生态伦理"不仅要求人类将其道德关怀从社会延伸到非人的自然存在物或自然环境，而且呼吁人类把人与自然的关系确立为一种道德关系。根据生态伦理的要求，人类应放弃算计、盘剥和掠夺自然的传统价值观，转而追求与自然同生共荣、协同进步的可持续发展价值观。生态伦理学对伦理学理论建设的贡献，主要在于它打破了仅仅关注如何协调人际利益关系的人类道德文化传统，使人与自然的关系被赋予了真正的道德意义和道德价值。"生态伦理在新世界观的帮助下，会大大拓展人类的道德视野，大大拓展道德主体的谱系。"[①]

关于生态伦理学，有以下几点具体阐释：

1. 它是一门揭示环境或生态道德的本质及其建构规律的科学

它是近年来在西方新兴起的学科，它是一门揭示环境或生态道德的本质及其建构规律的科学。自从人类诞生后，自然界就有了自己的对立面，它的发展也自然打上人类的印记。由于人类的发展，特别是当代社会生产力和科学技术的发展，人口数量的急剧增加，人的需要不断增长，人类的活动引起自然界更加深刻的变化，严重破坏了自然界的生产力。

2. 它是一门研究生态道德的科学

它对当下全球生态系统中出现的环境道德现象加以理论概括和哲学探讨，研究生态道德的提出，生态意识的产生、发展规律及其特征，阐明生态道德的价值。其研究内容主要有生态善恶观、生态良心、心态正义以及生态义务等。

3. 它以环境保护的道德规范为研究对象的一门学科

它认为所有污染环境、破坏生态的行为都是不道德的，而保护环境则是新的道德风尚，人类有义务尊重生态系统平衡。生态伦理学是生态学知识和人类价值观念的统一的学科，它也被称为"环境伦理学"。

---

① 卢风. 从现代文明到生态文明. 北京：中央编译出版社，2009：110.

4. 它是一门研究生态的伦理价值和人类对待生态的行为规范的学科

它是在生态问题成为严重的社会问题的情况下诞生的。人类生产和科学技术的迅速发展、人口数量的剧增、人的需求猛烈增长，造成了对生物圈的过度冲击，严重地破坏了生态平衡，引起了自然界的危机，也孕育着或已经引起自然对人类的报复。生态问题对人类利益的严重威胁迫使人开始反思。

5. 它是 20 世纪 40 年代以来逐渐发展起来的一门新兴的伦理学分支学科

它是运用生态学和伦理学的综合知识，研究人们在自然关系方面的道德本质及其规律，探索人们对待自然环境的行为准则和规范，保护自然环境的生态平衡，以达到使人类在良好的生态环境中生存和发展的目的。它是生物学知识和生态环境价值观念的融合。主要代表人物有美国的环境学家利奥波德。他在 20 世纪 40 年代发表了《沙乡年鉴》。

三、生态伦理学的使命与困境

生态伦理学应当属于环境哲学的一个分支，两者之间的相互关系和哲学与伦理学之间的关系一样，它最终要解决的不简单是世界观和方法论的问题，而是在自然环境的框架下，研究人与人的关系、人与环境的关系，它是生态学思维与伦理学思维的契合。所以，生态伦理学也被业界称为环境伦理学，它是对人与自然环境之间道德关系的系统性研究。它认为，人们的道德观和价值观通过道德规范而制约着人们对自然环境的行为，它要求人们从哲学的高度重新反省人类与自然之间的关系，认识人类对自然环境以及自然中各种动植物的责任。

西方的生态伦理学者在生态伦理学的定义上大致有两种说法：一是关系说，二是义务说。当然，定义的差异只是理论叙述的逻辑起点和观察视角的差异，而不是环境伦理学的理论对象的不同。那么不管从哪一个层面来为生态环境伦理学下定义，无论何种生态伦理学都要对以下基础性的问题予以回答。

1. 义务的对象问题

人对哪些存在物负有直接的道德义务？与此相关的是，人对人之外的其他存在物是否负有直接的道德义务？如果没有，理由是什么？如果有，根据又何在？适用于这个伦理领域的美好品格的标准和正确行为的原则是什么？它们与人际伦理原则有何区别？一个存在物获得道德关怀的根据是什么？

2. 自然存在物的价值问题

自然存在物是否只具有工具价值？它是否拥有内在价值？它们所具有的价值是主观的，还是客观的？

3. 化解冲突的原则问题

非人类中心主义的生态伦理学还要权衡人对人的义务与人对自然的义务；如果这

两种义务发生冲突，我们应根据什么原则来化解这种冲突？

4. 方法论和世界观的历史背景

解决上面这些问题的哲学上的恰如其分的方法论和世界观的历史背景必不可少。生态伦理学就是试图回答上述问题的智力探险。只有当我们跟随生态伦理学的理论大师们一道探讨这一领域的重要问题后，我们心中的生态伦理学概念才会变得明晰起来。戴斯·贾丁斯和泰勒二人是关系说的代表人物。戴斯·贾丁斯所著的《环境伦理学：环境哲学导论》是关系说的经典之作，他写道："一般来说，环境伦理学是系统而全面地说明和论证人与自然环境之间的道德关系的学说。环境伦理学认为，人对自然界的行为是能够、而且可以用道德规范来调节的。因而，一种环境伦理学理论必须要：说明这些规范是什么；说明人对何人何物负有责任；证明这些责任的合理性。"泰勒也认为："生态伦理学关心的是存在于人与自然之间的道德关系。支配着这些关系的伦理原则决定着我们对自然环境和栖息于其中的所有动物和植物的义务、职责和责任。"关系说看到了人对自然存在物的行为所包含着的伦理意蕴，并"把人与自然的关系确立为生态伦理学的关注对象，这揭示了生态伦理学不同于人际伦理学的一个根本差别所在"。但是，关系说也存在着不足：首先，它关注的重点是人和自然之间的关系，但生态伦理学研究的重点却是人对大自然所持的伦理态度，以及用来调节人与自然关系的规范和原则；其次，因为人类中心主义否认人与自然二者存在着道德关系，所以关系说不能把人类中心主义纳入生态伦理学的领域。因此，这种说法很狭隘。

义务说的主要代表人物是罗尔斯顿以及《环境伦理学：分歧与共识》一书的编者阿姆斯特朗和波兹勒。罗尔斯顿认为："从终极的意义上说，环境伦理学既不是关于资源使用的伦理学，也不是关于利益和代价以及它们的公正分配的伦理学；也不是关于危险、污染程度、权利与侵权、后代的需要以及其他问题(尽管它们在环境伦理学中占有重要地位)的伦理学。孤立地看，这些问题都属于那种认为环境从属于人的利益的伦理学。在这种伦理学看来，环境是工具性的和辅助性的，尽管它同时也是根本的必要的。只有当人们不只是提出对自然的合理利用、而是提出对它的恰当的尊重和义务问题时，人们才会接近自然主义意义上的原发型(primary)环境伦理学。阿姆斯特朗和波兹勒也认为："环境伦理学研究的是人类对自然环境的伦理责任。它与价值问题有关：大自然是否具有超出其满足人的需要的明显功能之外的价值？大自然的某些部分比别的部分更有价值吗？人对大自然和自然实体负有哪些义务。

义务说揭示了生态伦理学的"规范性品格"，而且也涵盖了人类中心主义(因为人类中心主义也承认人负有保护大自然的义务，只不过它认为这种义务只是对人的一种间接义务)，但是它容易给人留下这样的印象：人对大自然的义务与人对人的义务毫无联系，似乎我们可以离开人与人的关系来处理人与自然的关系。

四、生态伦理学的特征

生态伦理学的主要特点是把道德对象的范围从人和社会的领域扩展到生命和自然界。但是，这不是传统伦理概念的简单扩展，不是简单地把人际伦理应用到环境事务中去，也不是关于环境保护或资源使用的伦理学。它是伦理范式的转变，是一种新的伦理学。

1. 广延性特征

史上居于主导地位的伦理学探讨主要是人与人之间的道德义务，而且主要是生存于同一个时代中的人之间的义务；生态伦理学则是把种际义务，也就是对人之外的动植物的伦理义务纳入了这一新学科的关注视野，同时使伦理学关注的范围从同一时代的人与人之间的义务延伸到了历史纵向演变的一个时代与另一个时代之间的人际道德义务，从两个不同方向开拓扩展了伦理学的研究视野。"自然的经验与合乎人性的经验融合在一起，变成一个更有意义的地球生命整体。"①

2. 多学科特征

人和自然环境之间的关系问题是不少学科都关注的主题。绿色经济学（生态经济学）、环境科学、绿色政治学（生态政治学）、生态神学、环境美学、浪漫主义文学等学科都各自从不同的层面对人和自然之间的关系给出了独树一帜的看法。这些学科各有自己的特点，有的较为强调理性、逻辑性、客观性和规律性，有的则较为重视直觉、情感、想象、审美体验与宗教体验。这些学科的独特视角和科学方法都对生态伦理学产生了重要影响，同时，这些学科也把生态伦理学的某些价值取向当作自己的理论前提。生态伦理学与这些学科往往是相互渗透、相互影响的，许多生态伦理学著作都是由不同学科的学者共同撰写的。需要强调指出的是，生态伦理学所倡导的价值观和生活方式的最终实现，离不开环境科学（包括生态学）的帮助；也只有用环境科学所提供的知识来武装自己，生态伦理学才能成为一门充满大智慧的成熟的伦理学学科。

3. 多元性特征

这主要表现为生态伦理学文化层面与理论层面的多元性。从生态伦理学开始产生的那一刻起，它就成了各种思想和看法相互碰撞交锋的一个领域。生态中心主义、人类中心主义、生物中心主义、动物解放/权利论都为环境保护提供了各具特色、且具有一定道德合理性的根据。尽管各个流派的理论基点迥然不同，可是他们在"保护环境是人负有的义务"这一观点上并无二致，并在环境保护的伟大事业中发挥着自己的独特功能。保护生态环境是涉及全人类的行动，而不同国家的民族存续于各自的文化传统中，常常带有本民族的"精神基因"、文化观念和生活习惯，生态伦理学要想被各个国家的人们认同，只有和各国的民族文化、传统观念结合起来，而要做到这一点，生态伦理学就必须以同情的态度理解这些文化、政治、经济、哲学和宗教传统，寻求到一种融合各国本民族特色的表达载体。可见，生态伦理学拥有强大生命力和旺盛活力的基础无疑是文化视野和理论观点二者的多元性。

---

① 周国文. 公民观的复苏. 上海：上海三联书店，2016：152.

4. 全人类性特征

这一特征与生态伦理学在文化表现形态上的多元性是一致的，随着政治经济文化全球化脚步的进一步发展，地球正在逐渐变成一个村落。无论哪一个国家的哪类给他们自己的生活和存在的环境带来巨大且永久影响的活动，都会给别的国家的人们的生活带来或善或恶的波及；相反而言，别的国家也必须投入到生态环保的行动中来，若不如此，所有单一的孤立无援的环境保护活动，其成效将微乎其微，或者最终不会取得任何一点成效。整个地球是一个生态系统的整体，像大气的污染、河流的污染等许多污染都是全球性的，不分国家和民族的。基于这样的原因，在全球生态保护这一问题上，世界各国的人们一定要通力合作，达成一种生态环保普世伦理的共同认识，并把环境保护的普世伦理和本国的国情有机结合起来，寻求到一种适合各国的历史与现实生态环保办法。"生态伦理学的全人类性"的另一个含义是，生态伦理不是某些人的职业伦理，而是每一个人都应遵守的公共伦理。自然环境是人类文明的生存根基，每个人每天都要消费一定数量的商品，而这些商品的生产和销售都是以对自然资源的消耗为前提的，每个人的生存都对环境构成一种压力，如果我们每个人在日常生活中都能尽量减少那些不必要的消费，自觉选择那些低消耗的产品，那么，我们就能减轻自己对环境所构成的压力。把所有人的这种减轻环境压力的努力都集合起来，地球就能拥有一个充满希望的明天，因此，保护环境是每一个人的义务。

5. 观念与实践层面的革命性特征

生态伦理学的革命性，既表现在观念层面，也表现在实践层面。在观念层面，生态伦理学中的非人类中心主义观点对基础深厚、不易动摇的人类中心主义举起了讨伐的檄文，进而把人类道德关怀的目标从人类这一物种扩大到了整个大自然和自然中的动植物，即使是现代人类中心主义，也把道德关怀的范围从当代人扩展到了尚未出生的第二三代人，而无论是人类中心主义还是非人类中心主义，都"超越了传统那种把本民族利益看得高于一切的狭隘的民族主义，而把全人类当作环境道德所关怀的'基本单位'"；此外，生态伦理学还猛烈地批评了近代以来形成的那种崇尚奢侈的物质主义、享乐主义和消费主义，倡导一种与大自然协调相处的"绿色生活方式"。在实践层面，生态伦理学要求改变目前那种以对能源的巨大消耗为前提的经济安排。有的生态伦理学家对资本主义与环境保护是否相容提出了疑问，比如罗尔斯顿就认为，资本主义和个人主义的力量不会自发地促进对环境这类公共善的保护，资本主义"那种一味激发人们欲望的经济模式……导致的是某种畸形的经济增长、并提高了人们对环境的消费胃口"。为此，生态伦理学要求建立一种更有利于环境保护的公平的分配模式，在政治领域，生态伦理学要求以完整的生物区系为基础划分行政管理的单位和政治共同体，强调全球意识和基层民主，主张以全球利益作为评判主权国家的外交政策的一个重要标准，反对军备竞赛，倡导和平；反对那些靠钻法律的空子谋取"合法利益"的损害环境的行为，鼓励人们以和平的方式抗议那些违背环境道德的行为。

概而言之，生态伦理学这种崭新的学科方兴未艾，它以一种新的道德观和价值取向为理论体现方式，对目前存在的伦理学的基本原则和精神不是简单地加以应用，而是对传统的精神资源和伦理基础采取了"扬弃"的态度，取其精华，弃其糟粕，其更多的是大胆创新。"它处于伦理学的前沿阵地。这是一片尚未开垦的大有作为的处女地。"

第三节 生态伦理学的使命与困境

一、生态伦理学的使命：谋求生态保护的道德理由和依据

伦理学（ethics）是指一种思想类型或理论学说，是人们反映、思考伦理生活（ethos）的观念性产物，但不是伦理生活本身①。亚里士多德曾清楚地阐述过作为思想的 ethics 和作为生活的 ethos 之间的这种区分：伦理生活（ethos）是人们在生活中的风俗习惯及其在个人身上形成的气质和品质，而伦理学（ethics）则是针对这种风俗和品质的一项研究②。

但是，包括不少伦理学家在内的许多人却认为，伦理学的使命在于告诉人们应该做什么或不应该做什么，也就是说，伦理学要为伦理生活提供道德要求（moral claims）。尽管这是伦理学最为人期待的一项任务，然而，它却是伦理学最不胜任的一项任务。因为，人类的道德状况并没有因为伦理学更加精细而变得更好：伦理学提出的诸多道德要求——应当如何行动、如何生活——并未如其所愿地说服所有人。面对这种尴尬局面，伦理学不得不承认，其所设计的各种原则不过是一种"软约束"，它只对愿意遵守它们的人才有效。与之相比，倒是那些由法学、政治学提出，并通过诉诸社会权威力量予以确定和推进的行为规范更具实效。即便那些行为合乎道德要求的人，也未必是伦理学的自觉思考者和遵守者。很多时候，人们的道德意识和道德冲动来自伦理生活的潜移默化，而不是伦理学的正规传授。在实际生活中，哪些行为得到提倡，哪些行为又被人拒斥，这主要由伦理生活自身的状况和逻辑决定，而不是要等到伦理学家和伦理学出现后才大白于天下。况且，要求伦理学为伦理生活提供具体的道德要求，这会带来（实际上已经带来）一个严重的问题，即，伦理学内部不同思想的相互交锋甚至冲突，使人们在进行伦理决定时无所适从。这不但使伦理学面临学理上的难题，而且严重败坏了伦理学的声誉，人们会因为伦理学并未成功地改善伦理生活，而对这种类型的思想学说产生普遍的质疑。

那么，伦理学是否不必介入实践，而是像 20 世纪的元伦理学所指出的那样，只负责考虑道德陈述（moral expressions）在语言上的意义和用法呢？

诚然，对伦理学的表达陈述进行反思，这是十分重要的元层次思考。但令人不满的是，元伦理学的结论却是，伦理学的表达只是"情感的表达"，而不是一门可以划归

---

① 傅华. 中国生态伦理学研究状况述评（上、下）. 北京行政学院学报，2002（1）：88 − 92.
② 傅华. 中国生态伦理学研究状况述评（上、下）. 北京行政学院学报，2002（2）：90 − 93.

理性范围的学问。① 而这种观念，其实同元伦理学的逻辑经验主义背景密切相关。因为在逻辑经验主义看来，哲学的主要任务是区分命题是否有意义，而一个命题是否有意义，就在于它能否被经验证实而被赋予逻辑真值（"真"或"假"）。在这一前提下，诸如"物自体""本质"等概念就成了伪概念，应从思维中被清除出去。通过这项工作，逻辑经验主义不仅"打击了一切思辨的形而上学"，而且其范围"还必须扩展到整个规范哲学或价值哲学，扩展到任何作为规范科学的伦理学或美学。因为价值或规范的客观有效性是不能用经验证实的，也不能从经验陈述中推出来"。可见，逻辑经验主义的区分，其目的是为了"清除"伦理学的合法性，其后果是把科学知识中心化，而把道德知识边缘化，甚至是把道德知识"去知识化"。

这种极端的看法，已不能算作一种伦理学思想，而只能算作批判者对伦理学的攻击和解构。尽管伦理学为伦理生活提供指南这一使命完成得并不成功，但是，要求伦理学完全与伦理生活脱离干系，那也有失偏颇。既然伦理学一方面不能代替生活本身而直接提供道德要求，另一方面又不应当抛弃生活而把伦理观念斥为情绪表达，那么，伦理学的位置究竟在哪里呢？其使命又是什么？

实际上，如果一个社会接纳和提倡怎样的道德要求，在根本上是由 ethos 决定而不由 ethics 决定的话，那么，伦理学作为一项理论研究，其使命当然就不在于越俎代庖地去制定道德要求，而在于对 ethos 所提出的各项道德要求进行理性的批判、论证和反思。换言之，面对社会风俗规范中的道德要求，伦理学的使命是要去论证：

1. "为什么应该这样"，即采纳这项道德要求的依据和理由是什么？

2. "何以可能这样"，即采纳这项道德要求的基础和条件在哪里？

对一项道德要求来说，如果它经得起深层次的反思和追问，那么，它就可以被继续接纳并得到强化；如果它经不起深层次的反思和追问，那么，伦理学就需提醒人们修改甚至放弃这项要求，考虑如何论证道德要求背后的道德理由（moral reasons）。伦理学的任务，就是要把这些理由经过批判而建立在一个合理的基础上，从而构成具有说服力的思想立场。

从这个角度出发，我们才能意识到，生态伦理学作为一项特定的伦理学研究，其使命也不是要罗列出具体的伦理原则或责任义务框架。因为很明显，这方面的道德要求实际上只有一个（或者说，最终归结为一个），即"化解生态危机，保护生态环境，实现人与自然的和谐相处"。这项道德要求早已在生活中为人所熟知。人们不仅通过政府宣传、民间呼吁和个人的切身体会意识到了这一点，而且社会权威力量也正通过政治法律等方式，对具体的行为规范予以落实。因此，如果生态伦理学只是落脚于此，那么，这不过是用伦理学的术语又重复了一遍老百姓所熟知的信息而已。更何况，这种重复性的提倡，也未必能解开生态问题的伦理症结。因为，那些正在破坏生态或者对这种破坏表示冷漠的人们，并非不知道"应当保护生态"这一道德要求，而真正的症结在于，用以支撑该道德要求的理由和依据，尚未充分地说服他们！而这再次

---

① 余谋昌，王耀先. 环境伦理学. 北京：高等教育出版社，2004：2 - 15.

表明，生态伦理学的使命，是要为生态保护提供道德上的有力依据，① 或者说，它主要在于充分论证"应当保护生态"这一要求背后的道德理由，并提出各种思路来说服持不同立场的人们。在完成这一使命的过程中，"人类中心主义"和"非人类中心主义"是诸多论证思路中较为完备和成熟的两大类型，因此也被看作两个基本纲领。

二、生态伦理学的困境与宿命

从理论的演变来看，非人类中心主义提出，人们保护生态的理由是出自"生态"本身而非"人"的需要，这更能显示"生态"在整个生态伦理学构思中的优先性和独立性。在此意义上，与人类中心主义的等差式论证相比，非人类中心主义的一致性论证也就更加理直气壮。因而它成为现代生态伦理学的主流。

然而，拥有某种道德理由和依据，并不代表人们一定会按照这种理由和依据去行动。因为，在自然观和具体的环境伦理主张与行动之间，并不存在一一对应的关系。那些承认自然与人具有某种一致性的人，不一定能够全方位地保护自然；而那些不承认自然与人具有某种一致性的人，也不一定就会大规模地破坏自然。对于后一种情况很好理解，因为人类中心主义者就是这样。虽然他们在理论建构上似乎不够坚决，但平心而论，他们仍同非人类中心主义者一道，在为谋求保护生态的道德理由而努力。所以，在面对生态危机的当下，一个人无论选择何种生态伦理纲领，只要他践行自然保护，都值得肯定。相对于解决生态危机这一更重要的实践目标，理论上区分两者的高下并非那么紧迫。因此，生态伦理学面对的关键问题，并不在于"为什么人类中心主义和非人类中心主义之间不能相互说服"，而是在于"为什么已经有了这么两种成熟的思想纲领，人们却依然在实践中没有彻底地采纳施行"。而这在更深刻的层面上提醒人们，应注意到生态伦理学作为一门伦理学知识的内在局限。

如前所述，伦理学作为一门学科，主要使命不是直接提出道德要求，而是要为这些要求在理论上提供理论支持。但是，作为一种面向实践的科学，伦理学又不得不在完成上述理论任务的同时，始终顾及实践的目标，即，通过让人们理解（由伦理学所提供的）道德理由而促使他们遵循（由伦理生活所提出的）道德要求。事实上，人们也往往是通过道德要求被履行的实际情况，来判断伦理学有没有为这些要求提供充分的理由。

然而，在伦理学所需完成的主要使命与伦理生活的实际践行之间，并不一定能够"水到渠成"。因为，伦理学的主要任务是理论性的，而伦理生活的实际践行却是实践性的。即便伦理学提供了合理的理由，即便人们能理解这些理由，也依然不能保证他们履行相应的道德要求；同样的，即便伦理生活中的道德状况不好，也并不意味着人们头脑中就缺少道德知识和依据。所以，当我们抱怨"道德危机"或"伦理困境"时，并不是说人们"没有道德上的理由或依据"，而是说人们"有了道德上的理由或依据却不去付诸实施"。因此，问题的症结就不在于伦理学没有提供（好的）道德理由，而在于无论伦理学多么出色地完成了自身的使命，它所提供的道德理由也依然只是某种理

---

① 李义天．生态伦理学的使命与宿命．天津社会科学，2009(3)：5.

论上的知识，而伦理生活的实践却是具体的行动；要把特定的伦理知识转化为具体行动指南并最终付诸行动，这中间还有一些关键的环节需要澄清和衔接。

这些"中间环节"就是推动一个人不仅"认识"（cognize）而且"认同"（recognize）道德理由，从而履行相关的道德要求、采取相应的道德行为。在主观方面，主要是"意志"；在客观方面，则主要是"利益"。一个人完全会因为胆怯、犹豫等心理阻碍而无法下定决心按道德理由行事；类似地，另一个人也完全会因为切身利益受到威胁、而不能采取更好的道德选择。尽管明白伦理学提供的道德理由很好，但他们同时也会表示自己"人在江湖，身不由己"，伦理生活的现实境况不允许他们采纳伦理学的建议。面对这种情况，与其说"可惜"，不如说是"无奈"。因为，它实在是超出了伦理学力所能及的范围——伦理学的任务只在于尽可能地提供有理论说服力的道德理由和依据，但它却不能保证这些理由和依据必定达到说服的效果（尽管它非常希望能够达到这种效果）！必须承认，作为一种"软约束"的精神资源，伦理学只能通过"理性的说服（rational persuasion）"来发挥作用。然而，"理性的说服"同"理性"本身一样，总是具有局限和边界。

从这个意义上说，作为伦理学分支的生态伦理学同样具有局限性。并且，这种局限不是来自理论上的瑕疵，而是来自伦理学这一知识类型的自身定位和任务的有限性，来自伦理学在处理实践问题时的柔性或不充分性。我们完全可以设问：在当代社会中，即便如人类中心主义者那样认识到人类的整体利益和长远利益，或者，即便如非人类中心主义者那样认识到非人类存在物的内在价值，人类就会停止对自然的破坏吗？未必如此！因为，这里还有一些道德理由之外的现实原因起着阻挠作用。正如《京都议定书》、"巴厘岛路线图"等文件中看到的那样，美国、澳大利亚等发达国家的政治精英们绝非不能理解生态伦理学的道德理由，然而，对自身利益的诉求，使他们拒绝采取有利于生态保护的决策。与此同时，我们还发现，在一些欠发达的国家和地区，人们也喜欢以"民族生存压力""国家经济安全"等事关共同体利益的说辞来替自己破坏生态的行动辩解。由于这种诉求具有政治上的合法性，因而，它甚至使那些造成或加深生态破坏的人们变得"理直气壮"起来。在这个意义上，针对生态议题的探讨，必然会突破道德领域而进入更为复杂的政治领域。况且，目前的生态问题已超出私人的生活空间，甚至超出个别族群和国家而成为一个全球性问题，因此，它显然应被纳入公共议题中加以追问：究竟是怎样的政治结构和政治理念，导致人们不愿或不能采取生态伦理学已经提供的道德理由和依据？又究竟是怎样的政治结构和政治理念导致了目前的生态危机？

由此可见，仅在伦理学的层面上讨论生态问题，对于生态问题的实际解决是不够的。毋宁说，当生态伦理学完成了自己的任务（即提供了合理的道德依据）之后，还需要一种更具权威性的政治力量来为这些道德依据的付诸实施扫清障碍。因而，要破解生态危机的伦理学困境，就必须更进一步，去剖析植根于人类社会深层结构之中的政治性问题。

本章小结

生态伦理学概念是基于科技和经济高速发展带来的全球性环境问题提出的。这一环境危机产生的原因是人类的文化发展与经济发展失去了平衡，对物质的追求过分超越了文化文明的进步速度，人类对人与自然关系的认识偏差严重忽略了环境资源的承载能力。生态伦理学就是重新定义在处理人与自然关系过程中人的地位和作用。从关注"环境"到关注"生态"，意味着人类对生存环境的认识实现了质的飞跃，而"生态"与"伦理"相结合，不是和传统伦理概念的简单相加，而是把所关注的道德对象从人际领域扩展到自然领域，把尊重自然与敬畏生命作为人类的重要道德信念。

生态伦理学不是纯粹的理论研究，而是将生态学的理论知识和解决生态环境的现实需要相结合，具有实践意义。由此，生态伦理提出了崭新的价值观念、道德规范和行为准则，它要求人类主动调整自己的价值观，注重人与人平等的同时，注重人与自然的平等。它呼吁人类主动改变自己的行为方式和生产方式来适应自然，保护地球上的生命和自然界，从而争取最佳社会经济效益和生态效益，最终使经济建设和生态环境处于相互适应、相互协调的平衡状态中，以实现人类社会与自然的和谐发展，共存共荣。

【思考题】

1. 西方生态伦理学孕育和创立的社会思想条件是什么？
2. 西方生态伦理学在创立阶段的主要特征是什么？
3. 西方生态伦理学是如何发展的？其代表人物有哪些？
4. 西方生态伦理学的未来发展有哪些趋势？
5. 什么是生态伦理学？西方生态伦理学与生态伦理学的关系是怎样的？
6. 生态伦理学的特征是什么？
7. 为什么说生态伦理学的使命在于谋求生态保护的道德理由和依据？
8. 生态伦理学的困境在哪里？为什么？

【参考文献】

［美］阿尔贝特·史怀泽. 敬畏生命［M］. 陈泽环，译. 上海：上海社会科学院出版社，1992.

［美］奥尔多·利奥波德. 沙乡年鉴［M］. 侯文蕙，译. 长春：吉林人民出版社，1997.

［美］纳什. 大自然的权利［M］. 杨通进，译. 青岛：青岛出版社，1999.

［美］唐纳德·沃斯特. 自然的经济体系：生态思想史［M］. 侯文蕙，译. 北京：商务印书馆，1999.

陈子飞，王官成. 生态伦理精神探微［J］. 长江师范学院学报，2009(3)：115-120.

辞海编委会. 辞海［M］. 上海：上海辞书出版社，1979.

范岱年. 从库恩的科学哲学谈起［J］. 科学与社会，2013(1)：75-85.

傅华. 中国生态伦理学研究状况述评（上、下）［J］. 北京行政学院学报，2012(1)：88-92，2012(2)：90-93.

何怀宏. 生态伦理——精神资源与哲学基础［M］. 保定：河北大学出版社，2002.

霍尔姆斯·罗尔斯顿. 环境伦理学［M］. 杨通进，译. 北京：中国社会科学出版社，2000.

　　李义天. 生态伦理学的使命与宿命[J]. 天津社会科学，2009（3）：5

　　林红梅. 生态伦理学的历史演进和未来走向[J]. 南京林业大学学报：人文社会科学版，2009（1）：35－40.

　　林红梅. 生态伦理学概论[M]. 北京：中央编译出版社，2008.

　　刘湘溶. 人与自然的道德话语——环境伦理学的进展与反思[M]. 长沙：湖南师范大学出版社，2004.

　　卢风，肖巍. 应用伦理学导论[M]. 北京：当代中国出版社，2002.

　　卢风. 从现代文明到生态文明[M]，北京：中央编译出版社，2009.

　　聂惠. 环境伦理学意蕴中的和谐社会的构建[J]. 重庆科技学院学报：社会科学版，2008（2）：7－8.

　　吴继霞. 环境伦理学研究中的几个问题[J]. 道德与文明，2001（6）：23－27.

　　叶平. 回归自然——新世纪的生态伦理[M]. 福州：福建人民出版社，2004.

　　叶平. 人与自然：西方生态伦理学研究概述[J]. 自然辩证法研究，1991（11）：4－13，46.

　　叶平. 生态伦理学[M]. 哈尔滨：东北林业大学出版社，1994.

　　余谋昌，王耀先. 环境伦理学[M]. 北京：高等教育出版社，2004.

　　袁志萍. 环境伦理学的多维意蕴与价值[J]. 青海社会科学，2004（5）：74－77.

　　周国文. 公民观的复苏[M]. 上海，上海三联书店，2016.

　　周国文. 生态公民论[M]. 北京：中国环境出版社，2016.

　　周国文. 自然权与人权的融合[M]. 北京：中央编译出版社，2011.

　　AMSTRONU S, BOTZLER R. Environmental ethacs: divergence and convergence[M]. New York: McUraw-Hill, 1993.

　　DESJARDINS J R. Environmental ethics: an introdurtion to environmental philosophy[M]. San Francisco: Wadsworth Publishing Company, 1992.

　　ROLSTON H. Environmental ethics: duties to and valucs in natural world[M]. Temple: Temple University Press, 1988.

　　TAYLOR P W. Respect for nature: a theory of environmental ethics[M]. Princeton: Princeton University Press, 1986.

第二章

西方生态伦理学的学科特征

本章提要：本章的重点和难点主要是西方生态伦理学的核心学科内涵、学科特征以及生态伦理学与其他相关学科的学科界限。通过本章内容的学习，掌握西方生态伦理学的内涵以及其典型特征，为接下来的深入研究和学习奠定基础，在学习中也要注意相关学科之间的交叉联系。希望透过本章的内容理解，对西方生态伦理学的学科特征及发展脉络有所了解，也对西方生态伦理学这一学科的内涵有较为深刻的体会。

第一节　西方生态伦理学的学科内涵

一、西方生态伦理学研究的两个主要问题

谈到西方生态伦理学的学科内涵，有必要提到法国神学家、哲学家、医生，著名人道主义者，于 1954 年获诺贝尔和平奖的阿尔伯特·史怀泽（Albert Schweitzer，1875—1965）的著作——《敬畏生命》。施韦泽痛感欧洲文化的麻木不仁、伦理的浅薄和不完整。因为现代欧洲的伦理学认为，伦理学只需给人类以伦理关怀，道德关系只存在于人与人之间，对一切非人存在者无须心存任何道德关怀。这样的伦理是没有深度的、不完整的。在悟出"敬畏生命"这一原则之前，他曾长期思考欧洲文化和伦理的弊端何在，但百思不得其解。有一次在乘船旅行途中，他在思考一种新的文化（比欧洲文化更有伦理深度和影响力）如何产生的问题，但疲劳和迷惑使他的思维几乎处于停顿状态。船在行驶，他看见四只河马和它们的幼仔也在向前游动，这时在他极度疲乏和沮丧的脑海中突然出现了一个概念："敬畏生命"。顿悟出这一观念，一种新的伦理和文化就呼之欲出了。

西方生态伦理学事实早已存在，从 19 世纪下半叶以来在以梭罗、利奥波德、卡逊、罗尔斯顿、辛格等为代表的西方思想家的环境文学与生态伦理学著作中就可以看出。它在一般的意义上，也被解读为西方环境伦理学。生态伦理学与环境伦理学的区别主要体现在"生态"与"环境"含义的区别上。"环境"是"生态"的一个界域，是与人类生存生产活动和发展进程相互关联的各种外部条件和要素的总体。"生态"则是一个更大的范围，是自然界整体生物圈的系统组成。

西方生态伦理学研究的主要问题有以下两项：①人类与自然事物之间有没有道德关系？对非人动植物要不要讲道德？②人与自然事物的价值关系问题，每个人都有不可剥夺的尊严和权利，即都有价值和权利，非人事物有没有价值和权利？

基于此可以看出生态伦理学是以"非人类中心主义"并探讨"自然价值"的学科。提到"非人类中心主义"，有必要简单的叙述一下"人类中心主义"的主张：道德主体仅限于人，只有人具有内在价值，非人存在物只具有工具价值，即只有在对人有用或为人所用时才具有价值；道德共同体仅限于人类，人和非人存在物之间，以及非人存在物相互之间不存在道德关系，也无所谓道德责任或义务、道德权利等；人类是道德价值世界的中心乃至主宰，人类之所以要保护自然生态环境，从根本上说不过是为了人类自身的利益或福利——自利论立场；人的理性能力就群体和长期来看是无限的，今天碰到的难题将来总会得到解决，令人没必要杞人忧天。与此相对应，西方生态伦理学倡导的"非人类中心主义"则有以下三点基本主张：

第一，非人存在物自身就有不依赖于人的内在价值（而不仅限于工具价值），可以成为目的本身，成为道德主体，其中主体（agent）表示主动性、能动性、目的性。

传统"主体（subject）—客体/对象（object）"二分思维方式导致了导致对大自然的无止境的掠夺的恶果，"非人类中心主义"对此表示了批判。道德共同体应该包括非人存

在物(如动物、植物,甚至是无生命物),非人存在物拥有道德权利,其性质和人类所拥有的道德权利一样(有些人可能主张程度有所不同),相应地,人类对非人存在物需要承担道德义务。人和非人存在物的主体性可能程度不同,所享受的道德权利和所承担的道德责任或义务也不相同,权利和义务是对等的,假如人类拥有最高的道德权利,那么就相应要承担最多的道德义务,所以这里有一种说法:人类应该在大自然中主持公道。

第二,人类只是整个自然生态环境中的一员或一个环节,与其他成员或环节休戚与共,理应与其他成员或环节平等、和平地相处。

人类之所以要保护生态环境并不仅仅是为了自身利益或福利,而从根本上是要尽自己的道德责任和义务,尊重并身体力行地维护自然生态环境中其他成员的价值、权利、利益和福利——道义论立场。人的理性能力无论是就个人还是群体,或就短期还是长期来看,都是有限的(这是人的本体特征),有些问题是人类自身不能解决的,如果不悬崖勒马,人类迟早会毁灭自身。人类应当理解自然,而不是征服自然。

第三,人类需要一次"道德革命",重新理解人类和自然生态环境之间的道德关系,彻底突破和超越传统人类中心主义立场,将道德共同体扩展到包括人类在内的整个自然生态系统。这是一种新的判断行为或制度安排是非对错的标准,利奥波德曾说"看我们的行为(或制度安排)是否有利于生态共同体的完整、稳定与美丽,凡有利于生态共同体之完整、稳定与美丽的,便是对的,反之,是错的。"

二、生态伦理学发展的五个阶段

生态伦理学是一门将研究视角回归自然本身,并关注自然的持续发展以缓解人类因不恰当活动引发的自然危机的学科。与传统环境伦理学不同,生态伦理学比环境伦理学研究涉及的范围更大,更加注重整个包括人类所赖以生存的外部世界和除此以外的其他自然界生物圈的系统协调,这和中国传统儒家思想中强调的"天人合一"也是契合的,只有达到整个生物圈系统的和谐,人类才能获得更加长足稳步的发展。因而,生态伦理学是回归自然、研究自然价值的学科,将自然放在研究的首位,"自然的才是最好的"是其基本原则,人类要适度发展,顺应自然的发展规律,这与马克思主义物质观也是一致的。发现并认同自然价值,是生态伦理学这门学科发展的主线。生态伦理学摆脱了过去功利主义的价值观,将人视作自然中必不可少的一份子,将人与自然视作休戚与共的关系。

一些先驱的思想理论为生态伦理学的产生奠定了重要的思想基础,这些思想理论通过不断的演变和发展,成为西方伦理学学科的重要内涵,至今具有现实意义。例如,斯宾诺莎的泛神论认为万物有神,相互转化;边沁的功用主义认为动物也可感受苦乐,应纳入苦乐计算;梭罗的整体主义和非人类中心主义认为人和其他自然存在物同属于一个"社会"(道德共同体),"没有任何理由崇拜人类""要接受宇宙的更为宽广的视角";施韦泽提出敬畏生命,敬畏包括草木虫鱼等所有生物的生命;《沙乡年鉴》的作者利奥波德在"大地伦理"中提到,大地是一个有机整体,地球上的任何存在物都有生命,人和其他自然存在物之间存在着伦理关系;卡逊认为,"害虫"仅仅是相对于人而言的，杀虫剂的使用会破坏整个生态系统，应与其他生物一起共享地球。而若想更为深刻地理解生态伦理学的学科内涵，则需要纵观整个西方生态伦理学产生、演变、发展并完善的过程。回溯历史，西方生态伦理学的发展大致经历了以下五个阶段：

1. 西方生态伦理学的酝酿阶段

第一个阶段是从 18 世纪末到 20 世纪初，是西方生态伦理学的酝酿阶段。这一时期，欧美的自然文学著作与自然主义思想层出不穷。18 世纪末到 19 世纪初，杰弗逊的"农业天然道德论"、泰勒的"田园共和主义"种下了美国社会生态伦理学观念朴素的信仰和理想的种子。19 世纪中后期，美国的乡土主义与现实主义文学转型，它以蒙昧的自然价值论推动了农业文明观念对工业革命浪潮的反哺。爱默生的《论自然》和梭罗的《瓦尔登湖》成为超验主义的经典之作；马什的《人与自然》表达了对人与自然关系的系统反思。他们三人迈开了环境思想从自然写真为内容素材向哲学思辨靠拢的步伐。伴随着 19 世纪末 20 世纪初美国社会第一次环境保护运动，面对机械化、工业化与资本扩张所导致的"分裂性现实"，以资源保护为诉求，以吉福特·平肖与约翰·缪尔为代表的思想家们用感性的言说与故事化的情节开始思考生活何为、家园何在等事关人类生存环境的根本问题。

2. 西方生态伦理学的诞生阶段

第二阶段是 20 世纪初到 20 世纪 50 年代，是西方生态伦理学的诞生阶段。随着 20 世纪上半叶西方欧美社会的第二次环境保护运动，欧美的自然文学题材促进了西方社会的生态伦理学的产生。1915 年，法国思想家阿尔贝特·史怀泽置身非洲丛林与河水的原生态世界，提出了"敬畏生命"的理念，将伦理学的范围由人扩展到所有生命，成为生态伦理学领域当中生命伦理学的奠基人。从情境复述到价值思辨，在沉淀了近一百年之后，面对美欧社会工业革命高歌挺进的胜利背后的种种困惑，如资源耗竭、废气排放、水质污染、物种灭绝、森林破坏等环境问题引起了社会广泛的关注，首批西方生态伦理学的结晶呼之欲出。1949 年生态伦理学思想的先驱美国思想家利奥波德的《沙乡年鉴》出版。而后于 1969 年由塞拉俱乐部再版而得以广泛流传，成为影响生态伦理学的一部重要著作，其中《大地伦理》一文后来成为生态伦理学史中的经典文献。

3. 西方生态伦理学的成长阶段

第三个阶段是 20 世纪 50 年代到 20 世纪 60 年代末，是西方生态伦理学的成长阶段。对环境的关怀是 20 世纪中叶西方社会的主题，环境运动在西方世界迅速崛起。1962 年，美国生物学家蕾切尔·卡逊出版了《寂静的春天》(*Silent Spring*)。1968 年，美国生物学家保罗·埃利希出版了《人口炸弹》一书，书中将环境问题产生的原因归结为人口过剩。而 20 世纪 60 年代后期，随着世界性的第三次环保运动席卷全球，生态伦理学日益从一种隐蔽的哲学变成显见的哲学。它以普遍而又具体的自然主义的知识模型，表达对物质主义与享乐主义的批判。著名的《科学》杂志先后刊登怀特的论文《当前生态危机的历史根源》与哈丁的《公有地的悲剧》可以说以一种震聋发聩的声音从环境神学、生态伦理学的进路揭开了西方生态伦理学的崭新历程。

4. 西方生态伦理学的成熟阶段

第四个阶段是 20 世纪 70 年代初到 20 世纪 80 年代末，是西方生态伦理学的成熟阶段。它也是西方生态伦理学著述的高峰期。在这个阶段及其之前的历史时期，生态伦理学往往成为取代生态哲学的代名词。生态伦理学是"一种试图通过展示物种成员的脉络、甚至无机组织并不是伦理考虑范围的障碍来扩展对于自然与反人类沙文主义的道德框架。"①毕竟伦理学的道德焦点曾主宰了西方生态伦理学 150 多年的研究进路。因此，西方生态伦理学也自然地成为伦理学学科目录下的次级学科：生态伦理学。

生态伦理学是对传统哲学的超越。在另一片看似孤独的大陆澳大利亚，也在寂然发声中成为生态伦理学理论崛起的另一重要地区。1973 年澳大利亚哲学家鲁特莱在第 15 届世界哲学大会上发表论文《是否需要建立一种新的伦理，或一种生态伦理》，堪称西方当代生态伦理学的第一篇哲学论文。这是西方伦理学发展的一个新的阶段，鲁特莱在对传统伦理学反思的基础上小心论证新的伦理学是否可能，在扩展人类道德共同体不仅仅局限在人类自身的框架下大胆假设建立一种生态伦理学。

1974 年，另一位澳大利亚哲学家帕斯摩尔针对此文发表专著《人对自然的责任》，认为鲁特莱的假设没有必要，站在人类自身的视域上，传统伦理学仍然能够解决现实的环境问题，重点在于如何准确理解与正确应用传统伦理学中的精髓。鲁特莱实际上以传统伦理学是否退场、生态伦理学是否缺位、生态伦理学是否能取代传统伦理学等问题揭示了生态伦理学中旷日持久的人类中心论与非人类中心论（或人本主义与自然主义伦理学）之争（直到 20 世纪 80 年代中期一直都是该领域争论的焦点）。帕斯摩尔的观点并没有在西方生态伦理学界引来共识，甚至带来了泾渭分明的争论。但西方生态伦理学界的学者至少在那个阶段是以帕斯摩尔观点为靶子，在批评与商榷中多数趋于认同非人类中心论，或至少是弱的人类中心论。似乎从鲁特莱之后，帕斯摩尔成了一个新的坐标，而在学术界被热议。

西方生态伦理学的完全确立，从集结学术队伍、凝聚学界共识的意义上来看，它离不开学术阵地的建立。生态伦理也从"与人类活动对自然界影响更紧密的范畴"而得到解读。1979 年，哈格罗夫、罗尔斯顿等人创立《生态伦理学》(*Environmental Ethics*) 学刊，这是以生态伦理学为代表的生态伦理学发展史上的一个里程碑。可以说是生态伦理学发展史上的一个转折点，因为这一时期有很多重要的著作相继问世，表明该领域的理论建构已渐趋体系化。罗尔斯顿在 1986 年出版的著作《哲学走向荒野》中对生态伦理范畴的整体主义进行了系统论证，并补充了"完整"和"动态平衡"两个原则。

---

① Ted Honderich. The Oxford Companion to philosophy. UK：Oxford University press，2005：256.

5. 西方生态伦理学的深入阶段

　　第五个阶段是 20 世纪 90 年代初至今，是西方生态伦理学的深入阶段。20 世纪 90 年代初期，西方生态伦理学尽管还在为进入主流哲学行列而努力，但其掌握的前沿议题及对全球社会的影响力却远远超过它自身的地位。全球绿色政治的崛起，为西方生态伦理学的深入创造了条件。作为 20 世纪 90 时代全球举世瞩目的环境事件，也是联合国成立以来规模最大、级别最高、人数最多、影响深远的一次空前的国际性盛会，1992 年在巴西里约热内卢举行了联合国环境与发展会议。来自 178 个国家的代表团、118 位的国家元首和政府首脑以及联合国机构和国际组织代表出席了这次全球性高峰会议。会议通过了《地球宪章》《21 世纪议程》《气候变化公约》和《保护生物多样性公约》四个重要文件，它以生态议题跨地域、跨国界、跨文化的影响力，标志着世界环境保护运动在政治领域进入了一个新的阶段。这足以表明全球治理的环境与发展问题已引起世界各国和国际社会的关注。

　　进入 21 世纪，生态伦理学的地位被传统哲学界所认可。它拥有了自己明确而又独立的界域；作为定义，它不再是环境伦理学的另一个概念。相反，生态伦理学在学科内涵的层面包括了环境伦理学。足以显见的文本依据，在分析泰德·洪德里奇（Ted Honderich）编撰的牛津大学出版社 1995 年第一版的《牛津哲学指南》与 2005 年第二版的《牛津哲学指南》的相关词目可以证明。比较这两个相隔 10 年的前后版本，1995 年第一版的《牛津哲学指南》只有"环境伦理学"的词目，而 2005 年相对较新的版本中出现了"环境与生态伦理学"及"生态伦理学"两个不同的词目。"生态伦理学是包含着介于人类与非人类之间关系的所有的哲学反映。自从学科成长于人类如何对于自然世界的本然行为，它已经被控制于生态伦理学的讨论。面对这种霸权，一些作者提到'生态伦理学'胜过生态伦理学，为了强调他们并不是首先关注应用伦理的问题。这里的推理是当应用伦理寻求带来相似的伦理理论，例如功利主义承担着实践的问题，生态伦理学是对应用传统哲学理论去试图面对环境问题持有天性地怀疑。"①

　　可见在最新的这个时期，生态伦理学在形成学界共识的自身定义基础上，体现出在沉淀中发展的趋向。在学科交叉、视域互换、境遇相融、多元碰撞的过程中，它与环境科学、环境政治学、环境社会学、环境心理学在相互对话、彼此借鉴与有效应用，生态伦理学的理论体系越发成熟。

　　布莱恩·诺顿在《走向统一的环境主义者》（1991）中认为："要介绍其他物种独特的价值，人类必须公平对待其他所有物种，单纯对人类行为进行限制的理念不具有广泛意义，也无法满足人类建造对未来有益的、健康的、复杂的、自主的功能系统，深生态学家围绕自然具有独立价值的原则，提出人类的政策目标应该围绕保护生物性展开，但又不限于此，要将自然的独立性与人类活动融合，而不是单纯限制人的行为。②尼尔·卡特在《环境政治学：理念、行动与政策》（2001）的第一部分就从如下五个问

---

　　①　Ted Honderich. The Oxford Companion to philosophy. UK：Oxford University press，2005：255.

　　②　Bryan Norton. Towards Unity Amongst Environmentalists. Oxford University Press，1991：226 – 227.

题专门谈生态伦理学："什么是生态伦理学的主要理论与争论？自然是否具有人类需要的独立价值？自然界的一些部分是否比其他部分更有价值？在哪个范围人类对于自然世界负有责任？生态伦理学能否提供一种绿色思想体系的伦理基础？"①

尽管西方生态伦理学产生和发展历史较短，是一门比较"年轻"的学科，因而缺位于众多西方哲学史的专著与教科书。但当 20 世纪 90 年代以来，全球环境问题引发诸多有识之士对生态伦理学的关注，生态伦理学日益走上哲学的台面，就成为了现实。甚至可以说现代西方哲学史的伦理学部分，也要为生态伦理学的影响而改写。彼德·辛格用功利主义理论去支持对所有有感觉的生命形式的平等考虑。从道德层面看要平等对待所有生物，因为有时生物和人一样具有情感。汤姆·雷根扩展非人类动物权利的讨论，增长了人类不能无视其他动物在义务的互惠网络中作为道德主体的责任与义务。应用康德哲学的伦理理论，保罗·泰勒为采用尊重自然的生物中心论的伦理态度而辩护。他搁置这种关于每个存在物实体一边努力实现它自身的好处，一边在一个生命目的论中心的网络中拥有同样的内在价值的可理解性态度。霍尔姆斯·罗尔斯顿三世反对讨论通过上百万年的遗传选择来提出对物种不断变化的生命形式中短暂生存个体的整合的自治。物种存在于生命共同体：那里没有权利把一个物种与持续存在的它自身进化的生态系统分开来。人类对他们自身的生态系统有责任。最近的发展包括关于用功利主义或道义论伦理理论来扩大道德共同体的不友善的批评。也在攻击当下既是资本主义者又是社会主义者的生态系统的共享的假设，仅当被人类改变的自然也拥有权利。②

因此，透过西方生态伦理学发展演变的五个阶段，可以看出不同阶段西方生态伦理学的学科蕴含，其作为环境哲学的一部分不断丰富和发展：

第一阶段，也就是西方生态伦理学的酝酿阶段。西方生态伦理学尚处于萌芽，仅仅是部分思想家、作家等通过自然文学题材的作品反映人类自身对工业文明快速扩张而导致生态环境恶化的反思，这时生态伦理学尚未形成一个明确的学科定义。

第二阶段，也就是西方生态伦理学的诞生阶段。该阶段将伦理学的范围由人扩展到所有生命体，此阶段的生态伦理学已经初具雏形。重点关注工业革命之后产生的大气污染、资源枯竭、水质污染、物种锐减、森林面积大幅减少等问题，总的来说，诞生阶段的西方生态伦理学的学科主要关注工业扩张带来的一系列环境问题。

第三阶段，也就是西方生态伦理学的成长阶段。在全球环境运动的兴起下，生态伦理学逐渐从隐性的哲学发展成显见的哲学，这一阶段的西方生态伦理学，学科重点分析造成生态危机的原因。

第四阶段，也就是西方生态伦理学的成熟阶段。这也是生态伦理学作为一门学科正式成型阶段。生态伦理学成为伦理学的次级学科，从道德角度出发探讨"非人类主义中心"的生态伦理学。

---

① Neil Carter. The Politics of the Environment：Ideas、Activism、policy：second Edition. Cambridge university Press，2007：13.

② Ted Honderich. The Oxford Companion to philosophy. UK：Oxford University press，2005：256.

第五阶段，也就是西方生态伦理学的深入阶段。此阶段生态伦理学开始被主流哲学公认，生态伦理学在学科内涵的层面包括了环境伦理学，"生态伦理学是包含着介于人类与非人类之间关系的所有的哲学反映"①，但是生态伦理学在西方哲学史中的地位轻重，还有待历史的考量。

第二节　西方生态伦理学的学科特征

西方生态伦理学具有鲜明的学科特征。"根据哲学的时代性特征，可以得出这样的结论：生态哲学就是'被把握在思想中的'生态文明，是按照生态文明的价值与逻辑所构思起来的哲学。它是生态文明的'活的灵魂'，是一种不同于西方近代传统哲学的新的哲学形态"②。国内学者林红梅认为"生态伦理学是当代西方的主要伦理思潮之一，它是环境哲学的一个分支，是对人与自然环境之间道德关系的系统研究。在通过对西方的生态伦理学者在生态伦理学的定义上不同观点的分析，梳理得出生态伦理学的五个基本特征，即广延性、多学科性、多元性、全人类性及观念与实践层面的革命性"③。国内学者周国文则认为自然权与人权的融合需要"从对自然的工具性价值的片面误区中走出，从对自然整体与公民人格的理解开始，更加注重自然的整全式价值。"④卢风则提到"自然物不能说人类的语言，并不构成它们可享有生存权利的根本障碍"⑤由此可见要把内在价值基点从个体的人身上转移到动植物身上乃至整个地球的生态保护上，这样的价值转移也是生态伦理学所倡导的。万俊人则提到"道德共识，是对某一确定范围内道德公度的共同认可，因此它意味着存在某一种可普遍化和可公度的道德"。⑥ 生态伦理也是这样一种人类的道德共识，得到人类普遍认同。由此可见生态伦理学比一般的环境伦理学囊括范围更大，它作为环境哲学的分支，具有其独特的特征。其特征的核心便是"尊重自然价值"，西方生态伦理学是西方学者在工业文明扩张给生态环境造成了不可逆的破坏的基础上逐步发展来的，所以生态伦理学的特征都是围绕这个核心展开的，是人类对自身行为的深刻反思。国内学者刘福森认为的"生态哲学是以自然存在论为基础的生态世界观，以环境价值为核心的生态价值观，以'生命同根'为价值前提的生态伦理观和以'生态约束'为特征的新发展观"⑦，由此可以概括出西方生态伦理学的四个主要特征。

一、以自然存在论为基础的生态价值观

西方生态伦理学注重研究自然价值，这也是中外学术界探讨的主要环境伦理问题

---

① Ted Honderich. The Oxford Companion to philosophy. UK：Oxford University press，2005：255.

② 刘福森. 新生态哲学论论纲. 江海学刊，2009（6）：12.

③ 林红梅. 生态伦理学的内涵与特征——当代西方伦理思潮研究. 南京林业大学学报：人文社会科学版，2011，11（2）：35 - 38.

④ 周国文. 自然权与人权的融合. 北京：中央编译出版社，2011：3.

⑤ 卢风. 应用伦理学——现代生活方式的哲学反思. 北京：中央编译出版社，2004：132.

⑥ 万俊人. 寻求普世伦理. 北京：商务印书馆，2001：30.

⑦ 刘福森. 新生态哲学论论纲. 江海学刊，2009（6）：12 - 18.

之一，这一问题涉及自然有无价值和自然是不是价值主体两个方面，对这一问题的回答有以下两个不同的角度。

1. 自然有价值并且自然本身就是价值主体

自然具有内在的客观价值。这种价值是自然本身具有的创造属性，这些属性使自然物不仅能主动适应环境实现生存和发展，而且使它们相互依赖、竞争、协调发展，从而增加自然本身的复杂性和创造性，确保生命朝多样化和精致化方向发展。比如，荒野具有多种价值：经济价值、消遣价值、科学价值、美学价值、历史价值、生命价值等。

2. 人是唯一的价值主体

传统的人类中心主义，认为人是唯一价值主体，人是万物的尺度，强调按人的价值和利益来征服自然。例如，在西方，培根提出的"知识就是力量"以及中国的"人定胜天"等思想。

除了"自然价值"，"自然权利"也是中外环境伦理学讨论的主要问题。自然价值论是自然权利论的基础。西方自然价值论者从不同层面揭示自然的权利，强调自然权利的不可侵犯，提倡敬畏、尊重、保护自然。我国多数学者认为，所有生命形式都有生存权利，但不能无差别地看待人和其他生命的权利，且人类权利和自然权利是有矛盾的，自然权利大体包括生存和发展权、自主不受干扰权、平等权和受尊重权等具体内容。

在经历了工业革命之后，西方社会取得了长足的发展，科学技术取得了前所未有的进步，可是与此同时，科学技术发展导致的负面环境效应也与日俱增，生态环境迅速恶化，人类为了自身利益需求的满足，不加节制的向大自然索取，这种人类中心主义极大地破坏了人与自然的和谐相处。一些远见卓识的哲学家注意到工业文明时代所致的副产品后，开始将哲学研究拓展至此，期望通过一种新的哲学观的研究，来指导工业文明的持续发展，减少人类生产活动对自然造成的负面影响。这就要求哲学研究从"人认识和改造世界的过程"转向"以自然为中心"，将自然作为人生存和发展的基础，将自然的物质性存在作为生态价值观。

二、以环境价值为核心的生态价值观

西方自然环境观可以追溯到古希腊时代，其典型代表人物阿基米德的立场既融于自然之中又脱离于自然之外。他的"给我一个支点，我将托起地球"名言，就是人可以位于地球之外的哲学思想反映。而代表西方文化的犹太教和基督教更是明确地将人与自然对立起来，《圣经》是他们解释人与自然关系的依据。在旧约圣经的创世纪中写道："主祝福我们。主告诉我们要生存、要繁殖、满盈世界，征服自然，并统治包括天空中的鸟、水中的鱼等所有的动物"。包括人在内的世界万物都是"上帝"创造的，"上帝"是全知全能、无所不在的；在"上帝"和人、自然之间存在着线性、不可逆的关系："上帝"的地位最高，人次之，自然地位最低。所以从西方历史上的自然环境观来看，自然与人类相对，处于不利的地位，西方伦理学也是在对历史上自然所处的不利地位的旧式自然环境观的反思。

因而西方伦理学注重以环境价值为核心，在工业革命初期，蒸汽时代依靠煤炭作为能源支撑，由于早期工业处理技术水平的限制，燃烧煤炭后而产生的未经处理的二氧化硫等污染物直接排放至大气中，造成了严重的大气污染。即便是到了紧随其后的电气时代，汽车废气、工厂废气废水废渣等污染物依旧对环境造成了难以弥补的恶劣影响。可见，早期的工业发展中，人类只注重经济利益，而忽视了对环境的保护，在人类意识到愈加严重的环境问题已经真真实实地在影响人类未来的经济利益的时候，以环境价值为核心的生态价值观的出现便显得尤为重要，而且合乎时宜。将环境价值作为人类发展经济社会的核心，改变过去不加以节制向自然索取和排放废物的观念，这才能使人类获得可持续发展，才能真正为人类的子孙后代谋取福祉。

三、以"生命同根"为价值前提的生态伦理观

西方伦理学注重"生命同根"的价值。工业扩张给环境带来了不可逆的损害，人类也因此陷入了生存危机。人类不该与自然割裂开来，世界是物质的统一，人类和自然也应当是"唇齿相依"的关系，只有当人善待自然的同时，自然才会给予人类回报。反之，若人类将自身与自然相对立，认为自然所给予人类的一切都是理所当然的，并持续的向自然索取资源能源，自然必然会让人类悔不当初。我们知道，生物圈范围很大，囊括了陆地、海洋、森林、湖泊等各个生态系统，在这其中，有人类这样的高级生物以及其他动植物，任何生命体都不可能脱离生物圈这个大范围而独自存活，因此，西方伦理学将人与自然置于同等价值，认为其"生命同根"，将二者放置于平等地位对待，便是十分有理论和现实意义的。

四、以"生态约束"为特征的新发展观

西方伦理学注重"生态约束"这样一种崭新的发展观。"自然的才是最好的"，① 人类发展应当注重顺应自然，充分发挥自身的主观能动性并按照自然发展的客观规律办事，在进行一系列生产和生活活动时，要把握恰当的"度"，学会适度，这便是一种"生态约束"，也是人类对于自身行为和欲望的约束。很典型的一个例子便是海上捕鱼根据季节规定休渔期和捕鱼期，不要因过度捕捞而造成海洋生态系统的失衡。这与古代中国道家的"无为而治"的思想十分类似，看似"无为"，其实是"无所不为"，"生态约束"这样的新型发展观便是从自然出发，顺应自然的发展，约束限制人类对自然无限制索取和破坏的行为，达到从源头上维持人与自然的平衡状态。

概括而言，西方生态伦理学使人类对外部生活世界的伦理认识和道德实践活动成果有了反思、总结与概况的可能。西方生态伦理作为在西方境遇中的人们如何正确对待整体自然界的行为规范及根本观点的伦理体系。它内含着对自然概念及对自然界的思考，引领着当代西方环境哲学的研究进路。正如在人类与自然界相交往的过程中，

---

① 刘福森. 新生态哲学论论纲. 江海学刊，2009（6）：17.

有些问题只能由生态伦理哲学来回答，而不能由环境科学来回答。西方生态伦理学也正在为自身的正当性与合理性在辩护，类属于生态伦理学的问题，科学哲学或逻辑学也无从回答。

西方生态伦理学以纯粹的哲学伦理思辨深入到最深层的关于人类与自然界共生共存的思想、意义、价值和实践的问题。它需要深刻而又宽泛的反思，立足于西方社会历史传统的伦理思虑及其文化土壤的思辨。如同黑格尔所说：反思—仔细考虑事物—是生态伦理学的开端。若一种生态伦理学源于西方，回归世界，它的地域属性并不是辩证融通的障碍。西方生态伦理学遵循一条思辨的历史逻辑理路，对重要的哲学问题进行探讨。

关于西方生态伦理学思辨之路也行进在问题不断产生、不断思辨又不断加以解答的进程之中。从一与多、自然之名与环境之实、生态存在与精神虚无、物质思辨与道德意识、系统理论与个体经验、自然信仰与气候拯救、人类尺度与整体情境、生态有机论与社会机械论、生态自由与环境正义、生态社会契约与环境国家机器等耳熟能详的生态伦理学问题，构成一个个结点，经纬交错，共同编织一个西方生态伦理学世界的星象图。

西方生态伦理学既包括学术理论，也要返归生活实际。从人类普遍境遇中寻找世界环境整体和谐运行的基本规律。现实总是最有说服力的，西方生态伦理学是面对全球气候变化的困境，从诸多问题如空气与水污染、生态系统的退化、物种的灭绝、土壤的侵蚀等危机中去推动建构的一种现实有效的伦理学。在生态危机的警醒中把握接地气的环境现实与社会状况。它是生态社会转型从工业文明向生态文明变化进程中整体朝向生态和谐社会的进步，其重点表现为从高污染、高能耗、低效率的粗放式经济模式转变为低污染、低能耗、高效率的集约型经济模式，在节能减排的趋势之下侧重于以低碳的生产方式、朴素的生活方式与简洁的思维方式的变革来带动人类社会生存境遇的整体改善。西方生态伦理学也在道德路径上回答着人类社会如何走出日益严重的环境问题及其所带来的生态危机。西方生态伦理学也在根本应对之道上形塑着全球气候变化时代的题中应有之义。

西方生态伦理学自觉接受着绿色观念的导引，它在当下绿色变革的生态全球化时代更加强调绿色观念变革及综合审视。它更需注意生态危机的深层次根源在于人类伦理道德的危机。因此在这种境遇中如要清晰认识西方生态伦理学的未来图景，需要西方生态伦理学所创造的妥当判断与合理认识。以期有效避免传统哲学在自然理念上的盲区，并创造现代哲学在生态观念上的新生。如果说绿色变革势所必然，那么其所期待的西方生态伦理学则重在形成一种秉持生态良心的自然主义分析，或者说它是对人类所置身之自然环境与社会环境的深入审视，也是对人类社会所遭遇的生态危机这种时代之疾的关注与挽救。绿色变革境遇中的生态伦理学在质疑传统伦理学的人类中心主义的前提上不仅拥有对生态多样式概念与自然主义理论的阐释，也是在进一步发展环境科学的逻辑的基础上概括总结生态伦理学之新体系。西方生态伦理学是作为西方文化地域中的人类在整体自然情景中思考当代环境危机的伦理解决之道。它力图把这些存在物和自然作为一个整体来确立人对它的责任。

总之，西方生态伦理学具有鲜明的学科特征，它侧重以西方视域与英语文献清晰地表明生态文化不能迷恋于人类自身的物质劳动成果，生态文化不能沉陷在自设的人为意境中忽视自然的存在。因此，它所张扬的生态伦理向度，在强弱互见的非人类中心主义的思潮中表达对原生态自然环境存在的理解及价值的诠释，也站在批评的立场表达欧美发达国家在18世纪工业革命以来以富有侵略性的资本与技术所种下的人类生态危机的弊端。

第三节　西方生态伦理学的学科界限

尽管伦理学从2500多年前的希腊走来依然古老，但西方生态伦理学以美欧为基地却显得如此年轻。西方生态伦理学在形成学界共识之自身定义基础上，在21世纪的今天体现出在沉淀中发展的趋向。在学科交叉、视域互换、境遇相融、多元碰撞的过程中，它与环境哲学、生态学、环境科学、环境政治学、环境社会学、环境心理学在相互对话、彼此借鉴与有效应用的过程中，体现出西方生态伦理学的理论体系在锤炼中越发成熟的品质。生态伦理学与这些学科既有区别，又有联系。在学习研究生态伦理学的过程中，要格外注意区分它与其他学科的学科界限。具体阐述内容如下：

一、西方生态伦理学与环境哲学

生态伦理学是作为环境哲学的分支之一而存在的，前面已经提到，它比环境伦理学囊括的范围更大。环境哲学是"从哲学的视角观照环境问题，把环境问题纳入哲学的研究框架，建立起关于环境问题的新的世界观，重新审视人与环境的关系。"[①]并以此指导和规范人类的行为，环境哲学同时也在生态伦理学的层面探讨了人与自然和谐发展的理论问题及实现途径。

所以说，生态伦理学充实了环境哲学的研究内容的深度和广度，同时也促进了环境哲学的发展。同样的，环境哲学体系的整体完善同样也会丰富生态伦理学的发展。

二、西方生态伦理学与生态学

生态学(ecology)，是德国生物学家恩斯特·海克尔于1866年定义的一个概念：生态学是研究生物体与其周围环境(包括非生物环境和生物环境)相互关系的科学。目前已经发展为"研究生物与其环境之间的相互关系的科学"。有自己的研究对象、任务和方法的比较完整和独立的学科。它们的研究方法经过描述—实验—物质定量三个过程。系统论、控制论、信息论的概念和方法的引入，促进了生态学理论的发展。

由此可见，生态学更加侧重实证主义，而生态伦理学更多的是定性的研究，即思想层面的研究，尽管二者都是研究整个生物圈的，但是二者运用的研究思路和研究方法模式却是不同的。

---

① 李淑文. 环境哲学：哲学视阈中的环境问题研究. 北京：中国传媒大学出版社，2010：1.

三、西方生态伦理学与环境科学

环境科学是一门研究环境的地理、物理、化学、生物四个部分的学科。它提供了综合，定量和跨学科的方法来研究环境系统。由于大多数环境问题涉及人类活动，因此经济、法律和社会科学知识往往也可用于环境科学研究。环境科学是一门研究人类社会发展活动与环境演化规律之间相互作用关系，寻求人类社会与环境协同演化、持续发展途径与方法的科学。

由此可见，环境科学与生态伦理学分属于不同的学科体系，我们知道，环境科学属于自然科学，而生态伦理学属于哲学的范畴，而哲学素有"科学之母"之称，是时代思想精神的精华所在，它可以作为方法论指导科学的发展。因此，环境科学应当是在生态伦理学的思想指导下而展开研究的，生态伦理学也是在环境科学的社会实践的高度概括和总结。二者相辅相成，共同促进人与自然的和谐、可持续发展。

四、西方生态伦理学与环境政治学

环境政治学是在比较政治学视角下探讨了生态政治理论、生态社会主义和环境政党与运动等。① 环境问题对于一个国家来说就是经济社会的可持续发展问题，而发展问题也是一个国家的执政党执政期间必须时刻关心和关注的问题，也反映了执政党的执政方略，所以说到底，环境问题其实也是政治问题，从而催生了环境政治理论。

可以说，生态伦理学是环境政治学的思想源泉与理论支持，共同促进了本国乃至世界的生态环境与环境科学的发展。

五、西方生态伦理学与环境社会学

环境社会学从社会建构主义的视角出发，对环境议题和问题进行了广泛而深入的探讨，环境议题和问题本身亦是社会定义和建构的产物。② 从社会学的角度出发，环境问题其实也是社会问题，因为环境的变迁会给存在于社会中的人的生产和生活带来一系列深刻的影响。

由此可见，生态伦理学与环境社会学是从不同的视角来研究环境问题以及人与环境的和谐共生，其中，生态伦理学是从哲学的视角，而环境社会学则是从社会学的视角入手来研究上述问题。

六、西方生态伦理学与环境心理学

环境心理学是研究环境与人的心理和行为之间关系的一个应用社会心理学领域，又称人类生态学或生态心理学。环境心理学之所以成为社会心理学的一个应用研究领域，是因为社会心理学研究社会环境中的人的行为，而从系统论的观点看，自然环境和社会环境是统一的，二者都对行为发生重要影响。虽然有关环境的研究很早就引起

---

① 郇庆治. 环境政治学：理论与实践. 山东：山东大学出版社，2007.
② 汉尼根. 环境社会学. 北京：中国人民大学出版社，2009.

人们的重视，但环境心理学作为一门学科还是 20 世纪 60 年代以后的事情。

由此可见，生态伦理学与环境心理学分属不同的学科范畴。生态伦理学属于哲学体系，而环境心理学则属于心理学的范围，尽管二者都是研究生态环境问题的，但是研究的方法和侧重点却有所不同。

综上所述，生态伦理学虽然与上述学科在研究的问题方面有共同之处，但是生态伦理学毕竟属于哲学领域，是自然和人文社会科学时代精神的结晶，可以用以指导有关环境问题的自然和人文社会科学的研究。所以说，生态伦理学与上述提到的学科也具有明显的区别，这就要求在研究和学习的过程中，既要跨学科联系，又要清晰的区分不同学科的区别，特别是要注意西方伦理学学科与其他学科的学科界限，明确研究的范围和领域，注重生态伦理学自身在思想和理论层面的发展。

本章小结

生态伦理学具有比环境伦理学更为广阔的范畴。本章主要从西方伦理学的学科蕴含、学科特征、学科界限三个维度全面阐述了西方生态伦理学的学科特征。试图通过对该学科的学科特征进行深入研究，警示西方科学技术高速发展所带来的负面环境效应，探索在全球绿色政治兴起的背景下，各国如何调整发展战略，在注重经济效益的同时更多地关注社会效益，特别是人类活动对环境的影响。我们认为，只有协调好经济发展与环境保护的关系，才能实现全球的可持续化发展，才能在当下地球生态环境恶化、资源锐减、温室效应加剧的严肃背景下寻求到一条绿色化、持续化的发展道路。现代人类必须彻底反省自己的生活方式和生产方式，才能走出生存危机。而生态伦理学正是帮助我们进行这样反省的学科。生态问题已经成为一个全球性的问题，由于生态系统不是一成不变的，缓解生态危机需要积极寻求国际合作，有必要通过对生态伦理学的研究树立一种新的共识，即一种新的生态环境观念。在全球化发展日益深入的前提下，生态伦理学的研究将促使世界树立共同的环境伦理观念，自觉保护生态环境，自觉约束人类自身的行为。

【思考题】

1. 西方生态伦理学的学科具有怎样的独特内涵？

2. 西方生态伦理学的特征有哪些？

3. 西方生态伦理学与其他学科的界限与联系是什么？

4. 如何将生态伦理学应用于中国的社会发展中？对于西方的经济发展与环境保护的协调处理，我们有哪些方面可以借鉴？

5. 分别阐述生态伦理学与环境伦理学、环境哲学的区别与联系。

6. "非人类中心主义"的基本主张是什么？

7. 运用西方生态伦理学的有关知识，分析以下材料带给我们的启示。

生态环境的演变可以使经济中心发生转移。黄河流域在数千万年前，曾是气候温暖湿润、生态环境良好的地方，在这片黄土地下埋藏着巨大的煤炭资源和亚洲象、犀牛等大量大型的古动物化石即是这种良好的古生态环境的证据。

　　黄河流域是我们中华民族的发源地。数千年来，虽然气候渐变干旱，战争不断，造成生态环境的严重破坏，但是在一千年前黄河流域的生态环境依然不错，仍是中国经济发展的中心，从《清明上河图》中可见到当时中原繁华市井之一斑。时过境迁，由于黄土高原植被严重破坏，黄河挟带大量泥沙淤积河床，黄河泛滥、改道成了家常便饭，致使黄河流域生态环境急剧恶化，经济发展也受到严重影响。

　　中国经济发展的中心也就从黄河流域转移到生态环境良好的长江流域东部和珠江流域东部。

【参考文献】

AIDO L. The Land Ethic, in A Sand County Almanac: With Essays on Conservation from Round River[M]. New York: Ballantine Books, 1970.

BRYAN G N. Why Preserve Natural Diversity[M]. Princeton: Princeton University Press, 1988.

CALLICOTT J B. In Defense of the Land Ethic[M]. Albany: SUNY Press, 1989.

EUGENE C H. Foundations of Environmental Ethics, Englewood Cliffs[M]. Prentice-Hall, 1989.

GARETT H. The Tragedy of the Commons[J]. Science, 1968(12).

HOLMES R. Philosophy Gone Wild: Essays in Environmental Ethics[M]. Buffalo: Prometheus Books, 1986.

JOHN P. Man's Responsibility for Nature: Ecological Problems and Western Traditions[M]. New York: Scribner's, 1974.

LYNN W. The Historical Roots of Our Ecologic Crisis[J]. Science, 1967(3).

MARK S. The Economy of the Earth: Philosophy, Law, and the Environment[M]. Cambridge: Cambridge University Press, 1988.

PAUL W. Respect for Nature: A Theory of EnvironmentalEthics[M]. Princeton: Princeton University Press, 1986.

RICHARD R. "Is There a Need for a New, Environmental Ethic?"[C]. Proceedings of the XVth World Congress of Philosophy. September 17 – 22, 1973.

第三章

西方生态伦理学的酝酿：
从 18 世纪末到 20 世纪初

本章提要：18 世纪末至 20 世纪初，是西方生态伦理学的酝酿期。在其主要孵化基地美国，生态伦理思想的发展经历了三个阶段。第一阶段以杰斐逊的"农业天然道德论"和泰勒的"田园共和主义"为代表，带有浓厚的田园色彩。他们认为一个社会中从事农业生产的人口越多，道德风尚越淳朴，因而力主美国走农业兴国的道路。他们的观点符合多数美国人的价值理想，同时也在美国社会种下了生态伦理学朴素观念的种子。第二阶段以爱默生的《论自然》、梭罗的《瓦尔登湖》和马什的《人与自然》为代表，展现了生态浪漫主义到写实主义的过渡。爱默生在《论自然》中提出要重新认识自然，向人们发出了"到自然中去"的邀约；梭罗的《瓦尔登湖》以清新的文字记录了他对爱默生这一思想的实践和他关于简朴生活的思考。而马什的《人与自然》则以大量的史实为基础，分析人类活动对自然界造成的恶劣影响，并提出保护自然环境的具体方案。第三阶段以缪尔的自然保护主义和平肖的资源保护主义为代表，前者主张保护自然生态的完整性，后者强调对自然资源的科学利用和理性管理。缪尔和平肖共同引领了美国第一次环境保护运动。这三个阶段为西方生态伦理学的正式诞生奠定了思想基础。

第一节　杰斐逊的"农业天然道德论"和泰勒的"田园共和主义"

一、杰斐逊的"农业天然道德论"

托马斯·杰斐逊(Thomas Jefferson，1743—1826)，美国历史上著名的启蒙思想家、政治家、哲学家、科学家、教育家，被誉为"最多才多艺的总统""最具本土精神的美国领袖""美国农业文明的倡导者与缔造者"。他曾专攻法律、任过律师，参加过《独立宣言》的起草工作，也是《弗吉尼亚宗教自由法令》的制定者；一生主要从事政治活动，是美国独立战争的主要领导人之一，也是美国第三任总统；退休后从事教育以及有关哲学、语言、文学、自然科学、建筑学等的研究工作，并在 1797—1815 年间一直担任美国哲学学会主席，同时他也是弗吉尼亚大学的创办者。

杰斐逊生长于自然景色与田园风光均十分秀丽的弗吉尼亚州。他曾赞美他家乡的风景值得横渡大西洋来观赏；同样，那儿的田园生活也是他所称道的，它们都对他产生了深远的影响。他热爱大自然，感兴趣于与自然相关的学科，如动物学、植物学、气象学、天文学等；另一方面也喜欢农业生产工作，在土壤改良、轮种、水土保持、家禽养殖等方面都有过独到的研究和成功的实践。而故乡那些平和、敦厚、能干的邻居和朋友，使杰斐逊对农业经济社会更加怀有深厚的感情。这种田园情怀使杰斐逊对农业、农民给予极高的评价，并在后来波澜壮阔的人生中不懈努力，希望保留和延续以农业经济为主导的社会氛围。他的观点集中体现为"农业天然道德论"。

杰斐逊提出的"农业天然道德论"，除了他早年与农业社会密切相关的成长经历和兴趣爱好的因素之外，还有现实认识的因素和重农理论的影响。在欧洲旅行时他敏锐地观察到，在贵族专制统治国家政治暴政下，社会弥漫着贫穷和邪恶，观察到资本主义经济兴起的大城市中唯物质的现实主义的滋生和无产阶级队伍的产生与壮大。在法国学习期间，他又意识到"在人们自由地接近生存资源的地方，政府都可能是朴素和诚实的，社会是自由和充实的；而在实行强制政策的地方，政府则失去社会功能，维护由于逐渐垄断自然资源而产生的不平等，恶化了堕落和非正义"。[①] 为了让美国远离这类堕落和非正义，他认为新独立的美国拥有广袤土地、丰富自然资源的新大陆，应该走一条无论在政治上、还是经济上都不同于欧洲国家的道路。欧洲之行对杰斐逊的影响之大，令后来的史学家评论道："欧洲把杰斐逊造就成地道的美国人"。[②] 而此时社会经济学的重农理论(它崇尚以社会为指向的经济，而不是以狭隘的工业和金融为指向的经济，主张带有理想主义色彩的农业平均主义)也符合杰斐逊的思想期待，同样深深影响了杰斐逊，使他一方面坚定地反对正在兴起的资本主义，另一方面也更加坚定地认为，农业经济才是健康的美国经济，农业社会的生活方式才是最适合美国人的生活方式。这主要基于两点考虑：

---

① ［美］沃浓·路易·帕林顿. 美国思想史(1620—1920). 长春：吉林人民出版社，2002：309.
② ［美］沃浓·路易·帕林顿. 美国思想史(1620—1920). 长春：吉林人民出版社，2002：309.

　　第一，荒野遍布的新大陆和丰富的自然资源，使美国拥有不同于欧洲的、得天独厚的自然优势。杰斐逊指出，那些照搬欧洲政治经济学家关于"每个国家都应该努力为本国制造产品"的原则到美国的人们，并没有考虑到欧洲和美国不同的国情。在欧洲，劳动力十分丰富而土地资源非常有限，他们面临的问题是如何充分地利用他们的土地，同时他们也必须依靠制造业来养活过剩的人口；而在美国，土地十分丰富而劳动力明显不足，无限的土地需要农民来耕耘劳作，所面临的问题是如何充分地利用劳动力。在杰斐逊看来，新大陆无边无际的土地足以哺育美利坚民族的成长，美国并不需要照搬欧洲政治经济学家的教条和欧洲的经济发展模式。

　　第二，也是更重要的考虑，就是农民比重大的社会与非农民比重大的社会，风气相差甚大。在农民比重大的社会，社会道德水平更高些。因为土地是滋养道德的沃土；相应地，那些长年与土地打交道，日出而作日落而息的农民自给自足、勤劳淳朴、真诚善良。他把耕种土地的农民比喻为"地球上最珍贵的公民"，因为他们最能自力更生、最具热情与活力、最有美好道德，因而他们是每一个伟大民族的中坚力量——他们不仅是物质财富的创造者，也是社会道德的守护者。杰斐逊的《弗吉尼亚笔记》(*Notes on Virginia*，1784)中有一段名言集中表达了他的观点："那些在地里劳动的人是上帝的选民，如果上帝曾经有过选民，使他们的胸膛成为贮藏真正的美德的地方。这里是上帝使圣火熊熊燃烧的中心，不然圣火就会从地球表面消失。农民大众道德败坏这种现象是任何时代、任何国家都举不出一个例子的。"[①]而在非农民比重大的社会，尤其是发展资本主义、力推工业化的社会，农田萎缩、农民减少、工厂林立、工人剧增，这对整个社会来说不仅不是善事，还可能带来更多的社会疾病。因为远离了滋养道德品性的土地、远离了田间劳作，容易滋生奴性与唯利是图，既侵蚀美德、也容易被阴谋家的野心所利用。相较之下，他得出的结论是："一般说来，在任何一个国家，其他各阶级公民总数与农民总数之比，就是不健康部分与健康部分之比，并且是反映腐化程度的理想指标。因此，当我们有地可以耕种的时候，决不希望看到我们的人民在操作机器或纺纱。木匠、石匠、铁匠在农业中是短缺的；但是，就制造业的全面运转来说，还是让我们的工场留在欧洲吧。"[②]

　　根据这样的观点，杰斐逊极力倡导美国走农业社会的发展道路。他把"让全体人民共享自然资源"作为毕生愿望；同时作为一个理想主义者，他认为一个英明的政府首要的目的应是关怀人的生命安全与幸福，为解放人们潜在的创造性提供充分的机会，使人们获得生活、自由和拥有财富的权利。他认为只有这样才能避免欧洲文明的灾难在美国重演。也因此，杰斐逊早期对终身保有土地制度抱着坚定的信念，认为土地应该分配给个人，个人是土地的主人，应让个人立足于自己的田园土地上创造美好生活。从历史纵向来看，杰斐逊的思想极大地影响了美国 19 世纪的经济政策(遵循鼓励竞争、自由竞争原则)和土地政策(从《西北法令》到《宅地法》，保持着比较稳定的延续性，都遵循把土地分给个人的原则)。这样的政策吸引了大量的欧洲移民到北美

---

　　① ［美］托马斯·杰斐逊. 杰斐逊选集. 北京：商务印书馆，2011：280.

　　② ［美］托马斯·杰斐逊. 杰斐逊选集. 北京：商务印书馆，2011：280 - 281.

"垦荒"。

因而在杰斐逊时代，美国成为了名副其实的"农业美国"，农业人口占了总人口的90%。与以农业为首位的经济结构和人口结构同时呈现的，还有朴素的社会和简朴的政府。杰斐逊本人也因此成为农业美国的主要奠基者、典型的美国生活方式与美国理想的最初塑造者。杰斐逊的"农业天然道德论"以及以此为基础的社会理想和价值观被约翰·泰勒继承和发展为"田园共和主义"。

二、泰勒的"田园共和主义"

约翰·泰勒（1753—1824），美国弗吉尼亚州人，著名思想家、政治家、美国民主共和党的知识领袖，也是"他那一代人中最富原创思想的经济学家。他没有野心，朴素，诚实，外表镇定庄重，体现了伟大的弗吉尼亚时代的英雄美德"。[1] 他与杰斐逊一样好学、博学，也敏于学，同样对重农经济抱有好感，在公务之余他也喜欢回到他的农场上当起技艺娴熟的农民。18 世纪末、19 世纪上叶的美国，正是工业化与商业化从萌芽走向兴起的阶段，为维护自身利益，工业、商业、金融业的资产阶级力量开始向国家机构渗透，与代表种植园主、农民利益的力量在政坛上不断较量。被誉为"种植园农业代言人"的泰勒在 1814 年通过《美国政府原则和政策的探讨》（*An Inquiry into the Principles and Policy of the Government of the United States*）这一著作，从经济学的角度来论证为什么要重农而反对资本主义。

他认为，一个信仰共和体制的社会必须防范任何一种潜藏着社会等级分化的剥削制度。当时的美国已经废除了长嗣继承权，摆脱了封建贵族剥削制度的枷锁，封建贵族也失去了满血复活的可能；但是对另一种猛于虎的危险——资本贵族的崛起，必须严加警惕。在他看来，"所有贵族都是以社会偷盗为基础的"，"他们不依靠道德本性，而寄生于社会财富之上；他们对生产者课以重税；而唯一的防范措施就是破坏他们赖以立足的基础，夺走他们进行剥削的工具"。[2] 换而言之，封建贵族也好、资本贵族也罢，这两者都不是依靠品格高尚或能力出众而占据统治阶级位置，而是都根源于剥削，且最终都导致等级的制度化。泰勒着重分析了资本贵族的发展史，包括它在欧洲的起源，它如何通过基金运作的各种手段进行投机获取暴利、在人民手中掠夺走大量的钞票。他把银行业创造的财富称为"人为"财产，以区别于土地等"自然财产"。在他看来，只有那些从事生产性劳动的人民才是真正在创造财富，而作为资本贵族的银行家们却用发行纸币、股票等虚假财产来剥削辛勤劳动的人们现实的自然财产，从中实现"财产转移"，从而使他们自己的人为财产不断增长。泰勒进一步指出，一旦资本贵族掌握了国家，它就会把国家建立在剥削的基础之上。如果美国选择了资本主义经济的发展道路，那么随着资本贵族力量的壮大，广大生产者的利益将会受到极大的损害。

泰勒认为，以农业文明为基础的共和体制可以避免资本主义的这种"毒害作用"。

---

① ［美］沃浓·路易·帕林顿. 美国思想史（1620—1920）. 长春：吉林人民出版社，2002：365.

② ［美］沃浓·路易·帕林顿. 美国思想史（1620—1920）. 长春：吉林人民出版社，2002：368.

这样的共和体制社会把农业放在首要位置，维护农业文明所孕育的田园价值观念。和杰斐逊一样，泰勒认为从事农业生产的人们数量越多，这个社会的道德水平越有保证。因为田园农事活动可以培养、熏陶出高尚、健康的品格情操，从而有助于整个社会氛围免受物质主义的侵蚀，使其保持一种朴实的、对普通大众的人文主义关怀，并能形成强有力的社会凝聚力。

泰勒主要针对的是美国建国初期资本主义的代言人、美国第一任财政部长亚历山大·汉密尔顿的主张及其推行的财务计划体系。汉密尔顿对重农主义不屑一顾，他非常推崇资本主义及其信贷制度、银行、信贷基金和货币操纵，力主在美国推行英国的财经制度；他从英国的工业发展中看到其中潜藏着巨大的财富资源，因而不遗余力地推动美国工业的发展，建议动用政府的力量扶持制造业的发展。他希望能够尽快促使美国从农业国家走向像英国那样以发达的工商业、金融业为基础的资本主义强国。由于社会理想与建国方略不同，以杰斐逊为首的民主共和党和以汉密尔顿为首的联邦党产生了严重的分歧。1793 年，时任国会议员的泰勒就专门写过一本小册子(《就财政部长的行政行为而对近来国会程序所做的检验》)批评汉密尔顿，1814 年出版的这部著作集中表达了泰勒反对资本主义、倡导田园共和主义的成熟信念。

在当时美国农业人口比重较大的社会背景下，无论是杰斐逊的"农业天然道德论"，还是泰勒的"田园共和主义"，都符合大多数美国人民的价值理念和理想追求，因而深受民众支持。杰斐逊和泰勒的倡导和努力也促使农业美国顺利成长为农业大国，这在一定程度上减缓了资本扩张、工业勃兴对美国温情诗意的田园和郁郁葱葱的荒野的侵蚀和破坏进程。但这种减缓只是相对的，杰斐逊和泰勒的主张还是带着比较浓厚的浪漫主义和理想主义色彩的。就如杰斐逊所指出的，美国的农业在它的起步发展阶段，就面对着土地丰饶而劳力短缺的问题。为了推动经济发展，美国农业很快走上机器化、大面积种植的农业资本主义道路，杰斐逊笔下那种"面朝黄土背朝天"的传统农耕生活其实很短暂。而农业的快速发展刺激了工业的发展，杰斐逊和泰勒的田园主义理想在现实中很难真正得到延续。到 19 世纪 30 年代——美国工业革命的起飞期，在美国多数地区，工业发展对田园自然环境的侵蚀已经比较明显。1836 年美国画家托马斯·科尔在他的《悼森林》一文中写道，"我们的命运已在眼前了：眼看着从东到西的天空由不断升起的浓烟而弄得昏暗不清，每个山丘和峡谷都变成了财神的祭坛。只要短短的几年，荒野就将消失了。"[①]人与自然、人与环境的关系问题开始凸显出来。

而从文化传统上看，杰斐逊和泰勒的思想主张从本质上讲是西方几千年传承下来的重农主义，"它之所以在美国能够深深扎根，并且作为一种优秀的文化传统被传承，与清教徒的宗教信仰和意识形态有很深的渊源关系，也成为 19 世纪初和 19 世纪中叶美国超验主义哲学所提倡的核心思想的文化语境"。[②] 只不过超验主义的目光不再局限于田园农业，而是投向更广袤的自然。以爱默生、梭罗为代表的超验主义和乔治·马

---

① 侯文蕙. 美国环境史观的演变. 美国研究，1987(3)：140.
② 方成. 美国自然主义文学传统的文化建构与价值传承. 上海：上海外语教育出版社，2007：47.

什的思想一起，共同构成生态伦理学酝酿期的中间阶段。

第二节　从爱默生的《论自然》、梭罗的《瓦尔登湖》到马什的《人与自然》

一、爱默生的《论自然》

美国超验主义的核心人物拉尔夫·沃尔多·爱默生（1803—1882），是美国诗人、哲学家，美国文艺复兴的精神领袖和美国文学和思想的主要奠基人之一，被誉为"大师眼里的大师""美国精神的先知"，他与梭罗共同奠定了美国浪漫主义生态思想的基石。爱默生出生于一个牧师家庭，在哈佛学院毕业后曾担任过教师和几年牧师。后来因与教会有分歧、也对唯一神论有怀疑和不满而辞去牧师职务，于 1833 年赴欧洲游历。在旅途的沉思之中他发现不需要依赖严苛僵化的仪式、教条，只是通过个人内心追求灵性与神性的融合就可以找到上帝（即"上帝在我心中"）。这个发现加上欧洲之行的收获，促使他从唯一神论走出来，后来深受康德哲学、欧洲浪漫主义思潮的影响。1834 年爱默生回到美国后，定居于美丽的康科德，他的超验主义哲学在这里开始形成；1836 年他与友人（梭罗也是其中一员）组建了"超验主义俱乐部"，定期开展学术探讨，并通过他们的刊物《日规》宣传超验主义。

爱默生超验主义哲学的重要内容之一即自然超灵论。他在 1836 年发表的第一部作品《论自然》中"提出一种或许是对大多数新一代大学生们来说颇具权威的人和环境的关系——至少在新英格兰是如此。这种关系甚至能被形容为浪漫主义生态思想的一个重要特点的宣言"，[①] 也是自然超灵论的宣言。

爱默生在《论自然》的开篇用饱蘸激情的笔墨，气势磅礴地呼告："我们的先辈们与神灵，与自然直接晤面，领承天启；而我们，和他们一样长有双眼的我们，却只能借助他们的双眼来'目睹'神灵和自然。我们为什么不能拥有由我们的亲眼所见激发出来的而不是由我们的先辈留给我们的诗和哲学？我们为什么不能拥有上苍直接启示给我们的宗教本身而不是宗教的历史或历史中的宗教？"[②]新的大陆，新的人，需要新的思想。他认为，新兴的美国应该从欧洲大陆传统（欧洲的文化、思想和以神为中心的清教信仰）的束缚中解放出来。这种解放的关键点是重新认识自然，这个自然不是当时资产阶级疯狂攫取的、能带来滚滚财富的自然，即只有实用价值的自然，而是能唤醒人们精神生命、使其得以新生的自然。他动情地写道："在某个时节里，自然环抱着我们，自然里蓬勃的生命力环绕着我们，灌注于我们的身躯。它盛情地邀请我们，凭着它赐予我们的力量，我们应合着自然的律动！"[③]他鼓励人们用自己的双眼、自己的体验去认识自然、去体证神性。而神（上帝）、人、自然在他那里并不是分离的，而

---

① ［美］唐纳德·沃斯特．自然的经济体系：生态思想史．侯文蕙，译．北京：商务印书馆，1999：134.

② ［美］R. W. 爱默生．自然沉思录．博凡，译．上海：上海社会科学院出版社，1993：1.

③ ［美］R. W. 爱默生．自然沉思录．博凡，译．上海：上海社会科学院出版社，1993：1.

是可以相互联系、相互统一的。

爱默生沿用当时的哲学观点，认为宇宙是由自然(nature)和灵魂(soul)两部分构成的。自然与灵魂的关系相当于形式与内容的关系。自然是我们所看到的客观的物质世界，也是灵魂的显现形式。灵魂限定一切，它既对抗一切经验，同样也废除时空，它是永恒的、绝对的，它存在于宇宙之中、又独立于人的意识之外。爱默生后来在其论文《超灵论》中把这种充满着神秘色彩的力量称为"超灵"，用了诸如"上帝""最高律法""全知全能""完美"之类的词语来表述它。人作为自然的一部分，也是超灵的显现形式之一。在他看来，每个人的心灵中都存在一种与超灵(上帝)沟通的内在能力，即直觉；而自然就是超灵与人进行沟通的中介。

爱默生认为，自然对人的心灵的影响，从时间上看是最先，从重要性上看是最大。一个人如果挚爱自然，那他的内在感官与外在感官就总是息息相通的，他与苍天、大地的神交是生活中不可或缺的部分。当他独对自然时，他总会感到与自然同在的欣喜，即便他本来悲伤低落。这不仅仅是因为自然展现出来的外在之美。他认为，自然那些可以被感知的美，如星月、晨露、山岭、流水等等，只是初级的；更高意义的美是精神上的，即自然之中的超灵与人心中的超灵的交融呼应、合而为一。爱默生曾用一段名言描述这种交融呼应："站在空旷的土地上，我的头脑沐浴在清爽的空气里，思想被提升到那无限的空间中，所有卑下的自私都消失了。我变成了一个透明的眼球，我是一个'无'，我看见了一切，普遍的存在进入到我的血脉，在我周身流动。我成了上帝的部分或分子。我最熟的朋友的名字此时听起来也觉得陌生和偶然；此时，成为兄弟，成为熟人，成为主人或仆人都显得那么琐屑，都是一种无谓的纷扰。我是无可争辩、永恒的美的热爱者……在这片宁静的风景中，尤其是在远处的地平线上，人看到了某种与他自己的本性一样美丽的东西。"①在爱默生看来，自然永远是宗教的联盟，道德律处于自然的中心，自然中的万物、人与自然打交道的各种活动，都是向人布道的无声的福音书，在潜移默化之中为人的生命灌注着神性。因而，自然是超灵向人的灵魂说话的工具。

但当人的个性的淳朴被一些外在欲望，例如致富的欲望、权力的欲望、追求赞许的欲望等遮蔽之后，人就会丧失这种与自然进行最原初接触的能力、与超灵沟通的能力。人也因此变得渺小、变得贫困不堪、变成自己的侏儒。在《论自然》中，爱默生分析了关于"世界的终极原因"的四个因素：物用、美、语言和训诫。他认为，人的感官从自然那里得来的所有好处都可归于"物用"，但这些好处只是一种短暂的、中性的利益，不同于自然奉献给人的灵魂的终极性的利益。爱默生承认自然的物用价值是自然给予人类的直接福利，是自然施惠养育了人类。但在旧的清教精神支柱风雨飘摇、社会已经开始工业化和商业化的美国，自然的物用价值已被过分放大；而物欲繁盛，容易让人忘记人类存在的最根本意义，也愈加彰显时代的贫困。所以爱默生认为，物质的"贫困"才是滋养美德与天才的沃土，因而，人最好远离繁荣的尘嚣社会，也从自己的居室里退隐，走向真正的独处，去凝望群星、去面对自然而全然敞开心扉……

---

① [美]R. W. 爱默生. 自然沉思录. 博凡，译. 上海：上海社会科学院出版社，1993：6.

《论自然》可以称得上是爱默生向人们发出的"到自然中去"的邀约，邀请人们到自然中去净化心灵、去与超灵对话、去体证"上帝在我心中"。不过爱默生比较强调自然对人的良性助益，对自然又是沉思式的向往，所以他心中的自然是以柔美、文静的形象出现的，这和梭罗见到的缅因森林以及缪尔为之倾倒的野性、壮美的山林峡谷有所不同。同时他赞美的自然是神圣永恒的，既有自愈的能力，也存在着取之不尽、用之不竭的资源——这是他和同时代大多数人的看法，而这种观点的流行后来让人类社会付出了沉重的代价。因而，他和同期许多自然爱护者一样，对自然有一种矛盾的心理——既崇拜着自然，也接受产业主义和技术对自然的进军。例如他在描写 1856 年的英国之行时曾由衷赞叹智慧的、无所不能的机器为英国带来了丰厚的财富，但他也指出机器使用的缺陷是带来污染，警告人们不要过多运用技术。

就整体而言，爱默生拉开了重新认识自然的序幕，激起人们对自然的向往，为美国思想界、文化界带来了一股清新之风。他用"超灵"将自然精神化、道德化、神圣化，立足点是以人为中心，因而带着比较明显的人类中心论的色彩，不过"这和片面强调自然存在的目的要服从人类物质利益的当代人类中心主义是大有区别的"。①

二、梭罗的《瓦尔登湖》

爱默生对自然的沉思主要是在书房里进行的，但他的朋友和学生——亨利·大卫·梭罗（1817—1862）却是爱默生思想的现实实验者。

梭罗在哈佛大学读书期间曾读过爱默生的《论自然》，被其深深吸引，回到康科德之后他与爱默生交往密切。梭罗把爱默生的思想往前推了一步——通过直接接触自然界的方式来展示一种自然之子的知行合一的生活形态，既真实又充满浪漫主义色彩。唐纳德·沃斯特评论道："梭罗既是一位活跃的野外生态学家，也是一位在思想上大大超越了我们这个时代的基调的自然哲学家。在他的生活和作品中，我们会发现一种最重要的浪漫派对待地球的立场和感情，同时也是一种日渐复杂和成熟的生态哲学。我们也会在梭罗那里发现一个卓越的、对现代生态运动的颠覆性实践主义具有精神和先导作用的来源。"②

梭罗的论文《森林树木的更替》（1860）和《种子的扩散》（1860—1861）奠定了他在生态学史上的地位，他敦促人们运用文中所揭示的知识去管理森林和林场。梭罗也写过《缅因森林》一书——这本书是梭罗 1846、1853 年和 1857 年三次前往缅因森林的游记，缅因之行让梭罗见识了原始林区的雄浑广袤、令人生畏。但梭罗最广为人知的代表作当属 1854 年出版的《瓦尔登湖》，那是他在瓦尔登湖畔居住两年两个月零两天的生活笔记。这本书在他去世以后才大放异彩，不仅被评为美国文学界公认的传世佳作，1985 年还被评为影响美国人性格诸书之榜首，也是公认的生态伦理学的直接而重要的思想源头之一。

翻开《瓦尔登湖》，最先打动人的往往是那跳过文字而跃入眼帘的生机盎然的自然

---

① 何怀宏. 生态伦理——精神资源与哲学基础. 石家庄：河北大学出版社，2002：123.
② ［美］唐纳德·沃斯特. 自然的经济体系：生态思想史. 侯文蕙，译. 北京：商务印书馆，1999：81－82.

之美。因为梭罗笔下瓦尔登湖的自然之美不但真切，而且充满灵性。春回大地时，可以听到湖冰像挣脱镣链一样坼裂、随流飘逝，田野里渐渐出现各种鸟雀银铃般的啁啾，"变化好像是瞬间就完成了。突然，春光充满了我的小房子……"①夏日的午后，坐在窗边看鹰在上空翱翔，野鸽扑棱落在枝头上，鱼鹰从湖面上突然叼起一条鱼，水貂悄悄溜出沼泽地，在岸边逮住一只青蛙……"它们让我耳目一新，为我们共同居住的大自然的多种多样与包容万象为之一振。"②秋天的瓦尔登湖，风平浪静、水波不兴；可以看鸭子狡猾地来回游动，或在湖面上划船而行，与潜鸟相竞逐。冬天，瓦尔登湖的冰近看是翠绿色的，远看却是美丽的蓝色……生活在瓦尔登湖畔，"根本就没有院子！无遮无拦的大自然直接来到了你的窗台前"③。在这里，四季更迭、昼夜交替，自然的各种旖旎多彩惬意上演；在这里，动物就是大自然的看守人，是把林子和湖泊昼夜生机盎然的生活联系起来的环节；在这里，每天早晨都是一次振奋人心的邀约，让走进其中流连忘返的人不禁感叹"大自然的纯真和惠泽是无法描述的"④。梭罗的描述采取了一种不自觉的生态中心论立场，告诉人们他所看到的是自足的自然：大地是活生生的诗歌，地球是活生生的地球，所有的动植物都寄生在这个伟大的中心生命之上。梭罗将其称为"爱的共同体"，是一切生命的乐园。

但这鲜活的自然世界与人类之间并不是毫无交集的，梭罗眼中的自然与人类有着情感上的连接。在梭罗笔下，自然给人类提供审美的愉悦、健康和快乐。最甜蜜最温柔、最纯真最鼓舞人的交往在大自然之中都能找得到，哪怕是对愤世嫉俗的人和最抑郁的人也不例外，因而"生活在大自然之中并且各种感官仍然健全的人，就不会产生非常黑色的抑郁"⑤。同时，自然也会同情人类正当原因的悲伤，像阳光黯淡、风声轻叹、云端落雨、林木脱叶等等，都是自然的情感表达。当一个人欣欣然与大自然交往，并投入地享受身处其中的愉悦时光，他就不会觉得人际来往是生活必需，甚至会觉得生活在自然之中，大部分时间的独处是有益健康的。

同时，梭罗笔下的自然与人类之间还有着道德上和超验主义上的连接。梭罗认为，自然可以医治道德上的罪恶。例如他在描写春朝时写道，"这样的日子是罪恶的一次休战。这样的太阳当空燃烧时，无恶不作的罪人都会幡然回头的。只要我们自己洗心革面，心存纯洁，我们就能看到我们邻居的纯洁……然而太阳灿烂照耀，把这个春日的第一个早晨照得暖融融的，重新创造这个世界，你会遇见他在做某件平静的工作，看见他干枯而多欲的血管里充盈着平静的欢乐，祝福新的日子到来，带着婴儿般的纯洁感受春天的影响，所有他的罪过便得到了原谅。他周身不仅透露出一种良好的氛围，甚至还散发着一种神圣的气味……"⑥他认为如果人能常常接触自然、与自然相处，自然就会增进人的道德、减少人身上的罪恶。梭罗还认为，在自然之中渗透着

① ［美］亨利·戴维·梭罗. 瓦尔登湖. 苏福忠，译. 北京：人民文学出版社，2004：325.
② ［美］亨利·戴维·梭罗. 瓦尔登湖. 苏福忠，译. 北京：人民文学出版社，2004：130.
③ ［美］亨利·戴维·梭罗. 瓦尔登湖. 苏福忠，译. 北京：人民文学出版社，2004：133.
④ ［美］亨利·戴维·梭罗. 瓦尔登湖. 苏福忠，译. 北京：人民文学出版社，2004：145.
⑤ ［美］亨利·戴维·梭罗. 瓦尔登湖. 苏福忠，译. 北京：人民文学出版社，2004：137.
⑥ ［美］亨利·戴维·梭罗. 瓦尔登湖. 苏福忠，译. 北京：人民文学出版社，2004：328.

一种类似于爱默生所述的超灵力量，人类如果能够调整好自己的精神状态，就可以感受到万物与我为一的物我相融境界，甚至会有"朝圣"的宗教体验，令人身心和谐愉悦。正因为上帝在自然之中，所以教堂的布道其实没有必要，自然之中的生活才是宗教的生活。

也正因为自然在审美上、在情感上、在道德上、在超验主义上与人类密切关联，所以梭罗指出，多数人更喜欢接近生命源源不绝的大自然，就如同生长在水边的柳树，总是让它的根须向水边生长。但梭罗写《瓦尔登湖》的用意并不止步于此。探寻生活的意义、过物质简朴而精神富足的生活是《瓦尔登湖》的另一个重要主题。

在梭罗的时代，美国的科学技术正在获得长足发展，美国社会正在铺开轰轰烈烈的工业化进程，人们热衷于征服自然、向大自然攫取财富。经济层面的变革在社会生活中注入了新的激情与活力，但也带来了紧张和动荡。整个社会走向世俗化，理想主义色彩逐步褪去、大众越来越现实化，物欲的"金银镣铐"扰乱了人们的心灵。而物欲追求太甚，不仅使人类失去审美的眼光，也使精神的家园趋于荒芜和贫乏，甚至使越来越多的人沦为物质的奴隶。但梭罗认为，对物质享乐的过度追求，会阻碍人类精神的进步。他想证明另一种更有意义的生活态度和生活方式。他在讲述他选择独自在瓦尔登湖畔居住两年的动因时写道："我走进了树林，因为我希望从容地生活，仅仅面对生活的基本事实，看看我是不是能够学会生活不得不教会我的东西，等我要死的时候不会看到我一辈子白活了。我不希望我的生活过得不叫生活，因为生活实在太吸引人了；也不希望听任生活的摆布，除非万不得已。我想十分深入地生活，把生活的所有骨髓吮吸干净，生活得非常健全，斯巴达式的，把算不上生活的东西统统排除掉……"①他在瓦尔登湖的亲身实验表明，只需最基本的生活必需品，也可以生活得很健康；而且低成本的生活，让梭罗一年只需工作大约六星期即可，其他时间则可以自由地在林间湖畔散步、观察自然万物，以及充实地阅读、思考和写作。

而这种物质简朴、精神丰裕的生活不仅有益于人类的精神进步，对大自然而言也善莫大焉。因为这种生活方式可以使大自然得到休养生息、得以逐步恢复到较好的生态状态。相反，如果放任繁盛的物欲追求泛滥下去，那么自然环境将会遭受越来越多的破坏。他在《瓦尔登湖》中写道，美国的工厂体系已经逐渐向英国看齐，其主要目标不是让人们丰衣足食，而是使各个公司发财致富。他看到蒸汽机的烟雾飘过瓦尔登湖，预见并忧虑工业和技术的节节胜利将逐渐破坏掉美国的自然风光和田园生活。他在书中以当地为例，指出他第一次在瓦尔登湖上划船时，湖的四周还环绕着浓密而高大的松树和橡树；而当他离开这里之后，木材公司的伐木工人已经大砍大伐，让黑黝黝的森林变成了一片光秃秃的树桩群。梭罗不禁为大自然感到愤慨：如果那些虐待儿童的人要被起诉，那么那些毁坏了大自然面容的人也应该被起诉！梭罗在这里虽然没有明确提到大自然也有权利，但"他那种把虐待大自然与虐待人联系起来思考的思想却使他成为后来的新环境主义者的开路先锋"。②

---

① [美]亨利·戴维·梭罗.瓦尔登湖.苏福忠，译.北京：人民文学出版社，2004：94.
② [美]纳什.大自然的权利.杨通进，译，梁治平，校.青岛：青岛出版社，1999：44.

所以，《瓦尔登湖》并非一部普通的湖居笔记，它向我们展现的不仅仅是梭罗这样一位"少无适俗韵，性本爱丘山"的山林隐逸者的生活，这部书中蕴含的许多思想要素在当今的生态伦理学思潮中得到了进一步的体现和展开，例如它所传递的生态中心论雏形，它所强调的自然的审美意义和精神意义，它所倡导的简朴生活等等。尽管梭罗的思想和生活方式在当时曲高和寡，却在后世、尤其是今天显示出巨大的魅力，是西方生态伦理学当之无愧的精神先驱；他在瓦尔登湖亲身实践的生活方式在不同时代都有许多追随仿效者。

三、马什的《人与自然》

虽然梭罗和爱默生一样，已经看到了人类活动给自然界造成的恶劣影响，不过梭罗还没有对这些影响进行系统全面的分析、进而提出具体的保护自然环境的计划和规则，这个任务留待后人来完成。但他留下了一个问题：人类应该如何协调他们对自然的利用和对自然的保护？

开始着手探讨这个问题的是乔治·帕金斯·马什（George Perkins Marsh）。

马什（1801—1882），美国佛蒙特州伍德斯托克人，美国著名外交官，曾是律师、教师、博物学家，也是使用近代意义上的"环保"一词的第一人。他自幼对大自然兴趣盎然，对伴随他度过童年时光的家乡自然美景印象深刻；但到了 19 世纪中期，佛蒙特州的土地因为耕种不当而贫瘠，森林因过度砍伐而满目疮痍，水土流失严重。这种前后对比让马什对自然资源遭破坏后造成的后果有着更加深刻的感触，而这也推动了他去研究人类与自然环境（尤其是土地资源）关系的课题，促成了《人与自然》（又名《人类活动导致的物理、地理的改变》，出版于 1864 年）一书的问世。这本书不是浪漫主义的风格，也不是实用主义的视角，他通过研究地中海盆地的土地资源利用史，以及结合大量的实地考察和调查研究结果加以综合分析，得出一个重大结论：人类在任何地方都是破坏者，在其落脚之处，自然界就不再和谐。

马什指出，自然界作为一个整体，其本来状态基本是和谐稳定的。自然界内部的各个要素之间相互联系、相互适应，哪怕是动植物之间，其内在联系也是人类智力所难以完整、深刻洞悉的，就像把一粒小石头投入有机生命的海洋，我们难以估量它对大自然和谐的干扰范围究竟有多大。但自然界内部的平衡稳定状态不是恒定的，在自然条件下偶尔也会遭到破坏，例如遭遇暴风雨、雷电火等自然现象的破坏，但这样的破坏力仍处在自然界可承受范围之内，一般情况下它具有自愈能力。而人类活动的破坏力远大于此。森林的毁灭、土地的过度耕作和过度放牧、随意捕杀动物、修建铁路堤坝、挖掘运河等行为打破了自然界原本的平衡稳定，给自然资源和环境造成难以恢复的破坏，例如水土流失、沙漠化、动植物物种的消亡，他相信这也会引起气候的异常变化。而人类给大自然带来诸种破坏性改变，必然会受到大自然的惩罚，因而这些人为的破坏性影响最终会波及人类自身。例如小亚细亚、希腊、欧洲的亚平宁半岛等地的部分地区，人类的活动已经导致沃土退化严重，甚至像月球的表面那样荒芜，无法再为人类所用。北美大陆虽然年轻，它在未开发前是一片被辽阔森林覆盖的荒野，但欧洲人的到来打破了这种和谐。外来拓荒者无知的开垦和浪费、工业的飞速发展已经对这片荒野造成不可逆转的伤害，这种伤害还在继续，而且随着人类征服自然的野心和能力的水涨船高还会愈演愈烈。因此马什呼吁人们一定要关注和研究人类活动带给自然界的影响，特别是那些"受灾"严重的地区，否则长此以往，地球将会陷入资源耗尽、气候无常、物种灭绝等糟糕境地，也不再适合人类居住。

马什认为，要缓和人类与自然环境之间的矛盾，必须借助于科学技术。他相信科学技术可以在一定程度上修复已破坏的自然环境，同时也能减少人类活动对自然环境的破坏程度，可惜的是，科学技术在这方面的进步相对于人类经济社会的发展而言实在太慢，赶不上人类破坏环境的速度。但马什对科学技术并不是盲目乐观，他也看到科学技术是双刃剑，因此他提出了一项"地球再生计划"，这项旨在医治地球的宏伟工程就是建立在控制对技术的使用的基础上的。

单单凭这些观点，容易让人以为在对待自然的态度上，马什与梭罗站在同一立场，都反对人类中心论，主张生态中心论。实际上马什并没有为了保护大自然而否定人类的利益，甚至他也没有放弃人类的主体地位。他认为人类为了自身的生存和发展而改造大自然是必要的，但人类改造、利用自然必须要适度，要具有可持续发展的远见，而且人类也有责任和义务去治理和改善环境。这样一来就不能仅仅依靠技术，还要诉诸正确的管理。他认为政府与科学之间应该建立起联系，要发动国家的力量投入到环境与资源管理工作之中，要提高环境保护政策的有效性，使人与自然的关系能够得到恰当的监管。同时他也提出了许多非常实用的关于修复自然的对策性方案，例如通过立法来制止破坏自然环境的行为、通过植树造林来恢复森林区、通过治理和改造沙丘来增加可供耕作的沃土面积等等。

《人与自然》出版之后在欧美世界产生了深远影响，它是第一本全面探讨人类活动对环境的破坏性影响的英语著作。后来美国环境保护运动的两位领军人物约翰·缪尔和吉福特·平肖都深受其影响，平肖称这本书具有划时代意义；当代学者刘易斯·芒福德认为该书是环境保护运动的"喷发口"，菲利普·沙别科夫指出，"它的观点和思想一直影响到当代环保议程，这一议程甚至是从未读过该书的那些领导人也必须依从的"①……在今天看来，这本书依旧有着革命性的力量。

从爱默生的《论自然》、梭罗的《瓦尔登湖》到马什的《人与自然》，展现了承上启下发展阶段的思想魅力。杰斐逊和泰勒的田园情怀在这一阶段延展为超验主义者爱默生和梭罗的自然理想。自然不再只是以生产资料等物用价值的提供者形象出现，也少了一些人间烟火气息，却多了唯美与神性的光辉，而且充溢着蓬勃的生命力。爱默生与梭罗用他们富有感染力的文字引领人们重新认识自然、欣赏自然、尊重自然、敬重自然。而他们在礼赞自然之余流露出的、对工业发展侵蚀自然的预见与担忧，也在 19 世纪中叶前后明显坐实。此时美国北方地区基本上已经完成工业革命，为此付出的自然环境代价已经显而易见。超验主义者早前已作出提示但未作深究的问题，由马什用写实的方式、科学探究的态度系统地展开。他的《人与自然》因其剖析问题的犀利有

---

① ［美］菲利普·沙别科夫. 滚滚绿色浪潮：美国的环境保护运动. 周律、张进发、吉武、盛勤跃，译. 北京：中国环境科学出版社，1997：50.

力、思想理念的深刻前瞻、对策方案的系统全面而闪耀着夺目的光芒。但这本伟大著作所表达的思想与预警在当时显得非常新颖且大胆，因为当时大多数美国人正陶醉于在征服自然中获利，还没有清醒地认识到自然环境问题的严重性，因此它对美国的政策和实践并没有立即产生影响。一直到19世纪末，通过缪尔和平肖的身体力行，这种情况才有所改变。

第三节　美国第一次环境保护运动：约翰·缪尔的自然保护主义与吉福特·平肖的资源保护主义

一、缪尔的自然保护主义

从19世纪后期起，美国经济发展突飞猛进，工业化和城市化代替了农业和乡村，工业总产值已经在世界排名第一。但人类活动给自然环境带来的恶果充分暴露出来：森林在大面积地消失，多种野生动植物陆续在灭绝，中西部地区的生态环境越来越恶劣……日益严峻的自然环境问题使越来越多的美国人认识到，自然资源不是可以任意挥霍的，人们对待自然的态度、政府的政策，必须要及时作出调整。于是，一场由科学工作者和一些有专门知识的政府官员为主力的自然资源保护运动应运而生，这也是美国历史上第一次环境保护运动。在这场运动中，因保护立场的不同而出现了两大派别——强调自然的精神价值、主张保持自然生态完整性的自然保护主义（preservationism）和强调对自然资源的科学利用与理性管理的资源保护主义（conservationism）。两位才华出众、富有使命感的人物登上了历史舞台，拉开了美国现代环境保护史的序幕，他们分别是约翰·缪尔与吉福特·平肖。

自然保护主义的领军人物约翰·缪尔（1838—1914），美国生物学家、地质学家、探险家、自然文学家、自然哲学家。缪尔一生著述甚丰，共发表了300多篇文章，出版了《我们的国家公园》《夏日走过山间》《等鹿来》等近十部著作。他出生于苏格兰，11岁时举家迁到美国威斯康星州波蒂奇附近的农场。他自述从幼年开始，对荒野景物的热爱伴随了他的一生，并且随着年岁的增长愈来愈浓。当22岁的缪尔在威斯康星大学接触到"植物学"课程时，他对森林和草地的热情高涨起来；离开威斯康星大学之后，缪尔开始了山之王国的终生漫游，以探索自然、研究自然为业。他的足迹从印第安纳波利斯延伸至墨西哥湾，走过古巴、巴拿马，跨过巴拿马地峡，沿着美国西海岸航行，于1868年3月到达美国西部的内华达山区，这里的峡谷、冰川、森林深深吸引了他，他说上帝在这个地方总是把他的力量和美发挥得淋漓尽致。为这无与伦比的美，他把一生中的绝大部分时光都投入到西部山区的崇山峻岭之中……

缪尔的自然思想可以说与爱默生和梭罗一脉相承。

在缪尔研习自然之始，爱默生的思想就吸引了他。在爱默生67岁那年，缪尔写信邀请爱默生到西部，"去约塞米蒂山，朝拜自然之神"。爱默生欣然前往，为约塞米蒂山脉的壮美所折服、为缪尔投身山林事业的热忱所感动，他后来在"我敬佩的人"名单上列上了约翰·缪尔的名字。受爱默生影响，缪尔对自然怀有一种超验主义情怀。

谢尔曼·保罗曾评价道："没有了它，缪尔将不再是缪尔"。① 他目光所及之处的自然景色，总能让他获得一种对"上帝之美"的宗教体验。例如他曾写道："小山和树林是上帝最初的神庙，越多的树木被砍倒建成教堂，上帝本身的光辉就显得越黯淡。石头庙宇也是一样。在我们扎营树林东边的远方，矗立着一座大自然的教堂，它是从充满生气的岩石上削出来的，造型接近传统，约两千英尺高，树顶和山巅把它装饰得庄严宏伟，它在阳光的照射下颤抖着，就像树林教堂一样拥有生命，并被贴切地命名为'主教峰'。即使牧羊人比利有时候也会转头看看这座伟大的山之建筑，尽管他对石头的布道是充耳不闻的。他对上帝之美的视若无睹，完全就像在火里不会融化的雪一样，令人感到惊奇。"②

缪尔本人其实也像原始自然的布道者。由于兼有爱默生、梭罗的思想影响，加上梭罗式的实践体验，他的布道听起来更像梭罗。据文献记载，他在爱默生等朋友的激励下阅读了梭罗几乎所有的著作。由于缪尔与梭罗在性情、观念上有诸多相同相近之处，甚至连文字风格都一样的清新隽永，他们二人的思想也更相契合，所以有人把缪尔称为"西部的梭罗""现代梭罗"。只不过缪尔"跋涉的天地比梭罗更为广阔，他的生活方式比梭罗更贴近自然。风餐露宿的缪尔常常是在山坡上顶着满天的星斗入睡的"。③

在缪尔的笔下，常常可以看到他对大自然的赞叹，看到他对人与自然交感、甚至天人合一的体验："我们已经身在山间，大山的气息也充满了我们的每一个毛孔，让我们心神悸动。我们的血肉躯壳在四周的美景中就像透明的一样，完全融入周遭环境，与山间的空气、树木、溪流、岩石一起，在阳光的照射下颤抖。我们已然成为大自然的一部分，非老非少，非疾病非健康，确是不变的永恒。"④ 在他看来，大自然的美就是上帝的微笑，具有改善人类灵魂的能力，因而大自然是非有不可的。他认为，走向山川就是回归家园，荒野是生命的必需品；山川、荒野和自然界其他部分一样，都不依赖人的意志而独立存在着，而且它们的存在应该受到人类社会的礼赞和保护。他写道：在自然界之中，无论是动物、植物，还是石头和水，也无论它们是美是丑，都是上帝所创造的共同体的一部分；人也只是这个自然共同体的一员，人为什么要高估自己作为一个伟大的整体创造物的渺小部分的价值呢？

在长期的山野考察中，缪尔看到不少伐木者和牧场主们对森林和荒野的破坏。他在 1901 年出版的《我们的国家公园》一书中为此痛心疾首："任何一个白痴都会毁树。树木不会跑开，而即使它们能够跑开，它们也仍会被毁，因为只要能从它们的树皮里、枝干上找出一块美元、获得一丝乐趣，它们就会遭到追逐并被猎杀。伐倒树的人没有谁再去种树，而即使他们种上树，那么新树也无法弥补逝去的古老的大森林。一个人终其一生，只能在古树的原址上培育出幼苗，而被毁掉的古树却有几十个世纪的

① 程虹. 寻归荒野. 北京：生活·读书·新知三联书店. 2 版. 2013：157.
② [美]约翰·缪尔. 夏日走过山间. 邱婷婷，译. 上海：上海译文出版社，2014：149.
③ 程虹. 寻归荒野. 北京：生活·读书·新知三联书店. 2 版. 2013：161.
④ [美]约翰·缪尔. 夏日走过山间. 邱婷婷，译. 上海：上海译文出版社，2014：14.

树龄。"①他意识到保护野生自然环境的紧迫性，强调山林荒野不仅仅是木材和河流的源泉，也是生命的源泉。为了更好地保护这些生命的源泉，他大声呼吁："我们残存的森林的命运掌握在联邦政府的手中，如果要想从根本上挽救残余的森林，就必须迅速动手。"②

在行动上，缪尔比爱默生和梭罗走得更远。1871 年，缪尔建议联邦政府采取森林保护政策。1890 年，在他的大力呼吁和设计下，巨杉国家公园和约塞米蒂国家公园相继成立。后来他又亲自参与了雷尼尔山、石化林、大峡谷等国家公园的建设。设立国家公园，是解决人类开发自然资源和保护自然资源两种需求之间冲突的一种尝试。在这些划定的区域内，既可以排除对大自然的人为的破坏，又满足了人们欣赏自然的需要，最重要的是为子孙后代留下一份未受干扰的自然遗产。1892 年，缪尔和他的支持者们一起创建了美国最早、也是影响最大的自然保护组织——塞拉俱乐部，其目标在于谋取公众和政府的支持与合作，保护内华达山脉的森林及其他自然资源，缪尔为第一任主席。缪尔还是 1896 年成立的美国国家森林委员会委员，这个委员会主要职责是向国会提供森林管理的规划。1897 年，克里夫兰总统宣布 13 处国家森林不能进行商业开发，但因为国会顾虑商业利益而推迟了实施。同年，缪尔发表了两篇极有说服力的文章，最终促使国会和公众舆论赞同这项措施的及时实施。

缪尔的思想和实践引起了继任总统西奥多·罗斯福的关注。1903 年，罗斯福邀请缪尔陪他到约塞米蒂地区野营。在短短几天内，两人借由大自然的魅力进行了深入的交流，建立了特殊的友谊。"尽管对于他们的会面没有公开报道，但从后来发生的事情来看，罗斯福的许多关于自然保护的策略，或许就是从那时，在缪尔的劝导下开始设计的。这促使罗斯福成为一个'不是为了我们眼前的利益，而是为了国家长远利益而建设这个国家'的总统。"③离开约塞米蒂之后，罗斯福很快宣布把保护塞拉森林的面积，一直延伸到沙斯塔山；并大力推进美国的环境保护事业，使美国的自然保护事业迈上新台阶。到 20 世纪初，通过缪尔等人以及罗斯福总统的努力，美国已建立了53 个野生动物保护区、16 个国家级纪念保护林、5 个国家公园。

1907 年，一位名叫威廉·肯特的人重金买下旧金山北约 17 千米、临近太平洋海岸的一片原始红杉林，使这片原始森林免于被淘金热带来的拓荒者们大肆砍伐。肯特把这块地产捐献给国家，要求保护这片土地和森林。1908 年 1 月 9 日，罗斯福总统宣布这片森林为国家公园，并希望以肯特的名字命名，但肯特建议以为自然保护作出卓越贡献的缪尔为名。政府根据捐赠者的意愿，把这片占地约 20 公顷的海岸红杉峡谷正式命名为"缪尔森林国家公园"。同年，塞拉俱乐部开始了一项长达五年的抗议活动，力图阻止旧金山市在约塞米蒂国家公园的部分地区——赫泽·赫奇峡谷修建水库，即使该水库的修建初衷是为了方便为城市供水供电。这项抗议虽然没有获得成功，但却为后来民间的环保运动树立了榜样。

① [美]约翰·缪尔. 我们的国家公园. 郭名倞，译. 长春：吉林人民出版社，1999：249 - 250.
② [美]约翰·缪尔. 我们的国家公园. 郭名倞，译. 长春：吉林人民出版社，1999：249.
③ 程虹. 寻归荒野. 北京：生活·读书·新知三联书店. 2 版. 2013：166.

缪尔本身是"一位坚定的非人类中心主义者，强调自然的内在价值，为了荒野自身的缘故而保护荒野"。[①] 但当他在为国家公园奔走呼告时，为了切实有效地拯救美国森林和荒野，他极力说服美国人民及美国政府相信森林和荒野对他们有价值、有益处，强调森林和荒野的工具价值，例如他引用马什在《人与自然》一书中阐述的集水区理论来强调保护山坡上的森林有利于防止水土流失、防止山下的土地沙漠化等等，为他在当时显得激进却不同凡响的生态中心论披上人类中心主义的外衣，提高了他的思想主张在当时的影响力。缪尔的国家公园理论的倡导和实现，使他在美国人民中享有"国家公园之父"的美誉，也被称为"美国自然保护运动的圣人"；而作为塞拉俱乐部的主要创建者之一，缪尔对今天的自然保护运动仍起激励作用。

二、平肖的资源保护主义

而资源保护主义的风云人物吉福特·平肖（1865—1946），是美国林学家、自然资源保护学家，也是美国著名林务官、美国林学会的主要创始人，曾任耶鲁大学教授，两度出任美国宾夕法尼亚州州长，他不仅著有《自然保护之战》《比尔特莫尔的森林》《林业入门》《林学家的训练》等作品，而且开创了美国自然资源保护史上的"平肖时代"，他被誉为"环保之父""美国自然保护之父"。

平肖出生于一个以木材生意起家的家族，但他的父亲詹姆斯·平肖较早意识到森林砍伐给环境带来的严重后果；在欧洲游历时，这位有远见的父亲又见识到那里系统而成熟的森林经营方式。在他的影响与支持下，1885 年平肖考入耶鲁大学之后开始林业研究；1889 年，平肖大学毕业后又到欧洲学习林业学和林业管理，在那里，他接受了一种应用于林业管理的经济学功利主义，即森林是可以依据经济学规律来加以种植与砍伐的，他把这一思想引入到美国的环境事务中来，使其成为资源保护主义的重要思想基础。

平肖学成归国之后曾担任过一段时间的私人林业顾问，从事系统的森林经营工作——这在美国历史上是开创性的，平肖也因此成为美国第一个职业的森林管理者。1898 年，平肖被威廉·麦金利总统任命为农业部林业处长，但当时森林管理权却在内政部。后来在他的努力下，1905 年罗斯福总统把森林管理权转到农业部，并成立了林务局，平肖担任第一任局长，同时他也成为罗斯福总统在处理自然资源保护问题上的顾问。

平肖的资源保护主义以林业为起点和核心，逐渐延伸到土地、河流、矿产等自然资源。他在其自传《开疆拓土》中给资源保护主义下的定义是"一个从人类文明角度出发的基本物质方针"，同时又是"一个为了人的持久利益开发和利用地球及其资源的政策"。[②] 而 1910 年出版的著作《自然保护之战》集中地表达了他的主要观点。他在书中告诫人们，自然资源是有限的。人们以为土地、山脉等自然资源永不枯竭，是富足生活的来源，这种传统观点是错误的。任何一个国家如果按照掠夺、搜刮一空、然后卷

---

① 杨通进. 环境伦理：全球话语，中国视野. 重庆：重庆出版集团、重庆出版社，2007：48.
② ［美］唐纳德·沃斯特. 自然的经济体系：生态思想史. 侯文蕙，译. 北京：商务印书馆，1999：313.

铺盖走人的"边疆人"方式去浪费资源，那这个国家的繁荣就永远失去保障；待资源耗尽时，其灾难和衰落亦将不可避免。他历数美国自然资源开发利用过程中的种种不当行为和由此带来的毁灭性后果，并预言照此速度，美国的木材不够 30 年用、无烟煤仅够 50 年用……他提醒人们应担负起对自然资源的责任，对于煤炭、石油等不可再生资源，应该谨慎而高效地利用它们；对于耕地、森林等可再生资源，应该采取积极保护的措施。

要有效地做到这一点，动用国家力量来阻止那些只顾眼前利益的浪费和恣意破坏自然资源的行为显得非常必要。而这类竭泽而渔行为的出现，其实和当时美国对公共土地沿循自由、开放、不限制人们使用的政策也不无关系。因此平肖认为美国联邦政府必须加大对公共土地的控制与监管力度，要发挥主导作用，运用立法、行政等手段切实保护公共土地上包括森林在内的自然资源，并在专业人士的指导和具体实施下对这些自然资源进行理性的、科学的管制，这样才能保证其可持续性。

要实现这样的管制，他认为应遵循的基本原则是科学管理、明智利用、注重效率。作为一位林业科学家，他非常重视科学技术及相关的专业知识在实现对自然资源的充分利用与有效管理上的作用。他相信科学能够指导人们在改造自然时方法更有效、方式更合理、收获更丰盛；他也坚信，一切可再生资源——特别是森林和野生动物，在未来都可以像庄稼一样实现专业化培育和收获。像这样科学化、专业化的管理需要大量的人才。1896 年，在平肖父亲的资助下，平肖促成了耶鲁大学林学院的成立，后者为政府和私人林业公司培养了大批优秀人才，也为后来"科学"和"技术"在这场轰轰烈烈的自然资源保护运动中深入人心增添了助力——现在这个学院已改名为耶鲁大学林业与环境学院，是世界上最著名的林学院。

比较而言，平肖的资源保护主义和缪尔的自然保护主义有交集之处。他们都认为政府应该加强对自然资源的控制与管理，防止个人对自然资源的滥用和破坏行为。但二者的主张之间的分歧也比较明显。平肖的资源保护主义贯穿着经济至上的功利主义基调，他不赞同自然保护主义者的立场，认为类似黄石公园这样的森林保护区无异是对优质木材的浪费。他直言资源保护政策的全部原则都在于利用，目的是使自然资源能在最长的时间内服务于最大多数人的最大利益，以促进国家经济的持续发展与繁荣；他认为，忽视发展和对某种特殊的自然资源的浪费和破坏在性质上是一样的。因而沙别科夫指出，"平肖管理森林的目的是为了更充分地利用它们，而不是为了它们的美丽。他没有美学观念，至少从职业上说是如此。他没有兴趣为保护自然而保护自然，他很少关心保护野生动物和在公共土地上给人们提供游览和休闲的机会。"[1]

但这样的主张却顺应了 19 世纪末 20 世纪初美国社会现实的发展需求。当时的美国经济高速发展，需要大量的自然资源作为支撑。但经济社会的快步发展、粗放发展与有限的自然资源之间的矛盾已经越来越突出。如何协调二者关系、兼顾当代与后代的发展利益，成为亟须解决的时代问题。较之于带有理想主义者色彩的自然保护主

---

① ［美］菲利普·沙别科夫. 滚滚绿色浪潮：美国的环境保护运动. 周律，张进发，吉武，盛勤跃，译. 北京：中国环境科学出版社，1997：59.

义，平肖的资源保护主义更符合美国当时的经济政治形势、也更容易为官方所接受，因而在罗斯福的环境保护政策中更占主导地位。这在著名的赫泽·赫奇峡谷大论战中得到体现。以缪尔为首的塞拉俱乐部阵营坚决反对在赫泽·赫奇峡谷修建水库，因为修建水库会淹没赫泽·赫奇峡谷；而以平肖为代表的阵营认为，与赫泽·赫奇峡谷的自然风光相比，满足大众的水源利用需求更重要。最终平肖阵营获得了罗斯福总统的支持，美国国会也于 1913 年批准了该计划。

　　但无论如何，缪尔的自然保护主义思想和平肖的资源保护主义都深深影响了彼时当政的西奥多·罗斯福总统，使其开创了联邦政府承担公共土地和自然资源保护主要责任的先河，具有里程碑式的历史意义。美国政府由此开始逆转 19 世纪以来在自然资源上的自由放任政策，转而采取保护主义的方针。在罗斯福总统的支持下、在平肖这位林业局长的推动下，美国出台了推广造林植草、自然资源重灾区禁牧令等一系列法令，并收回大批森林、草原、土地为公共土地，建立更多的自然保护区。据记载，"在西奥多·罗斯福总统执政时期，就收回一亿英亩和 118 个森林保护区，使全国森林保护区的总数达到 159 个，面积达 1.5 亿多英亩。"①缪尔和平肖这两位伟大的环保先驱的思想主张不仅仅影响了美国的环境政策和环保实践，他们以及他们的同伴们还通过各种形式的宣传、奔走呼告和论战，使自然保护主义和资源保护主义的理念广为人知，使人们重新思考人与自然、人与环境的关系。

本章小结

　　18 世纪末到 20 世纪初，是西方生态伦理学的酝酿阶段。托马斯·杰斐逊的"农业天然道德论"、约翰·泰勒的"田园共和主义"，作为哲学文化表征种下了美国社会生态伦理学观念朴素的信仰和理想的种子。之后爱默生的《论自然》是浪漫主义生态思想的宣言，也是自然超灵论的宣言；而梭罗的《瓦尔登湖》和马什的《人与自然》开启了环境思想以自然写真为内容素材向哲学思辨靠拢的步伐。伴随着 19 世纪中后期的美国社会第一次环境保护运动，面对机械化、工业化与资本扩张所导致的"分裂性现实"，以资源保护为诉求，出现了以约翰·缪尔为代表的自然保护主义和以吉福特·平肖为代表的资源保护主义；他们用感性的言说与故事化的情节开始思考生活何为、家园何在等人类生存环境的根本问题。经过这场自然资源保护运动的催化，18 世纪末以来几位思想家播下的生态伦理学种子，即将破土而出了。

【思考题】

　　1. 杰斐逊的"农业天然道德论"与泰勒的"田园共和主义"的核心内容是什么？
　　2. 试述梭罗在西方生态伦理思想发展史上的影响和地位。
　　3. 试述美国第一次环境保护运动中自然保护主义和资源保护主义的共同点与分歧之处。

---

①　约瑟夫·M. 贝图拉. 美国环境史：自然资源的开发和保护，转引自侯文蕙. 美国环境史观的演变. 美国研究，1987(3)：147.

【参考文献】

[美]R. W. 爱默生．自然沉思录[M]．博凡，译．上海：上海社会科学院出版社，1993.

[美]菲利普·沙别科夫．滚滚绿色浪潮：美国的环境保护运动[M]．周律，张进发，吉武等，译．北京：中国环境科学出版社，1997.

[美]亨利·戴维·梭罗．瓦尔登湖[M]．苏福忠，译．北京：人民文学出版社，2004.

[美]纳什．大自然的权利[M]．杨通进，译．梁治平，校．青岛：青岛出版社 1999.

[美]唐纳德·沃斯特．自然的经济体系：生态思想史[M]．侯文蕙，译．北京：商务印书馆，1999.

[美]托马斯·杰斐逊．杰斐逊选集[M]．北京：商务印书馆，2011.

[美]沃浓·路易·帕林顿．美国思想史(1620—1920)[M]．沈阳：吉林人民出版社，2002.

[美]约翰·缪尔．我们的国家公园[M]．郭名倞，译．沈阳：吉林人民出版社，1999.

[美]约翰·缪尔．夏日走过山间[M]．邱婷婷，译．上海：上海译文出版社，2014.

程虹．寻归荒野[M].2 版．北京：生活·读书·新知三联书店，2013.

何怀宏．生态伦理——精神资源与哲学基础[M]．石家庄：河北大学出版社，2002.

侯文蕙．美国环境史观的演变[J]．美国研究，1987(3)：136 - 154.

杨通进．环境伦理：全球话语，中国视野[M]．重庆：重庆出版集团，重庆出版社，2007.

第四章

西方生态伦理学的诞生：
20 世纪初到 20 世纪 50 年代

本章提要：20 世纪初是欧美各国对环境问题开始觉醒和反思的时期，也是对生态问题进行伦理反思的开始。在欧洲，阿尔贝特·史怀泽提出了敬畏生命的理念，主张人应该共同体验和保存生命，要像敬畏自己的生命意志那样敬畏所有的生命意志，善就是保存和促进生命，恶就是阻碍和毁灭生命，这一主张打开了人与自然生命之间关系的新篇章。在美国，严峻的环境问题催生了第二次环境保护运动，唤醒了民众和政府的环境保护意识，利奥波德的大地伦理学是这一时期最杰出的思想，对后世的环境保护实践产生了深远的影响。

第一节　阿尔贝特·史怀泽"敬畏生命"的理念

阿尔贝特·史怀泽创立的"敬畏生命"的伦理思想标志着西方生态思想从自然文学的描述向哲学思辨的建构转变,伦理学的致思路径也从"以人为对象"拓展为向所有生命开放,开创了以生命意志为形而上学基础的生态伦理学。

一、阿尔贝特·史怀泽的生平

阿尔贝特·史怀泽(Albert Schweitzer)1875 年出生于法国阿尔萨斯的小城凯泽贝尔,后全家移居京斯巴赫。他在一个有着浓郁宗教氛围的家庭长大,父亲是路德派的牧师,宗教精神孕育了他敏感善良的心灵。他七八岁时就开始思考领悟"不应该杀害和折磨生命"的命令。每天晚上,在与母亲结束祈祷并互道晚安之后,他暗地里还用自己编的祷词为所有生物祈祷:"亲爱的上帝,请保护和赐福与所有生灵,使他们免遭灾难并安宁地休息。"①他的生活体验和不断的反思使他逐渐形成了一个不可动摇的信念:"只有在不可避免的必然条件下,我们才可以给其他生命带来死亡和痛苦。

1893 年,他进入斯特拉斯堡大学,同时学习神学、哲学和音乐。聪慧勤奋的史怀泽在 24 岁时就以论文《康德的宗教哲学》获得了哲学博士学位,第二年,又以《19 世纪学术研究和历史报道基础上的圣餐问题》一文获得神学博士学位。同时,他在音乐方面的超群天赋使他成为了享有很高声望的管风琴演奏家,并出版了《J. S. 巴赫》(1905)、《德国和法国管风琴制作艺术和管风琴艺术》(1906)等音乐方面的著作。1902 年以论文《弥赛亚的秘密和受难秘密》获得斯特拉斯堡大学新教神学系的授课资格,成为一名编外讲师。

1904 年是史怀泽人生的转折点,这一方面源于他 1896 年圣灵降临节期间的一个决定:"30 岁以前献身于布道、学术和音乐生活。然后,如果我在学术和艺术方面实现了预定的目标,就要作为一个人走直接服务的道路。"②另一方面他听说位于赤道非洲的刚果传教站急需医生的消息,他立刻意识到,这就是"直接服务他人"的最佳方式。他经过 9 年时间的学习,获得了医学博士学位和行医资格,1913 年和他的新婚妻子海伦娜一起到法国殖民地赤道非洲的兰巴雷内(现在加蓬共和国境内),创办了丛林诊所。

1915 年 9 月的一天,史怀泽乘船出诊,他乘坐的驳船行驶至伊根德伢村附近时,一个概念突然出现在他的脑海中:敬畏生命。他一下子觉得豁然开朗,找到了多年来困扰他的问题的答案,敬畏生命成为他伦理体系最坚实的基础。

在此后的几十年中,史怀泽一面为非洲土著人治病,一面回欧洲宣讲敬畏生命的伦理思想。此间出版了《文化的衰落和重建》《文化和伦理》《我的生平和思想》《当今世界的和平问题》等专著,并于 1952 年获得诺贝尔和平奖。1965 年在 90 岁高龄去世,

---

① [法]阿尔贝特·史怀泽. 敬畏生命. 陈泽环,译. 上海:上海社会科学出版社,1992:1.
② [法]阿尔贝特·史怀泽. 敬畏生命. 陈泽环,译. 上海:上海社会科学出版社,1992:26.

长眠于兰巴雷内，走完了他充满传奇色彩的一生。

二、"敬畏生命"理念的思想资源

史怀泽在世界思想史的范围内挖掘"敬畏生命"的思想资源，"敬畏生命"的理念第一次将人的关爱与责任明确地从人向动物、植物等所有生命延伸，走出了对动物的关爱和责任的第一步。他指出对动物的同情在欧洲哲学那里得不到什么支持，因为"在欧洲哲学看来，同情动物的行为是与理性伦理无关的多愁善感，它只有次要的意义。"①但他首先在中国、印度的思想中以及古老的犹太律法中找到了人对动物的同情和责任的相关论述；其次，基督教的"博爱"思想和大卫·休谟的"同情的心理原则"是史怀泽构建新伦理观的理论基础。

他指出，在中国哲学中，孟子以感人的语言谈到了对动物的同情，列子则认为动物心理和人的心理没有太大的差别。道教也要求道士善待动物，例如，他们应该避免用开水浇地，因为昆虫可能因此烫死或烫伤。他特别提到了宋代的《太上感应篇》中的格言给同情动物以重要的地位，他说："这部至今仍然很受民众推崇的格言集表达了这样的思想，'天'（上帝）赋予一切动物以生命，为了与'天'和谐一致，我们必须善待一切动物。"②除了要善待动物之外，还认为植物也有生命，并要求人们在非必要时不要伤害它们。

印度的思想家认为，一切生命——人、动物和植物——属于一个整体，这是一个不言而喻的原则。如印度婆罗门的世界观就主张，一切个别的灵魂都来自世界灵魂（梵）并重新回归它。转世论中也有这一原则。不杀和不伤害的戒律规定着人对动物的关系。但印度不杀生的戒律并非出自对动物的爱或同情，而是为了在世界上保持纯洁。所以，印度思想对动物的同情是不完整的，它只要求人不杀生和不伤生，却不要求人用行动去帮助生命，其原因在于，不杀生的基础不是热切的同情感，而是否定世界和人生的不行动原则。

史怀泽发现，古老的犹太律法中也有关怀动物的命令，但基督教却不把同情动物作为律令，这是因为原始基督教期待着世界末日很快来临，从而一切动物摆脱苦难的日子指日可待，所以基督教没有突出强调对动物的同情和关爱。

他认为中国和印度的伦理学并未真正解决人和动物的关系问题，中国的伦理思想尽管天然地、并在行动上同情动物，但是，他距离整个范围内探讨人和动物的问题还很远，它也不能教导民众真正对动物行善。印度对于人和动物的观点同样也不能令人满意，因为它只要求无同情感的不杀生和不伤生，而不要求充满同情的帮助，它也没有教育人在全部复杂性的范围内承受起人对动物责任的重担。"敬畏生命"的伦理理念将从理论上建构起人与动物的伦理关系，并阐述人对包括动物在内的所有生命的无限责任。

史怀泽从幼年时代就接受了完整的基督教教育，基督教所倡导的"爱"的原则就是

---

① ［法］阿尔贝特·史怀泽. 敬畏生命. 陈泽环，译. 上海：上海社会科学出版社，1992：72.
② ［法］阿尔贝特·史怀泽. 敬畏生命. 陈泽环，译. 上海：上海社会科学出版社，1992：73.

敬畏生命伦理学的道德基础。但基督教将爱的对象仅限于人,他则努力将基督徒的"爱"从人向所有动物扩展。他说:"把爱的原则扩展到动物,这对伦理学是一种革命。"①这种敬畏一切生命和爱一切生命的伦理学会警醒我们:事实上我们一直处于毁灭和伤害生命的必然性之中,尽管承认这种伦理学会让我们处于冲突当中,但我们仍然要去冒险承诺一种无限义务和责任的伦理学。

史怀泽在休谟的"同情学说"中找到敬畏生命伦理理念得以可能的心理原则。休谟认为,自然已授予我们一种体验他人命运的能力,它以此要求我们,像体验自己的快乐、忧虑和痛苦一样去体验他人的一切。我们如同一条与其他弦共振的弦,天然的善意促使我们,为他人而生存,为他人和社会尽力。这意味着人能够通过同情共感的心理机制体验他人快乐或痛苦的情感,并根据这种情感感受去辨别善恶和决定如何行动。所以,史怀泽得出结论在:"伦理首先是一种同情的事实,以及一种有助于同情的行为的事实。"②休谟的同情对象也同样仅限于他人,史怀泽认为"动物和我们一样渴求幸福,承受痛苦和畏惧死亡,那些保持敏锐感受性的人,都会发现同情所有动物的需要是自然的。"③

史怀泽之所以在 20 世纪初能够提出"敬畏生命"的伦理理念,一方面受益于他自幼年时代起的基督教信仰和敏感善良的心灵,另一方面也是他对亲身经历的两次世界大战的反思。史怀泽在浓厚的宗教氛围中长大,他的父亲、外祖父和舅舅都是牧师,从小就浸润了基督教的道德教养,秉有博爱众生的宗教信念。大约 7、8 岁的时候,在一个天气晴朗的星期天早晨,一位同学约他出去打鸟。在拉紧弹弓的刹那间,他感受到了极度的良心谴责。正在这时,教堂的钟声响了,回荡在朝霞和鸟儿的歌唱声中。他感到,这是来自天国的声音。于是,他扔掉了弹弓,惊走了小鸟。从此,他逐渐形成了一种不可动摇的信念:只有在不可避免的必然条件下,我们才可以给其他生命带来死亡和痛苦。他决心保持这种敏感和同情,也不害怕多愁善感的指责。后来,他亲身经历的两次世界大战对整个世界和人所造成的巨大的人道灾难更使其坚定了敬畏生命的理念。1954 年他在接受诺贝尔和平奖时的讲话充分表达了他对现代战争运用大规模杀伤性武器的忧虑、对和平的呼吁和对生命价值的尊重。他说:"在最近的两次大战中,我们犯下了可怕的非人道罪过,而在未来的战争中还将这么干,这是不能允许的。"④他认为现代人已经成为超人,超人的特征就在于:"由于其知识和能力的成就,不仅支配着他身体内的物质力量,还支配着自然中的物质力量……作为超人,他能通过特制的装备利用产生于混合化学材料迅速燃烧的能量。这使他能使用威力巨大的炸弹,并把它投掷到很远的距离之外。"⑤"由于技术的迅猛进步,最可怕地毁灭生命的能力已成为当今人类面临的厄运。"⑥但史怀泽认为,超人并不具有与其力量相

①　[法]阿尔贝特·史怀泽. 敬畏生命. 陈泽环,译. 上海:上海社会科学出版社,1992:76.
②　[法]阿尔贝特·史怀泽. 敬畏生命. 陈泽环,译. 上海:上海社会科学出版社,1992:87.
③　[法]阿尔贝特·史怀泽. 敬畏生命. 陈泽环,译. 上海:上海社会科学出版社,1992:88-89.
④　[法]阿尔贝特·史怀泽. 敬畏生命. 陈泽环,译. 上海:上海社会科学出版社,1992:98.
⑤　[法]阿尔贝特·史怀泽. 敬畏生命. 陈泽环,译. 上海:上海社会科学出版社,1992:98-99.
⑥　[法]阿尔贝特·史怀泽. 敬畏生命. 陈泽环,译. 上海:上海社会科学出版社,1992:17.

应的超人理性，这种理性会使其获得的力量只用于实现善和有意义的事情，而不用于杀伤和毁灭。因此，发明给予我们的强大的破坏性力量，使现代战争成为毁灭性的，技术使人能够远距离大规模地杀人，无数生命被战争机器绞杀。所以技术的发展需要人道精神的生长和实践，否则所有的生命都时刻处在技术威胁的黑暗中。

史怀泽的自我性格、所接受的宗教、哲学教育以及他亲历两次世界大战的人生都是"敬畏生命"的伦理理念重要的思想资源，敬畏生命的理念既是伦理思想发展的必然，也是史怀泽自身的性格和特定时代碰撞出的精神火花。

三、"敬畏生命"理念的理论逻辑

"敬畏生命"的伦理理念在史怀泽看来是伦理学史上的一次革命，也是他的伦理思想的核心理念。史怀泽认为，"到目前为止，所有伦理学的一大缺陷，就是它们认为只需处理人与人的关系。然而，伦理学所要解决的真正问题却是人对世界、及他们遇到的所有生命的态度问题。"①在他看来，技术的发展带来了工业文明，但却将自然看作冷漠、无价值、机械的力量，从而将自然和人、自然和伦理分离。史怀泽的伦理思想就是寻求重建自然与人、自然与伦理之间的关系。他重新诠释了伦理，认为所谓伦理，"就是敬畏我自身和我之外的生命意志。"②生命意志是史怀泽伦理学的基础、出发点和终极关怀，他开创了一个新的以生命意志为形而上学基础的伦理学理论，大大拓展了伦理学的研究视域。

什么是"敬畏生命"？戴斯·贾丁斯在《环境伦理学》一书中指出："施韦泽的最初的德语表述是 Ehrfurcht Vor dem Leben。'Ehrfurcht'是指恐惧和迷惑的表情。尽管'敬畏'(reverence)也许是以缺少了'Ehrfurcht'内涵的宗教式的语言来解释，但很明显，施韦泽表达的意思中有这个内容。'Ehrfurcht'从词源上说是表达尊敬和恐惧的一种综合的情感，它使人联想到从高山之巅看到的宏伟的远景，或是对暴风雨的感受。"③它包含着人对某种伟大而神秘的力量所产生的那种崇敬和谦卑感。史怀泽所指称的生命是指包括人、动物、植物甚至病毒在内的所有生命。生命之所以值得敬畏是因为"生命意味着：力量，来自根源的，在其中不断生成的意志；生命还意味着感情、感受和承受……死在路上的甲虫，它是像你一样为生存而奋斗的生命，像你一样喜欢太阳，像你一样懂得害怕和痛苦。"④史怀泽认为所有的生命尽管在外表上千差万别，但和我们具有共同的内在本质，和我们极为类似，具有极为密切的亲缘关系。所以，他要求人们在内心的信念和情感上培养起对所有生命的敬畏之情。所谓敬畏生命就是人对所有生命意志的尊重、爱、奉献、同情和关怀。所有的生命都有内在价值，都值得我们敬畏和尊重。生命不是没有任何价值的宇宙间的"存在"。生命本是就是善，它激起尊重并渴望尊重。

---

① ［法］阿尔贝特·史怀泽. 敬畏生命. 陈泽环，译. 上海：上海社会科学出版社，1992：9.
② ［法］阿尔贝特·史怀泽. 敬畏生命. 陈泽环，译. 上海：上海社会科学出版社，1992：26.
③ ［美］戴斯·贾丁斯. 环境伦理学. 林官民、杨爱民，译. 北京：北京大学出版社，2002：153.
④ ［法］阿尔贝特·史怀泽. 对生命的敬畏——阿尔贝特·史怀泽自述. 陈泽环，译. 上海：上海人民出版社，2015：57.

　　史怀泽对所有生命的敬畏既不是基于人对世界的认识，也不是对自然本身的模仿或崇拜，而是源自他对世界的神秘体验，或者说是一种体验性认识。"成为体验的认识使我不再固执于作为纯粹的认识主体而与世界相对立，而是迫使我与世界建立内在关系，它要求我敬畏一切充满神秘的生命意志。"①而自然并不懂得敬畏生命，它以最有意义的方式产生着无数生命，又以毫无意义的方式毁灭着它们，包括人类在内的一切生命等级，都对生命有着可怕的无知。它们只有生命意志，但不能体验发生在其他生命中的一切；它们痛苦，但不能共同痛苦。自然抚育的伟大生命意志陷于难以理解的自我分裂之中，生命以其他生命为代价才得以生存下来。自然让生命去干最可怕的残忍事情。"由于生命意志神秘的自我分裂，生命就这样相互争斗，给其他生命带来痛苦或死亡。这一切尽管无罪，却是有过的。"②自然教导的是这种残忍的利己主义，史怀泽认为自然的残忍毫无意义。所以，"敬畏生命"的理念并非一种类似老子的"道法自然"的哲学，而是通过人对生命的神秘体验而生成的一种属人的伦理，因为只有人这种最高级的生命才能够认识到敬畏生命，能够认识到休戚与共，能够摆脱其余生物苦陷于其中的无知。自然律与道德律是冲突的，而非和谐一致的关系。

　　在史怀泽看来，所有道德的基础和开端是：我只能敬畏所有的生命，我只能与所有的生命共同感受。他说，谁体验到这一点，并继续体验到这一点；谁体验到这一点，并始终体验到这一点，这就是道德。最高命令的基本形式是：你应该共同体验和保存生命；否定的表达形式是：你不应该杀生。敬畏生命的基本伦理要求是：像敬畏自己的生命意志那样敬畏所有的生命意志；满怀同情地对待生存与自己之外的所有生命意志。"善是保存和促进生命，恶是阻碍和毁灭生命。如果我们摆脱自己的偏见，抛弃我们对其他生命的疏远性，与我们周围的生命休戚与共，那么我们就是道德的。只有这样，我们才是真正的人；只有这样，我们才会有一种自己的、不会失去的、不断发展的和方向明确的德性。"③只有当人必然帮助他能够帮助的所有生命，避免对生命做出任何伤害时，他才是真正道德的。而且他并不主张在不同生命间的冲突中建立优先权模式或规则，因为这样的等级制会因为承认有比敬畏生命更基本的法则而超越敬畏生命的伦理基础，它也造成我们在必须剥夺生命时面临进退两难的处境，所以他并不根据生命的价值或生命的感受能力进行排序，而是坚持所有生命都是神圣的。

　　敬畏生命的伦理理念是一种非后果主义的伦理理念，或者说是一种信念伦理，而非规则伦理。它是对生命意志的所有状态和努力的共同体验，包括其快乐、对其充分发展的渴望、对其追求完善的冲动的共同体验，要求人具有爱、同情和奉献的德性，而不必关注行为的后果，关键在于行为者保持行动意愿和信念的纯洁性。如一个为了保护另一个生命而伤害和牺牲一个生命的人，并不是不敬畏生命，只要他在这样做时

---

　　①　［法］阿尔贝特·史怀泽. 对生命的敬畏——阿尔贝特·史怀泽自述. 陈泽环，译. 上海：上海人民出版社，2015：174.

　　②　［法］阿尔贝特·史怀泽. 对生命的敬畏——阿尔贝特·史怀泽自述. 陈泽环，译. 上海：上海人民出版社，2015：160.

　　③　［法］阿尔贝特·史怀泽. 对生命的敬畏——阿尔贝特·史怀泽自述. 陈泽环，译. 上海：上海人民出版社，2015：159.

心存对生命的敬畏，且意识到了自己因此而承担的责任。敬畏生命更主要的是人内在的德性追求，而不是绝对的行动规则。史怀泽认为，"它不需要回答这样一些问题：在世界发展的总体过程中，伦理的人保存、促进和提高生命的活动会有什么结果？与自然强力每时每刻对生命的巨大毁灭相比，伦理的人对生命的保存和改善是微不足道的……敬畏生命伦理的关键在于行动的意愿，它可以把有关行动效果的一切问题搁置一边。对世界来说，重要的是这一事实本身：由于已经变得伦理的人，充满敬畏生命和奉献给生命的生命意志出现在世界中。"①

敬畏生命要求人对所有的生命拥有无限的责任，这似乎有些不可思议，要求人背负了过多的甚至是不可能的责任。史怀泽意识到了这一点，他指出危及人们休戚与共的信念和意志的因素有三种观点：首先，你为防止或减缓痛苦、保存生命所做的和能做的，和那些发生在世界上和你周围，你又对之无能为力的一切比较起来，是无足轻重的；其次，同情就是痛苦，谁亲身体验了世界的痛苦，他就不可能在人所意愿的意义上是幸福的；最后，我们会为我们懂得休戚与共而感到惭愧。面对这三个方面的质疑，史怀泽一一给予了回应。关于第一个观点，他用"能够包含应该"来回答。他说："你能做的一切，从应该被做的角度来看，始终是沧海一粟。但对你来说，这是能赋予生命以意义的唯一途径。无论你在哪里，你都应该尽你所能从事救助活动，即解救由自我分裂的生命意志给世界带来的痛苦。如果你在很多地方减缓了人或其他生物的痛苦和畏惧，那么你能做的即使较少，也是很多。"②关于第二个观点，他论证说，同甘与共苦是同时出现的。随着对其他生命的麻木不仁，你也失去了同享其他生命幸福的能力。最后，史怀泽认为，人必须如其所是地做一个真正自觉的人，与世界共同生存的人，在自身中体验世界的人，你是否因此按流行的看法比较幸福，这是无所谓的。总之，史怀泽认为人的意识的根本状态是：我是要求生存的生命，我在要求生存的生命之中，其他的生命也必然有持续存在的要求，我们有责任关心包括我们自身在内的所有生命的命运，尽管我们所能做的很有限，尽管可能带来痛苦和不幸，但这是人不能回避的必然命运，不应因任何其他外在的考虑而放弃。

敬畏生命的伦理要求人必须尽一切可能保存、促进和尊重生命，不能损害或毁灭生命。但自然的进程往往是一种生命的存在以另一种生命为代价，人的自我保存亦是如此。对于奉献的内在必要和自我保存的必然性之间的冲突，敬畏生命的伦理如何对待呢？史怀泽认为，敬畏生命的伦理不为人免除冲突，而是迫使人在任何情况下自己做出决定：自己在何种程度上保持道德，又在何种程度上毁灭和伤害生命的必然性，并由此必须承担起责任。在这种冲突中，史怀泽主张人做出主观的决定，没有人能够为他做出规定：坚持保存和促进生命可能性的具体极限在哪里？人做出判断的根据仅仅在于，他在此承担起对生命的最高责任。也就是说，人在面临冲突的时候可以自己根据具体情形做出决定，没有统一的规则，但行动意愿中必须始终持有保存和促进生

---

① ［法］阿尔贝特·史怀泽. 对生命的敬畏——阿尔贝特·史怀泽自述. 陈泽环，译. 上海：上海人民出版社，2015：176.

② ［法］阿尔贝特·史怀泽. 对生命的敬畏——阿尔贝特·史怀泽自述. 陈泽环，译. 上海：上海人民出版社，2015：23.

命的信念。

对于人和其他生物之间的关系，敬畏生命的伦理主张，在任何伤害生命的地方，我必须弄明白这是否必要。即使在看起来微不足道之处，人也绝不可以超出不可避免性。如在动物实验中，史怀泽提出，在任何情况下，人们都必须慎重考虑，是否真的有必要为了人类而牺牲这些动物。而且即使在不可避免的情况下，人们也必须尽可能减轻动物的痛苦。每个人都必须慎重对待由此给动物带来的痛苦。在力所能及的范围内，每个人都不能让承担不了责任的痛苦发生。

敬畏生命的伦理要求人承担起对所有生命的无限的责任，这是一个较为苛刻甚至过分的要求，这也是他的伦理理念无论在公众中还是哲学家中未能获得广泛支持的原因。确实，敬畏生命没有将道德责任行为（底线的和普遍的责任要求）和责任外的行为（分外的或理想的责任要求）进行区分，或者提供一个可以将二者区分开来的具有普遍意义的客观标准。与此相连的一个问题就是，当生命间出现非此即彼的冲突时，敬畏生命的伦理也没有提供可以进行选择或取舍的标准，而是让行为者自行决定，唯一的条件是行为者持有敬畏生命的理念，他会指导人们做出最有利于保存和促进生命的决定。而在实际情形中，由于限制原则或选择标准的缺失可能无法避免决定的任意性、主观性。

总之，敬畏生命的伦理理念是西方哲学和伦理学的一个崭新的维度，尽管史怀泽并没有运用完备的范畴和命题进行严密的推理论证，而是诉诸浪漫主义的情感和直觉来进行写作。尽管其思想并不是产生于对现代意义上生态危机的认识，而是基于由于技术进步所导致的西方文化的衰落，力图探索一种深刻的、有活力的伦理文化，但史怀泽用他独特的经历、人格、体验和思想淬炼出的敬畏生命的伦理理念打开了人与自然生命之间关系的新篇章，是对自启蒙以来的"人为自然立法"的哲学命题的反思和批判，警醒世人重新思考人与自然、人与其他生命之间的关系。

第二节　美国第二次环境保护运动思想

美国第一次环境保护运动兴起于19世纪末，在20世纪初达到高峰，主要是由美国总统西奥多·罗斯福和科学家吉福德·平肖等人自上而下推动的以功利主义为价值取向的资源保护运动，取得了巨大的成就，限制了人们对荒野和资源的无节制开发、城市环境也有所改观，公众的环境意识被唤醒。但是，人们尚未学会用生态学的知识从环境整体的视角来看待环境问题，和优先发展经济的功利理念相叠加，到20世纪30年代出现了更大规模的环境灾难。于是人们开始重新思考人和自然的关系，尝试着从生态学的角度去重新认知和研究自然环境，美国进入了第二次环境保护运动时期，利奥波德的土地伦理学就是这一时期最为出色的思想成果。

一、第二次环境保护运动发生的时代背景

20世纪30年代，美国面临双重危机，一是经济危机以及随后发生的大萧条和社会动荡，二是以沙尘暴肆虐为代表的资源环境恶化。因此，由富兰克林·罗斯福领导

的第二次环境保护运动是某种程度上意在既遏制环境恶化又缓解社会问题的应急性的社会运动。

第一次世界大战以后，受国际市场小麦价格大涨的影响，草原区就出现了土地过度开垦和过度放牧的情况。1925—1930 年，南部平原进入"大开垦年代"，草原的原始植被遭到毁灭性破坏。30 年代，大平原地区能见度不足 1 英里的强沙尘暴每年都频繁发生。1934 年 5 月发生的"北美黑风暴"是 20 世纪十大自然灾害之一。风暴整整刮了 3 天 3 夜，形成一个东西长 2400 公里，南北宽 1440 公里，高 3400 米的迅速移动的巨大黑色风暴带。风暴所经之处，溪水断流，水井干涸，田地龟裂，庄稼枯萎，牲畜渴死，千万人流离失所。在 1936、1937、1938 年能见度不足 1 英里的沙尘暴分别发生了 68 次、72 次和 61 次，再加上 1934 年开始一直持续到 1940 年的干旱，美国数百万公顷农田被毁，数百万人背井离乡，成为生态难民。

美国政府针对大平原的沙尘暴灾害，成立了专门机构"大平原调查委员会"（Great Plains Committee）来进行调查研究。1936 年，委员会提交给罗斯福总统的调查报告指出，沙尘暴完全是一种人为的灾害，是由于输入了一种大草原不能适应的大农业系统而造成的。这个调查报告预示着功利性自然资源保护政策影响的结束，美国社会开始以平等和理智的态度来处理人和自然的关系，政府从环境保护的知识、理念、立法、制度、政策和具体措施上全面推进资源和环境的保护，努力实现人与自然的和解，遏制持续恶化的环境灾难。可以说，美国是在可怕的环境灾难中反思和行动的，在罗斯福政府的领导下从整体性的视角去审视和认知人在自然中的真实处境，因此，20 世纪30、40 年代美国在环境保护的实践和生态学与环境伦理的理论方面都卓有建树。

20 世纪 30、40 年代的美国不仅是资本对土地进行大规模掠夺的时代，也是科技革命支持下的工业文明高歌猛进的时代，由于蒸汽机的广泛应用和化学工业特别是有机化学工业的发展，一方面带来了美国工业制成品生产能力的极大提升，另一方面城市的环境问题开始变得严峻。各种难以降解的有毒有害化学物质在自然环境中扩散、迁移、累计和转化，对人体健康造成了严重的威胁。20 世纪 30、40 年代，美国发生了多诺拉烟雾事件、洛杉矶光化学烟雾事件等严重的公害事件，工业城市的环境问题也为人们敲响了警钟，对这些问题的反思体现在莱切尔·卡逊 20 世纪 60 年代出版的《寂静的春天》一书中。这一时期的环境保护的思想还主要集中在人与土地的关系问题上。

二、克莱门茨的"顶级群落"理论

20 世纪 30 年代美国大平原地区沙尘暴的肆虐既宣告了第一次环境保护运动的失败，也证明了以人类的经济利益为核心诉求的环保实践可能会事与愿违。新的环境灾难促进了生态学的研究进程，弗利德里克·克莱门茨（Frederic Clements）的生态演进理论"顶级群落"理论（Climax Community）为人们客观地思考人在改变自然中的作用方面，提供了科学依据。

在克莱门茨的理论中，地球上每个区域因气候的原因都必然要经历一系列的植被变化，也就是生态演进的过程。任何地区的植物都要从一种幼小的不稳定的最早阶段发展到一种比较复杂的趋于平衡的状态，即"顶级"（climax），形成"顶级群落"。这个顶级状态是生态演替的最终阶段，是最稳定的群落阶段。一般来说，当一个群落演替到同环境处于平衡状态的时候，演替就不再进行了。在这个平衡点上，群落中各主要种群的出生率和死亡率达到平衡，能量的输入与输出以及生产量和消耗量也都达到平衡。克莱门茨认为美国中西部大草原上的顶级植被就是广袤无垠的原始草原，这种原始草原经过了漫长岁月经历了漫长的岁月，有能力经受这个地区周期性的干旱和终年少雨，野生动物以及生活于其间的印第安人也包含在这个顶级群落中，他们之间形成了一种稳定的生态联系。他在《顶级群落的性质和结构》一文中引用布拉德波利（J. Bradbury）的对美国大平原1809年的描述："广袤的平原覆盖着你可以想象的最为精美绝伦的绿毯……如此无限延伸和肥沃的平原上生活着巨量的动物……自然的推理就是大草原就是被动物们的啃食和原始人的火不断改变，并且被他们的每一个群体的数量进一步强化了。"①

但是，到了19世纪，白人破坏了这个顶级群落，他们肆无忌惮地猎杀野牛以及其他他们认为"有害的"物种，毫不珍惜地滥用土地资源，破坏了大平原生态系统的平衡和均势，最终自食其果。而白人并不属于这个群落，他们有着与大草原的顶级群落相排斥的演进过程和生活历史，美国历史学家弗里德里克·特纳认为美国中西部的白人大致经历了从捕兽者—猎人—拓荒者—农场主—城市人的变迁过程，这一变迁的过程，在它进入城市后便达到了它的顶级状态。这个社会群落的快速发展就是通过摧毁草原群落而实现的，草原群落也动摇了白人社会群落的稳定，沙尘暴后的长久干旱就导致了大批农民的迁移。

因此，从深层次看，沙尘暴并不能仅仅被理解为自然灾害，更是人为的无节制的垦荒和发展农业的结果，民众和政府都对大平原的灾难负有不可推卸的责任。人们开始重新意识到美国人需要改变征服自然的价值观念，学会按照自然本身的节律去思考和行动，即利奥波德所主张的"像大山一样思考"，尽管这样的理念在经历了经济危机和两次世界大战而亟待恢复经济的人们尚无法完全认同，但时间和现实会同时向人类证明这才是我们走出环境危机的可能路径。

三、利奥波德的"土地伦理学"

利奥波德提出的土地伦理学是美国第二次环境保护运动中最重要的思想成果，也是环境伦理学发展史上的一个里程碑，它标志着人类中心主义的环境价值观向生态中心主义的环境价值观的转变。尽管它的价值在当时并未被人们接受和理解，但这并不会遮蔽它的光辉。

土地伦理学的主要思想包括：第一，人的道德规范要从调节人与人之间和人与社会之间的关系扩展到调节人与大地之间的关系。第二，大地是一个生命共同体，共同体的每一个成员都有持续存在下去的权利，人类应该尊重这种权利。第三，需要确立

---

① Clements F. Nature and Structure of the Climax. Journal of Ecology, 1936, 24（1）: 252 – 284. doi: 1. Retrieved from http: //www. jstor. org/stable/2256278 doi: 1）.

新的伦理标准，人类应该尽力维护大地共同体的完整、稳定和美丽。这些观点就是利奥波德对环境伦理学的划时代的贡献，他第一次从生态学的角度提出了人对自然的责任，这有别于梭罗从审美的角度、史怀泽从文化的角度、20 世纪初的美国政府从功利的角度提出的保护环境和资源的理由，对 20 世纪 60 年代以后的环境伦理学的发展和环境保护的实践产生了深远的影响。

四、美国政府对资源和环境保护的举措

美国大平原频繁爆发的沙尘暴和水体、空气的污染宣告了以功利为基础的第一次环境保护运动的失败，规模空前的环境灾难要求人们重新选择环境保护的策略，生态学的最新研究进展为美国政府全局性的环境和资源保护策略提供了可能，美国政府从立法、制度、政策、具体措施等方面尽力将生态学理论见之于实践，应对持续恶化的环境危机。具体来说，有以下几个方面：

1. 成立民间资源保护队

成立民间资源保护队，这是"罗斯福新政"期间采取的既解决庞大的失业问题又从事资源和环境保护事业的举措。1933 年 3 月 31 日，美国国会通过了《紧急资源保护工程法案》，决定组建民间资源保护队，由政府拨款招募城市青年，其主要任务是保护和发展森林资源，包括植树造林、森林火灾的预防和扑灭、森林病虫害防治，以及保护土壤资源、保护野生动物等。1933 年春到 1942 年夏，民间资源保护队总计动员和征募了大约 300 万青年在遍布全国的约 5000 和野营工作站工作，工作成效显著，共计栽种树苗 20 亿株，植树造林 111 万亩，建起了南起德克萨斯北至加拿大全长 1850 公里长的防护带，有效地抑制了沙尘暴的发生。尽管民间资源保护队是一个应急措施，但同时也是一种环境教育，从此在美国社会播下了保护资源、保护环境理念的"种子"，对于提高全民生态意识起到了一定的促进作用。同时，为了科学规划和指导美国的资源保护工作，罗斯福政府在 20 世纪 30 年代还成立了专门机构对全国的自然资源状况进行大规模调查，充分依靠科学家和专业人士来制定和实施资源保护政策，对自然资源进行合理规划、开发和使用。

2. 政府积极推动资源和环境保护立法

为了把资源保护工作纳入法制化轨道，罗斯福政府推动通过了一系列资源和环境保护立法。如 1933 年 5 月国会通过了《田纳西流域管理局法》，旨在对田纳西河流域进行综合整治，包括发展和完善航运能力、沿岸水土保持、洪水的疏浚和治理、兴建水电项目、科学规划工农业生产比例等，成为美国地区自然资源保护和经济发展的成功典范。1933 年联邦政府还颁布了《农业调整法》，要求农场主对 15% 的耕地进行退耕。1934 年国会通过了《泰勒放牧法》，规定西部还未被占用的 8000 万英亩草地交给联邦政府管理，目的在于制止过度放牧和水土流失。另外，1935 年的《土地保护法》、1936 年的《洪水控制法》《印第安重建法》等都是政府为保护资源和环境而推出的一系列制度设计，从制度层面对国家资源和环境进行全局规划管理，一定程度上遏制了资

源浪费现象和环境的进一步恶化。

3. 建立非政府环保组织

非政府环保组织的建立大大拓展了环境保护的主体范围，唤醒普通民众的环境意识。1935 年，罗伯特·马歇尔和利奥波德等人共同成立了荒野协会，致力于荒野地区的保护和国家公共土地的管理，包括国家公园、国家森林、国家野生动物保护区以及国家土地管理局所管辖的国家保留地的土地。1936 年成立的野生动物保护联盟致力于保护鱼类、野生动物以及其他自然资源和环境的保护。1943 年成立了水土保持协会，以促进土壤、水及相关自然资源的保护与合理开发。这些非政府的民间环保组织的成立，吸引了大量的普通民众参与到自然资源和环境保护的活动中来，为生态意识和环境伦理观念在 60 年代为人们所接受和认同奠定了主体基础。

美国第二次环境保护运动是基于自然环境恶化的一种"倒逼"，这是一场以资源和环境保护为主题的生态运动，以生态学理论的最新研究成果为基础，部分地超越了功利倾向，超越了完全人类中心，也超越了精英阶层的单向度行动，人类逐渐开始以生态为中心来理解我们的生存世界，寻求人与自然的和解。

第三节　利奥波德的《沙乡年鉴》

奥尔多·利奥波德(Aldo Leopold，1887—1948)是美国第二次环境保护运动中最杰出的生态伦理思想家和环境保护的行动者，也是现代环境伦理学发展和荒野保护运动中有着深远影响的大师。他的自然与荒野保护的思想、生态中心主义或整体主义的伦理学是生态伦理学和环境保护运动的一个里程碑，他被称作美国新保护运动的"先知"和"美国新环境理论的创始者"。他一生共出版了三本著作和 500 多篇文章。《沙乡年鉴》(A Sand County Almanac)是环境运动中的经典作品，其中《土地伦理》一文第一次系统地阐述了生态中心主义伦理思想。

一、利奥波德的生平

奥尔多·利奥波德 1887 年 1 月出生于美国艾奥瓦州博灵顿市的德裔移民家庭，自幼年时代起，他就酷爱户外活动，喜欢打猎，善于观察，常常花费数小时对自己家附近的鸟进行计数和分类。1906 年他进入耶鲁大学，成为林业专业的一名硕士研究生。毕业后，他到美国西南部的亚利桑那州和新墨西哥州的国家森林担任林务管理员，1924 年被调到威斯康星州的麦迪逊市工作，任联邦林业局的一个研究所的林业生产实验室副主任。1928 年，利奥波德因不满林业局的功利主义管理模式，离开林业局。后得到一个狩猎研究所的资助，到美国中北部的 8 个州进行关于野生动物的考察研究，并写出了《野生动物管理》(Game Management)一书，成为野生动物管理学科的创始人。1933 年，利奥波德被聘为威斯康星大学农业管理系的教授，主讲"野生动物管理"课程，他渐渐形成了一套整体主义的土地生态观念和土地伦理思想。1934 年，他被选为美国森林政策委员会主席。1935 年，他与著名的自然科学家罗伯特·马什一起创建了荒野协会，宗旨是保护面临被侵害和被污染的荒野大地以及荒野上的自由生命。

同年 4 月，利奥波德在威斯康星河畔一个叫"沙郡"的地方买了一个被废弃的农场，其后数年，他和家人种植了上千棵树以恢复土地的健康。他以沙郡的生活经历为素材写作了很多随笔，后汇编成著名的《沙乡年鉴》一书。《像大山一样思考》和《土地伦理》两篇文章是其中的经典和名篇。20 年后，该书成为环境主义运动的思想火炬，被称为"绿色圣经"。1948 年 4 月，他在赶往邻近农场扑灭草场大火的途中，因心脏病突发而告别了人世。

二、土地伦理的思想基础

利奥波德在《沙乡年鉴》一书中对生态中心的大地伦理思想给予了集中阐释，生态中心的大地伦理思想是生态学和伦理学的综合与创新，也是科学理性与人类情感碰撞的结晶。这一思想的生成是一个循序渐进的过程，也是生态学知识、野生动物管理的实践、农场生活的体验和研究、伦理学理论的积淀与创新的结果。具体而言，利奥波德的土地伦理思想建立在"掠食性动物是保持生态平衡的天然工具""地球是一个有生命的存在物"以及"土地是一个自组织生命共同体"这三个生态学理论的基础上。

20 世纪早期，荒野和野生动物被视为人类可资利用的财产或资源，因此处在食物链顶端的掠食者，如熊、狼、北美草原小狼、山狮及鲨鱼等就是荒野资源稳定性和丰富性的潜在威胁者，因为它们会消耗资源，威胁供应的持续性及人类利益，所以，为了保证树木、牲畜、庄稼等资源的稳定供应，以吉福德·平肖为代表的资源保持主义者一方面反对任何对资源的贪婪开发，另一方面主张积极消灭掠食者。20 世纪初的几十年间，美国政府每年花费上百万美元来杀死这些处在食物链顶端并与人类争夺资源的大型食肉动物，到 70 年代，很多掠食性动物都几乎灭绝了。利奥波德在早年也持有相同的观点，在 1915 年的一篇论文《有害动物问题》(Varmint Question) 中，他称这些掠食者为"有害动物"，认为降低掠食动物的数量是增加资源供应的有效手段。他说："众所周知，猎食性动物总是吃掉种植者的东西。显然，在我们的野生动物供应处于低潮时，猎食性动物的减少会有助于改变这种情形……不管由巨额的奖赏系统、药物毒杀及捕捉、个人或政府行为完成的工作已取得多么大的成果，有害动物仍对我们构成威胁，消灭它们必须靠强有力的可行缜密计划。"[①]但随着他考察的深入和研究的进展，他开始意识到这种以功利为基础的自然观或荒野观的问题，逐渐发现像生态群落中的其他成员一样，掠食者是维持自然的总体平衡、维持种群数量稳定和健康的一种天然的工具。而且，荒野是一个天然的自组织系统，任何人类的干预或控制都可能导致一些无法确切预测的后果，他在《环境保护主义美学》说道："过度繁殖的鹿群没有了自然天敌的威胁，将其赖以为生的植物压榨得难以生存和繁衍"，"在英国的石楠荒地，伴随着鹧鸪和野鸡数量的锐减，过度繁殖的兔子严重抑制了树木的再生。"[②]

---

①　[美] 戴斯·贾丁斯. 环境伦理学. 林官民，杨爱民，译. 北京：北京大学出版社，2002：209.

②　[美] 利奥波德. 沙乡年鉴. 舒新，译. 北京：北京理工大学出版社，2015：173.

因此，应该按照荒野的存在方式来管理荒野及其中生活的野生动物，而不是按照人的需要和利益。"肉食动物也是群落中的成员，没有人可以为自己的利益而将它们消灭，不论这种利益是真是假。"①对掠食动物认知的变化是利奥波德土地伦理建构的第一步。

过去人们将地球当作"死的"载体，但生态学的发展告诉人们地球是由"活的"生物有机体构成的生命共同体。"地球是一个有生命的存在物"的观点是利奥波德大地伦理学的坚实基础，因为生命是尊重与关爱的最强有力理由。他在《西南地区资源保护的几个问题》一文中指出："通过直觉（它或许比我们的科学更可靠，比我们的哲学更少受到语言的限制），我们认识到了地球——它的土壤、山脉、河流、森林、气候、植被和动物的不可分割性，并且把它作为一个整体来尊重，不是作为有用的仆人，而是作为有生命的存在物，它的生命力在强度上虽不如我们，但在时间和空间上却比我们宏大得多——它是这样一个存在物，当晨星在一起鸣唱时它就变苍老了，但当我们中最后一位都在冥界与父辈团圆时，它仍很年轻。"②因为地球是有生命的，荒野是一个生命共同体，所以，我们应该尊重地球、关爱地球，不能将其作为对手或任意进行资源掠夺的对象。

地球不仅是一个有生命的存在物，而且生活于其中的生命构成了一个自组织的生命共同体。利奥波德在《西南地区资源保护的几个问题》中将自然比喻成由不同的生命器官构成的机能性整体，他说："至少把土壤、高山、河流、大气圈等地球的各个组成部分，看成地球的器官、器官的零部件或动作协调的器官整体，其中每一部分都有确定的功能。"③在利奥波德的生态学视域下，整个地球与人的生命体类似，类似人体的各种器官，地球上的各种存在物共同构成了一个和谐有序的生命整体。他用生态学的事实证明了地球的存在价值和每一个成员的存在权利，无论它们对人类是否具有经济价值，都应该被纳入道德考虑的领域，所以他在《沙乡年鉴》中提出"像大山一样思考"，要求人从自然的视角，而非从人的视角去思考和行动。这一理念在当时并不能为大众甚至政府所理解和接受。但几十年后，美国的"引狼入黄计划"证实了这一理念已经开始见之于实践。

利奥波德对掠食者态度的转变是大地伦理思想萌发的开端，而"地球是一个有生命的存在物"的思想是大地伦理最重要的论据，生命及其持续存在的权利是道德关怀的重要理由，而生命共同体的思想则为其提出尊重生物群落和尊重每一个生物成员奠定了哲学基础。

三、《沙乡年鉴》与土地伦理

《沙乡年鉴》是利奥波德一生观察、经历和思考的结晶，是与梭罗的《瓦尔登湖》比肩的美国自然文学的典范之作。该书于1949年由牛津大学出版社出版，此时利奥波德已经去世一年。但当时很少有人认识到此书的价值，人们更多地将它作为一本描

---

① ［美］利奥波德. 沙乡年鉴. 舒新，译. 北京：北京理工大学出版社，2015：217.
② 何怀宏. 生态伦理学. 石家庄：河北大学出版社，2002：450.
③ 余正荣. 生态智慧论. 北京：中国社会科学出版社，1996：42.

绘大自然的精美散文集，因为从经济大萧条和二战的剥夺中走出来的美国正处于经济复苏时期，人们正充满信心地征服自然、利用自然、发展生产，旨在维护生态系统的完整、稳定和美丽的生态学概念以及理论对公众来说都较为陌生，甚至难以接受，因此本书出版后并未引起很大的影响。直到 20 世纪 60 年代，人们终于意识到了环境问题的严重性，发现了利奥波德学说的意义，《沙乡年鉴》也被称为"美国资源保护运动的圣书"。

《土地伦理》是其中最著名的篇章，他颠覆了自启蒙以来确立的人是自然的征服者、改造者的主体性身份，主张自然有自身的道德地位和内在价值，而非仅限于相对于人而言的工具价值与资源价值，他将土地及其上生活的一切有生命的存在物构成的生态整体作为伦理主体，人和其他生物一样，都是大自然的一个普通成员，而非主宰者或征服者。利奥波德的《土地伦理》确立了生态中心伦理学的发展方向和理论基础。哈佛大学的劳伦斯·布伊尔教授在其《环境批评的未来：环境危机与文学想象》（2005）中称"它表达了一种几乎是不朽的关于人和土地的生态及其伦理观"。

利奥波德用《荷马史诗》中奥德修斯的故事开始其土地伦理的论述。英雄的奥德修斯从特洛伊战争中回来，绞死了他的 12 个行为不端的女奴，因为奴隶在当时被认为是私有财产，他的行为并没有被看做不道德或不恰当。利奥波德认为，从那时起，伦理关怀的范围一直在向外延伸，拓展至所有的人类，但也止于人类，人类以外的其他存在物都不具有道德身份，它们被认为是为着人类的存在而存在的事物，是人类的财产，人类可以因自己的需求而任意地处置它们。

利奥波德首先从生态学的视角重新定义了伦理，提出"伦理是一种对为生存而斗争的行动自由的限制"，这种人的自我限制源于"个人是各个组成部分相互依赖的共同体中的一员"①这一理性认知。接着，利奥波德将共同体（群体）概念的外延扩展到土地，这里的土地不单单指土壤，而是包括土壤、水、植物、动物等要素的统一体，他主张我们的道德考虑应该拓展至鸟类、土壤、水体、植物和动物，因为由这些要素构成的统一体都是有生命的存在，土地应当被看作有机体，并非"死"的东西，土地会受到伤害、会生病、会死，土地也有健康和不健康之分，因此，土地也和人一样有获得道德关怀的资格和地位，而人类的角色就相应地从土地共同体的征服者转变为土地共同体的普通成员或公民。

利奥波德的"土地共同体"范畴彻底颠覆了人自启蒙以来的主体地位，将人还原为整个生态系统一个有机构成部分，也颠覆了伦理学的视角，将传统伦理学人的视角转换为生态整体主义的视角。他提出了一条整体主义的土地伦理原则："如果一件事情着眼于保护生物群落的完整性、稳定性和美感时，那么它就是正确的。反之，它就是错误的"。② 从这个准则中可以看出，利奥波德的伦理学坚持的是整体主义的价值观，道德上的对错是"土地共同体"状态的函数，而不是其构成成员的函数。尽管他强调有生命的存在物都有在自然状态下继续存在的权利，但他并不认为每一个生物都拥有

---

① ［美］利奥波德. 沙乡年鉴. 舒新，译. 北京：北京理工大学出版社，2015：209.

② ［美］利奥波德. 沙乡年鉴. 舒新，译. 北京：北京理工大学出版社，2015：231.

"神圣不可侵犯的权利"。和史怀泽的"敬畏生命"的原则不同，土地伦理并不认为个体是唯一终极性的"实在"，也不认为，只有把整体还原成个体才可理解。在它看来，并不存在独立于它所依赖的各种关系和联系的个体，个体的重要性是由它在生态系统中所发挥的功能来决定的。当然，土地伦理并没有赋予每一个成员以同等的价值，所有的生物个体的价值都是相对的，都是相对于土地共同体的稳定性、完整性和美感的状态。所以，它允许人们狩猎、砍伐树木和利用其他资源，它只要求人们在这样做时，要带着尊重的态度。

生物共同体的完整性、稳定性和美是利奥波德土地伦理的道德目的和伦理追求。利奥波德把这个生物共同体理解为"生物金字塔"，这个金字塔式是一个由生物和无生物构成的高度组织化的结构，最底层是土壤，其上是植物层、昆虫、鸟儿、啮齿动物和肉食动物，每一个连续的层次都依赖于它们下面的层次，由下一层为其提供食物和其他服务。这是一个能量不断向上流动的稳态结构，随着层次的不断提升，每向上一层，物种的数量便会大量地减少，这种依赖其他生物提供食物或服务的路线就是食物链，这一类似金字塔的食物链极其复杂，而且随着生物的进化变得更加复杂和多样，但它却是一个稳定的、高度组织化的结构，它的运行依赖于其各个部分的相互合作与竞争，因此，每一种生物在这个复杂的系统中都有自己的位置，系统中的任何改变都会要求其他的成员随之调整，因此，利奥波德认为人类对自然的干涉应当被限制和抑制。若变化是缓慢进行时，系统是自约束的，当变化是剧烈、频繁和粗暴时，如人类的干预，潜在的灾难就开始了。因而我们应当对生态系统的干预更为审慎，应该从生态整体的视角按照自然自身的节律去思考和行动，而不能将资源保护系统建立在经济动机的基础上，因为土地共同体中大部分成员都没有经济价值，但它们有生态价值。如果生物群落的稳定性取决于整体性，那么，它们就有权利存在下去。所以，利奥波德提出："单纯以经济利己主义为基础的自然资源保护体系是没有指望的，也难以平衡。这个体系很容易忽视并最终根除掉土地群落中的缺乏商业价值的要素，虽然它们——如我们所知——是健康的运行机制所必不可少的组成部分。"①

按照经济的逻辑，人类对生物群落的干预主要有以下几个方面：①大型肉食动物被从金字塔的顶端砍掉；②农业通过透支土壤肥力或以驯养物种取代本地物种的方式，扰乱了能量流动通道，甚至耗尽了能量储存；③通过污水或者水坝的拦截的方式，工业将保持能量循环所需的动植物除掉；④交通使得生长在一个地方的动植物被带到另一个地方并被消耗掉，区域性的能量循环路线被打破。这些人类所带来的改变不同于进化意义上的变化，其所产生的影响将会比我们所想象或预见的要复杂深远。因此他得出结论："激烈的人工干预模式使用得越少，金字塔在重新调整过程中获得成功的概率就越大。"②尽管土地伦理已经问世超过半个世纪，人们对其价值的肯定和认同也有了近 50 年的时间，但随着技术的进步和人类对自然的干预在深度和广度方面的不断拓展，自然资源保护方面的问题已经远远超越了利奥波德的叙述，也就是

---

① [美]利奥波德. 沙乡年鉴. 舒新，译. 北京：北京理工大学出版社，2015：219.
② [美]利奥波德. 沙乡年鉴. 舒新，译. 北京：北京理工大学出版社，2015：225.

说，原有的问题依然存在，新的问题更加令人焦虑，如土地的毒化、物种的灭绝、转基因物种的入侵、对森林、草原、湿地和山地等的侵蚀而造成了生态退化等等。可以说，在利奥波德之后，人类利益的考量依然是世界各国制定环境政策和环境实践的基础，生态中心的环境伦理思想远未成为共识。

总的说来，利奥波德的土地伦理有以下几个方面的特征：

1. 伦理整体主义

土地伦理是公认的最早系统阐述整体主义思想的环境伦理理论，它将土地共同体的完整、稳定和美作为道德评价的基本原则，既拓展了共同体的边界，也确立了人类对大地共同体的义务，即维护生物群落整体性的"好"，保持生态系统的平衡与持续性存在。另外整体主义的价值取向也为人类资源的利用和保护的政策制定与具体实践确立了标准。

2. 赋予"土地共同体"以道德权利

利奥波德认为人类应当把道德关怀的重点和伦理价值的范畴从生命的个体扩展到自然界的整个生态系统，道德上的"权利"概念也应当扩大到自然界的整体和过程，但他并非将道德权利赋予每一个生命个体，主张每一个生命个体的存在都是神圣不可侵犯，而是赋予土地共同体，以这一整体的完整、稳定和美为目的，这是土地伦理与史怀泽的敬畏生命理念重要的区别之一。利奥波德的土地伦理显然从理论上预设了允许为了整体的"好"可以通过人类的行为选择性地干预生物个体，而土地伦理可以帮助我们意识到这种选择所包含的道德责任，可以禁止我们任意地伤害和毁灭任何生命。

3. 非人类中心主义

土地伦理是彻底的非人类中心主义，人类在生物群落中没有特权，他们从"统治者"转变为普通的生物公民，整个世界不再以人的利益和需求为中心，而是以"土地共同体"这一结构复杂、体量庞大的有生命存在物的持续稳定的存在为依归。当然，土地伦理也并不否认人的生存利益的价值优先性，正如赫尔纳所指出的："人类的生存利益应当优先于生物共同体中其他成员的生存利益，而生物共同体中其他成员的生存利益应优先于人类的非生存利益。"①

利奥波德借助生态学的最新研究进展，根据自己的知识、情感、体验和研究，提出了土地共同体是一个结构复杂的具有生命特征的生物金字塔，生命是人类应该予以道德关怀和道德考虑的根本理由，既然整个土地共同体是一个有生命的存在物，那么它就会有健康、疾病、死亡等特征，而生命的健康具有必然的绝对的价值，因此我们理应尊重生命、以整个土地共同体的健康和持续存在为目的，而非以其相对人的价值进行取舍。

---

① 杨通进. 大地伦理学及其哲学基础. 玉溪师范学院学报, 2003(3)：28.

四、对土地伦理的批判、辩护与发展

对利奥波德的土地伦理学最严厉的批评是认为它牺牲个体的利益以满足整体的"好"，若用土地共同体的完整、稳定和美丽来定义人类行为的正确与错误，那么从理论上来说共同体中的任何生物个体都可能为了整体的"好"而被牺牲。

利奥波德在《沙乡年鉴》中的叙述似乎也赞成猎杀某些动物个体以保持整体的平衡，他自己终其一生的打猎活动就是明证，也许他认为狩猎活动只要没有威胁生物群落整体的稳定性就都是可辩护的，而且在有些情形下是恢复生态平衡和稳定的有效措施。但是，我们前面提到，土地伦理学强调人不再是地球上统治者，而是被降为生物群落的普通成员，那就意味着，在特定情形下，为了生态整体的"好"而牺牲某些人类个体也是可辩护的。许多伦理学家对大地伦理学所包含的这种危险倾向表示了担忧。马迪·尼尔（Marti Kneel）认为伦理整体主义是"极权主义的"，埃里克·凯兹（Eric Katz）认为它破坏了对个体的尊重，汤姆·雷根（Tom Regan）则称利奥波德的理论是"环境法西斯主义"，他说："提出一个基于权利的环境伦理学的困难和意义包括协调道德权利的个体主义的属性和更整体论的观点。奥尔多·利奥波德倾向于后者……这个观点的意义包括明确地展望为了更大的生态的善而牺牲个体，即为了'生态群体的整体性、稳定性和美'。很难看出个体的权利在其中的位置，该观点可以称为'环境法西斯主义'"。①

这些都是很严厉的批评，也是利奥波德的土地伦理学理论的内在缺陷，这一理论若要在现代社会达成共识，这是一个无法绕开的问题。也许涉及非人类生物个体的牺牲尚可以被接受，但是在人类个体权利的价值优先性成为现代自由主义政治哲学的核心诉求的现代社会，人们几乎不可能接受不尊重个体权利，强调为了整体的"好"可以牺牲某一或某些人类个体的学说。利奥波德本人并未回答这些质疑和批评，他只是粗略而简朴地在《沙乡年鉴》一书中提出了土地伦理学的构想。

土地伦理的整体主义特征以生态学为基础，有其科学理据和显见的说服力，但其中隐藏的漠视个体生物权利的问题，特别是人类个体权利的问题就是该理论无法回避的难题。很多伦理学家都试着对该问题进行阐释与辩护，协调整体与个体之间冲突。总的说来，有以下几种辩护的方法：

1. 实用整体主义的方法

实用整体主义就是给利奥波德的"生态群体的整体性、稳定性和美"这一命题加上一个前提，提出在人类毁坏自然环境的历史前提下，我们最好把生态系统本身当作它有其道德身份。但这只是延迟了环境法西斯主义，并没有从根本上解决问题。技术的迅速发展和人对环境干预的拓展与深入使得人类已经置身于这样的历史前提下，生态群体的利益和个人利益的冲突已经进入人类视野，历史前提已经成立，因此整体主义的问题并未解决。

---

①　[美]戴斯·贾丁斯. 环境伦理学. 林官民，杨爱民，译. 北京：北京大学出版社，2002：221.

2. 多元论方法

多元论方法是多恩·玛瑞塔（Don Marietta）提出的。玛瑞塔指出，伦理整体主义包含着多种不同的形式。人们可以把生物共同体的完整、稳定和美丽理解为决定价值和义务的唯一根据，或者最重要的根据，或者根据之一。玛瑞塔认为前两种理解是不合理的，因为这两种极端的理解是还原主义的，它们只把人理解为生物共同体的成员，只看到了人的生物学特征，忽视了人同时也社会共同体的成员，看不到人的社会特征，只有这两种理解可以被指责为环境法西斯主义。我们可以将生物共同体的完整、稳定和美作为决定价值和义务的一个新的伦理规则。极其复杂的道德状况使得几乎没有什么具体的超越的法规以决定我们应如何抉择，整体主义提醒我们注意曾忽略的复杂性，它并不一定导致让我们接受环境反法西斯主义。但利奥波德的原则似乎不能认可玛瑞塔这一建议。

3. 共同体整体主义

在众多环境整体主义者的回应中，埃里克·凯兹的"共同体整体主义"比较有说服力。他相信在环境伦理学中，所有的个体主义都将走向终结，能够为环境保护提供合理辩护的将是整体主义伦理学。整体主义伦理将直接面对环境和生态系统的维持，而不是自然界中的个体。凯兹区分了两种不同的整体主义，一种是有机体整体主义（以拉夫洛克、奥斯宾斯基的有机体为代表），另一种是共同体整体主义（以利奥波德的大地伦理为代表）。他认为这两者的区别是明显的，有机体思想是整体主义的极端形式，在一个有机体中，个体除了对系统福利有作用外，就没有价值。共同体整体主义也认为个体成员对共同体要有所贡献，但个体可以保持自身的独立价值。有机体由物化了的部分构成，而共同体由成员构成，两种模式中个体的自主性是不同的。有机体模式过分强调了个体在功能上的依赖性，共同体模式则在考虑到共同体中个体间的相互依赖关系时还保持了个体的自主性，因而在道德关怀上既考虑共同体也关注个体，可以说，凯兹为利奥波德的土地伦理走出困境做了较好的论证。但凯兹的共同体整体主义的思想是对利奥波德土地伦理的发展，而非利奥波德的本意，因为利奥波德主张土地是类似于人的身体的有机体，他说："土地就像人的身体一样，症状表现于某一器官，而病因却在另一器官上。"[1]所以利奥波德的理论自身无法从共同体的整体主义思想中获益而回应环境法西斯主义的挑战。

4. 考利科特的同心圆模式

考利科特（J B. Callicott）用同心圆模式解释了土地共同体的整体主义含义。他指出，人类在大地共同体之中，但人拥有社会成员的身份，作为"人类大家庭"或"地球村"的一员，我们往往更关注亲密的社会圈的责任，而忽略了离社会圈核心较远的环节的责任。土地伦理不是法西斯主义的，也不是无人情味的、不人道的。"生物共同

---

① 　［美］利奥波德. 沙乡年鉴. 舒新，译. 北京：北京理工大学出版社，2015：200.

体中非人类成员没有'人权'是因为，就定义而言，它们不属于人类社会中的一员。然而，身为生物共同体中的成员，它们应当受到尊敬。"①这个同心圆模式是基于人的自然情感而建构起来，在这一模型中，我们在把道德关注的成员拓展至土地时并未否认原先的有优先性的人类价值和权利，因为他们更靠圆心的内层。这一以人对中心构筑的同心圆对个体、家庭、生物群落进行了价值排序，在坚持人类利益的价值优先性的前提下，也要求关怀和尊重非人类存在以及它们构成的土地共同体，这样就比较有效地避免了环境法西斯主义的责难。

　　对利奥波德土地伦理学还存在一个"自然主义谬误"的批评。再回到利奥波德的生态整体主义的准则："当某事物倾向于保护整体性、稳定性和生物群体之美时，它就是善，是正确的，否则就是错误的。"他从生态学的事实推出了伦理学的价值，直接跨越了事实与价值之间的鸿沟。这里，人们会问两个问题：为什么应当评价系统本身的整体性或稳定性呢？为什么说保持食物链或能量流的稳定性和整体性就是善呢？更何况从自然史上来看，生态系统在未受人类行为干预的时期实际上也一直处在变动当中，而不是一直稳定而完整。或者说，自然本身并没有价值属性，它就是存在，自然的价值无论是以人为中心还是以生态为中心都是与人休戚相关。既然如此，从生态学事实向伦理价值的推理就需要充分的论证，而不能简单地跨越。

　　问题的关键是生态学事实本身没有"证明"土地共同体的完整和稳定在伦理上就是有价值的。利奥波德对这一问题的回应如下：他认为，只有当人类心理学发生较大的转变后，他那革命性的将伦理拓展至土地的做法的伟大意义才会体现。这种心理学上的转变得靠道德和生态学的教育完成，它们或许会成为是与应当之间的桥梁。他说："如果人们对土地没有热爱、尊重和赞美，对它的价值没有予以重视，这样的土地伦理关系将是难以想象的。"②也许是从休谟那里得到的启示，他用人的道德情感和道德态度作为连接事实与价值的纽带，指出只有当人们去爱、尊重和敬畏土地了，他才会有理由去进行有利于土地的行为。而人类之所以会对土地产生这样的道德情感则依赖于生态学自然事实的理解和接受。但贾丁斯认为若采用这样的方法，整体性和稳定性理论就会失去其威力，因为它没有给出有益于土地的行为的独立的原因。③

　　总之，大地伦理学的整体主义虽然遭到了诸多责难，但后继者们还是能够通过对这些批评的回应而进一步深化、发展这一理论。该理论至少为我们的环境实践提供了两条原则：一是我们在用自然环境的时候，要尽可能保护整个土地共同体的完整、稳定和美丽；二是我们要尊重和关怀非人类的存在物，不能任意的对待或滥用，因为它们也是拥有道德身份的存在，有持续性存在的权利，是土地共同体中不可或缺的成员。这是人类在面临环境危机时所做出了一种基于科学和情感的对策，以期人类放弃自我中心的想法，在自然面前保持谦逊，用生态中心的视角和准则来约束和指导自己的行为，节制自己的欲望，实现人与自然的和谐共生。

① 雷毅. 环境整体主义：争议与辩护. 南京林业大学学报，2012(3)：5.
② ［美］利奥波德. 沙乡年鉴. 舒新，译. 北京：北京理工大学出版社，2015：229.
③ ［美］戴斯·贾丁斯. 环境伦理学. 林官民，杨爱民，译. 北京：北京大学出版社，2002：221.

本章小结

环境伦理思想和哲学伦理学其他分支学科最大的区别就在于它不能仅满足于书斋中的理论批判与建构，更重要的是理论能够见之实践，让自然资源得到更科学合理的利用和环境的自组织系统趋于稳定、完整、平衡和美的状态。但是，无论是史怀泽的"敬畏生命"、利奥波德的"土地伦理"，还是生态学知识，在它们产生的时代都很少被理解和接受，还只是停留在书斋中的理想，更遑论成为行动的理念，因为人们对科技发展的乐观情绪、对经济繁荣的渴望，对自然的征服和利用的信心，使其很难对自然持有谦逊的态度，去敬畏生命、尊重自然。直到20世纪六七十年代，欧美各国的环境危机积重难返之际，人们才会发现这些早期思想家们的生态学知识和生态伦理思想的价值。

【思考题】

1. 试述阿尔贝特·史怀泽"敬畏生命"的伦理理念的思想来源。

2. 请简述阿尔贝特·史怀泽"敬畏生命"伦理理念的理论逻辑，并对该理论进行批判性分析。

3. 美国第二次环境运动的时代背景和主要的环境保护实践，你认为这对我国当下的环境治理有何启发意义？

4. 试述利奥波德土地伦理学的主要内容与特征。

5. 利奥波德的土地伦理学可能存在哪些危险的倾向？你认为实用整体主义、多恩·玛瑞塔的多元方法论、凯兹的共同体整体主义和克里考特的同心圆模式的辩护是否成功？

6. 试比较人类中心主义和生态中心主义之间的异同点？

【参考文献】

[法]阿尔贝特·史怀泽. 对生命的敬畏——阿尔贝特·史怀泽自述[M]. 陈泽环，译. 上海：上海人民出版社，2015.

[美]戴斯·贾丁斯. 环境伦理学[M]. 林官明，杨爱民，译. 北京：北京大学出版社，2002.

阿尔贝特·史怀泽. 敬畏生命[M]. 陈泽环，译. 上海：上海社会科学出版社，1992.

何怀宏. 生态伦理学[M]. 石家庄：河北大学出版社，2002.

雷毅. 环境整体主义：争议与辩护[J]. 南京林业大学学报，2012(3)：1-6.

利奥波德. 沙乡年鉴[M]. 舒新，译. 北京：北京理工大学出版社，2015.

佘正荣. 生态智慧论[M]. 北京：中国社会科学出版社，1996.

杨通进. 大地伦理学及其哲学基础[J]. 玉溪师范学院学报，2003(3)：26-30.

CLEMENTS F. Nature and Structure of the Climax[M]. Journal of Ecology, 1936, 24(1)：252-284. doi：1. Retrieved from http：//www. jstor. org/stable/2256278 doi：1).

第五章

西方生态伦理学的成长:
20 世纪 50 年代到 20 世纪 60 年代末

本章概要: 20 世纪五六年代,由美国开始的第三次环保运动席卷全球,人们开始从人口、经济、技术、宗教等各方面思考人与环境的关系问题。借助生态学理论,人们发现,环境污染和生态危机带来的有关环境的思考是一个相互关联的整体性事件;在对危机根源的认识过程中,人们发现有关环境问题和生态危机的处理不仅在于从经济、技术等角度提出应对之道,而且需要反思更深层次的自然观、文化价值观和宗教神学观等等各个方面的因素。基于此,我们在这一章将主要分析 20 世纪五六十年代有关环境问题与生态危机最具代表性的几种观点。蕾切尔·卡逊(Rachel Carson)通过对杀虫剂与环境关系的揭示拉开了现代化工业产品和环境污染问题旷日持久的论战;保罗·埃利希(Paul Ehrlich)则敏锐地捕捉到了人口数量的增长与环境问题之间的关系;林恩·怀特(Lynn White)则基于宗教文化传统对人与自然关系进行思考并由此开启了生态神学研究;加雷特·哈丁(Garett Hardin)则对环境与人口增长、社会经济发展、技术进步等紧密相关的现实应用性研究做了一个具有启发性的研究。这些研究共同表明,由于 20 世纪五六十年代的人类经济发展和科学技术的突飞猛进总是伴随着全球性的环境污染和生态危机,这要求我们重新思考人与自然环境的关系,寻求一种"价值的根本改变"。

第一节 时代主题与特征

一、对环境的关怀

对环境的关怀是 20 世纪西方社会的重要主题之一。特别是 19 世纪中叶以来，大量有关环境的文学作品大量涌现，这在根本上指引和鼓舞了环境运动在西方世界的发展。到了 20 世纪五六十年代，由美国开始的第三次环保运动席卷全球，这次运动以生态学理论为核心，强调对于环境污染的生态学控制和治理，期望着通过法律化和制度化的方法追求健康、安全的生活环境。通过借鉴生态学的整体观强调人与环境关系的做法使得生态伦理学逐渐变成哲学领域的"显学"，人们开始从人口、经济、技术、宗教等各方面思考人与环境的关系问题。在这个分析的过程中，人们慢慢发现，生态危机带来的有关环境的思考是一个相互关联的整体性事件，在对危机根源的认识过程中，人们发现有关危机的处理不仅在于从经济、技术等角度提出应对之道，而且需要反思更深层次的自然观、文化价值观和宗教神学观等等各个方面的因素。因此，结合当时的时代特征可以看到，这个时期的生态伦理学从不同方面表达了人类对环境危机的不同关注。以下几个思想家的思考则尤其具有典型的代表意义，反映了 20 世纪五六十年代环境哲学和生态伦理的发展。

首先，在 1962 年，美国生物学家蕾切尔·卡逊（Rachel Carson）的《寂静的春天》（Silent Spring）一书的出版"犹如狂野中的一声呐喊，用深切的感受，全面的研究和雄辩的论点改变了历史的进程"，① 该书的出版拉开了现代化工业产品和环境污染问题旷日持久的论战，开启了现代环保运动。其次，美国斯坦福大学的生态学家保罗·埃利希（Paul Ehrlich）于 1968 年出版了《人口炸弹》（The Population Bomb）一书，书中警告说，人口数量的增长导致了大量的环境问题，甚至威胁到了地球所支撑的生态系统的可持续能力。在该书的影响下，人口与环境的关系问题成为生态伦理学中的一个重要研究方向。差不多与此同时，林恩·怀特（Lynn White）和加雷特·哈丁（Garett Hardin）先后于 1967 年 3 月和 1968 年 12 月在著名的《科学》杂志发表了论文《我们生态危机的历史根源》（The Historical Roots of Our Ecologic Crisis）和《公有地的悲剧》（The Tragedy of the Commons），前者基于生态危机的起源开始探究，发展出了从宗教文化传统进行人与自然关系思考的生态神学研究；后者立足于生态危机与科学技术进步和经济发展的时代特征，发展出了环境与人口增长、社会经济发展、技术进步等紧密相关的现实应用性研究。

二、思想取向和特征

然而，尽管 20 世纪 50 年代到 20 世纪 60 年代末的生态伦理学看似展现了一个多面开花的成长特点，但它们依然有共同特征，这个共同特征在根本上源于时代特征，

---

① 蕾切尔·卡逊. 寂静的春天. 许亮，译. 北京：北京理工大学出版社，2015：简介.

即这个时期的生态伦理学思考是在人类经济快速发展和人类现代科学技术突飞猛进（尤其是西方发达国家和地区）的时候产生的，而这个过程伴随着全球性的环境污染和生态危机。因此，尽管不同理论应对生态危机的方法各有不同，但它们都在思考现代科学技术和现代人类生活方式对自然造成的影响，从而，它们都有一个共同的思想旨趣，即号召人与自然环境关系的根本性转化，呼吁一种"价值的根本改变"，① 这种对价值改变的呼吁以一种普遍而又具体的自然主义的知识模型，追问和反思人类与自然环境之间的关系，表达对倍增的物质主义与享乐主义的批判。因此，可以这么说，生态伦理学在 20 世纪 50 年代到 20 世纪 60 年代末的发展中开启了一个崭新的历程。

第二节　蕾切尔·卡逊的《寂静的春天》

一、蕾切尔·卡逊的背景介绍

20 世纪中叶以来，以杀虫剂为代表的化学品越来越多地使用在人们的日常生活中，但刚开始几乎没有什么人关注它们对于环境的影响，是卡逊的思考开启了这扇大门。

1907 年 5 月 27 日，卡逊生于美国宾夕法尼亚州的一个农民家庭。卡逊从小就在她母亲的影响下走向自然，"从卡逊 1 岁起便经常与母亲到野外去，在树林和果园里散步、寻找泉水、给花鸟和昆虫起名……卡逊经常与母亲谈论在树林中所看到的新鲜事，特别是对鸟类的观察。她们分享野外经历中的快乐，从一开始卡逊就与母亲对大自然的热爱产生了强烈的共鸣。"② 在大学和研究生学习期间，卡逊开始献身科学并立志要成为一名科学家。这种决心开启了她今后的辉煌人生。在 1931 年 5 月获得硕士学位之后，卡逊担任了马里兰一所学校的动物学老师，随后，在 1936 年，她又进入美国渔业局及野生生物调查所，成为一名政府的科学工作者。卡逊利用她的专业知识于 1942 年出版了她的第一部著作《海风的下面》（*Under the Sea Wind*），开启了她的生态思想的探索。随后，卡逊分别在 1951 年和 1955 年出版了《我们周围的海洋》（*The Sea Around Us*）和《海之边缘》（*Edge of the Sea*），在这些书中，卡逊对海洋生态系统的研究已经朦胧展现出运用生态学探讨环境保护的思想。但是直到她于 1962 年出版的最著名的代表作——《寂静的春天》，"生态理念"（ecological concept）才真正成为卡逊探究环境保护问题的关键，而《寂静的春天》一书的出版则全面开启了现代环境保护运动，成为了环境保护运动中的"圣经"。

二、《寂静的春天》的主要观点

《寂静的春天》为什么被誉为现代环境运动的"圣经"？因为该书第一次严肃地分

① http：//plato. stanford. edu/entries/ethics - environmental/.
② ［美］林达·利尔. 自然的见证人——蕾切尔·卡逊传. 贺天同，译. 北京：光明日报出版社，1999：13.

析了化学用品与环境之间的关系，深刻地揭示了这样一个事实：使用化学用品控制害虫的做法把化学用品带到了空气、水流、土壤等自然环境中，进而带到了食物链条中，导致了对动物和人类的毒害，破坏了由精妙的自然安排的、复杂的、相互依赖的生态系统。卡逊对杀虫剂使用的批判对人类中心主义的观念提出了强有力的挑战，同时也对现代农业和化学化工行业提出了强烈的质疑，引发了人们对人与自然关系、公共健康等话题持久而深远的讨论，从理论和行动上都触发了环境保护运动的新种子。《寂静的春天》试图通过揭示杀虫剂的使用对水资源、土壤、植物、动物、人类和整个自然生态圈的严重危害，提出保护环境和人类生活的生态学之路。综观全书，作者表达出了以下几个主要核心观点，这些观点为后来的环境保护运动打下了坚实的基础。

1. 反人类中心主义的思想

从《寂静的春天》开篇的寓言开始，到这本书结束提出的另一条道路，卡逊在全书中贯穿了一条很明确的线索，即人类用自以为超越的力量试图"控制自然"，[①] 结果导致了美丽村庄的突变和毁灭性的灾难，"一切都是人们自己造成的"。[②] 在卡逊看来，人类只有摆脱以自我为中心的观点才不会导致灾难性的后果。

不过，问题在于，人类何以能够摆脱以自我为中心的思想呢？在第十二章"人类的代价"中，卡逊提到，我们生活的周围世界是一张"生命之网（或者是死亡之网）"，"我们已经见到化学品污染了土壤、水和食物，并可以杀死河中的鱼儿，让花园和森林里的鸟儿消失。虽然人类喜欢装出与自然无关的样子，但他们确实是自然的一部分……对于我们每个人而言，这是一个相互联系、相互依赖的生态问题"；而且，"我们体内也存在着一个生态世界……"某一部位的变化，甚至是分子的变化，会影响到整个系统，在看似不相关的器官和组织引发病变。卡逊通过我们生活的自然环境是一个相互联系、相互依赖的生态系统和人体自身也是一个生态系统表明人类自身作为一个系统是与环境生态系统息息相关的。

这种相关性在第十三章"透过狭小的窗子"中表现得更加明显。这种表现包括两个方面：其一，能量转化。其二，基因遗传。在能量转化的过程中，细胞通过燃烧燃料为生命提供能量，"细胞中物质向能量的转换是一个不断流动的过程，像一个永远转动的轮子，是自然循环的一种。"[③] 这种自然循环也就是我们所谓的氧化循环，而 ATP（三磷酸腺酐）则是物质向能量转换的氧化循环中产生的能量，"从微生物到人类，ATP 普遍地为所有生物提供能量"。[④] 正是因为 ATP 是所有能量转化都具有的特点，导致人类自身也无法摆脱本来仅仅用来除去害虫的杀虫剂对人类自身的伤害。而这种伤害一旦从人包含于其中的自然生态体统进入到人自身的生态系统，又会导致人类基因遗传的危机。"对于所有人类而言，比个人生命更加宝贵的是我们的基因遗传，这也是把我们与过去和未来联系在一起的纽带。经过漫长进化才形成的基因，不仅造就

---

① 蕾切尔·卡逊. 寂静的春天. 许亮，译. 北京：北京理工大学出版社，2015：229.
② 蕾切尔·卡逊. 寂静的春天. 许亮，译. 北京：北京理工大学出版社，2015：2.
③ 蕾切尔·卡逊. 寂静的春天. 许亮，译. 北京：北京理工大学出版社，2015：155.
④ 蕾切尔·卡逊. 寂静的春天. 许亮，译. 北京：北京理工大学出版社，2015：157.

了我们现在的样子，还掌控这未来，不论这未来是希望还是威胁。然而，我们的时代正面临着人造物质造成基因衰退的局面，也是我们的文明要面对的最后的、最严重的危险。"①在这里，人造物的伤害指的是以杀虫剂为代表的化学品对包含有遗传信息的细胞分裂进行破坏。环境中的化学品会对基因造成破坏，进而影响到人类自身的发展。

通过能量转化和基因遗传的说明，我们可以看到，卡逊从最微小的生命单位获得了有关生命系统的大视野。基于生命体最初的细胞结构，卡逊打破了启蒙运动以来人类高高在上的观点，让我们清楚地看到，无论是人自身，还是人生活于其中的自然环境，就它们作为生命系统而言，都是彼此相互联系、相互依赖的，人并不具有高高在上的独特性。因此，当人类试图用能够控制自然的心态使用杀虫剂以期获取自己的利益时，人类自身作为生命系统的事实让人类自食恶果。正是基于此，卡逊坚定地认为，人类应该走出狭隘的人类中心主义观点，关爱自然、关爱生命。

2. 提倡生物进化理论

卡逊之所以反对人类中心主义的观点，在根本上源于她从科学的角度对整个自然环境做得细致观察。在《寂静的春天》一书中，卡逊花了大量篇幅详细地介绍水土资源和动植物以及人类的关系。比如在描述动物与土壤的关系时，卡逊引用达尔文在《腐殖土的形成、蚯蚓的作用以及对蚯蚓习性的观察》的观点写到，"地表的岩石逐渐地被蚯蚓搬运上来的肥沃土壤覆盖……树叶和草中包含的大量有机物质……被拖入洞穴，与土壤混合……它们的洞穴使空气进入土壤，使土壤保持良好的排水性能，并促进植物根系生长。在经过蚯蚓的消化系统时，有机物质也会得到分解，蚯蚓的排泄物会使土壤更加肥沃。"②在这里，我们可以看到，卡逊通过接受达尔文的观点表明，以土壤为代表的自然环境是由各种相互交织的生命组成的，每种生物都以某种方式和其他生物相互联系着，生命物依赖于自然环境，而自然环境也接受着生命物的反哺。不但如此，卡逊进一步吸收了达尔文有关自然选择的观点，"大自然通过精妙的数量平衡实现深远的目标……一些土壤生物由于杀虫剂使用而数量减少时，另一些生物的数量就会增加，从而破坏捕食关系。"③

卡逊像达尔文一样，认为大自然自身是一个平衡的系统，在生物之间存在着一条稳定的链条，捕食食物链、腐食食物链（碎食食物链）和寄生食物链在自然中保持着一个数量的平衡，各种生物在自然的调控下优胜劣汰，保持着一个动态的平衡，各种生命的产生、进化和演变都与自然环境密不可分。当人们用DDT等化学用品破坏自然平衡时，虽然短期内可以改变食物链条以符合自己的短期利益，但是那些适应了杀虫剂而产生抗体的昆虫则会通过突变遗传而具有更强大的生命力，这就迫使我们必须更新杀虫剂，但之后会再出现能够抵抗新杀虫剂的害虫。在整个过程中，害虫不但没有被杀虫剂消灭，而且会导致化学杀虫剂越来越严重的使用。然而，由于人类和其他食物

---

① 蕾切尔·卡逊. 寂静的春天. 许亮，译. 北京：北京理工大学出版社，2015：161.
② 蕾切尔·卡逊. 寂静的春天. 许亮，译. 北京：北京理工大学出版社，2015：43.
③ 蕾切尔·卡逊. 寂静的春天. 许亮，译. 北京：北京理工大学出版社，2015：45.

链条与昆虫个体之间的差异性，害虫更迭繁育的速度要更加迅速，这就导致最终的受害者变成了人类和其他与之相关的食物链条上的生物。因此，在卡逊看来，如果人类切实地关切自己的利益，就应该明白，生物进化理论在根本上要求我们不要随意插手自然自身的动态平衡和运行规律。当然，卡逊并不因此完全拒绝杀虫剂的使用，而是强调，应该选择对整个自然物种伤害最小的方法进行控制，也就是说，人类应该摆脱以自己为中心试图控制自然的做法，而应该还自然以最终调试权。这在根本上源于卡逊的生态整体主义思想。

3. 生态自然主义思想

早在 20 世纪早期，利奥波德通过其代表作《沙乡年鉴》已经向大众传递了人类应该保持与自然和谐一致的"大地伦理"思想。这种思想显然对卡逊产生了重要影响。卡逊在 20 世纪中期开始流行的生态学观点的基础之上，形成了生态整体主义的思想。卡逊虽然没使用"大地伦理"，也没有提"生态圈"，但《寂静的春天》随处可见生态自然主义的思想。例如，在第六章"地球的绿色斗篷"中，卡逊写到，"水、土壤、各种植物织就的绿色斗篷，构成了滋养地球上各种动物的世界……如果不是植物利用太阳的能量制造人类赖以生存的基本事物，人类就无法存活。"[1]在卡逊看来，自然是一个平衡的动态系统，"生物间复杂、精确、高度统一的关系不容忽视……自然的平衡并不是恒定的，而是一种活动的、不断变化、不断调整的状态。人类也是平衡状态的一部分。"[2]因此，对卡逊而言，无论是构成我们自然环境的山水河海，还是依赖于此而存活的植物、动物、微生物和人类，都是一个相互联系、相互依赖的生态之网，卡逊称之为生态学。当然，卡逊认识的生态学因为没有引入系统论、控制论、信息论的概念和方法，还停留在一个朴素的层面，但这并不妨碍她在环境保护运动中对生态整体主义思想的伟大贡献。正是因为她具有的这种朴素生态学观念，卡逊才在《寂静的春天》最后一章"另一条路"中指出，人类对自然的态度不应该是控制，而是一种整体主义的生态调试观，"我们要意识到自己面对的是各种生命，是它们的族群、它们的压力与反压力以及它们的繁荣与衰败。只有充分考虑这种生命的力量，谨慎地指引它们向对我们有利的方向发展，我们与昆虫之间才能形成一种合理的平衡。"[3]

从上面的论述可以看到，卡逊充分地吸收了 20 世纪中叶发展起来的生态学观点，尽管她的生态学观点只是简单地停留在生命体彼此相互联系、相互依赖的朴素观点上，但她显然已经充分地认识到自然是相互联系、相互依存的生命体所构建的生命之网，人类必须摒弃"控制自然"的想法，转而寻求自然发展的规律来指引。大概说来，这就是卡逊是生态自然主义思想。

4. 敬畏生命的思想

当卡逊提倡生态自然主义方法时，卡逊在根本上关注的是构成整个生态系统的各

---

① 蕾切尔·卡逊. 寂静的春天. 许亮，译. 北京：北京理工大学出版社，2015：49.
② 蕾切尔·卡逊. 寂静的春天. 许亮，译. 北京：北京理工大学出版社，2015：189.
③ 蕾切尔·卡逊. 寂静的春天. 许亮，译. 北京：北京理工大学出版社，2015：228.

种生命。这显然受到了史怀泽"敬畏生命"伦理思想的极大影响，《寂静的春天》一书的扉页上"献给阿尔伯特·史怀泽"这一献词直白地表明了这一点。当然，最重要的是，敬畏生命的思想在本质上与卡逊所要表达的其他思想有着一脉相承的逻辑联系。

综观《寂静的春天》全书，卡逊从杀虫剂对水土资源的危害谈起，进而谈到杀虫剂对植物、动物和人类的危害，最终通过一种朴素的生态学观点表明，杀虫剂危害着整个生命之网。我们可以明显地看到，在整个过程中，只有首先破除人类中心主义思想，一种基于生物进化论的生态自然主义思想才是有可能的，然而，生态自然主义思想要想具有最终的说服力，不提到"敬畏生命"的思想则是不可能的。原因在于，如果自然整体是最终的归宿，那么在这个最终归宿里，只有生命才是价值的载体。因此，卡逊在书中多次饱含深情地提到对于生命的敬畏感。比如，卡逊写到，"地球生命的历史是一部各种生命与其生存环境相互作用的历史"，[①]这充分体现了卡逊对生命作为价值意义承载体的基本观点，正是基于此，卡逊引用布雷约博士的话说道："生命是一个奇迹，超越了我们的理解。甚至在我们不得不与它斗争的时候，我们都要心存敬畏……在这里，我们需要的是谦卑的态度，而不是自负。"[②]正是基于敬畏生命，敬畏自然的思想，卡逊才明确地说道，我们应该关爱自己生存于其中的自然，关爱构成生命之网的生物多样性。卡逊认为，即使仅仅从人类自身的角度出发，我们也不应该为了短期利益而大肆使用杀虫剂，而应该采取生物防治学的办法或其他以自然为主导的方法。在这里，我们可以看到，敬畏生命的思想构成了卡逊提倡环境保护运动的根本动力。

因为以上的几点思想，《寂静的春天》一书一经出版就对生态伦理和环境保护运动产生了十分积极的影响，在理论和实践的过程中都有着重要价值。

首先，从促进实践行动的角度而言，至少产生了两个方面的影响。一是对于政府的影响：美国总统肯尼迪专门成立了用于研究杀虫剂的使用和控制杀虫剂用量的科学顾问委员会，而各州的议会议员也针对杀虫剂提出了几十项立法提案和规范；1969年，美国国会通过了《美国环境政策法》，设立了美国环保局；1976年，美国制定了《有毒物质控制法》，将杀虫剂和部分除草剂纳入了禁用范围。二是对社会和大众的影响：在《寂静的春天》出版后的十年中，"美国新成立了二百多个全国性及地区性的环境保护组织，三千多个基层组织"，[③]许多著名的环境保护组织都在这一时期成立，比如1967年建立的"环境保护基金会"、1969年建立的"地球之友"、1970年建立的"自然资源保护委员会"等等；普通民众也在该书的影响下大量地加入到环境保护运动中，和专家学者一起以高涨的热情积极参与到政府对环境政策的颁布制定之中。

其次，从发展理论的角度而言，《寂静的春天》激起了世界范围内的环境保护意识。包含反人类中心主义、生物进化理论、生态自然主义和敬畏生命思想在内的整体生态主义思想在卡逊或明或暗的指示中成为了环境哲学和生态伦理发展的新方向，为

① 蕾切尔·卡逊. 寂静的春天. 许亮，译. 北京：北京理工大学出版社，2015：4.
② 蕾切尔·卡逊. 寂静的春天. 许亮，译. 北京：北京理工大学出版社，2015：212.
③ Benjamin Kline. First Along the River: A Brief History of the U.S. Environmental Movement. San Francisco: Acada Books, 1997: 88 – 89.

后来环境哲学和生态伦理后续的成熟提供了前瞻性的指导。

尽管卡逊和《寂静的春天》在环保运动中获得了极高的赞誉，但从该书最初的选题开始，有关该书的反对声就从来没有断过，即使时至今日依然如此。虽然卡逊以详尽的事实说明了以杀虫剂为代表的化学用品对人类生活和环境带来的巨大危害，但与化学用品有着巨大利益相关性的个人、组织、行业和政客一直不断地提出各种反对声音，这些反对涉及道德、政治、公共卫生、医药发展等各个方面，而美国直到20世纪80年代还依然出口DDT等杀虫剂。这些都表明，有关化学用品的环保运动是一件旷日持久的大事，时至今日，我们依然处在事件之中。但正如美国前任副总统阿尔·戈尔所说，"如果没有这部著作，环境运动也学会被延迟很长时间，甚至现在都还没开始。"[1]

第三节　保罗·埃利希的《人口炸弹》

一、人口问题与生态环境问题

自从人类诞生以来，人口与环境之间就一直存在着客观的交互影响关系。在人类漫长的发展历史过程中，因为生产力的低下，人与环境的关系一直是人类如何适应环境的问题，但是随着生产力的发展，尤其是现代科学和技术的发展，人类逐渐开始在自己与自然的关系上获得了主动的地位。工业革命以来，人类慢慢地从适应自然走向控制自然。自然在人类的强大科技面前开始被大量的破坏，由此导致了超出自然自我修复能力之外的环境破坏。第二次世界大战之后，人类科学技术迅猛发展，人口数量随之膨胀，人口问题越来越成为大家关注的焦点，很快，就有西方学者把人口爆炸理论和环境问题相联系。在人口爆炸论者看来，地球的资源是有限的，人口的不断增长将使地球上的自然资源被耗尽，人类正在毁灭性地破坏地球，人类将面临灾难性的后果；他们煞有其事地表明，伴随着人口的增长，人类对粮食的需求量愈来愈大，而土地随着化肥的使用，有机质遭到破坏，土地贫瘠化、沙漠化，再加上耕地被占用，粮食来源将更加困难；人口增长使人类对自然系统的压力直线上升，使大气污染日趋严重，使生态环境被破坏。他们进而强调，人口爆炸来自第三世界。这些第三世界的国家人口发展过快，造成失业和贫困。这便是世界分为穷国和富国的原因。恰逢其时，斯坦福生态学家保罗·埃利希在1968年出版《人口爆炸》一书，该书以辛辣的语言探讨了人口爆炸和自然环境之间的关系，以致一时"洛阳纸贵"。尽管此书很多观点后来被证明只是一记哑弹，但其提到的人口爆炸与环境的关系在任何时候都值得人们警醒。

二、《人口爆炸》的主要观点

埃利希在《人口爆炸》一书开篇就直陈问题：人口数量的爆炸式增长导致自然环境

---

① 蕾切尔·卡逊. 寂静的春天. 许亮，译. 北京：北京理工大学出版社，2015：简介.

根本无法承载由此带来的破坏，也无法提供足够多的食物。当然，埃利希并非简单地表明人口太多导致人类与自然环境的紧张关系。埃利希充分地意识到，人们因为本性的需求追求舒适的环境和充足的环境资源，这就意味着，越来越多的人在追求越来越舒适的环境和资源的过程中，必然会造成人对有限环境和资源的压力。理由很简单，地球环境资源是一个常量，用一份少一份，而人口数量却是一个无限增长的变量，以一个增长的变量不断分割一个越来越少的有限常量，自然会导致常量趋于零的结局。因此，在埃利希看来，地球在人口爆炸的威胁下正在慢慢死去。基于此，埃利希通过几幅假想的画面不断呈现人口爆炸之下食物和自然资源的稀缺，而稀缺进一步导致环境破坏和污染。对于埃利希来说，拯救正在死去的地球的唯一方法就是控制人口。通过这一概述，我们可以看到，埃利希在考虑人口与环境的过程中忽略了科技进步对粮食生产的增长、对环境资源的利用率等方面的影响；而对稀缺何以导致环境破坏和污染也语焉不详。为了公允地对待埃利希，我们还是首先全面地梳理一下埃利希有关人口控制和环境关系的观点。

在《人口爆炸》一书里，埃利希虽然不恰当地把环境问题和人口问题进行了简单直接的关联，但是，在如何通过控制人口以达到环境保护的问题上，埃利希的观点却具有极其重要的价值，这也是其盛极一时的原因。埃利希在提及人口增长和环境资源稀缺的问题上，不但提及了个人生育、消费自由和社会责任，而且提及到了政权在环境问题中的作用，也包括对发达国家和发展中国家在计划生育问题、环境保护问题上的差异等等多方面的问题。

首先，在分析因人口爆炸而带来的环境污染时，埃利希认为，人口爆炸对环境污染的因素有三个。第一，有限地球呈现出越来越大的人口密度，这从人口翻番的历史就可以看出。人类最初从 250 万人口到公元前 8000 年的 500 万人口用时 100 万年，到公元 1650 年人口数量达到 5 亿则用了 1000 年，到 1850 年人口数量达到 10 亿时用了200 年，到 1930 年人口数量达到 20 亿用了 80 年，到 1965 年左右人口数量接近 40 亿时用时只有 35 年。[1] 第二，基于人口平均的商品消费，越多的人口需要越多的能源、住房、食物和工作等，而任何东西都是人类对于自然环境的消费，人们对于自然环境的消费必然导致对自然环境的破坏。第三，生产技术引起的可能性污染。更多的人口导致更多的垃圾和污染。埃利希坚定地表明，这三个因素中影响环境污染最严重的因素就是人口密度，所以埃利希特别强调人口控制。因此，在政府政策中，埃利希特别强调人口控制的政策，他甚至认为，为了控制人口，政府可以采取强制措施。

其次，在对人口控制思想的成因分析时，埃利希认为，当前的地球和人类已经到了生死存亡的边缘，人类必须首先在生存的意义上关注人与环境的问题。在此基础上，埃利希认为，人们不应该把精力耗费在个人追求各自利益的消费主义身上，而应该从价值观上追求人类共同的生存。不过遗憾的是，埃利希更多的是站在以美国为代表的资本主义文化立场进行的说明，他对人类生存的关注更多的是对资本主义生存方式的关注，这在根本上要求牺牲其他国家非资本主义的生活方式。正是基于此，埃利

---

① Paul Ehrlich. The Population Bomb. New York：Ballantine Books，1968：4.

希认为，对于广大发展中的第三世界国家而言，很多国家和地区因为人口爆炸已经无可救药了，因此，除了少数从人口控制角度来看可能生存的国家可以得到援助之外，其他在人口控制上没有节制的国家就只能听天由命，由自然进行选择。这一观点和哈丁的"救生艇理论"如出一辙。[①] 他们关于人口控制的观点在根本上包含了对发达国家和发展中国家不一样的标准。他们认为人口爆炸给人类共同生活的自然环境带来的巨大问题主要是由发展中国家迅猛的人口爆炸带来的，因此，他们理所当然地认为，发展中国家应该为环境污染和破坏负责。然而，问题在于，无论是从环境消费的角度还是从人权的角度，都没有任何证据能够表明发展中国家给环境带来的压力超过了发达的资本主义国家。因此，埃利希和哈丁的观点带有明显的偏见。

　　第三，在具体分析如何通过控制人口达到保护环境的目的时，埃利希认为控制人口出生率是关键。埃利希悲观地认为，无论是自觉的家庭节育计划，还是通过科学技术增加资源使用和粮食生产的计划，都不可能在根本上解决人口与环境之间的矛盾，唯一的方法就是通过各种方法进行人口控制，而人口控制的关键就是在出生率和死亡率之间找到一个平衡。在埃利希看来，大比例的死亡率总是通过战争、疾病等非正常方法而发生的，因此，试图通过控制死亡率以期达到控制人口的目标是不合时宜和不正当的，这使得埃利希对于人口控制的办法必然强调对出生率的控制，"人口问题可以通过人口控制而得到避免，在其中人类有意识地调节出生率以至于'死亡率方法'没必要发生。"[②]

　　那么，我们如何才能通过控制出生率进行人口控制呢？埃利希从个人和政府角度考虑了不同的对策：从个人角度而言，可以通过加入"零人口增长"（ZPG）组织，通过写信让相关政府和组织重视人口控制，抑或直接组织行动小组；[③] 从政府和社会角度而言，埃利希认为可以通过教育、立法和相关研究达到人口控制的目的。[④] 总之，在埃利希看来，个人和政府，包括教会等组织都应该从根本上改变价值观，意识到人口爆炸给人类自身和自然环境带来的巨大压力，从而积极主动地进行人口控制。

　　以上的思想主要体现了埃利希针对人口控制提出的应对之策，而在这些思想背后，隐藏着一个有关人与环境关系的深层原因——环境资源相对于人类生存而表现出来的稀缺。稀缺，按照贝克斯塔（William F. Baxter）的观点，是指"我们的可供资

　　[①] 哈丁把地球生态环境的容纳量比喻为大海，各个国家就是海上漂浮的救生艇，富国人口数量较少，救生艇容纳空间有富余；穷国人口数量超出了救生艇的容载量，出现了落水者。穷国落水者不得不向富国的救生艇求救，富国的人应该采取什么态度呢？哈丁做了以下几种假设：一是将所有落水者拉上艇，结局就是溺水者超过了救生艇的容载量，绝对的正义导致彻底的灾难；二是救一小部分落水者，但无论就谁都会导致歧视与不公正；三是将自己的位子让给落水者，自己下海，这违背了人的本性而不可能；四是一个落水者都不救，这是合理的利己主义。哈丁认为，发达国家应该拒绝救援和来自那些经济贫困国家的贫民，同时也拒绝接受来自那些经济贫困国家的难民，因为无论是哪种情况，都会导致发达国家成为大家都共同分享其成果却拒绝其义务的公地，从而导致"公地悲剧"。参见 Garrett Hardin："Lifeboat Ethics"，in William Aiken and Hugh LaFollete，eds.，World Hunger and Morality，2nd，Upper Saddle River，NJ：Prentice Hall，1996，pp. 5 – 15.

　　[②] Paul Ehrlich. The Population Bomb. New York：Ballantine Books，1968：17.

　　[③] Paul Ehrlich. The Population Bomb. New York：Ballantine Books，1968：159 – 67.

　　[④] Paul Ehrlich. The Population Bomb. New York：Ballantine Books，1968：128 – 45.

源……无法满足个体有形或无形的欲望。"①稀缺是需求对象相对于主体需求不足造成的裂缝。如前所述，埃利希认为，稀缺会导致环境破坏和污染。这是如何发生的呢？温茨(Peter S. Wenz)的解释很有启发。他认为，这主要源于两种观念的汇合：一是人类中心主义，一是对稀缺概念作为人类生存特征的强调。按照人类中心主义观点，人类是最重要的，任何其他的东西都应该最终服务于人。无论是对利益的获取还是伤害带来的损失，人才是最终的标准。正是因为人类中心主义的标准，稀缺变成了人类生存的特征。② 我们在前面已经提到，地球环境资源和人口数量是一个常量不断被增大的变量分割的关系。这实则就是这里所描述的稀缺，环境资源相对于人口数量的稀缺。因为人类中心主义观点，环境资源只是因为服务于人才具有价值，所以，虽然人口爆炸导致环境资源越来越稀缺，但这没有让人们认为环境资源能独自构成了某种价值或意义的标准。基于此，当人口爆炸要求更多的环境资源以满足人类生存时，人们自然就会毫无顾忌地消费环境资源，比如砍伐树木毁坏森林，开垦荒地破坏原野，围湖造田缩减水源等等，这就导致环境资源的破坏。按照埃利希的思想，如果因为环境资源与人口数量之间有这种不可避免的张力，那么，我们唯一应该做的就是控制人口数量，以期达到二者之间的平衡。

当然，埃利希通过隐藏的稀缺观念看到了人口与环境之间的压力毫无疑问是对的，然而，当埃利希武断地认为这二者之间是一个简单的二元关系时他就错了。事实上，在埃利希发表《人口爆炸》时，地球上的资源和食物都足够养活地球上所有人不挨饿；而伴随着人口不断增长的同时，科学技术的迅猛发展也表明人类可以增加环境资源的使用率和粮食的生产量。因此，当埃利希罔顾科学技术的发展对人类生活带来的积极影响时，就足以表明他的人口爆炸理论是危言耸听。退一步讲，即使没有考虑科学技术发展的因素，埃利希对人口控制的策略也是带有偏见的，既然在他所处的时代环境资源和食物都足够养活地球上所有人不挨饿，那么，他所看到的触目惊心的挨饿现象就别有他因。这个原因就在于分配的不合理。因此，当埃利希以一种优越的心态不断以美国的生活方式去宣扬个人和政府应该如何控制人口时，他就是罔顾发达国家因为政治和经济的优势而安排的不合理的国际秩序现状，在胡乱地开出治病的药方。很清楚地的是，发达国家以少量的人口消费着世界大量的环境资源，制造了大量的垃圾和破坏着环境生态，却通过一个不合理的国际秩序主导着政治、经济、道德等各方面的话语权。当埃利希以美国式的优越方式号召解决人口控制问题时，他显然在区别对待以美国为代表的发达国家和发展中国家有关人与环境关系的权利与义务关系。③不过在这里，我们仅仅需要明白的一点在于，环境问题显然不是一个简单关联于人口

① [美]彼得·S. 温茨. 现代环境伦理. 宋玉波，朱丹琼，译. 上海：上海人民出版社，2007：28.

② [美]彼得·S. 温茨. 现代环境伦理. 宋玉波，朱丹琼，译. 上海：上海人民出版社，2007：27－30.

③ 关于发达国家和发展中国家在人与自然关系中承担的权利和义务的不对等是20世纪后半叶一个持续而不断争议的话题，各种有关环境的峰会都在不断地讨论这个问题。其主要观点集中于：其一，谁应该为环境问题负责。其二，不同的国家应该为解决环境问题做出怎样的努力。针对问题的解决，形成了发达国家集团和发展中国家集团。发达国家认为，环境问题主要是人口问题，人口问题主要是发展中国家问题，发展中国家应该承担更多的责任去解决环境问题。发展中国家则认为，环境问题主要是不合理的国际秩序造成的，而不合理的秩序是发达国家引起的，发达国家对环境问题负有主要的责任，应该承担更多的解决环境问题的义务。

问题的二元关系，而是涉及技术发展、经济发展、政治安排等各方面的复杂问题。事实上，后来环境哲学和生态伦理的多元发展已经表明面，有关环境问题的解决确实有赖于我们的多面研究。

从埃利希试图通过人口控制进而保护环境的策略可以看出，埃利希无论是在人口控制策略上，还是环境保护策略上，都带有以美国为代表的资本主义文化的傲慢与偏见，在问题分析上因为简单化和片面化而危言耸听。事实上，无论是在埃利希出版该书的年代，还是后来，他提及的粮食危机和环境危机都没有按照他所设想的方式发展。历史的发展表明，通过科学技术的发展和不同文明价值理念的理性发展，人们可以逐渐摆脱人口爆炸理论带来的恐慌。然而，毋庸置疑的是，人口过剩确实是一个问题并且依然是一个重要问题。事实上，人口问题在根本上反映了不断发展的人口增加与有限承载的自然环境之间永恒的张力。正是因为埃利希重提马尔萨斯的人口问题，后续有关人口问题的思考才不断得到发展，1972 年罗马俱乐部出版的《增长的极限》就系统地思考了影响人类生存与发展的人口、资本、粮食、资源、环境五大主要因素的关系，① 而且有关人口问题的思考也越来越多地具有多角度和多维度的研究。在这个意义上，埃利希对人口问题和环境问题的持续发展具有重要意义。

第四节　怀特的《我们生态危机的历史根源》

一、人类文明形态与生态环境问题

伴随着二战后人口爆炸式的增长和世界范围内的工业化，科学技术迅猛发展，人类的狂妄自大也得到空前的展现，"向大自然进军""改造自然"成为了人类向自然革命最流行的口号，人与自然的矛盾变得尤其突出，全球性的生态危机开始爆发。从 1948 年美国东海岸的洛杉矶光化学烟雾事件，到美国中部 1948 年的多诺拉烟雾事件，再到 1952 年英国伦敦的烟雾事件……发达国家的环境污染事件层出不穷。一些有志之士开始思考人类文明与环境污染之间的关系，怀特正是其中最著名的代表者之一。他 1967 年在《科学》上发表的《我们生态危机的历史根源》一文，一直到今天都是该领域最著名的著作之一。

二、怀特的《我们生态危机的历史根源》的主要观点

怀特的文章从赫胥黎(Aldous Huxley)有关人类对待自然及其结果的思考开始，探寻当前生态危机产生的历史根源。关于当前生态危机，怀特绝对没有脱离时代，忘记科学技术对环境造成的巨大影响，但在怀特看来，当前生态危机绝对不是一个孤立的科技事件，而是一个贯穿于历史发展的历史文化现象，并非科学技术的发展单独引发了全球性的生态危机，而是人在自然中的生活方式对自然产生了巨大的影响。"我们

---

① ［美］德内拉·梅多斯，乔根·兰德斯，丹尼斯·梅多斯，等. 增长的极限. 李涛，王智勇，译. 北京：机械工业出版社，2013.

对生态所做的取决于我们对于人与自然关系的看法", "人们对生态的所为取决于他们对与周围事物关系的看法"。① 总之, 生态危机是包括科学技术和人类意识形态等在内的整个文明的产物。在此基础上, 对于生态危机的理解就不能止步于当前表面的现象, 而应该更加深入到历史文化的根源中去寻找。而在怀特看来, 这个根源就在于从中世纪发展而来的犹太 – 基督文化。犹太 – 基督文化从根本上塑造了人类中心主义的思想, 这主要表现在基督教让人自认为超越其他生命形态, 而自然则是被人使用和开发的, 科学技术的发展则使得这两点得到证明。

怀特首先从当前科学技术取得的成果谈起。他首先表明, 当前科学技术的发展并非完全是西方世界的, 它们吸收了来自世界各地的元素。其二, 当前科学技术的发展就西方的传统而言, 比起源于 17 世纪的工业革命要早得多, 来源于中世纪。那么, 来源于中世纪的西方科学技术传统到底有什么特点呢?

怀特通过回溯历史发现, 西方中世纪及其后科学技术的发展其实伴随着许多具有启发性的事件, 而它们恰好反映了人类对自然环境的态度变化, 这种变化就是人类从最初是"自然的一部分"到后来成为了"自然的利用者"。为了说明这一点, 怀特通过农业技术的发展做了一个细致的分析。在 7 世纪下半叶, 北欧农民采用了一种新式的犁, 和旧式的犁相比, 这种新式工具更强大而有效, 从长远来看不仅改变了农业管理方法, 而且极大地改变了人们对其与自然关系的看法和对自然的态度。怀特将这一变化归纳如下: "人与土壤的关系发生了深刻的变化。以前人类是自然的一部分, 现在是自然的利用者。世界上别的地方没有农民开发过类似的农具。这些北欧农民的后裔如此大量地创造了现代技术, 同时又如此无情地对待自然, 难道这是个巧合吗?"② 事实上, 不仅是农业技术, 还有包括其他自然与人相关的方面, 比如历法的制作, 都反映出了人对自然关系的这种变化。

那么这种变化是因为什么发生的呢? 怀特认为, 这正是犹太 – 基督文化带来的影响。怀特说道, "人类的生态由我们对自然与命运的信仰即宗教来决定。"③ 与希腊—罗马时期的神话信仰否神创世不同, 犹太 – 基督文化相信上帝创世。在《圣经》的"创世记"中记载到: "上帝照自己的形象创造人, 就是照上帝的形象把人创造出来。上帝创造了男人和女人。上帝赐福给他们, 对他们说: '繁衍增多, 遍满地面, 开拓大地, 也要管理海里的鱼、天上的飞禽和地上各样爬行的活物。'"④ 按照怀特的看法, 犹太 – 基督文化认为人类是上帝按照自己超越的形象创造的, 他在根本上不同于自然及其他生物, 它们都是为人类服务的, 因此, 理所当然地, 在犹太 – 基督文化里, 自然就是可以被人类随心所欲地开发和利用的。在这种宗教信仰之下, 人与自然是两种不同的东西, 人类是世界的中心, 人类是自然的主宰。人类通过科学技术可以不断地向上帝靠拢, 也就是进步, 科学技术在第三次工业革命所带来的突破性的发展无疑大

---

① Lynn White. The Historical Roots of Our Ecologic Crisis. Science, 1967, 155(3): 1205 – 1206.

② Lynn White. The Historical Roots of Our Ecologic Crisis. Science, 1967, 155(3): 1205.

③ Lynn White. The Historical Roots of Our Ecologic Crisis. Science, 1967, 155(3): 1205.

④ 中国基督教协会. 圣经. 中英文合本. New Internationl Version, 南京: 南京爱德印刷有限公司, 2010: 27 – 28。

大滴膨胀了西方文化所具有的这种犹太－基督文化精神。在这个意义上，怀特批判性地提及到，"基督教战胜邪教是西方文化史上最伟大的精神革命 …… 通过摧毁邪教的动物主义，基督教使人类有可能在不关心自然物体的情感的心境中利用自然 …… 上帝在很大程度上凌驾于自然之上，不仅建立了人类与自然的二元主义，而且坚持认为人类为了自己的目的利用自然是上帝的旨意 …… 现代西方科学被置于基督教神学的策源地。宗教奉献的动力论由创造基督教义塑造，给了它推动力 …… 我们现在关于自然的科学和技术很传统，带有基督教的傲慢色彩，因此不能单独从中找到生态危机起源的答案。"[1]

在怀特看来，正是因为犹太－基督文化带有的这种人对自然的傲慢，才最终导致了我们当前的生态危机。因此，要想在根本上解决生态危机，我们就应该首先反省这种文化。为此，怀特提到了一种可能的替代方案，这种替代方案来自于圣弗朗西斯（Saint Francis）。圣弗朗西斯是 1182 年诞生于意大利阿西西地区一个修道士，他创建了弗朗西斯修道院。长期以来，弗朗西斯生活在阿西西岛上的森林中，热爱动物并和动物们建立了"兄弟姐妹"般的关系。怀特认为，弗朗西斯要求人把自己看作是自然中的一个种类而平等地对待其他动物，他对动物和自然充满了谦逊，我们可以称之为"动物灵魂的弗朗西斯教义"。然而，尽管怀特提到了这种替代方案，但他认为当前的生态危机因为科学技术和犹太－基督傲慢的文化结合得太深而影响太大，弗朗西斯教义只是为我们解决生态危机提供了一个可能的方向。生态危机的解决是一件任重而道远的事情。

概而论之，在有关人与环境关系的思想上，怀特的文章集中表现出了两个特征：第一，犹太－基督思想使得自然世俗化。在犹太－基督文化成为主流之前，人们接受的主流宗教思想几乎大部分都认为自然是充满自然灵魂的，自然是神圣和值得崇敬的，人与自然的关系应该是人顺应自然的天人和谐观。犹太－基督把神圣的东西限于教会和教堂范围使得人超越了自然，人应该控制自然的思想逐渐占住了主导地位。第二，犹太－基督思想鼓励控制自然的科学和技术的发展，这为人们控制和利用自然提供了手段，导致了环境破坏和生态危机。教会因为反对生育控制而促进了人口增长，人口增长导致食物短缺，食物短缺迫使教会支持科学技术发展以提高粮食产量，科技发展导致了环境危机。尽管正如我们在分析埃利希思想中所指出的，人口与环境之间并不具有必然的对应关系，但不可否认的是，在 20 世纪五六十年代，把人口问题、科学技术的发展与环境问题结合起来分析是时代潮流。

怀特的文章引发了激烈的争论，在西方生态伦理和环境保护运动中具有十分重要的意义。怀特把生态危机的原因归咎到西方历史文化传统的做法促使大家重新反省基督教信仰中人和自然的关系问题，促进了宗教与生态环境关系的思考，为环境保护运动提供了新的视角，掀起了一场生态神学（eco-theology）的浪潮，使得生态环境的思考成为了当代基督教思想中一个重要组成部分。例如约翰·康伯（John B. Cobb, Jr.）和约翰·帕斯摩尔（John Passmore）就分别在他们的著作中反映了怀特的思想，前者审

---

① Lynn White. The Historical Roots of Our Ecologic Crisis. Science, 1967, 155(3): 1205 – 1207.

视了包括基督教在内的各种宗教思想对环境问题的作用，并对此持一种肯定看法，[①]而后者则从人类中心主义观点审视了各种宗教对环境问题的作用，并持有一种否定看法。[②]从肯定怀特观点的角度出发，支持者认为怀特通过圣弗朗西斯教义表明的是，我们应该从不同的宗教或文化中寻找亲近自然而不是控制自然的思想。从反对怀特观点的角度出发，反对者们认为犹太－基督文化带来的理性控制自然的精神是真正的伦理。当然，现实地讲，两派的争论远比非此即彼的对立观点复杂得多，不过在这里，我们只需明确的是，怀特从基督教神学和西方历史文化传统中寻找相关生态环境保护资源的做法开启了生态神学的发展，这在根本上促进了生态环境伦理的新发展，在一定程度上，基督教生态神学以独特的神学立场为人们关心和爱护自然提供了理论基础，并且通过教会对信徒的影响而在环境保护运动中发挥了重要的作用。

第五节　哈丁的《公有地的悲剧》

一、市场经济与生态环境问题

正如我们前面提及的，二战以后的西方世界在人与自然环境关系上流行人口爆炸论。哈丁追随这种理论表达了人口爆炸对自然环境破坏的担忧，而且，伴随着市场经济在二战后的区域化和全球化，自然环境问题和人口爆炸、市场经济发展形成了一个共同体，如何理解人口通过市场经济影响环境成为了 20 世纪中后期的一个重要话题，而哈丁提出的"公地悲剧"则是这种解释范式的一个经典案例。

二、哈丁的《公有地的悲剧》的主要内容

哈丁的"公地悲剧"理论直接针对人口爆炸引起的资源缺乏和环境污染问题。按照他的看法，"公地悲剧"是人口爆炸性增长不可避免的悲剧性命运。为什么会有这种命运？这是因为哈丁假定了两个条件：第一，他不相信技术能够解决问题。第二，日益增长的人口数量与有限世界之间的矛盾。第一个条件在哈丁那里是一个确定的信念问题，而第二个条件在哈丁看来是两个变量取值的关系问题。正是在分析这种变量取值的过程中，哈丁认为，"公地悲剧"无法避免。那么，"公地悲剧"具体是怎样的呢？

"公地悲剧是这样产生的，想象一个对所有人都开放的农场。可以预料到的是，每个牧民都想方设法利用这个公地喂养尽可能多的牛……作为一个理性的存在者，每一个牧民都追求其利益的最大化。他明确或含蓄地，或多或少有意识地问：'在我的牛群中再增加一头牛会给我带来什么效益呢？'"[③]哈丁分析到，效益有两个组成部分，一个积极的，一个消极的。积极效益在于额外增加的牛带来的所有收益，而消极效益

① John B. Cobb, Jr. . Is it too late? A Theory of Ecology. Beverly Hills, Calf: Bruce, 1972. available as John B. Cobb, Jr. . Is it too late? A Theory of Ecology, Rev, ed. Denton Texas: Environmental Ethics Books, 1994.

② John Passmore. Man's Responsibility for Nature: Ecological Problems and Western Traditions. New York: Charles Scribner's Sons, 1974.

③ Garett Hardin. The Tragedy of the Commons. Science, 1968, 13(162): 1244.

在于过度放牧导致的对于每一头牛的负面影响。然而，对于每一个牧民而言，额外增加的牛的积极效益全部归牧民所有，而消极效益则是与其他牧民分摊，所以，对于每一个牧民而言，积极效益显然大于消极效益，他的收益也就比以前更大了。基于此，在哈丁看来，作为一个理性存在者，每一个公民都会得到结论："唯一明智的值得他追求的事情是为他的牧群增加一头有一头的牲畜。"①"但是，这是每个共同享有这份公地的理性的牧民分别得出的结论。悲剧就在这里。每个人都会掉进一个强迫他无限制地增加自己牧群量的陷阱——在一个有限的世界里。在一个人们争先恐后追求自己利益却相信自由公有的社会里，毁灭是终极归宿。"②这里的悲剧性就在于，每个理性存在者都从自己的私利考虑，过度放牧导致的公有地最终毁灭是一种不可避免的必然。通过"公有地悲剧"，哈丁认为，我们的海洋、森林等自然资源，甚至整个地球，就是这样一块不断被滥用的公有地，这导致了各种环境污染的问题。

那么我们可能避免这个悲剧吗？哈丁认为可能。如何避免？哈丁认为存在不同的选项，"我们可以把他们变卖成私人所有。我们也可以仍保持它们为公共所有，但需要分配进入它们的权利……"③按照前者，把公有的东西私有化，就可以在本质上排除他人。假设公有地刚开始是一个村子里的12个人共同使用，现在把它分成等量的12份，每人一份，那么现在的情形就是每个人都拥有完全的1/12大小的土地，而不是对整个公有地1/12份额的使用权，所有权代替使用权，在根本上可以激起人们对于私人所有的保护。这种保护在根本上源于私有化引发的排他性，私人所有权除了使用权之外还额外包括交换权等其他权利，这在根本上更能促进对原初属于公有地的保护。按照后者，我们就应该通过某种大家都同意的分配方式去进行利益与责任的分配。然而，哈丁认为，作为理性人每个人都追求自己的利益最大化，这是人之本性，我们寄希望良心和道德是不切实际的，"良心是自我消除"，④我们必须通过具有强制性的法律来达到这种效果，因此，"产生责任的社会制度在某种程度上是制造强制性的制度。"⑤

在全面分析了"公地悲剧"之后，哈丁把它与环境问题和人口问题联系起来。首先从环境污染的角度而言，哈丁认为，"这里的问题不是从公地中拿走什么东西，而是放进什么东西——生活污水，或化学的、放射性的和高温的废水被排入水中；有毒有害的危险烟气被排入空气……理性的个人发现直接排入公共环境所分担的成本比废弃物排放前的净化成本少。既然这对每个人都是确定的，我们就被锁入一个'污染我们自己家园'的怪圈，只要我们仅仅表现为独立的、理性的、自由的冒险者。"⑥当然，借鉴公有地私有化的方法，我们把隶属于某人使用的公有污染变成私人所有的资源，从而通过私人排他性促进环境保护，但私有权存也可能带来如下的问题：第一，私有

---

① Garett Hardin. The Tragedy of the Commons. Science, 1968, 13(162): 1244.
② Garett Hardin. The Tragedy of the Commons. Science, 1968, 13(162): 1244.
③ Garett Hardin. The Tragedy of the Commons. Science, 1968, 13(162): 1245.
④ Garett Hardin. The Tragedy of the Commons. Science, 1968, 13(162): 1246.
⑤ Garett Hardin. The Tragedy of the Commons. Science, 1968, 13(162): 1247.
⑥ Garett Hardin. The Tragedy of the Commons. Science, 1968, 13(162): 1245.

权可能导致浪费。比如河流上游的工厂主随便排污污染周边土壤和水资源。第二，很多自然资源都具有流动性和不固定性，难以被私有化。比如流动的水资源和空气等等。因此，通过国家和政府的强制进行立法就是保护环境的好方法。哈丁认为，在一个确定的社会里，国家和政府通过颁布法令可以真正有效地保护环境。有意思的是，因为人口问题在哈丁所处的时代是一个大问题，他很自然地认为，公地悲剧必然地包含着我们对人口问题的看法。因此，当哈丁结合人口问题考虑公地悲剧时，他认为把公有地私有化的方法能够发挥的作用极其微小，反而因为人口爆炸的缘故，哈丁十分担忧理性人把公有地私有化带来的更大环境破坏，因此，哈丁更认为强制的社会立法是一条可行的道路。

值得注意的是，因为哈丁担忧人口爆炸对环境带来的影响，他甚至认为立法首先要解决的就是限制人们的生育权。哈丁说道，"如果每个人类家庭都仅仅取决于它们各自的资源；如果无远见的父母的孩子饿死；因此，如果过度生育对种族带来各自的'惩罚'，——那么，根本就不存在用来控制家庭生育的公共利益。但是我们的社会深深地扎根于福利状态，因此面临着另一面貌的公地悲剧。"[1]在哈丁看来，如果我们不限制人们的生育权，那么每个人都有自由的生育权利必然导致的一个结果就是有限的地球环境会像公地悲剧一样招致毁灭性的破坏。基于此，哈丁反对普遍人权宣言赋予人的那种无条件限制的自由，自由必须被限制，责任应该成为人们和社会首先接受的东西。责任是什么？"责任就是为了一个实质性的交换条件而进行的口头伪造，"[2]它是社会通过相互强迫达成的相互同意，也就是法律。因此，无论是人口问题还是环境问题，哈丁都坚定地认为，通过立法限制人们的生育和限制人们对于环境的破坏，是最可行的办法，所以哈丁最后借用黑格尔的话说道，"自由就是对必要性的承认。"[3]

尽管哈丁通过公地悲剧意在分析人口问题与环境问题，但是因为它是面对经济的迅猛发展而进行的分析，这使得他的分析并没有能够达到预期的效果，反而在社会政治经济领域产生了更大的影响。它的观点更符合市场经济和政治安排的分析。按照公地悲剧告诉我们的理论，每个个体都是理性的经济人，追求个人私利的增加，而没有承担公共利益的责任心，这导致了整个社会系统公正的缺失，这和经济学领域提出的"囚徒困境"如出一辙。[4]尽管如此，我们也要看到，哈丁的公地悲剧理论让我们警醒人在与自然环境相处的过程中因为自私可能带来的后果和灾难。尤其重要的是，在环境问题的解决越来越依赖政治和经济的情况下，公地悲剧理论更彰显了其思想的深刻性。

① Garett Hardin. The Tragedy of the Commons. Science, 1968, 13(162): 1246.
② Garett Hardin. The Tragedy of the Commons. Science, 1968, 13(162): 1247.
③ Garett Hardin. The Tragedy of the Commons. Science, 1968, 13(162): 1248.
④ "囚徒困境"是1950年美国兰德公司提出的博弈论模型。两个共谋犯罪的人被关入监狱，不能互相沟通情况。如果两个人都不揭发对方，则由于证据不确定，每个人都坐牢一年；若一人揭发，而另一人沉默，则揭发者因为立功而立即获释，沉默者因不合作而入狱五年；若互相揭发，则因证据确实，二者都判刑两年。由于囚徒无法信任对方，因此倾向于互相揭发，而不是同守沉默。囚徒困境在经济学中表明理性人如果仅仅出于自私的考虑总是难以达到利益的最大化，这在某种程度上为道德利他主义提供了支持。

本章小结

20世纪五六十年代频发的全球性生态环境危机促发了第三次环境保护运动的兴起。尽管在更早的时候，有关生态和环境保护的思想就已经通过文学作品开始影响了人们的思想观念，但真正促使人们把生态环境作为一个重要的专门领域进行讨论并付诸实践的还是开启于这个时代。正是在科学技术发展和经济发展带来了全球性生态危机的情况下，人们开始广泛地思考人类与自然环境之间的关系。以杀虫剂为代表的技术发展和人口爆炸等因素带来的全球性生态环境问题从根本上促使人们全方位的思考人与自然环境的关系，不仅从表面思考技术发展、人口爆炸、经济发展和生态坏境的关系问题，而且从文化、历史、宗教等角度思考人与自然的关系问题。而这种思考表现出两个方面的特征，其一，这个时期的相关思考主要停留在对相关现象和环境问题之关系的思考，更多地表现在对当时人口爆炸和科学技术发展带来的环境问题的直观审视和担忧，因此，这个时期的环境理论更多的是比较直接的策略思考，还没有在根本上提出成熟的环境哲学理论和生态伦理思想。但是另一方面，这个时期的相关思考面对的是具有普遍性的生态危机，即使这些思考都是面对具体的环境问题提出来的，但后来在环境哲学和生态伦理中很重要的反人类中心主义、整体主义、自然主义、敬畏生命等理论已经十分明显地表露了出来，这就为后来环境哲学和生态伦理思想的发展和成熟指明了方向并打下了坚实的基础，而这也正是这个时期的环境哲学和生态伦理所呼唤的"价值的根本改变"。

【思考题】

1. 尽管人们都承认杀虫剂会对环境造成污染，但是在如何对待杀虫剂污染环境问题的处理上，很多人认为可以通过技术上的"快速修复"进行处理，那么通过技术上的处理真的可以解决环境污染问题吗？

2. 在环境问题上，人口爆炸起了灾难性的作用吗？如果说人口爆炸确实引起了环境问题，那么环境问题是因为人口过度引起的还是因为人们消费过度引起的？你觉得人口问题对于发达国家和发展中国家而言是一样的吗？

3. 怀特认为环境问题和生态危机的根源在于基督教的人类中心主义，请问具体而言基督教的人类中心主义是如何导致环境问题和生态危机的？在基督教的框架下，环境问题和生态危机有可能得到解决吗？如果可能，是如何可能的？

4. 在现实生活中，没有明确私人归属的江河湖泊资源总是遭到"公有地悲剧"一样的对待，国家和政府应该如何加强管理，才可以减少或消除这些公共资源遭受的破坏？

5. 20世纪50年代到20世纪60年代末提出的生态伦理学思想有什么共同的特点，这些共同特点对今天环境问题和生态危机的解决还有意义吗？

【参考文献】

[美]彼得·S.温茨. 现代环境伦理[M]. 宋玉波，朱丹琼，译. 上海：上海人民出版社，2007.

[美]德内拉·梅多斯，乔根·兰德斯，丹尼斯·梅多斯，等. 增长的极限[M]. 李

涛，王智勇，译. 北京：机械工业出版社，2013.

[美]蕾切尔·卡逊. 寂静的春天[M]. 许亮，译. 北京：北京理工大学出版社，2015.

[美]林达·利尔·自然的见证人——蕾切尔·卡逊传[M]. 贺天同，译. 北京：光明日报出版社，1999.

BENJAMIN K. First Along the River: A Brief History of the U. S. Environmental Movement [M]. San Francisco: Acada Books, 1997.

CARSON R. Silent Spring[M]. London: Hamish Hamilton, 1963.

COBB J. B. Jr. : Is it too late? A Theory of Ecology, Beverly Hills, Calf: Bruce[C]. Available as Cobb J. B. : Is it too late? A Theory of Ecology, ed. by Denton Texas. Environmental Ethics Books, 1994.

EHRLICH P. The Population Bomb[M]. New York: Ballantine Books, 1968.

HARDIN G. Lifeboat Ethics. William Aiken and HughLaFollete, eds. , World Hunger and Morality, 2nd, Upper Saddle River, NJ: Prentice Hall, 1996.

HARDIN G. The Tragedy of the Commons[J]. Science, 1968, 162(12): 1243 – 1248.

PASSMORE J. Man's Responsibility for Nature: Ecological Problems and Western Traditions [M], New York: Charles Scribner's Sons, 1974.

WHITE L. The Historical Roots of Our Ecologic Crisis[J]. Science, 1967, 155(3).

第六章

西方生态伦理学的发展：
20世纪70年代初到20世纪80年代末

本章概要： 20世纪70年代初到20世纪80年代末是西方生态伦理学的成熟阶段，它也是西方生态伦理学著述的高峰期。在1970年第一个地球日的纪念活动中，一些环境保护运动者因意识到这场运动需要坚实的理论作为基础，便敦促参与到环境运动中来的学者进行一些有关的研究。于是，学术界开始了关于环境问题的理论探讨。[①]当代西方生态伦理学亦称环境哲学自20世纪70年代中期兴起以来发展迅速。对传统哲学的超越，也在后续波澜壮阔的生态伦理学思潮中得到推进。在关于人与自然的关系，以及面对生态危机人类应如何重新审视自己的价值和规范自己的行为等问题上，生态伦理学有较多的理论创新。西方生态伦理学的真正自觉，在集结学术队伍、凝聚学界共识的意义上离不开学术阵地的建立。1979年，哈格洛夫、罗尔斯顿等人创立《生态伦理学》(Environmental Ethics)学刊，这是以生态伦理学为代表的生态伦理学发展史上的一个里程碑。可以说是生态伦理学发展史上的一个转折点，因为这一时期有很多重要的著作相继问世，表明该领域的理论建构已渐趋体系化。在这个阶段基本完成了生态伦理学的现代建构，而在这一建构过程中，利奥波德的大地伦理提供了重要的精神资源。对该阶段的发展作一历史的回顾，当有助于我们对其进行较为系统和全面的学习与研究。

---

① 刘耳. 当代西方环境哲学述评. 国外社会科学，1999(6)：32.

第一节　鲁特莱的《是否需要建立一种新的伦理，或一种生态伦理》

1973 年澳大利亚哲学家鲁特莱(Richard Routley)在第 15 届世界哲学大会上发表论文《是否需要建立一种新的伦理，或一种生态伦理》，这是一个新的分水岭，鲁特莱在对传统伦理学反思的基础上小心论证新的伦理学是否可能，在扩展人类道德共同体不仅仅局限在人类自身的框架下大胆假设建立一种生态伦理学。

一、鲁特莱生态伦理观点提出的理论视域

对于大自然投注热切的关注，并积极探究人类对它所负有的责任，是哲学领域近几个世纪以来出现的让人意外的观点转变之一。其中尤其令我们注意的是，在工业文明和科技发展日新月异的 20 世纪，在拥有更多关于自然循环过程的知识并且更懂得如何加以控制的时候，人类却渐行渐远，似乎和大自然越来越有距离。[①] 面对生态环境问题，人们最初认为这是"自然现象"，或者认为是"上天的惩罚"，于是就祈求上苍，或者就逃避、躲藏。后来人们认识到那是自然运动规律和人类行为联合作用的结果，同时也发现"祈求上苍"不见成效，逃也无处可逃，躲也无处可躲，人总不能揪住自己的头发离开地球，于是就按照业已证明为正确的思维习惯把希望寄托在治理技术的发明和推行上。但是，日复一日，年复一年，投入了巨大的人力、物力、财力，制定了无数个强制执行的法律规章，可是环境和生态问题依然未得到根本的遏制，更看不到彻底解决的希望。人类陷入了走投无路的境地。[②] 一些有识之士开始深入反思人与自然的关系问题。

欧洲文艺复兴运动，这是人类历史上第一次伟大的思想解放的人权和自由浪潮。它一方面将人从神学的桎梏中解放出来，还原了人类本来的尊严和价值。大写的"人"不再是神和上帝的附属，而是万物之灵长，有爱，有恨，有情，有欲，有独立和尊严，自由、解放、权利，成为人类社会的主流思潮。正是在这样的背景下，自文艺复兴以来，世界文学艺术方面出现了以表现人的裸体为美的独特审美视角，并长盛不衰。它通过表现人体的美，来肯定人类的价值、力量、尊严和美好；另一方面又隐含着放大了的"人类"不受约束的禀性，扩张了人类超越自然、支配自然、控制自然、征服自然的欲望。真理往前再迈出一小步就是谬误。随着工业革命的爆发，特别是几次科学技术的浪潮，把文艺复兴运动在特定条件下放大了的人类欲望给扭曲了，这导致了古罗马天文学家托勒密提出的"宇宙中心论"繁衍出的"人类中心主义"主流思潮的出现，并占据了人类近三百年的历史。从歌颂人，追求人类应有的权利到把人类摆在万物之上，最后走到了将人类从自然中分离、对立开来，不能不说这是人类发展史上

---

① 林红梅. 生态伦理学概论. 北京：中央编译出版社，2008：1.
② 叶文虎. 环境伦理学——环境哲学导论序. 戴斯·贾丁斯，著，林官明，杨爱民，译，北京：北京大学出版社，2002：2.

的一大悲哀。①

自此时起，人取代了上帝，成为敬畏的对象。一种如尼采所言"拜人的宗教"诞生了。人在被当作最高级位的存在意味着人被当作世界的中心，被当作万事万物存在的目的。人道主义的伦理学的核心是人类中心主义。② 其本质可以用古希腊哲学家普罗太戈拉和近代德国哲学家康德的两句话来概括：

一是"人是万物的尺度，是存在的事物存在的尺度，也是不存在的事物不存在的尺度"；③

二是"人是目的。"

这两句话都产生在尼采宣告上帝之死之前，这说明敬畏人类的伦理学在先前的文化中就已经潜藏着。需要说明的是，康德的"人是目的"这个绝对命令说的是："在目的国度中，人就是目的本身，那就是说，没有人（甚至于神）可以把他单单用作手段，他自己总永远是一个目的。"④ 显然，这句话强调的是人的独特性，其言外之意乃是：人之外的事物可以单单作为手段而存在。虽然康德等人并没有明确说出这一点，但是因"上帝之死"而诞生的人类中心主义的伦理学则是建立在这种目的（人）－手段（物）的二分法的基础上的。就它代替了原有的目的（上帝）－手段（人）二分法而言，它的确意味着伦理学的巨大进步。然而根本性的危险也在其中潜伏着。在具体论述这种危险之前，这里所要强调的是从敬畏神灵到敬畏人类乃是伦理学的第一次根本转折，而伦理学在此之前的具体进展（敬畏神灵—敬畏诸神—敬畏上帝）则是这个转折的根本前提。⑤

英国大学者达尔文在其物种起源的理论体系中，提出了著名的生物世界物竞天择，适者生存的基本准则。这并非文明的尺度，但却揭示了生物圈的生存法则。人类是自然界的一大群落，自他从树上爬下来的那一天起，就具有了双重身份：一是他始终是大自然的一个部分，二是他因为学会了制造和使用工具，从而在提高适应自然、改造自然能力的同时，也开始走向了大自然的对立面，自觉或不自觉地把自己从自然界中剥离出来，人类和自然的关系发生了微妙的变化。于是自然科学家发出了气吞河山的呐喊：给我一个支点，我就可以把地球撬起。当人类沉醉在大科学家发现的杠杆理论的智慧佛光时，人类和自然的关系开始发生了扭曲，人类开始变得狂妄自大，开始以大自然的主宰者身份凌驾于大自然之上，以人类为中心的思想开始形成一种思维定势。⑥

弗洛姆在《为自己的人》中对人类中心主义进行了比较准确的概括："人道主义伦理学是以人类为中心的；当然，这并不是说人是宇宙的中心，而是说人的价值判断，就像人的其他所有判断，甚至知觉一样，植根于人之存在的独特性，而且它只有同人

---

① 林红梅. 生态伦理学概论. 北京：中央编译出版社，2008：11 – 12.
② 林红梅. 生态伦理学概论. 北京：中央编译出版社，2008：12.
③ 全增嘏. 西方哲学史（上册）. 上海人民出版社，1987：113.
④ 冒从虎. 欧洲哲学史（下卷）. 南开大学出版社，1982：166.
⑤ 王晓华. 建构超越人类中心主义的大伦理学. 深圳大学学报（人文社会科学版），1999（2）：55.
⑥ 林红梅. 生态伦理学概论. 北京：中央编译出版社，2008：13.

的存在相关才有意义。人就是'万物的尺度'。人道主义的立场是，没有任何事物比人的存在更高，没有任何事情比人的存在更具尊严。"①这种伦理学的确是以人为绝对中心的："简言之，对人道主义伦理学来说，善就是肯定人的生命，展现人的力量；美德就是人对自身的存在负责任。恶就是削弱人的力量；罪恶就是人对自己不负责任。"②以人为最高目的和绝对中心的伦理学使人从敬畏上帝的伦理学中解放出来，进入空前自由的境域。似乎没有什么再限制人类的行为，人类是自己的立法者。由于人是最高级位的存在，所以人为自己立法就是为世界立法。从一定意义上讲，人代替了上帝原来占有的位置，成为生机勃勃的创世者。创世的热情推动着人类。③

在敬畏人类的时代里，生产力突飞猛进地发展着，尤其是科学技术的进步，更是呈现出近乎无限的可能性。但是，在这个宏伟的世界图景中蕴藏着危险，因为人类中心主义将人之外的事物当作纯粹的手段，并把整个世界当作待享的资源仓库，这意味着人在成为自主的创世者的同时也就成为世界的破坏者。④ 目的（人）－手段（物）的二分法完全忽略了物的自立性。物的意义被等同于它对于人类的有用性。既然如此，人类似乎就可以为了自己的利益而任意地改造物。敬畏万物的思想在这种伦理学中已经荡然无存。海德格尔曾以科学为例论述了"物的毁灭"："科学认识在它自身的领域（对象的领域）是强制性的。早在原子弹爆炸之前，它已消灭了物作为物。原子弹的爆炸，只是长久以来物的消灭的全部粗暴的证实中最粗暴的。对于这一证实物，作为物是微不足道的。物的物性依然是遮蔽的，遗忘的。物的本性没有达到光照，即它从来没有获得倾听。这正是我们谈论的物的消灭的意义。"⑤物的消灭不是抽象的，落实到具体处，便是包括环境污染、物种灭绝、臭氧层消失、温室效应、核战争威胁等一系列实在的和潜在的灾难。⑥

面对生存危机，人类开始觉醒，对人类自己曾经引之为自豪的"人类中心主义"进行批判，开始调整人与自然的关系，重新审视、确定人在大自然面前的位置。在这场思考与争论中，一个讨论得最多的问题就是关于人类中心论的问题。尽管在这个问题上有种种各不相同、乃至相互对立的看法，但是有一种看法却是人所公认的共识，即那种从基督教中继承而来的人类中心论观念对人类正确处理人与自然的关系起了一定的负面作用。其实西方近代哲学对环境（生态）伦理意识的积极影响首先就表现在它们对人类中心论的冲击上。⑦ 近代西方哲学既是无视环境的人类中心主义发展的最高峰，同时又是人类进行自我批判，摆脱那种狂妄自大的人类中心主义的开始。在这种背景下，1973 年，澳大利亚哲学家鲁特莱在第十五届世界哲学大会上发表论文《是否需要建立一种新的伦理，或一种生态伦理？》

---

① [美]弗洛姆. 为自己的人. 孙依依，译. 北京：生活·读书·新知三联书店，1988：33.
② [美]弗洛姆. 为自己的人. 孙依依，译. 北京：生活·读书·新知三联书店，1988：39.
③ 林红梅. 生态伦理学概论. 北京：中央编译出版社，2008：14.
④ 林红梅. 生态伦理学概论. 北京：中央编译出版社，2008：14.
⑤ [德]海德格尔. 诗·语言·思. 彭富春，译. 北京：文化艺术出版社，1991：150.
⑥ 王晓华. 建构超越人类中心主义的大伦理学. 深圳大学学报（人文社会科学版），1999(2)：55.
⑦ 林红梅. 生态伦理学概论. 北京：中央编译出版社，2008：15.

二、鲁特莱的生态伦理观点

在 70 年代，哲学界总体上一时还难以确定环境伦理学的研究应如何开展。这一时期，哲学理论研究较少，但也有些成果。1971 年，佐治亚大学教授布莱克斯通组织了一次关于环境的哲学问题的学术研讨会，并于会后将会议论文结集为《哲学与环境危机》(*Philosophy and Environmental Crisis*，*Athens*) 出版。1972 年还出版了科布的《是否已为时太晚？生态神学》(*Is It Too Late? A Theology of Ecology*)。此书虽主要是从神学角度写成，但却是由一位哲学家在此领域写成的第一部专著。在另一片看似孤独的大陆澳大利亚，也在寂然发声中成为壮大生态伦理学理论的另一重镇。1973 年，澳大利亚哲学家鲁特莱在第十五届世界哲学大会上发表论文《是否需要建立一种新的伦理，或一种生态伦理?》(*Is There a Need for a New*，*Environmental Ethic?*)，提出应当建立一种新的伦理学，以突破传统伦理学将伦理思考限制在人类范围的局限，正式提出建构一种超越人类沙文主义的伦理，这堪称西方当代生态伦理学的第一篇哲学论文。①

理查德·鲁特莱觉得：过去和普遍的道德伦理的确可以处理人与自然的关系，但这种观点的唯一道德义务只涉及对其他人的影响，道德考虑的领域没有扩展到非人类的自然。利奥波德的"大地伦理"对这一观点提出了挑战，利奥波德认为传统道德的延伸是必需的。

大地伦理学 (land ethic) 的宗旨是要"扩展道德共同体的界线，使之包括土壤、水、植物和动物，或由它们组成的整体：大地"，并把"人的角色从大地共同体的征服者改变成大地共同体的普通成员与普通公民。这意味着，人不仅要尊重共同体中的其他伙伴，而且要尊重共同体本身。"这是由于，人不仅生活在社会共同体中，也生活在大地共同体中；而人只要生活在一个共同体中，他就有义务尊重共同体中的其他成员和共同体本身。这种义务的基础就是：共同体成员之间因长期生活在一起而形成的情感和休戚与共的"命运意识"。②

因此，道德情感是大地伦理学的一个重要基础。利奥波德明确指出：我不能想象，在没有对大地的热爱、尊重和敬佩，以及高度评价它的价值的情况下，能够有一种对大地的伦理关系。当然，大地伦理学又不仅仅是一个情感问题。"大地伦理的进化不仅是一个感情发展过程，也是一个精神发展过程。……当伦理的边界从个人推广到共同体时，它的精神内容也增加了。"大地伦理学的这个新的精神内容就是："一件事情，当它有助于保护生命共同体的完整、稳定和美丽时，它就是正确的；反之，它就是错误的。"因此，大地伦理学把生物共同的完整、稳定和美丽视为最高的善，把共同体本身的价值视为确定其构成部分的相对价值的标准，视为裁定各个部分的相互冲突的要求的尺度。③

鲁特莱 (Routley) 主张对道德进行更激进的改变。

---

① 刘耳. 当代西方环境哲学述评. 国外社会科学，1999(6)：33.
② 林红梅. 当代世界环境伦理学理论之比较. 学术交流，2006(3)：123.
③ 林红梅. 当代世界环境伦理学理论之比较. 学术交流，2006(3)：123.

　　这种伦理不是简单地把某些重要的环保概念(如资源保护、污染、增长、环境保护)引入伦理学中来,而是要在元伦理学的层面重新审视价值、权利等概念的意蕴,重新认识权利的基础、权利与义务之间的关系以及行为规范的原则。

　　如果一个人拥有财产,只要不影响他人,他就有权拥有任何一块想要的土地吗?

　　利奥波德认为,农民对待土地的方式受到道德谴责,是一种新的伦理要求或传统伦理观点发展,可以做出这样的判断吗?

　　利奥波德认为,伦理是在生存竞争中对行动自由的自我限制,而这一限制又产生于对"个体是相互作用的共同体一员"的认识,所以,要扩大伦理关怀的对象,必须首先扩大"共同体"概念的外延。"共同体"才是伦理关系存在的基本单位。一切伦理问题都是发生在共同体内部的问题,一个事物逃逸了共同体,则它也就不会成为道德关怀的对象了。由于人类和动植物、土壤、水等同属于一个"生命共同体",并共同维护着这一生命共同体的平衡和发展,所以,人类应当把伦理共同体的范围扩大到土壤、水、动物和植物,即大地之上,使"道德共同体"和"生命共同体"在外延上等同起来。[①]

　　什么将被视为一个新的伦理?

　　延伸普遍道德只有两种可能性:

　　①普遍道德伦理蕴含着普遍伦理的延伸或修改以及道德准则的发展。

　　②普遍伦理的框架很开放……没有一个单一的整体结构的道德。[②]

　　鲁特莱认为,西方伦理观点中有三个重要的传统涉及人与自然的关系:

　　①占主导地位的专制传统,人作为专制君主(统治传统)。

　　②管理的位置,人作为自然的托管人(托管传统)。

　　③人与自然更好的合作地位,人作为完善者(合作传统)。

　　人作为专制君主明显与生态伦理相冲突,因为根据这一传统,自然是人的统治对象,人完全可以随心所欲地对待自然,只要这种行为不对他人构成伤害;而根据生态伦理,人不能完全自由地对待自然。鲁特莱补充说,原始主义、浪漫主义和神秘主义与环境伦理占主导地位的观点也是不一致的。鲁特莱认为,管理和合作的传统也不足,因为"他们意味着完整的政策干预,而生态伦理的关于地球环境的一些有价值的部分,比如大量人类干预应该保存下去。"[③]但是根据生态伦理,地球上的某些地区应不受人的干预,不管这种干预是否是为了使自然更"完美"。[④]因此,鲁特莱呼吁一种新的环境伦理,不是原始的、神秘的或浪漫的。

　　这个伦理制度是一套结构化的原则,它包括:一套价值观;一套综合评价判断体系;人权的概念。

　　如果这个环境伦理在一些核心原则上不同,那它将是一个新的理念。西方的伦理

①　曾小五. 无中心主义的环境伦理理念——建构环境伦理学的一种新尝试. 自然辩证法研究,2006(10):6.

②　http://www.tfreeman.net/Philosophy/329_files/Ethics%20and%20the%20Environment.pdf,Richard Routley,"Is There a Need for a New Environmental Ethic?",Environmental Ethics Ethics and the Environment.

③　http://www.tfreeman.net/Philosophy/329_files/Ethics%20and%20the%20Environment.pdf,Richard Routley,"Is There a Need for a New Environmental Ethic?",Environmental Ethics Ethics and the Environment.

④　何怀宏. 生态伦理——精神资源与哲学基础. 保定:河北大学出版社,2002:315.

制度的核心原则是近来形成的黄金法则：西方世界的自由哲学认为人应该能做他自己喜欢做的事，如果他不伤害他人，他不可能对自己造成不可弥补的伤害。

鲁特莱把这称之为人类沙文主义的基本原则，在这个原则下，人类至上，其他一切都是次要的。

人类中心论的观点是：①人是唯一的目的，因而人类是世界的主人；②自然是非目的性的，因而环境之于人类在本质上是使用价值论的。由此形成其问题焦点：环境质量构成人类生存幸福的基本条件，保护和治理环境的真正目的是为了实现人力自己的利益。①

还有个问题，即定义究竟什么才算是伤害他人或伤害自己。

假设道德原则是普遍存在的，任何原则应明确：在某种理想的情况下，什么是允许的？在所有理想的情况下，什么是强制的？在所有理想的情况下，什么应该被排除？

假定最后一个人的思维实验：如果只剩下了一个人，他对自然有义务或他可以为所欲为了吗？

再假定最后一个民族的例子：如果只有最后一个民族，（辐射杀死了其他民族，也阻止了任何进一步繁殖）因此他们就没有与之相关的民族或后代了。

这里鲁特莱声称的生态伦理并不一定认为像树木等自然物体享有权利，考虑最大幸福原则的结果是行为功利主义或规则功利主义。问题是，它只考虑人类的最大幸福，因此，人类所知道的或他们在电视上看到的，以人类利益为基础决定环境满意，而不是蓝鲸是否可以生存？所有这些考量都是从人类自身利益出发的。

利奥波德的"大地伦理"为什么不可以被视为一个新的伦理？看来鲁特莱对环境伦理的唯一要求就是它应该扩大道德考虑的范围，即包括非人类的自然，土地伦理可以做到吗？

我们知道，利奥波德的"大地伦理"把包括山川、岩石、土地等无机界在内的整个自然界都纳入了道德共同体的范围。在这里，人类不再是大地的支配者，而只是大地这一生命共同体中普通的、平等的一员，因而，人类应当承担起对土壤、水、动植物以及生命共同体的责任和义务。在个体与生命共同体的关系上，利奥波德认为，整体的价值高于个体的价值，也就是说，生命共同体成员（包括人）的价值要服从生命共同体本身的价值，即个体的价值是相对的，只有生态系统和物种这类集合体才具有最高的价值。②

看来利奥波德的"大地伦理"还没有达到鲁特莱对一个环境伦理扩大道德考虑的范围的要求，他所说的非人类的自然不仅仅是大地、生态系或物种。

人与自然的平等，以及"人 - 自然"共同体的协同进化与发展为出发点和归宿，把伦理关系扩大到自然，赋予自然应有的道德地位。这就必然要超越"人类中心主义"和"人类沙文主义"，不再以人为唯一尺度，不再以人的利益为出发点和归宿。人是有目

① 唐代兴. 环境伦理学的困境反思与重建. 南京林业大学学报（人文社会科学版），2015（2）：28.
② 曾小五. 无中心主义的环境伦理理念——建构环境伦理学的一种新尝试. 自然辩证法研究，2006（10）：6.

的、有理想的存在物，人对自身利益的关心所产生的"人类中心"意识，是对人类价值的信仰和对人的伟大创造力的理解，但人类中心主义把人的利益看成是唯一的、绝对的，把自然看成人类获取自身利益的工具，可以任意使用，由此而导致"人类沙文主义"，导致对自然的肆无忌惮的索取和掠夺，导致全球性的环境污染和生态破坏，严重威胁人类的生存。①

1979 年，鲁特莱与其夫人普鲁姆德共同撰写了"驳人类沙文主义"一文，文章提醒我们，在我们的文明时代，虽然大多数沙文主义都被那些自认为进步的人士摧毁（至少在理论上），但西方的伦理学在其骨子里仍保留着一种根深蒂固的沙文主义，即人类沙文主义。这种沙文主义的特征，就是以有差别、歧视和蔑视的态度对待人类这一物种之外的成员，而这种做法的合理性并未得到证明。人类沙文主义有较强和较弱两种形式。弱式人类沙文主义认为，人类基于其种族的缘故就天经地义地具有较大的价值或享有优先权，尽管它没有把非人类存在物完全排除在道德关怀与道德权益的范围之外。强式人类沙文主义认为，价值和道德最终只与人有关，非人类存在物只有在能为人类的利益或目的服务时才拥有价值或成为限制人的行为的因素。

人类沙文主义的实质是利己主义的伦理思维。鲁特莱和普鲁姆德从定义证明法、属性列举法、元伦理方法、逻辑证明法、契约论方法等几个方面详细驳斥了人类沙文主义的基本观点，为非人类中心主义环境伦理学的建立扫清了重要的理论障碍。②

第二节　帕斯摩尔的《人对自然的责任：生态问题与西方传统》

1974 年，另一位澳大利亚哲学家帕斯摩尔针对鲁特莱论文《是否需要建立一种新的伦理，或一种生态伦理》发表专著《人对自然的责任：生态问题与西方传统》认为鲁特莱的假设没有必要，站在人类自身的视域上，传统伦理学仍然能够解决现实的环境问题，重点在于如何准确理解与正确应用传统伦理学中的精髓。在西方学术界，他的主张被称为新型的人类中心主义。

一、帕斯摩尔《人对自然的责任：生态问题与西方传统》的写作背景

近代工业革命以来，科技的进步使工农业生产以前所未有的速度向前发展，已突破了增长的极限。特别是"二战"以后，各国为了增强实力、发展经济，都加速了工业化的进程，掠夺式地开发自然资源。工业文明在给世界带来福音的同时，也给人类带来了深重的灾难。"工业化和与之相伴随的城市化进程，带来了环境中的资源和原料的大量需求和消耗，而大量的工业生产和城市生活的废弃物则排放到土壤、河流和大气中，最终造成了环境污染危机的多样化发展和全面爆发。"③时至今日，全球环境日益恶化的总体趋势仍未从根本上得到遏制。地球上的植被还在被大面积地撕毁，它的

---

① 林红梅. 生态伦理学概论. 北京：中央编译出版社，2008：8.

② 何怀宏. 生态伦理——精神资源与哲学基础. 保定：河北大学出版社，2002：315.

③ 郝永平，冯鹏志. 地球告急：挑战人类面临的 25 种危机. 北京：当代世界出版社，1998：84.

肌体还在被成片地掏空；河流正在变得浑浊不堪，湖面上漂浮着死亡的阴影；我们那些不会说话的动物伙伴正在荒凉的大地上呻吟，在腐臭的污水中挣扎；植物正在浓烟滚滚的天空下枯萎，在污浊的空气中瑟瑟发抖；每天仍有约 140 个物种从我们的生命大家庭中消失。① 这使得"生物多样性"急剧减少，而"生物多样性"是地球 40 亿年生物进化所留下的最宝贵的财富，是人类社会赖以生存和发展的前提和基础。人类生存所需要的食物和治疗疾病所需要的药物都来自地球上所生长的动物和植物。然而不幸的是，目前地球上的生物多样性正面临着前所未有的危机，即现在物种灭绝的速度已经大大超过了物种灭亡的自然速度。造成生物物种以如此超乎寻常的速度灭亡和濒危的原因只有一个，那就是人类的活动，如果人类不能限制自己那些危害环境的活动的话，就无法保护人类赖以生存的生物多样性。② 那么，我们保护环境的义务究竟是"对人的义务"，还是"对自然的义务"？

　　20 世纪 70 年代以来，全球性环境危机日益明显，生态伦理学得以迅速发展，主要著述有：帕斯莫尔（J. Passmore）的《人类对自然的责任》（1974）、麦克洛斯基（H. J. McCloskey）的《生态伦理学和政治》（1983）、阿提弗尔德（R. Attfield）的《环境关系伦理学》（1983）、埃利奥特和阿伦·伽（R. Elliot & Arran Gare）的《环境哲学》（1983）、雷根（T. Regan）的《基于地球》（1984）、罗尔斯顿（H. Rolston Ⅲ）的《哲学走向原野》（1986）、泰勒（P. W. Taylor）的《尊重自然》（1986）、考利科特（J. B. Callicott）的《捍卫大地伦理学》（1989）和纳什（R. F. Nash）的《大自然的权利》（1989）……他们强调伦理学不仅要研究人与人之间的行为规范，而且要研究人对生物、生态的行为规范，否则就是不完善的理论。有的生态伦理学家强烈反对人类中心主义，极力主张人与自然的平等权利，否定高级生物可以支配或扼杀低级生物。德国学者 R·马勒认为，非人类的自然有它自己独立的权利。苏联学者 A·A·古谢伊诺夫认为，对一切生命采取有道德情感的态度，把它们包括在怜悯、互助和其他人类基本感情的活动领域，是任何一个道德完美的人所不可分割的特点。澳大利亚学者 J·斯马特又把认识到动物和人类一样具有快乐和痛苦的感觉视为近百年来伦理学进步的表现之一。

　　生态伦理学探讨的是如何适当关怀、重视，并且履行我们保护自然环境之责的理论与实践统一的问题。环境伦理学直到 20 世纪 70 年代中期之后，才从西方哲学中分立出来，自成一个独立的研究领域。不过这种情形很快就有了转变。现在决策者、律师、环保专业人士、林务官员、保育生物学家、生态学家、哲学家、经济学家、社会学家、历史学家、开发商、商人、一般的公民，所有对于人类如何使用自然环境以及人与自然环境的关系，怀有一份伦理关怀的人，已经陆续发表了数以千计的相关作品。

　　西方的生态伦理学者在生态伦理学的定义上大致有两种说法：一是关系说，一是义务说。当然，定义的差异只是理论叙述的逻辑起点和观察视角的差异，而不是环境伦理学的理论对象的差异。不论从哪个角度来定义环境伦理学，任何一种环境伦理学

---

① 杨通进. 大自然的权利译者前言. 青岛：青岛出版社，1999：1.

② 林红梅. 生物多样性：动物保护伦理的终极目的. 南京林业大学学报（人文社会科学版），2012（4）：82.

至少要解答下面一些基本问题：

第一，义务的对象问题，即人对哪些存在物负有直接的道德义务？与此相关的是，人对人之外的其他存在物是否负有直接的道德义务？如果没有，理由是什么？如果有，根据又何在？适用于这个伦理领域的美好品格的标准和正确行为的原则是什么？它们与人际伦理原则有何区别？一个存在物获得道德关怀的根据是什么？

第二，自然存在物的价值问题，自然存在物是否只具有工具价值？它是否拥有内在价值？它们所具有的价值是主观的，还是客观的？

第三，非人类中心主义的生态伦理学还要权衡人对人的义务与人对自然的义务；如果这两种义务发生冲突，我们应根据什么原则来化解这种冲突？①

道德地位（moral standing）指一个存在物在道德代理人的道德生活中所占有的地位。② 大多传统的伦理学理论认为，只有人类才有道德地位。③

天赋价值（inherent value）也称为固有价值或内在价值，意指一个存在物只要把自己当作一个目的本身来加以维护，它就拥有天赋价值，而且这种价值是一个存在物从它存在的那天起就拥有的。④

亚里士多德明确指出："植物的存在是为了给动物提供食物，而动物的存在是为了给人提供食物——家畜为他们所用并提供食物，而大多数（即使并非全部）野生动物则为他们提供食物和其他方便，诸如衣服和各种工具。由于大自然不可能毫无目的毫无用处地创造任何事物，因此，所有的动物肯定都是大自然为了人类而创造的。"这种自然目的论学说的伦理学含义是：动物（更不用说植物和没有使命的自然客体）是为了人而存在的。它们只是人的工具，因而人对它们不负有任何道德义务。

基督教进一步从宗教的角度强化了上述目的论。《圣经·创世记》宣称，在上帝所创造的所有存在物中，他最喜欢人类；他希望人类"生育繁殖，充满大地，治理大地，管理海中的鱼、天空的飞鸟、各种在地上爬行的生物。""凡有生命的动物，都可作你们的食物；我将这一切赐给你们，有如以前赐给你们蔬菜一样。"⑤

中世纪的托马斯·阿奎那明确宣称，在自然存在物中，人是最完美的存在物，上帝为了人本身的缘故而给人提供神恩；他之所以给其他存在物也提供神恩，仅仅是为了人类。因此，人可以随意使用植物，随意对待动物。圣经中虽然包含有要求人们关心动物和其他存在物的内容，但这种关心是基于对他人的关心；对动物的残酷行为之所以是错误的，是由于这种行为会鼓励和助长对他人的残酷行为。⑥

在近代，康德是理性优越论的代表人物，在其伦理学讲演里，他告诉他的学生："就动物而言，我们不负有任何直接的义务，动物不具有自我意识，仅仅是实现一个目的的工具。这个目的就是人。"我们之所以倡导对动物的温柔情感，是由于这有助于

① 何怀宏. 生态伦理——精神资源与哲学基础. 保定：河北大学出版社，2002：295.
② 何怀宏. 生态伦理——精神资源与哲学基础. 保定：河北大学出版社，2002：301.
③ ［美］戴斯·贾丁斯. 环境伦理学. 林官明，杨爱民，译. 北京：北京大学出版社，2002：108.
④ 林红梅. 生态伦理学概论. 北京：中央编译出版社，2008：35.
⑤ 冯象. 创世记：传说与译注. 南京：江苏人民出版社，2004：225，238.
⑥ 阿奎那. 理性造物和其他造物的区别. Environmental Ethics：Divergence and Convergence，1993.

培养出对他人的人道感情，显然，动物的地位在康德那里仍没有得到改善。他认为，对理性存在物来说，理性本身就具有内在价值，它是一个自在地就值得人们追求的目标；因而只有拥有理性的存在物——人，才内在地是一个目的存在物。因而只有人（因拥有理性）才有资格获得道德关怀，"我们对动物的义务，只是我们对人的一种间接义务。"①

启蒙时代和科学革命之后，大自然在西方哲学的概念中，被视为一个不包含价值判断的领域，完全依循着因果法则。科学家和哲学家阵营各自以伊萨克·牛顿以及勒内·笛卡尔为代表，主张这世上存在着两个本质上相异的形而上学实体，也就是心灵和物质。只有在意识心灵产生兴趣和有所偏好的时候，大自然环境的价值才存在。动物躯体和植物的有机组织多少都被看成是生物机器。因此四个世纪以来，西方哲学最主要是人本主义取向的，或者用比较晚近的话来说，是以人类为主的人类物种中心主义。人类是伦理学中最重要也是唯一的主体。

从更本质性的维度看，人怎样对待物，人就会怎样对待人（支配这二者的是同一个逻辑）。人以目的－手段的二分法来衡量物，就意味着人会以同样的尺度衡量人自身。这是人类中心主义者无法逃脱的宿命。海德格尔在本世纪中叶指出："人的意愿也只能如此存在于自我决断的方式中，它首先将万物（虽然不能包揽一切）逼入他的领域。万物自始至终不可遏止地变成了这种意愿的自我决断的材料。大地及其大气变成了原料，人变成了人的原料，被设置为一有意的目的。"②"在自我决断的制造中，人的人性和物的物性，都分化为一个在市场上可计算出来的市场价值。"③人对物的剥削和压迫也就意味着人对人的剥削和压迫，所以企图在维持人对物的剥削和压迫的情况下使人获得全面的解放是不可能的。可以说，大多西方哲学传统对赋予自然以直接的伦理责任不表同情。④

20 世纪 70 年代学术界在环境理论上的争论在很大程度上集中于怀特与哈丁的观点，多从历史和神学的角度进行。有的学者沿着怀特的思路，深入探究基督教思想传统中将人与自然分离并以人宰治自然的观念及其与现代生态危机的关联，指出其他民族的宗教观念，强调人与自然的和谐，更符合生态学给人的定位。也有的学者认为宰治自然的观念并非基督教的必然结果，而是曲解了审定下的人与自然的关系。这些学者试图建立一种神学环境理学来矫正传统的"征服自然"的观念，把自然视作神的创造物，认为人应是管理此创造物的理事。⑤

利奥波德、鲁特莱等非人类中心主义者认为，非人类存在物，如生命个体、物种、生态系统等，同样具有道德地位，人对它们负有直接的义务。鲁特莱提出"是否需要建立一种新的伦理，或一种生态伦理？"

面对非人类中心主义环境伦理思潮的挑战，一些学者站在传统人类中心主义的立

---

① 康德. 我们对动物只具有间接义务. Environmental Ethics，1994.
② [德]海德格尔. 诗·语言·思. 彭富春，译. 北京：文化艺术出版社，1991：101.
③ [德]海德格尔. 诗·语言·思. 彭富春，译. 北京：文化艺术出版社，1991：104.
④ [美]戴斯·贾丁斯. 环境伦理学. 林官明，杨爱民，译. 北京：北京大学出版社，2002：108.
⑤ 刘耳. 当代西方环境哲学述评. 国外社会科学，1999(6)：32.

场上给予了坚决的回击。这些学者认为，只有人类中心主义才是人类考虑到他在自然中的位置以后可以采取的唯一合理与必要的观点，我们当前的生态环境问题并不产生于人类中心论的态度本身，而是由于对其做了狭隘的理解。在这些人看来，人类中心主义其实并不必然导致环境的破坏，在此基础上，我们同样可以建立起人类保护环境的责任。但是，所谓人对环境的保护责任，并不意味着自然物本身是人类道德关怀的对象，它归根结底仍然是人对人自身以及人对未来后代的责任。澳大利亚哲学家约翰·帕斯摩尔（John Passmore）正是这种观点的代表人物。① 鲁特莱的《是否需要建立一种新的伦理，或一种生态伦理？》论文引发了帕斯摩尔（John Passmore）的反对，他甚至写了整本书《人对自然的责任》来对鲁特莱的观点进行了驳斥，并试图阻止创立环境哲学（生态伦理学）这一单独的研究领域。

二、帕斯摩尔《人对自然的责任：生态问题与西方传统》的主要观点

1974 年，帕斯摩尔发表专著《人对自然的责任：生态问题与西方传统》（*Man's Responsibility for Nature：Ecological Problems and WesternTraditions*），认为解决环境问题的关键在于将传统伦理学正确地运用于环境问题，而根本无需建立什么新的伦理学。这揭示了环境伦理学中旷日持久的人类中心论与非人类中心论（或人本主义与自然主义伦理学）之争，直到 20 世纪 80 年代中期一直都是该领域争论的焦点。环境伦理学界的学者多趋于认同非人类中心论，或至少是弱化的人类中心论，但环境伦理学的理论有不少是在对帕斯摩尔观点的批评中构建起来的。②

约翰·帕斯摩尔（John Passmore）在他的反环境伦理的《人对自然的责任：生态问题和西方传统》一书中将焦点对准了怀特的文章。③帕斯摩尔写道："有关怀特文章的研究成为了一种不断再版的经典。我们很难说他的观点有多少人认同，但我恐怕人们的认同度足以引起我们对这篇文章的高度关注。"但帕斯摩尔的观点比考布要消极得多。它不仅不想要一种来自于非西方的新宗教，而且也不想修正基督教。该书的前两章，"作为暴君的人""托管人精神和与自然的合作"探讨了什么是西方人应该对待自然的恰当的态度。帕斯摩尔为支配自然辩护，声称这正是文明的全部意义，而且声称，与对自然的支配相比，托管人精神不过是西方宗教和思想中没有什么影响的细枝末流而已。④

深受人类中心主义环境思想家赞赏的帕斯摩尔（Passmore·John），在其《人对自然的责任：生态问题与西方传统》一书中也对利奥波德的《大地伦理》进行了讨伐，这主要表达为对其神秘主义的讨伐。他否定了利奥波德的"大地伦理"，他认为，利奥波德

---

① 曾小五. 无中心主义的环境伦理理念——建构环境伦理学的一种新尝试. 自然辩证法研究，2006，22（10）：6.

② 刘耳. 当代西方环境哲学述评. 国外社会科学，1999（6）：33.

③ John Passmore，Man's Responsibility for Nature：Ecological Problems and Western Traditions. New York：Charles Scriber's Sons，1974：73.

④ 尤金·哈格罗夫. 宗教与西方环境伦理学. 郭辉，译. 南京林业大学学报（人文社会科学版），2007，7（4）：28 - 29.

把动植物和山川纳入人类的道德共同体是荒唐无稽的。因为，尽管从生态学的角度来看，人和植物、动物、土地的确组成了一个"共同体"，①"但是，如果说共同体成员拥有共同的利害且承认彼此间的责任是一个共同体成立的必要条件的话，那么，人和植物、动物和土地这四者并没有组成同一个共同体。例如，细菌和人既没有承认对对方的责任，又没有共同的利害。从伦理义务因同属于一个共同体和产生这一意义上来说，两者也不属于同一个共同体。"②因此，"百姓手里的、无差别的、被冲到河里的土地本身并没有什么'权利'，那种认为人以外的存在物有权利的设想，就像我已经说的那样，是绝对不能同意的。"③

帕斯摩尔赞成洛克的哲学观：认为哲学家只配做知识发现之路上的"清道夫"，即清除阻碍知识时发现的垃圾，哲学家的首要任务就是除去知识发现之路上的那些"没用的、没道理的、危险的垃圾"，神秘主义恰是这种该被清除掉的垃圾。"面对严重的生态危机，帕斯摩尔承认，西方文明为了生存必须改弦易辙，例如，在技术发明方面要明智一些，要少浪费一些自然资源，要有对生物圈的依赖意识。但他坚决否认西方思想有必要放弃其光荣的分析、批判方法，而诉诸神秘主义、蒙昧主义和独裁主义。"帕斯摩尔所说的光荣的分析、批判方法即指笛卡儿等现代思想家开创的现代哲学思想方法和牛顿等人开创的自然科学思维方法。在他看来，偏离了现代的光荣的分析、批判方法，就只能陷入神秘主义、蒙昧主义和独裁主义泥潭，而生态主义就已深陷神秘主义和蒙昧主义的泥潭之中了。④

在帕斯摩尔看来，认为自然物具有"内在价值"的观点是站不住脚的。他指出，人类当然需要重新考虑人和自然环境的关系，担负起保护环境的责任，但这种对自然环境的责任并不是出于自然本身有什么道德地位，而是出于人所具有的管理和协助自然的责任，而且这种保护自然的义务所依据的并不是什么新的理论，完全可以是现有的伦理。

那么，我们对待自然的态度是什么呢？帕斯摩尔认为，人类对自然的支配可以有两种方式：其一，类似于主人对奴隶那样的绝对统治（绝对的支配）；其二，在尊重自然规律基础之上的合理控制（有责任的支配）。他指出，近代以来积累起来的生态环境的危机，只是前一种极端的人与自然关系的模型成为了西方自然观的主流而造成的。而假如我们在人与自然的关系上采取第二种相对温和的态度，则人类就有希望避免或解决环境问题。在帕斯摩尔看来，这第二种对待自然的态度的实质是"托管人精神和协助自然"的理念。所谓"托管人精神"，意指上帝将自然托付给人类，并不是让人去支配，而是让人去管理的。作为管理者，人类就不能光考虑自己的利益，还得承担相

---

① 韩立新. 环境价值论——环境伦理：一场真正的道德革命. 昆明：云南人民出版社，2005：40.

② John Passmore. Man's Responsibility for Nature. Ecological Problems and Westen Traditions. New York：Charles Scriber's Sons，1974：116.

③ John Passmore. Man's Responsibility for Nature. Ecological Problems and Westen Traditions. New York：Charles Scriber's Sons，1974：187.

④ 卢风. 科学主义、生态主义与神秘主义. "以人为本与中国社会主义现代化建设"学术研讨会暨中国人学学会第12届学术年会论文集. 台北：台湾科技大学，2010：322 - 323.

应的管理责任，必须考虑被管理者的利益。因此，"托管人精神"的核心在于强调责任，而不是对自然的占有。所谓"协助自然"，就是指"帮自然完善"。① 帕斯摩尔认为，自然是一个原始的、有缺陷的可能形态，作为理性动物的人有责任帮助自然生成合理的、完全的现实形态，即满足人的需要时的形态。②

由于帕斯摩尔把人对自然的责任理解为是对现在和未来人的责任，即对人的义务，所以他在西方是不是需要新的道德原理的问题上，回答非常明确，即根本不需要。"西欧所需要的并不是什么'新的伦理'，大多数情况是更加彻底地贯彻和执行人们已经完全习惯的传统伦理。"③

帕斯摩尔在他的书中偶尔提及印度教、佛教、拜火教，认为这些非西方的思想不能作为环境伦理的资源。他认为，伦理"不是那种能够简单的决定去要的东西；'需要一种伦理'绝不同于'需要一件新衣服'"。帕斯摩尔勉强承认环境主义者们也许有可能在西方创造一种环境伦理，但是他们成功的可能性取决于他们对"现有传统继承和发展"的程度。他之所以愿意承认存在这种新伦理出现的可能性是因为"西方传统中存在一些可能被改革者培养成为花朵的'种子'"。但是，如果真的出现新伦理，那它不会是来自于东方影响的结果。相反，这种影响是西方给予东方的。他还十分消极地写道，东方哲学和宗教"并没有阻碍日本发展出对人们五官带来强烈冲击的工业文明（译者注：指电子产业）"。这本书的最后一章以"去除垃圾"为题作为总结。在整本书中，东方思想都被隐晦地描述成与西方科学技术相对的神秘主义谬论。

由于他既主张开发、利用自然，同时又承认人有保护自然的责任，他的主张同对自然的绝对支配是有区别的，在西方学术界，他的主张被称为新型的人类中心主义。日后，诺顿等人所建立起来的"弱人类中心主义"等，基本上都属于这种人类中心主义。④

在人与自然关系的层面上，弱人类中心主义具体表现为人与自然的统一观、协调观，它以全球意识、生态意识、可持续发展的意识等为其具体的观念性构成要素，并认为，在生态系统中，人虽居于主导地位，是管理者，但决不意味着人可以凌驾于自然之上，不守自然规律而随心所欲地驱使自然，安排自然；弱式人类中心主义关心人类的整体利益和终极价值，但也同时承认自然的权益及其内在价值，这就把社会的发展和自然的发展有机地统一在了一起。在人与人的关系方面或在社会领域，弱人类中心主义并非以任何一个集团主体为中心（如以发达国家的人为中心或以当代人为中心等等），或者完全以个人主体为中心，它首先是以整个人类为中心，或者说首先是以人类的整体利益为中心。当然这里所说的人类整体利益，包括两方面的内容：一是代

① 韩立新. 环境价值论——环境伦理：一场真正的道德革命. 昆明：云南人民出版社，2005：42-47，68-79.

② 曾小五. 无中心主义的环境伦理理念——建构环境伦理学的一种新尝试. 自然辩证法研究，2006，22（10）：6.

③ John Passmore. Man's Responsibili ty f or Nature. Ecological Problems and Westen Traditions. New York：Charles Scriber's Sons, 1974：187.

④ 韩立新. 环境价值论——环境伦理：一场真正的道德革命. 昆明：云南人民出版社，2005：48.

内间人类的整体利益，由此出发，要求所有的国家和地区走协同发展的道路，尤其要重视不发达国家和地区的发展，二是代际间人类的整体利益，由此出发，要求当代人类走向可持续发展的道路，即在发展中，既要重视当代人的利益，更要重视后代人的利益。这样，弱人类中心主义内含着协同发展战略和可持续发展战略。

弱人类中心主义奉行的是互利互惠的准则，即要以互利互惠的观点来处理人与自然的关系和人与人之间的关系。换言之，弱人类中心主义是通过互利型思维方式来实现其向现实实践活动的渗透转化的。而互利型思维方式对改善和优化人与自然的关系、人与人之间的关系（包括国家和国家、地区和地区、个人和个人、当代人和后代人之间的关系）将会起到积极的促进作用。①

但是，这种新型的人类中心主义与传统的人类中心主义是否能够彻底区分开来呢？由于"有责任的支配"和"绝对的支配"都是人利用自然的方式，他们的界限也是相对的，"有责任的支配"完全可以蜕变为"绝对的支配"，因此，在此意义上，"温和的人类中心主义"仍然包含危险的因素，这也正是激进的非人类中心主义者存在的理由了。②

有两本主要的著作对帕斯摩尔的书作出了回应。③ 第一本是罗宾·阿提菲尔德（Robin Attfield）1983 年出版的《环境伦理学》。这本书的前半部分主要是与帕斯摩尔的观点进行争论。阿提菲尔德主要是重新思考了西方传统中的控制、支配与托管精神，他认为托管精神比对自然的控制更有影响。尤金·哈格罗夫在《环境伦理学基础》一书中主张，西方的环境伦理产生于现代的不同领域，如自然历史科学，景观绘画和摄影，景观园林，自然诗歌和散文。④阿提菲尔德和尤金·哈格罗夫都没有谈及东方传统，尽管他们没有任何否定东方对建立环境伦理可能作出的贡献，但他们更关注论证西方存在着发展环境伦理学的基础。但是，对西方环境伦理基础的积极关注并不能有助于创造出产生比较环境伦理（东方的环境伦理）的有利条件。⑤

第三节　从罗尔斯顿的《哲学走向荒野》到考利科特的《捍卫大地伦理》

20 世纪 80 年代后期可以说是环境哲学发展史上的一个转折点，因为这一时期有很多重要的著作相继问世，表明该领域的理论建构已渐趋体系化。这当中，重要的专著有泰勒的《尊重大自然：一种环境伦理学理论》（1986）（*Respect for Nature：A Theory of Environmental Ethics*）、诺顿的《为何要保存自然的多样性？》（1988）（*Why Preserve*

① 林红梅. 生态伦理学概论. 北京：中央编译出版社, 2008：39.
② 韩立新. 环境价值论——环境伦理：一场真正的道德革命. 昆明：云南人民出版社, 2005：48 - 49.
③ 尤金·哈格罗夫、宗教与西方环境伦理学. 郭辉，译. 南京林业大学学报(人文社会科学版)，2007，7(4)：28.
④ Robin Attfield, The Ethics of Environmental Concern. NewYork：Columbia University Press, 1983.
⑤ 尤金·哈格罗夫. 宗教与西方环境伦理学. 郭辉，译. 南京林业大学学报(人文社会科学版)，2007，7(4)：28 - 29.

Natural Diversity? ）、萨果夫的《地球的经济》（1988）（*The Economy of the Earth*：*Philosophy*，*Law*，*and the Environment*）、哈格洛夫的《环境伦理学的基础》（1989）（*Foundations of Environmental Ethics*）等等；重要的个人文集则有罗尔斯顿的《哲学走向荒野》（1986）（*Philosophy Gone Wild*：*Essays in Environmental Ethics*）、考利科特的《捍卫大地伦理》（1989）等。[①]

一、罗尔斯顿的《哲学走向荒野》

1979 年，哈格洛福、罗尔斯顿等人创立《生态伦理学》（*Environmental Ethics*）学刊，这是以生态伦理学为代表的生态伦理学发展史上的一个里程碑。可以说是生态伦理学发展史上的一个转折点，因为这一时期有很多重要的著作相继问世，表明该领域的理论建构已渐趋体系化。罗尔斯顿在 1986 年出版的著作《哲学走向荒野》对生态伦理范畴的整体主义进行了系统论证，并补充了"完整"和"动态平衡"两个原则。罗尔斯顿的环境思想不仅扎根于"自然价值论"，而且扎根于"荒野"，其作品中映现的自然之美，让充满多样性的荒野具有极高的审美价值。立足于自然价值论，罗尔斯顿认为，荒野，或者说作为生态系统的原初状态的大自然，是一个呈现着美丽、完整与稳定性的生命共同体。

（一）《哲学走向荒野》映现的自然之美

罗尔斯顿（Holmes. Rolston，Ⅲ. 1933—）是美国著名的环境伦理学家，是《环境伦理学》杂志创刊者之一，他自诩为"一个走向荒野的哲学家"，其自然情结贯穿于其成长历程。人们对他的研究多集中于其环境伦理思想，特别是集中于"自然价值论"上。其实，罗尔斯顿的环境伦理思想具有浓厚的美学情结，忽略罗尔斯顿环境伦理思想中的美学韵味必然会带来其研究上的偏颇与不足。另外，罗尔斯顿的环境思想不仅扎根于"自然价值论"，而且扎根于"荒野"，在《哲学走向荒野》《环境伦理学》等著作中，罗尔斯顿一方面将荒野与自然连用，另一方面将荒野与自然换用。他说："每一个荒野地区都是一处独特的大自然。"他提出哲学走向荒野""美学走向荒野"[②]，因为荒野是更为本原的自然，是远离人工的自然世界。荒野是生命之源、价值之源。

霍尔姆斯·罗尔斯顿在其《哲学走向荒野》中向人们表示，自然的价值何其深刻与珍贵。自然已经不仅仅是资源库，更是人们栖息心灵的居所。现代人们对森林的渴望已经远远超出对资源的渴求，而是休整身心，洗涤心灵的处所，都市生活中的人们，在周末去荒野之中休闲、远足或攀爬会给他们带来不可名状的幸福感。但是，鉴赏森林之美如果不懂得森林，毕竟是有些缺失的。所以，这趟行程既是自然之旅，也是哲学之旅。

霍尔姆斯·罗尔斯顿在他的《哲学走向荒野》中就提倡："从城市里脱身出来，能让人们重新弄清自己与这土壤的有机联系。尽管我们往往意识不到，进入荒野实际上

---

① 刘耳. 当代西方环境哲学述评. 国外社会科学，1999（6）：34.
② 赵红梅. 荒野转向：罗尔斯顿的环境美学. 文艺研究，2008（6）：144.

是回归我们的故乡——我们是在一种最本原意义上来体会与大地的重聚。"①

"荒野是地球陆地生态的摇篮，是没有产生人类之前地球陆地生态系统的重要表现方式。荒野在漫长的地球生物进化过程中逐渐形成的植物（生产者）、动物（消费者）和微生物（分解者）与无机环境相互依存和相互作用的协同结构和进化功能……是大自然几十亿年在地球环境中积累起来的生态成就。"②罗尔斯顿是一位十分注重体悟与欣赏自然的环境哲学家，虽然他的审美体验更多的是采取描述的而非规范的方法进行表达。例如他学习物理学、生物学、神学，成为一名牧师后，偶然发现一株轮生朱兰花，他不禁大叫："真是太美啦！"在任牧师之职时，他每周一次地游荡于阿巴拉契亚山脉的南段，逐渐地，在近乎十年牧师的生涯中，他一周之中用五天时间向人们宣讲天国的事，其余两天则走向荒野，细致地了解、品味壮丽的山林。"若从生物学角度欣赏大自然，我们也会发现，大自然是美的。……创生万物的大自然有规则地创造出了风景带和生态系统——山脉、海洋、草原、沼泽——它们的属性中包含美的因素，这些美感属性是客观地附丽在大自然之上的。具有生态学眼光的人将发现，美是创生万物的自然的一个奇妙作品，它具有客观的美感属性。……客观地存在于自然界中的形式、对称和复杂性都具有美学价值。"③"自然的历史本身就是一部虽有些汪洋恣肆但仍令人叹为观止的史诗，一部值得阅读和欣赏的小说。"④在罗尔斯顿看来，在整个生态系统中，美无处不在、无时不有。

当人们研究自然，目的在于对自然做出改进与修复，目的在于探寻明智地利用自然的方式时，罗尔斯顿追问道："但除了这些，我们还能不能为了欣赏自然的野性、自然自发的再生力量和自然的美而去研究自然呢？"在罗尔斯顿看来，其一，除了以工具论的眼光探究自然，人们还可以以审美的眼光面对自然；其二，自然的野性、自然的自发的再生力量是值得欣赏的。万物各有其美，任何物种的消失都是审美上的巨大损失。灰熊如果灭绝，就会使现在和未来世代无数度假者的荒野体验少了一些东西，狼的灭绝使人们的敬畏之心淡化。事实正是这样，物种的消失减少了我们的审美对象，日渐减少的物种使审美对象的丰富性日趋单一化。单一化的审美对象钝化着人们的审美能力，而人的精神要求着多样化与丰富性。"对于我们来说，整个生态环境中任何物种的消失都是审美上的一个巨大损失。"⑤

在罗尔斯顿看来，充满多样性的荒野具有极高的审美价值。虽然从文化的角度看，"野的"一词可能被认为是一个贬义词，但却不影响荒野本身可以带来美感。罗尔斯顿说："如果我们来到一片风景带，站在风景带的角度看问题，去感受它的完整性，那么我们就会发现，'野的'是一个褒义词。这种野性给我们带来一种美感——'荒凉

①　包庆德，夏承伯. 走向荒野的哲学家——霍尔姆斯·罗尔斯顿及其主要学术思想评介. 自然辩证法通讯，2011（1）：98.

②　赵红梅. 荒野转向：罗尔斯顿的环境美学. 文艺研究，2008（6）：145.

③　罗尔斯顿. 哲学走向荒野. 刘耳，叶平，译. 长春：吉林人民出版社，2000：319 – 320.

④　罗尔斯顿. 哲学走向荒野. 刘耳，叶平，译. 长春：吉林人民出版社，2000：13.

⑤　赵红梅. 罗尔斯顿环境伦理学的美学旨趣. 哲学研究，2010（9）：116.

而神奇的西弗吉尼亚'。"①

　　他曾经深入到森林、湖泊等人迹罕至的荒野深处，和大自然有过最深切的接触，从而真切地触摸到了大自然的脉搏。通过这样的经历，让自己不仅仅停留在浮泛的感慨，还要抵达理念的坚实的内核，发掘了自然给予生命的启示。"人类在荒野中与其他物种的亲近，事实上就是在感受各不相同但却令人愉悦的差异之美，在欣赏创生万物的自然的实质性的美。"②

　　荒野是进行真正的精神生活的必要的处所，是哲学与宗教的一种"场"。"在漫长的自然史中，建设性力量对破坏性力量的征服才是进化的基调；对人的审美能力而言，这一基本的进化基调是至关重要的；它创造出了那些具有美感属性的事物，当人类产生并发现这些事物时，他们就由此产生了一种积极的审美体验——这种体验还时常进一步使人们产生某种宗教体验。"③心灵在荒野中的沉浸，不仅是消遣，也是一种再创造的体验。从这种体验中，人感觉到自然的广大，意识到自己在自然中的位置，产生了对自然的认同，这种认同的极致，便是一种物我交融、相忘的境界。比如：湖的表面静静的，像镜子一样影射着天空，也映射着夜晚和星星。人在宁静的沉思中时，不也能像镜子一样映射出天地间的事物吗？人们也只有在宁静的时候，心灵的深度才能显现出来。湖提供了一个场所，让他能独自进入一种迷狂，或者说让他从平凡的事务中站出来。

　　这样，在湖边的沉思就具有了一种特别的意义：一个人除非可以来到这样一个湖边，只有完全投身并把自己暴露给荒野，让地理上的距离来松开社会强加于他的羁绊，其心灵才会有足够的空间与清醒，让他能建立与维持自我的边界，使其了解自然和自己。④ 人们如果不是各自心灵中都有这样的空间，也就没有真正意义上的共同生活，而只有同质的人融合在一起。我们不能独自成为人，但如果我们没有一些独自的空间，同样也不能成为人。

　　正是出自对于这一点的深刻认知，罗尔斯顿表达了一个独特的观念："自我是地盘性的。空间并不仅仅代表一种个性；它也是一个人灵魂的组成部分。"精神的存在，与大自然存在的方式具有某种同构性。罗尔斯顿进而提出："荒野与大学有着同等的重要性。真正的生活都是在社会边界上的生活。"

　　对他而言，在荒野中他的收获无比丰盈。《白头翁花》一文："在早春时遇到她，并停下来进行沉思，那是让我们感受到真理的一瞬，也是让我们记起历史和看到希望的一瞬。"《哲学走向荒野》会使我们得出这样一个十分清晰明确的结论：荒野，或者说作为生态系统的原初状态的大自然，是一个呈现着美丽、完整与稳定性的生命共同体。正是因为大自然具有这样丰富的精神价值，我们才要走出人类中心主义，平等地对待大自然，和环境、和大自然建立起一种和谐的关系——这些，也正是生态伦理学

　　① 赵红梅. 论罗尔斯顿环境美学思想. 北京：中国社会科学出版社，2009，17-19.
　　② 王惠. 论荒野的审美价值. 江苏大学学报(社会科学版)，2006(4)：18.
　　③ 罗尔斯顿. 环境伦理学. 杨通进，译. 北京：中国社会科学出版社，2000：333.
　　④ 包庆德，夏承伯. 走向荒野的哲学家——霍尔姆斯·罗尔斯顿及其主要学术思想评介. 自然辩证法通讯，2011(1)：98.

思想的核心所在。罗尔斯顿描述了人和大自然关系的理想状态："这种拥有不是征服，而是保存；不是武断，而是容让；不是贪欲，而是爱。"

从这样的意义上，他清楚地表达了自己的职业信念："我觉得，一个人如果对地球生命共同体——这个我们生活和行动于其中的、支持着我们生存的生命之源——没有一种关心的话，就不能算作一个真正爱智慧的哲学家。"①这是一个富有强烈的责任心的知识者的心声，也是其哲学研究走向荒野的最根本的动力。

(二)是否存在生态伦理学

罗尔斯顿于1975年，在国际伦理学领域权威刊物《伦理学》上发表论文《存在一种生态伦理学吗?》(*Is There an Ecological Ethic*?)，这是环境伦理学引起美国主流哲学的关注之始。罗尔斯顿并非由于环境保护运动才关注环境伦理问题的，而是在其青年时代的求学过程中就通过对生物、地质等课程的学习及自己经常深入荒野的体验，成为一个具有丰富的自然知识和热爱大自然的自然主义者，并对人与自然的关系及自然的价值等问题进行了深入的思考。"生态伦理是否能够存在?"颇有理论深度，后来在环境伦理学界被广为征引，成为该领域一篇重要的文献。罗尔斯顿在此后的自然主义与人本主义伦理学的论战中还成为自然主义阵营的一员主将，对自然主义生态价值论的建立贡献尤为巨大。②《哲学走向荒野》是其从1960年代末到1980年代初撰写的15篇论文的汇集。

1979年，哈格洛夫、罗尔斯顿等人创立《环境伦理学》(Environmental Ethics)学刊，这是该学科发展史上的一个里程碑。此前虽已有各种有关环境问题的刊物，但一般学术性不强，或层次不高；而主流的哲学刊物又极少发表环境伦理学的论文。《探索》算发表这方面论文较多的，却也很有限，因为它毕竟是一种综合性哲学刊物，需照顾到哲学的各分支学科。《环境伦理学》为在此领域进行深层次的理论探讨提供了一个学术阵地，对该学科以后的发展影响重大。"环境伦理学"成为这一学科最为流行的名称，也是由于此刊的影响。但正如后来阿姆斯特朗等在其编著的《环境伦理学：趋异与趋同》(*EnvironmentalEthics：Divergence and Convergence*)中所说，"这个研究领域不仅限于伦理学的探讨，也体现在美学、宗教、科学、经济和政治等更大范围的思考中。""环境哲学"(environmental philosophy)是该学科另一较为通用、且较为正式的名称。(由于现代生态学是环境哲学思想的理论基础很重要的一部分，在环境哲学发展的早期，一些学者(如罗尔斯顿)采用"生态伦理学"(ecological ethics)一词，而纳厄斯等人用的是"生态哲学"(ecophilosophy)。罗尔斯顿等人在筹创《环境伦理学》时曾考虑以"生态伦理学"命名该刊，最后将刊名定为"环境伦理学"，是为了使其涵容更广。80年代初，苏联学术界在批判西方环境伦理思想时用的是"生态伦理学"一词。国内学者首先是从前苏联学者的文章中接触到环境伦理思想的，此后便将"生态伦理学"沿用下来，

① 罗尔斯顿. 哲学走向荒野. 刘耳，叶平，译. 长春：吉林人民出版社，2000：11.

② 刘耳. 当代西方环境哲学述评. 国外社会科学，1999(6)：33.

使之成为该学科在国内较通行的名称。①

罗尔斯顿认为生态伦理学与医学伦理学不同，不是将伦理学直接应用于具体的某一领域，生态伦理学应是立足于生态科学而形成的道德义务。因为一般意义的伦理学是完全以人为研究对象的评价体系，它是在对人与人或人与社会之间的关系有了充分研究和认识的基础上逐渐形成的。而生态伦理学的研究对象显然突破了人这唯一对象，还包括自然。如果直接将这样的伦理学直接扩展到生态领域，显然是生搬硬套。因此，生态伦理学是在生态科学的基础上，研究自然这一生态系统的过程中所形成的道德义务。

究竟何谓生态伦理学，即何谓基于生态学的、对生态系统的道德义务？要解答这个疑问，首先必须确信是否存在生态伦理学，即生态伦理学的存在是否具有可靠的逻辑性。生态学是一门科学，而伦理学是一门有关道德的学科，科学和道德怎么会联系在一起？又是怎样将伦理学从科学中分离出来的？如果不能把这些问题弄清楚，我们在探讨生态伦理学的时候就很容易将伦理学直接套在生态系统中应用。霍尔姆斯·罗尔斯顿为这个问题提供了答案，他认为从科学到道德绝不是飞跃式的，而是存在一条路线。

从科学到道德是通过什么样的路线呢？霍尔姆斯·罗尔斯顿引入"是"—"好"—"应该"这一人类的基本思维模式，试图解决这一疑问。"是"即指事物的本质或客观规律；"好"即指一般的评价观；"应该"即指道德义务。比如：遵循健康法则是生活得好所需要的条件，这是一个自然规律；且你的评价观是，你希望生活得好，你不想损害自己；从而，你的道德义务就是不该损害自己，即应该遵循健康法则。我们可以用类比的方法将生态伦理学按照上面的形式表达出来。生态规律是：维系生命活动的生态系统的必须循环，否则将趋于毁灭；一般的评价观是：你们希望保护人类生命；那么，道德义务即是你们应该保护人类的生命，也就是遵循生态规律。因此，我们可以看出只有当科学有了某种约束人们去实现某一目的的道德原则时，才能说科学有了道德性。也就是说，当生态学有了某种约束人们去实现某一目的的道德原则时，生态学才有了道德性，也就有了生态伦理学。那么，从生态科学到伦理学的路线是："生态系统是怎样的"—"我们所希望的是什么"—"我们应该怎么做"，其中"我们所希望的是什么"是生态科学与伦理学的联结点。肯定了"我们所希望的是什么"，那么从"生态系统是怎样的"到"我们应该怎么做"就直接发生了。

探讨了生态科学到伦理学的路线问题，我们可知生态伦理学是存在的。那究竟生态伦理观是什么？即我们的生态道德义务到底是什么？我们依然可借助"生态系统是怎样的"—"我们所希望的是什么"—"我们应该怎么做"这一思维路径去解答这一问题。

"生态系统是怎样的"呢？达尔文主义认为：自然运行的定律是物竞天择、弱肉强食，自然的总体图景是随机的、偶然的、混乱的、粗野的，是一幅"暴力充斥的丑恶的景象"。然而，随着生态学的进步，我们越来越多地看到自然所有的稳定、完整和

① 刘耳. 当代西方环境哲学述评. 国外社会科学. 1999(6)：33–34.

美丽。生态学还告诉我们：动态平衡规律是生态系统的首要规律，只有遵循这一规律，才能促进人类的生存。当我们对生态系统有了更科学、更全面的了解时，我们才可能知道应该怎样对待它。

知道"生态系统是什么样的"只能说为我们树立正确的生态伦理观提供了可能性，而我们所希望的是什么直接决定了我们的生态伦理观。"我们所希望的是什么"呢？我们所希望的是疯狂地追求人类经济的发展，任由生态系统失去平衡？还是希望生态系统继续保持它的完整、稳定和美丽？一直以来，我们人类自以为是生态系统中的"国王"，我们有权利对其他的生态系统组成部分发号施令。我们为了自身的发展，可以忽视自然的完整和稳定。我们甚至是出于娱乐、消遣的目的，就可以枉伤动物的性命。我们希望一切的物，包括自然都服务于我们这个唯一的"君王"，却不需对它们有任何的负担。这样的希望，只能是妄想。我们人类作为生态系统中最高等的生命形式，确实可以算得上是"国王"，但同时我们不要忘记另一个身份，那就是我们还是生态系统的一员"公民"。基于人类这样一种双重身份，我们希望在"改造、管理、利用"自然的时候，也承担自己作为"公民"的义务，即保护自然，促进生态系统的完整、稳定和美丽。

假设生态科学意义上的生态系统是完整、稳定和美丽的，又假设我们人类希望维持和促进这种完整、稳定和美丽，那么我们的生态伦理观必然是遵循生态规律，以实现我们所希望的目的。霍尔姆斯·罗尔斯顿认为，如此推论出的生态伦理观，它并不要求我们把生态系统的总体作为偶像来崇拜，而只是要我们将其视为一个复杂的体系，在此体系中包围着个体，对个体有所限制，但并不压制个体。此生态伦理观与其他类似的伦理观的最大区别就在于，它仅仅是关注焦点或研究对象的扩展，不是要从人类转移到生态系统的其他成员，而是从任何一种个体扩展到整个系统。也就是说此种生态伦理观并不试图用"生态中心主义"取代"人类中心主义"，并不存在谁是"中心"的问题，它所关注的是共同的价值，避免共同的价值被个体化，即避免生态系统的价值被人类价值个体化。

我们怎样才能保证生态系统的价值不被人类的价值个体化呢？进化论一直支配着我们对现在生态系统的价值判断，进化的历史是充满了摸索、斗争、自然选择和随机选择的运动，充满了征服与被征服的斗争。在进化论的影响下，我们以为在地球上，不是我战胜自然，就是自然将我打败，我们与自然永远是对立的。但我们重新想一下，就其整个过程来看，是否还是有着足够的方向性，是否能使我们认为它是在不断地丰富呢？思考过后，我们明白不论生态系统如何的复杂，不论自然是如何的任性而为，它都沿着一个方向演变着，那就是我们的生态系统越来越丰富、迷人。而当我们一味沉浸于战胜自然的喜悦中时，不断将人类社会的价值观泛化时，生态系统的美开始退化，甚至呈现一幅快快的病态。所以，必须独立于生态系统的起源论，否则我们将陷入起源的谬误。其次，我们应当以一颗"爱、尊重与赞美"的心去看自然，而不仅仅是"敬畏"。如单单只有"敬畏"自然的心，我们要么对自然"俯首称臣"，要么在人类骄傲的本性的驱使下，试图去征服自然。而当我们去"爱、尊重和赞美"自然的时候，我们会有一种全新的视角。我们不再将自然中的各种冲突看做是野蛮和无益的，我们知道这些冲突是相反相成的，是刺激生命向前发展的形式。同时，我们也会放低自己的身段，不再骄傲地认为自己无所不能，而是要求自己的行动与生态系统的运行方式相吻合，将人类的利益与生态的利益共存。

总之，生态伦理学就是从一门新的科学所推出的一种新的世界观。在改变我们的观念上的作用，不亚于之前的那些科学革命，谁也不能否认它正在将一个新的世界图景显示给我们。这场生态革命要进行到底，需要一个胆大而谨慎的科学家和伦理学家组成的共同体来共同努力，既展现出真实的生态系统，又厘定适用于它的伦理规则，还需要不断进化我们的良知，进化我们对自然的爱。

(三) 罗尔斯顿的自然价值论

以罗尔斯顿为代表的自然价值论 (the value of nature) 把人们对大自然所负有的道德义务建立在大自然所具有的客观价值的基础之上。在自然价值论看来，价值就是自然物身上所具有的那些创造性属性，这些属性使得自然物不仅极力通过对环境的主动适应来求得自己的生存和发展，而且它们彼此之间相互依赖、相互竞争的协同进化也使得大自然本身的复杂性和创造性得到增加，使得生命朝着多样化和精致化的方向进化。价值是进化的生态系统内在地具有的属性；大自然不仅创造出了各种各样的价值，而且创造出了具有评价能力的人。①

生态系统是价值存在的一个单元：一个具有包容力的重要的生存单元，没有它，有机体就不可能生存。共同体比个体更重要，因为它们相对来说存在的时间较为持久。共同体的美丽、完整和稳定包括了对个性的持续不断的选择。因此，生态系统所拥有的不仅仅是工具价值和内在价值，它更拥有系统价值 (systemic value)。这种价值并不完全浓缩在个体身上，也不是部分价值的总和。它弥漫在整个生态系统中。由于生态系统本身也具有价值：一种超越了工具价值和内在价值的系统价值，因而，我们既对那些被创造出来作为生态系统中的内在价值之放置点的动物个体和植物个体负有义务，也对这个设计与保护、再造与改变着生物共同体中的所有成员的生态系统负有义务。②

罗尔斯顿认为，人类可以体验自然所承载的各种价值，但价值却不是主观的一种臆想。价值就是自然物身上所具有的那些创造性属性，是进化的生态系统内在具有的属性。也就是说，主体与客体的结合导致了价值的诞生，自然价值是存在于自然中的那些价值的反映。价值的形式虽然是主观的，但评价的内容却是客观的。罗尔斯顿把自然价值分为 13 种：支撑生命的价值、经济价值、科学价值、娱乐价值、基因多样性的价值、自然史和文化史价值、文化象征价值、性格培养价值、治疗价值、辨证的价值、自然界稳定和开放的价值、尊重生命的价值、科学和宗教的价值。这些价值大致分为两类：内在价值与工具价值。工具价值是指自然界对人的价值，内在价值是指自然界及其存在物本身所固有的价值。前者是从人的角度来看自然价值，后者是从自

---

① 林红梅. 生态伦理学概论. 北京：中央编译出版社, 2008：45.
② 林红梅. 生态伦理学概论. 北京：中央编译出版社, 2008：45.

然的角度来看自然价值。面对自然，我们既不能仅从人的角度来评价，也不能仅从自然的角度来评价。因为有些自然价值的发现离不开人，而有些自然价值的存在是非人类中心、非人类来源的。①

立足于自然价值论，罗尔斯顿认为，自然是生命的系统，是充满生机的进化和生态运动，作为生态系统的自然并非不好意义上的"荒野"，也不是堕落的，更不是没有价值的。相反，她是一个呈现着美丽、完整与稳定的生命共同体。自然的价值（善）可以表现为对人的需要的满足，即表现出工具性的价值，但另一方面自然也有其自身的目的，即自身的善。每一种有机体都有属于其物种的善，它把自己当做一个好的物种来加以维护。一个有机体所追求的那种属于它自己的"善"，并不是以人的利益为唯一标尺的。花绽放、鸟飞翔、狼逐兔，自然善存在于自然中，我们不能因为狼或荨麻草都力图维护它们自己的"善"，就说它们是恶的。②

这就要求人们尽可能避免文化和文明的发展对大自然造成伤害与痛苦，尊重自然界中所发生的生命之间的矛盾与冲突。具体说来，就是要承认动物、植物、物种和生态系统的权利，为尊重生命和自然界尽自己的责任和义务。在高等动物层面，人类应接受野生自然世界里弱肉强食的现象，肯定自然生态；在有机体层面，应当肯定它们的内在价值，并在价值意义上顺从自然；在物种层面，人类有义务避免造成它的人为灭绝；在生态系统层面，生态系统的整体价值具有至高的道德意义。人类的义务是保护生态系统的稳定性、完整性和完美性。③

罗尔斯顿强调指出，环境伦理是一个人的道德境界的新的试金石。一个人如果只捍卫其同类的利益，那么，他的境界并未超出其他存在物；他与其他存在物处于同一档次：仅仅依据自然选择的原理在行动。在与其他人打交道时，他是一个道德代理人；但在与大自然打交道时，他却没有成为道德代理人。他并不知道人的真正的完美性——对他者的无条件的关心。人应当是完美的道德监督者，他不应只把道德用作维护人这种生命形式的生存的工具，而应把它用来维护所有完美的生命形式。人的价值和优越性并不仅仅表现为，人拥有表达自己、发挥自己潜力的能力，它还包括我们观察其他存在物、理解这个世界的能力和自我超越的能力。在地球上，只有人才具有客观地（至少在某种程度上）评价非人类存在物的能力，人的这种能力应该得到实现——饱含仁爱地，毫无傲慢之气地。那既是一种殊荣，也是一种责任，既是赞天地之化育，也是超越一己之得失。④

海德格尔把"诗意地栖居"看成是人类寻求生存根基、重建价值信念的过程。罗尔斯顿汲取海德格尔这一思想，呼吁人们应该对生命存在意义有深刻领悟，对其他生命对人类存在的包容性有所省察，不要把大自然仅仅当作创作人类故事的工具，而应把自然的历史理解为一部正在编撰的、不会完稿的小说。所有生命都是这部小说的重要角色，但唯有人可充当历史主体，具备在编写自己的生命故事的同时，欣赏和叙述地

①　赵红梅. 美与善的汇通——罗尔斯顿环境思想评述. 郑州大学学报(哲学社会科学版)，2009(1)：153.
②　赵红梅. 美与善的汇通——罗尔斯顿环境思想评述，郑州大学学报(哲学社会科学版)，2009(1)：153.
③　王正平. 环境哲学——环境伦理的跨学科研究. 上海：上海人民出版社，2004：220 - 222.
④　林红梅. 生态伦理学概论. 北京：中央编译出版社，2008：45 - 46.

球上正在发生的生命故事的能力。诗意地栖息包含三层含义：一是人应栖息于自然和文化中，寻求对复合价值的伦理适应；二是要以个人身份栖息于环境中；三是要求人们依据一种具有地域性、全球性和历史性的伦理生活在地球上，恰当地阐释地球上发生的一切，并以恰当的方式适应自然，成为大自然的精神化身。罗尔斯顿相信，当人们能够形成这样一些认识或树立起这样的信念后，环境伦理学的落实就从根本上具备前提条件了。① 环境伦理并"非要取代仍在发挥正常功能的社会与人际伦理准则，而是要将曾经一度被视为无内在价值、只作为人类如何便利而加以管理的领域引入伦理思考范围，这个新伦理参数不是绝对的，而只是相对于传统伦理尺度而言的。随着伦理学领域扩展，价值冲突将会加大，原因在于目前人类的善与环境的善有效共存了。"② 环境伦理使命也不是为了完成末日审判，而是宣示和引导一种新的生存发展路向。

二、考利科特的《捍卫大地伦理》

考利科特是大地伦理学的当代传人，他的生态哲学思想在整个世界都引起了极大的反响。作为西方生态伦理学的代表人物和领军人物，他 20 多年来的研究成果和思想为该学科的进一步发展引领了方向，推动生态伦理学进入成熟期。

(一)考利科特的伦理整体主义

考利科特(J. B. Callicott 1941—)是美国当代著名的环境哲学家，他曾在美国的北德克萨斯州大学任教，担任应用研究所哲学和宗教学教授。作为活跃在环境伦理学界的相当知名的美国学者，考利科特早在 1995 年至 2000 年间，就曾担任过国际环境伦理协会的主席。③

考利科特是大地伦理学的当代传人，他的生态哲学思想在整个世界都引起了极大的反响。作为西方生态伦理学的代表人物和领军人物，他 20 多年来的研究成果和思想为该学科的进一步发展引领了方向，推动生态伦理学进入成熟期。他的一系列非常具有启发性的著作引起了众人褒贬不一的广泛评论。④

考利科特较为严格地遵循利奥波德的思想，是主观非人类中心内在价值论者。在当今西方生态伦理学中，考利科特被看作是利奥波德大地伦理学的当代阐释者，大地伦理学为他的伦理整体主义所坚持和发展。"当一切事情趋向于保持生物群落的完整、稳定和美丽时，它就是正确的，反之则是错误的。"考利科特把利奥波德的这句格言作为他的座右铭。考利科特继承泰勒等学者的观点并提出了"生态中心主义"的环境伦理主张。考利科特在其撰写的《捍卫大地伦理学》《沙乡年鉴导读：解释性和批判性论文

---

① 包庆德，夏承伯. 走向荒野的哲学家——霍尔姆斯·罗尔斯顿及其主要学术思想评介. 自然辩证法通讯，2011(1)：104 - 105.

② Holmes Rolston Ⅲ. Philosophy Gone Wild：Essays in Environmental Ethics Buffalo. N. Y. ：Prometheus Books，1986：25.

③ 何怀宏. 生态伦理——精神资源与哲学基础. 保定：河北大学出版社，2002：322.

④ 曹苗. 考利科特环境伦理思想中的审美问题及其中国意义. 海南大学学报(人文社会科学版)，2016(3)：75.

集》等著作与发表的《大地伦理的理论基础》《动物解放：一个三位一体的事业》等论文中，运用大量篇幅对大地伦理的哲学基础进行论述，并对大地伦理学所遇到的理论挑战予以回应，使大地伦理学逐步得到深化、扩展和完善，并最终形成了伦理整体主义的思想。①

利奥波德将大地看成是一个共同体，认为"共同体边界包括土壤、水、植物和动物，或者说它们的集合——大地"②"community"是生态学的基本概念，生态学上的"community"一般被翻译为"群落"，与利奥波德的大地共同体含义相比，缺少外在环境的内涵。准确地说，利奥波德所言的大地共同体应当对应地看成生态学上的生物圈概念，利奥波德对大地的描述也常常对应生态系统的概念。利奥波德认为，人类社会因为对安全和经济的依赖，因此需要伦理来限制生存竞争的行动自由，从而保护整个人类社会。通过生态学的揭示，自然界也存在与人类社会相似的安全和经济上的相互依存关系，人类、动植物、土壤、水都处在相互联系的生物圈中。生态系统是一个有机整体、复杂相关的系统，人类作为生态系统中的一个物种，同样受到生态系统的影响，受制于生态学规律。因此，利奥波德指出，人类不是自然界的主人，而是生物圈中的一员，也需要大地伦理来限制其一定的行动自由，从而保护整个生物圈。一旦大地作为一个包括人类在内的生物共同体被人们普遍认知，相应地，大地伦理便会在人类集体的文化意识中出现，这也是 20 世纪环境运动兴起的内在因素。③

考利科特认为，大地伦理以进化论、生态学和哥白尼的天文学研究作为其最主要的理论基础④。但大地伦理最倚重的却是生态学，可以说大地伦理是"沿着生态学的步伐前进的"。⑤考利科特认为，人们会关心自己所处的共同体，并逐渐形成一定的伦理规范。而伦理范围的扩展恰恰是不断地将本不相干的人和物纳入共同体的过程。事实上，正如利奥波德所言，两千年前的奴隶和妇女现在都已被纳入人类共同体，随着全球一体化进程，虽然没有出现完全统一的政权和体制，但人权意识已经逐渐成为全球共识。由此可知，大地伦理中道德地位的确立并不决定于主体是否具有某种特殊的心理特征，而是人类关心的共同体的社会情操，它决定了人们道德的来源，而共同体则决定了道德的边界，即所意识到的相互产生联系的共同体的边界。简言之，一旦人类意识到自己是大地共同体的一员，人类便会将价值投射到共同体的成员和作为整体的共同体本身，共同体成员和作为整体的共同体自身即成为道德考虑的对象。⑥

---

① 曹苗，边秀武. 生态中国与美丽中国理论与实务——以考利科特等学者视角. 山东社会科学，2014 (12)：180.

② 利奥波德. 沙郡年记. 北京：生活·读书·新知三联书店，1999：262.

③ 黄彦程. 生态学何以成为大地伦理的理论基石——克里考特对大地伦理的捍卫. 内蒙古社会科学（汉文版），2012(1)：142.

④ Callicott J. Baird. In Defense of the Land Ethic-Essaysin Environmental Philosophy. State University of New York Press，1989：83.

⑤ Callicott J. Baird. In Defense of the Land Ethic-Essaysin Environmental Philosophy. State University of New York Press，1989：117.

⑥ 黄彦程. 生态学何以成为大地伦理的理论基石——克里考特对大地伦理的捍卫. 内蒙古社会科学（汉文版），2012(1)：142.

考利科特根据情感论传统，以道德进化之必然为假定，其策略与动物福利论者相同，都属于前一类。克利考特指出，按照"休谟——达尔文"的道德哲学传统，伦理根植于人类的利他主义情感，如仁慈、同情、忠诚等等，这类情感是包括人类祖先在内的许多物种间自然选择的结果，没有它们，个体就无法组成一个互助的社会。随着社会的扩大和复杂化，人类的道德情感和伦理也日益进化。如今，我们已将所有人类成员纳入道德共同体的范围。大地伦理预示了人类道德进化的下一个阶段。现代生态学表明，自然界是由动物和植物、土壤和水构成的生命共同体，人是共同体的一个成员。这要求我们同情、善待同伴，忠诚于共同体本身。然而，对于两者的关系，考利科特坚持整体主义立场。他认为，生态系统整体在逻辑上先于构成它的个体或物种，因为部分的性质取决于与整体的关系。他相信，从这种形而上学的整体主义可以推导出相应的伦理结论：从生态学的观点看，既然有机个体并非具体的对象，而是连续（尽管有差别）的整体的存在形式，自身和他者的区分就变得模糊了。……试想，当有机个体从中心向外移动时，要在它自身和它的环境之间找出明显的界限是不可能的。……世界就是它扩展的身体。在人的方面说，这意味着从利己主义向环境主义转变。因为我们作为个体是与自然同在的，保护自然环境就是实现我们的自我利益。①

他指出，生命中心论事实上只是把道德平等的关注点放在生命个体上，这就在一定意义上忽略了"生物共同体"的意义，甚至否定了生物共同体之间相互联系、相互依存的关系，而这与现代生态学的思想是不一致的。生态中心论受生态学思想的启发，认为人类是生态系统、生物圈和生态过程中的有机组成部分，因此理应遵循生物共同体的行为规则，平等地对待其他成员。真正的环境伦理学必须把平等推向整个生态系统、自然过程和存在物。环境伦理学在力图超越传统伦理思想的局限，建立全新的伦理价值观体系，也为保护濒危动植物、维护生态环境、建立人与自然和谐相处的新的可持续发展关系提供了一种理论上的途径。②

考利科特的研究对象除大地伦理外，环境伦理、真善美等也是其重要的内容。考利科特继承了利奥波德在环境伦理研究当中的整体观念，认为由于人类行为与自然环境之间的相互影响，评价人类行为就不能单从人类社会的角度来进行，必须要考虑人类行为对生态共同体所造成的影响。只有当人类的行为能够不破坏甚至加强生态共同体的"和谐、完整、美丽"时，人类的行为才是可取的。按照这一观点，人类在处理与自然的关系时就应该爱护自然，不能随意损坏、毁灭自然界中的非人类存在物，对于非人类存在物人类应该有"最起码"的尊重。这样一来，该观点成立的前提便是"非人类存在物拥有价值"。

非人类存在物具有了价值，也就能够为人类带来美的体验。美的存在必须和真、善相统一。真，代表美和审美价值的客观性，事物具有价值意味着美是客观存在的，尽管对美的体验是人的主观感受。善，代表自然的审美价值，对美的体验能够激起人

① 林红梅. 生态伦理学概论. 北京：中央编译出版社，2008：20－21.
② 曹苗，边秀武. 生态中国与美丽中国理论与实务——以考利科特等学者视角. 山东社会科学，2014（12）：180.

类良好的感受，激发人的意志、智慧和崇高行为，没有了"善"，美的存在便毫无意义。因此，在对自然的审美过程当中，真、善、美三者是相互统一的。①

(二)考利科特对利奥波德思想进一步的提升和发展

在研究考利科特的思想体系的时候，不难看出利奥波德对他的影响，当然也能够明显看到考利科特对利奥波德思想进一步的提升和发展。考利科特的思想体系更强调科学论据而不是经验性的证明，这种区别来源于考利科特与利奥波德两人所受到的教育和个人经历的不同有关。

在利奥波德那里，大地不再是传统视野中"死"的东西，而是拥有生命的土壤。他在《沙乡年鉴》中解释了"生物区系金字塔"，金字塔底层是土壤。他要求人类放弃对土壤所做的机械式的解释，更希望人们解放自己对土壤的奴役。土壤是一个有机体，其中生存着大量的生命体，包括动物、植物以及微生物。因此，土壤在一定程度上也是有生命的。至此，利奥波德的理论还是建构在一定程度的推测的基础之上的。他说："一种用于补救和指导对土地关系的伦理观，是需要有一种智力上的想象的，即能把土地当成一种生物结构的想象。"②但这并不表明他的"想象"是一种空想，他对于未来生态科学的发展也有所预见。

自从利奥波德构想出大地伦理学以来，生态学和进化生物学也就相应地经历了范式的转变。利奥波德在自己的著作中明确阐明了，如果在科学基础上做出适当的修正，那么大地伦理学依然在理论上是可以保持其可行性的，同时在实践中也是符合实际需要的。大地伦理学所依托的空间与时间尺度，与全球气候变化的行星式空间和百年时间尺度是极不相称的。利奥波德于1923年在生物地球物理尺度下依稀勾勒出了地球伦理。他把地球设想为一个"活物"，每个部分都是"具有明确功能的器官"，这在实际上就预告了盖亚假说。利奥波德在这里暗示了地球伦理的几个理论基础：一是对于地球完整生态环境的尊重与爱护，这就要求人们秉持一种非人类中心主义的世界观；二是个人的、专业的和社会的美德，通过人与自然伦理关系的建构来保证自然的道德地位；三是对子孙后代的人类中心主义的责任，当然这其中既包括"最近的后人"也包括"未知的未来"。利奥波德的这一著作的第二部分增强了他对于地球伦理的微弱的描绘，探讨了其科学的、形而上学的基础，批判地阐述了他自己提出的地球伦理是具有根基性的几种学说，并从理论上把大地伦理与地球伦理融合在一起。③

考利科特在利奥波德的基础上融合了进化道德心理学、生态学和环境伦理学，形成了伦理整体主义思想，这是考利科特的进步和发展，也是他区别于其他学者的特征之所在。相比于其他环境伦理学家，考利科特思考问题的视角更加广阔，他试图将这个地球生态系统作为整体出发点来面对生态环境问题，而其他学者则总是把自身完全

---

　① 曹苗，边秀武. 生态中国与美丽中国理论与实务——以考利科特等学者视角. 山东社会科学，2014(12)：180.

　② 利奥波德. 沙郡年记. 北京：生活·读书·新知三联书店，1999：262.

　③ 曹苗. 考利科特环境伦理思想中的审美问题及其中国意义. 海南大学学报(人文社会科学版)，2016(3)：77.

限制成考利科特所说的理性的个人主义。在考利科特看来，人们对于自然的理解应该符合自然自身的价值，人们对于自然的评价应该基于物种的保存、生物的进化和生态系统的完整，人们所追求的最高的"善"应该是"整体的共同体的善"。①

考利科特的环境伦理学特别重视将学理基础建立在环境科学发展的基础之上。在他看来，讨论生态伦理问题，但这种伦理观必须要建立在科学的基础之上。他认为，善和美的合理性正因其符合生态规律才势必成为一种必然。当然，考利科特的观点涉及伦理学的根本问题，本身就值得进一步地深思和考虑，但至少有一点必须正视，那就是价值和事实之间的鸿沟并不是轻易就可以跨过的。在考利科特看来，价值与事实之间的关系是清楚的、明确的，因此，我们没必要恐惧这种鸿沟的存在。就现实而言，世界观的建立确实对我们建立伦理观与审美观是有利的。换句话说，即使从逻辑上可以加以确认，科学的生态规律并不能足以证明人和自然之间的道德和审美关系，但是从人文的视角出发，我们仍然能够发掘一种不争的事实，那就是人们的确会在发现生态规律之后，自然而然地产生一种"好生之德"，不再忍心破坏生态规律的正常运行。②

考利科特认为，大地伦理在很大程度上依赖于生态学等自然科学影响下人类心理的回应及其合法性。现在人们不仅有对伙伴的同情，也被自然赋予了一种情操，对于一个合适的对象（比如社会本身）具有某种情感。生态学和环境学告诉了人们一个最基本的道德情感的合适的对象，即整个生物共同体。这是一个合适的对象，当关注人们所属的共同体的复杂、多样、完整、稳定时，可以激起人们的情感。因此，生态学已经转变了作为整体的自然的价值，正如进化生物学已经转变了自然组成物的价值一样。③

简而言之，考利科特认为，对于共同体的关心实际上是两种情感并存，既是由于某种对人类自身的利益而引起的关心，但同时也有对该事物本身的关心，而并不需要对人类有任何益处，且后者更为重要，因此，大地伦理并不是人类中心主义的。如果结合考利科特对内在价值的讨论，则可以清晰地看到，考利科特赋予了大地共同体整体以内在价值，因此在逻辑结构上也杜绝了人类中心主义的嫌疑。④

事实上，考利科特对大地伦理的论证始终处于二律背反之中，情感主义如果不落入相对主义，就难步入一种实然的科学研究。大地伦理在何种意义上才能更好地发挥其作为伦理理论的作用则还欠缺更有说服力的论述。⑤

---

① 曹苗. 考利科特环境伦理思想中的审美问题及其中国意义. 海南大学学报（人文社会科学版），2016 (3)：77 - 78.

② 曹苗. 考利科特环境伦理思想中的审美问题及其中国意义. 海南大学学报（人文社会科学版），2016 (3)：78.

③ 黄彦程. 生态学何以成为大地伦理的理论基石——克里考特对大地伦理的捍卫. 内蒙古社会科学（汉文版），2012(1)：144.

④ 黄彦程. 生态学何以成为大地伦理的理论基石——克里考特对大地伦理的捍卫. 内蒙古社会科学（汉文版），2012(1)：144.

⑤ 黄彦程. 生态学何以成为大地伦理的理论基石——克里考特对大地伦理的捍卫. 内蒙古社会科学（汉文版），2012(1)：145.

　　大地伦理最为依赖和倚重的生态学本身尚处在不断地更新和发展之中。以生态系统的健康而言，在生态学界本身存在着巨大的分歧，而多样性、稳定性、平衡等概念在生态学中也充满争议。① 因此，生态学即使在逻辑上可以作为大地伦理的基础，但在内容上也难以像考利科特想象的那样，为大地伦理打造坚实的地基。

　　但无论如何，考利科特作为20世纪最伟大的环境哲学家之一，他的工作已经为生态伦理学的兴起奠定了基础，同时也为今后生态伦理学的发展指明了方向。②

本章小结

　　对于大自然投注热切的关注，并积极探究人类对它所负有的责任，是哲学领域近几个世纪以来出现的让人意外的观点转变之一。20世纪70年代初到20世纪80年代末是西方生态伦理学的成熟阶段。本章通过梳理鲁特莱生态伦理观点提出的理论视域，阐释了1973年澳大利亚哲学家鲁特莱在第十五届世界哲学大会上发表的论文《是否需要建立一种新的伦理，或一种生态伦理？》中提出的观点，正式提出建构一种超越人类沙文主义的伦理。1974年，澳大利亚哲学家帕斯摩尔针对鲁特莱的论文发表专著《人对自然的责任：生态问题与西方传统》认为鲁特莱的假设没有必要，重点在于如何准确理解与正确应用传统伦理学中的精髓，他的主张被称为新型的人类中心主义，揭示了生态伦理学中旷日持久的人类中心论与非人类中心论（或人本主义与自然主义伦理学）之争。罗尔斯顿在1986年出版的著作《哲学走向荒野》对生态伦理范畴的整体主义进行了系统论证。1979年，哈格洛福、罗尔斯顿等人创立《生态伦理学》(Environmental Ethics)学刊，这是以生态伦理学为代表的生态伦理学发展史上的一个里程牌。立足于自然价值论，罗尔斯顿认为，荒野，或者说作为生态系统的原初状态的大自然，是一个呈现着美丽、完整与稳定性的生命共同体。考利科特是大地伦理学的当代传人，他的生态哲学思想在整个世界都引起了极大的反响。这个阶段是西方生态伦理学著述的高峰期；对传统哲学的超越，也在后续波澜壮阔的生态伦理学思潮中得到推进。

【思考题】

　　1. 以人为最高目的和绝对中心的伦理学使人从敬畏上帝的伦理学中解放出来，进入空前自由的境域。似乎没有什么再限制人类的行为，人类是自己的立法者。鲁特莱是在怎样的视域中提出："是否需要建立一种新的伦理，或一种生态伦理？"

　　2. 人对物的剥削和压迫也就意味着人对人的剥削和压迫，所以企图在维持人对物的剥削和压迫的情况下使人获得全面的解放是不可能的。可以说，大多西方哲学传统对赋予自然以直接的伦理责任不表示同情。那么，我们保护环境的义务究竟是"对人的义务"，还是"对自然的义务"？帕斯摩尔的《人对自然的责任：生态问题与西方传统》的主要观点

---

　　① McIntosh Robert P. Ecological Science, Philosophy, and Ecological Ethics[A]. Ouderkirk Wayne, Hill Jim. Land, Value, Community: Callicott and Environmental Philosophy[C]. State University of New York Press, 2002：74.

　　② Ouderkirk Wayne. Introduction: Callicott and Environmental Philosophy. [A] Ouderkirk Wayne, Hill Jim. Land, Value, Community: Callicott and Environmental Philosophy[C]. State University of New York Press, 2002：1.

有哪些？

3. 罗尔斯顿的环境思想不仅扎根于"自然价值论"，而且扎根于"荒野"，其作品中映现的自然之美，让充满多样性的荒野具有极高的审美价值。立足于自然价值论，罗尔斯顿认为，荒野，或者说作为生态系统的原初状态的大自然，是一个呈现着美丽、完整与稳定性的生命共同体。我们所希望的是疯狂地追求人类经济的发展，任由生态系统失去平衡还是希望生态系统继续保持它的完整、稳定和美丽？

4. 在考利科特看来，人们对于自然的理解应该符合自然自身的价值，人们对于自然的评价应该基于物种的保存、生物的进化和生态系统的完整，人们所追求的最高的"善"应该是"整体的共同体的善"。你是如何看待这种观点？

【参考文献】

[美]弗洛姆. 为自己的人[M]. 孙依依，译. 北京：生活·读书·新知三联书店，1988.

[德]海德格尔. 诗·语言·思[M]. 彭富春，译. 北京：文化艺术出版社，1991.

[美]戴斯·贾丁斯. 环境伦理学[M]. 林官明，杨爱民，译. 北京：北京大学出版社，2002.

冯象. 创世记：传说与译注[M]. 南京：江苏人民出版社，2004.

韩立新. 环境价值论——环境伦理：一场真正的道德革命[M]. 昆明：云南人民出版社，2005.

郝永平，冯鹏志. 地球告急：挑战人类面临的 25 种危机[M]. 北京：当代世界出版社，1998.

何怀宏. 生态伦理——精神资源与哲学基础[M]. 保定：河北大学出版社，2002.

利奥波德. 沙郡年记[M]. 北京：生活·读书·新知三联书店，1999.

林红梅. 生态伦理学概论[M]. 北京：中央编译出版社，2008.

罗尔斯顿. 环境伦理学[M]. 杨通进，译. 北京：中国社会科学出版社，2000.

罗尔斯顿. 哲学走向荒野[M]. 刘耳，叶平，译. 长春：吉林人民出版社，2000.

冒从虎. 欧洲哲学史(下卷)[M]. 天津：南开大学出版社，1982.

全增嘏. 西方哲学史(上册)[M]. 上海：上海人民出版社，1987.

王正平. 环境哲学——环境伦理的跨学科研究[M]. 上海：上海人民出版社，2004.

赵红梅. 论罗尔斯顿环境美学思想[M]. 北京：中国社会科学出版社，2009.

CALLICOTT J. Baird. In Defense of the Land Ethic—Essaysin Environmental Philosophy[M]. State University of New York Press，1989.

HOLMES ROLSTON III. Philosophy Gone Wild：Essays in Environmental Ethics Buffalo[M]. N. Y.：Prometheus Books，1986.

第七章

西方生态伦理学的深入：
20 世纪 90 年代初至 21 世纪

本章提要：从 20 世纪 90 年代初到 21 世纪，西方生态伦理学进入了深入发展的时期。1992 年在巴西里约热内卢召开的联合国环境与发展会议产生了多个重要文件，标志着在环境治理问题上的国际合作进入了新的阶段。在环境治理的理论建设与现实实践上，诺顿和卡特尔指出，环境治理不仅需要环境伦理学理论建设，更需要保护环境的政策和实践，需要所有环境主义者，各种环境运动团体乃至政府组织的参与和合作。在这一阶段，涉及环境保护的社会运动也更加深入，其中"动物解放运动"的发展引人注目，其精神领袖辛格提出了所有动物一律平等，人类有义务减少对非人类动物的破坏的主张。雷根则指出，非人类动物也与人一样，具有不应遭受痛苦的道德权利，人类应当扩展自己的道德视界，把道德思考的范围从人自身延伸至非人类动物。与动物解放论者从功利主义角度论证人对自然尤其是对动物的义务不同，泰勒试图从义务论的角度建立一种以"尊重自然"为核心的环境伦理学理论体系，该体系由三个相互支撑的部分组成：一个道德行为者如何对待自然的终极道德态度，一种构成了有关自然秩序和人类在自然中的位置的哲学世界观的信念系统，以及一套约束道德行为者应该如何对待自然生态系统的标准和规则。

20 世纪 90 年代初期，西方生态伦理学尽管还在为进入主流哲学的行列而努力，但其掌握的前沿议题及对全球社会的影响力却远远超过它自身的地位。全球绿色政治的崛起，为西方生态伦理学的深入创造了条件。1992 年在巴西里约热内卢举行的联合国环境与发展会议，通过了《里约环境与发展宣言》《21 世纪议程》《气候变化框架公约》《保护生物多样性公约》四个重要文件，表明全球治理的环境与发展问题已引起世界各国和国际社会的关注。

与此同时，生态伦理学的相关理论也得到广阔而深入的发展，其中诺顿的《走向环境主义者共同体》、卡特尔的《环境政治学：理念、行动与政策》，彼德·辛格的动物解放伦理学、汤姆·雷根的非人类动物权利论、以及保罗·泰勒的尊重自然的生物中心论等理论，集中体现了这一时期生态伦理学发展的新局面。

第一节　1992 年联合国环境与发展会议

经过多年准备和多次筹备，全球瞩目的联合国环境与发展大会［United Nations Conference on Environment and Development(UNCED)］于 1992 年 6 月 3 日至 14 日在巴西里约热内卢召开。共有 178 个国家和联合国机构的代表、118 位国家元首和政府首脑出席了这次会议，使得这次会议是继 1972 年斯德哥尔摩联合国人类环境大会之后的关于全球环境问题的又一个里程碑事件。会议就森林、大气保护、生物多样性保护、陆地资源的保护和管理、海洋保护、海洋污染、海洋生物资源、淡水资源、废弃物(特别是有害废物)以及环境教育等问题进行了谈判，并产生了保护地球环境的 4 个重要文件：即《里约环境与发展宣言》《21 世纪议程》《气候变化框架公约》和《生物多样性公约》。这些文件的签署表明了环境保护进入了国际合作的新阶段。

一、《里约环境与发展宣言》

《里约环境与发展宣言》①(以下简称《里约宣言》)的"序言"明确指出：重申 1972 年 6 月 16 日在斯德哥尔摩通过的联合国《人类环境宣言》，并试图在其基础上再推进一步，致力于达成既尊重所有各方的利益，又保护全球环境和发展体系的国际协定，认识到我们的家乡——地球的整体性和相互依存性。《里约宣言》共提出 27 条原则，核心理念是环境保护与可持续发展和国际合作的关系。

《里约宣言》首先强调了环境保护与人类社会的可持续发展的内在一致性。该宣言提出的第一原则就是："人类处于普受关注的可持续发展问题的中心。他们应享有以与自然相和谐的方式过健康而富有生产成果的生活权利。"也就是说，可持续发展离不开环境保护，宣言提出的第四原则直接把环保工作看作是"发展进程的一个整体组成部分"。在此原则之下，《里约宣言》倡导各国依据可持续发展理念，积极制定有效的环境立法，制定关于污染和其他环境损害的责任和赔偿受害者的国家法律，鼓励公众的认识和参与，并积极发挥妇女、青年、甚至土著居民在环保问题上的特点和优势。

《里约宣言》还十分强调环保问题和可持续发展问题上的国际合作。例如在解决国际间的贫富分化问题时，宣言的第五条原则指出："为了缩短世界上大多数人生活水平上的差距，和更好地满足他们的需要，所有国家和所有人都应在根除贫穷这一基本任务上进行合作，这是实现可持续发展的一项不可少的条件。"而为了更好地处理环境退化问题，宣言的第十二条原则倡导各国"应当合作促进一个支持性和开放的国际经济制度，以促进所有国家实现经济增长和可持续发展"。宣言的最后一条原则也明确指出："各国和人民应诚意地本着伙伴合作精神，实现本宣言所体现的各项原则，并

---

① 许多学者把《里约环境与发展宣言》等同于《地球宪章》。严格来说这种说法是不准确的。虽然在里约会议的筹备会期间，许多发达国家主张向大会提交一份《地球宪章》，但更多发展中国家认为，关于环境保护和可持续发展的许多问题都有待进一步的讨论，各方应当更加务实和紧扣会议主题，因此否决了《地球宣言》草案。最终向大会提交并通过的是《里约环境与发展宣言》。几年之后，一些国家和国际组织重启《地球宪章》计划，最终于 2000 年 6 月正式颁布。

促进持久发展方面国际法的进一步发展。"

值得注意的是，虽然《里约宣言》强调国际合作和共同担当，但在责任分配上它采取了共同但有区别的原则，宣言的第七原则指出："鉴于导致全球环境退化的各种不同因素，各国负有共同的但是又有差别的责任。"由于与发达国家相比，发展中国家在应对全球环境恶化时面临技术和财力资源上的困境，因此环境保护应优先考虑发展中国家的利益。宣言的第六条原则指出："发展中国家、特别是最不发达国家和在环境方面最易受伤害的发展中国家的特殊情况和需要应受到优先考虑。"而发达国家则有责任在技术和财力方面负有更多责任。

二、《21 世纪议程》

与《里约宣言》关注环境保护、可持续发展和国际合作的一般原则不同，《21 世纪议程》关注的是环境保护的"全面行动计划"，它为世界各国提供了保护环境和可持续发展、共同走向 21 世纪的行动纲领。

该文件包含 40 章，涉及可持续发展和全球合作的 4 个主要方面："第一部分阐述可持续发展的社会和经济问题，内容涉及促进发展中国家可持续发展的国际合作、与贫困作斗争、改变消费方式、人口增长方式、保护和促进人类健康、将环境与问题纳入决策进程等。第二部分论述自然资源的保护和管理问题，诸如保护大气、与森林退化、荒漠化和干旱抗争，促进农业和乡村的可持续发展，保护生物多样性，保护海洋和淡水资源，对有毒化学品和危险废弃物进行管理。第三部分强调要加强一些主要团体，包括妇女、儿童、青年和土著居民、非政府组织、地方政府、工人、贸易组织、工商和科技团体对实施《21 世纪议程》的作用。第四部分阐述实施可持续发展的手段和方法，包括财政资源和机构、环境技术的传授、推动教育、公众参与和培训、国际执法手段和机构、制定决策的信息等。"①

《21 世纪议程》作为行动计划，把《里约宣言》的相关原则具体化和可行化了。例如，宣言倡导发达国家有义务向发展中国家提供财力和技术支持以防止环境恶化。《21 世纪议程》规定，发达国家每年应当提供占国民生产总值 0.7% 的资金给发展中国家，帮助它们治理和改善环境。除此之外，发达国家还应当以优惠条件把环境无害技术转让给发展中国家。

虽然《21 世纪议程》规定的相关行动责任并未能在许多国家得到真正落实，但它仍然成为了各国可持续发展和展开国际合作纲领性文件。例如，在中国，1992 年国务院环委会决定，由国家计委和国家科委牵头，52 个部门和 30 余名专家共同参与编制了《中国 21 世纪议程》。该议程以《21 世纪议程》为指导，从我国的基本国情和发展战略出发，提出促进经济、社会、资源、环境以及人口、教育相互协调的、可持续发展的总体战略和政策、措施方案，成为制定我国国民经济和社会发展中长期计划的一个指导性文件。

---

① 徐再荣. 1992 年联合国环境与发展大会评析. 史学月刊, 2006(6)：62 - 68.

三、《气候变化框架公约》

《气候变化框架公约》于 1992 年里约会议正式签署，1994 年 3 月正式生效。该公约奠定了国际社会应对气候变化的合作基础，是具有权威性和普遍性的国际公约。该公约首先回顾了自 1972 年《联合国人类环境会议宣言》以来国际社会在应对气候变化所做的努力，然后就公约的定义、目标、原则、承诺、研究和系统观测、教育、培训和公共意识以及机构运作等方面进行了详细阐述，共计 26 条协议。

公约的第一条是对公约使用的基本概念进行厘定。例如，"气候系统"是指大气圈、水圈、生物圈和地圈的整体及其相互作用；"气候变化"是指除在类似时期内所观测的气候的自然变异之外，由于直接或间接的人类活动改变了地球大气的组成而造成的气候变化；"气候变化的不利影响"指气候变化所造成的自然环境或生物区系的变化，这些变化对自然的和管理下的生态系统的组成、复原力或生产力、或对社会经济系统的运作、或对人类的健康和福利产生重大的有害影响。第二条提出缔结该公约的最终目标，即根据本公约的各项有关规定，将大气中温室气体的浓度稳定在防止气候系统受到危险的认为干扰的水平上。这一水平应当在足以使生态系统能够自然地适应气候变化、确保粮食生产免受威胁并使经济发展能够可持续地进行的时间范围内实现。为了实现该目标，世界各国应当坚持共同但有区别的责任和各自能力的原则，为人类当代和后代的利益保护气候系统。发达国家应立即灵活地采取行动来降低温室气体的排放，并向发展中国家提供财力和技术支持，而发展中国家应尽可能通过在具有经济和社会效益的条件下应用新技术来提供能源效率和一般地控制温室气体排放。

《气候变化框架公约》甚至规定缔约国每年召开一次气候环境会议，并设立相关附属科技咨询机构来改善全球气候系统并帮助解决气候问题上的国际争端。该公约对解决全球气候问题产生了积极影响，并催生了 1997 年的《京都议定书》、2007 年的"巴厘岛路线图"、2009 年的《哥本哈根协议》以及 2012 年的《多哈协议》等涉及全球气候治理的相关文件。

四、《生物多样性公约》

联合国《生物多样性公约》所关注的"生物多样性"，指的是"所有来源的形形色色生物体，这些来源除其他外包括陆地、海洋和其他水生生态系统及其所构成的生态综合体，这包括物种内部、物种之间和生态系统的多样性"。生物多样性除了具有其固有的内在价值外，它还可以作为"生态资源"，对人类发展具有实际或潜在的用途或价值，如生态、遗传、社会、经济、科学、教育、文化、娱乐和美学价值。但是，严峻的现实是，一些人类活动正在导致生物多样性的严重减少。世界自然保护联盟的最新评估（2008）显示，已被评估的 47 677 种物种中，有 38% 的物种被认为受到灭绝的威胁（属于易危、濒危或极危等级）。其中，脊椎动物受威胁的比例是 22%，无脊椎动物受威胁的比例是 41%，植物受威胁的比例更是高达 70%。2008 年，据世界自然基金会发布的地球生命指数研究报告显示，在 1970—2005 年期间，全球野生脊椎动物的种群数量平均下降了近 1/3（31%），其中热带地区和淡水生态系统最为严重，分别下降了59%和41%。① 科学家研究发现，随着人类活动范围的扩大，现在物种灭绝的速度是自然灭绝速度的 1000 倍，全世界每天都有近 70 多种物种灭绝，每小时有 3 种物种灭绝。鉴于生物多样性对于生物进化、保持生物圈的生命保障系统和对满足世界日益增加的人口粮食、健康和其他需求的重要性，以及人类活动对生物多样性的严重影响，对生物多样性的保护和持久使用已经成为全人类共同关切的重要事项。

针对生物多样性的重要意义及其面临的严重威胁，联合国《生物多样性公约》的第一条就明确提出，该公约的目的就是：按照本公约有关条款从事保护生物多样性、持久使用其组成部分以及公平合理分享由利用遗传资源而产生的惠益。而实现该目的的手段主要包括遗传资源的适当取得及有关技术的适当转让，并提供适当的资金等等。因此，该公约除了敦促相关缔约国制定国家战略、计划或方案来"就地保护"生物多样性以外，还特别强调国家层面的合作与交流，公约的第五条明确要求："每一缔约国应尽可能并酌情直接与其他缔约国或酌情通过有关国际组织为保护和持久使用生物多样，在国家管辖范围以外地区并就共同关心的其他事项进行合作"。

《生物多样性公约》对世界各国开展生物多样性保护产生重要影响。自 1993 年 12 月正式生效以来，截至 2012 年 4 月，全球共有 192 个缔约国。② 在后续的缔约国大会上，产生了许多国际间合作协议，如涉及生物安全的《卡达吉纳生物安全议定书》（2000 年）、涉及遗传资源取得和利益分享的《伯恩准则》（2002 年）和《名古屋议定书》（2010 年）以及《生物多样性战略计划》（2011—2020）等。③

中国是最早批准加入《生物多样性公约》的国家之一，并在公约框架内进行了卓有成效的工作。中国政府出台了制定或修改了包括《环境保护法》《森林法》《环境影响评价法》《野生动物保护法》《自然保护区条例》《野生植物保护条例》《植物新品种保护条例》和《濒危野生动植物进出口管理条例》等法律法规，并制定了《中国生物多样性保护行动计划》《中国国家生物安全框架》《全国生物物种资源保护与利用规划纲要》和《中国水生生物资源养护行动纲要》等规划和计划。④ 与此同时，中国政府还积极开展保护生物多样性的国际合作，如欧盟——中国生物多样性规划项目、中加生物多样性保护和社区发展项目、中荷森林保护和社区发展项目以及海洋自然保护的多边合作等。⑤

① 环境保护部国际合作司. 保护人类赖以生存的生命系统——《生物多样性公约》回顾与展望. 北京：科学出版社，2011：1 - 2.

② 倪桂荣.《生物多样性公约》的回顾与前瞻. 上海大学学报（社会科学版），2012（11）：1 - 12.

③ 环境保护部国际合作司. 保护人类赖以生存的生命系统——《生物多样性公约》回顾与展望. 北京：科学出版社，2011：137 - 138.

④ 环境保护部国际合作司. 保护人类赖以生存的生命系统——《生物多样性公约》回顾与展望. 北京：科学出版社，2011：85 - 86.

⑤ 国家环保总局生物安全管理办公室. 我国与履行《生物多样性公约》相关的国际合作. 环境保护，2006（7）B：32 - 36.

第二节 从诺顿的"环境主义者统一体"到卡特尔的"环境政治学"

诺顿(Bryan G. Norton)和卡特尔(Neil Carter)在当代环境伦理学的发展中占有重要地位。在《为什么保护自然多样性》(*Why Preserve Natural Variety*)、《物种保护》(*The Preservation of Species*)和《走向环境主义者统一体》(*Toward Unity among Environmentalists*)等著作中,诺顿不仅主张一种弱化的人类中心主义,还强调所有环境主义者都应当走到一起,为共同的环境政策目标而行动。而《环境政治学:理念、行动与政策》(*The Politics of the Environment: ideas. Activism. Policy*)的作者卡特尔主张,人与自然的关系,甚至人与人以及人与社会的关系问题,都可以纳入一种环境政治学的考察之中。二人都认为,环境治理不仅需要环境伦理学理论建设,更需要保护环境的政策和实践,需要所有环境主义者,各种环境运动团体乃至政府组织的参与和合作。

一、诺顿的弱化人类中心主义和环境主义者统一体

(一)弱化的人类中心主义

人类中心主义与非人类中心主义之争,是当代环境伦理学发展过程中的一个重要话题。简言之,人类中心主义认为只有人才是自在价值的拥有者,而其他的非人存在者之所以有价值,是因为它对人类有用而为人所赋予的;非人类中心主义则主张除了人具有自在价值之外,许多非人存在者如动物、植物乃至整个生态系统也具有自在价值,人们不能仅仅把它们视为满足人的需要的工具。在人类中心主义与非人类中心主义的争论中,诺顿的主要贡献在于主张一种弱化的人类中心主义,而这种主张的基础是他对价值的划分。

诺顿认为,存在着三种主要的价值体系,即需要价值(demand value)、内在价值(intrinsic value)和转换价值(transformative value)。所谓需要价值,是指一个事物所具有满足人的需要的价值,如它的经济或商业价值;内在价值是指一个事物因其存在本身而具有的价值,不论它是否具有市场价值或需要价值;转换价值是指自然所具有的一种人类通过与它接触而改变自身对它的看法或者价值观的价值。

与所有人类中心主义者一样,诺顿认为只有人才具有内在价值,人是能赋予价值和创造价值的存在者,人自身的价值作为自在价值或内在价值,是其他一切价值的最后根据。相对于人类,其他非人类存在者不具有内在价值。诺顿指出,主张非人类中心主义的各种理论,都强调非人类存在者同样具有内在价值,但是它们在论证这种内在价值时却面临诸多困境,而且也与西方哲学的理性主义传统相冲突,因而是不必要的。

但是,诺顿也不认为非人存在者只具有需要价值,即满足人的需要的价值,而是认为非人存在者同时具有转换的价值。他把那种认为非人存在者的价值取决于人的需要价值的观点称为强化人类中心主义,而把自己强调非人存在者具有转换价值的人类中心主义称为弱化人类中心主义。强化人类中心主义只强调人的需要价值的满足,而

不关心这种需要是理性的还是感性的，也不关心非人类存在者对人的价值观的转化作用。弱化人类中心主义虽然承认人的感性需要的满足是具有价值的，但是它更加强调人的理性偏好及其对不合理感性偏好的限制，从而避免人对自然的无度消耗。此外，弱化人类中心主义还强调非人存在者的转换价值，非人类存在者能够启发人们净化、转换和提升自己的价值观和生活方式。诺顿认为，这种弱化的人类中心主义能够为人们保护野生物种的多样性和生态系统的稳定性提供充分的理论支撑。

（二）走向环境主义者的统一体

面对环境恶化的严峻现实，环境主义者都清楚地认识到了保护环境的重要性和紧迫性。但是在环境主义者内部，由于不同的个人或团体持有不同的世界观和价值观，他们在为何保护环境以及如何保护环境等问题上又是纷争不已，这导致他们在许多涉及环境治理的问题上相互掣肘，无法形成一致行动，从而使得制定和落实环保政策的效率都大打折扣。这被诺顿看作是存在于环境主义者之间的一个典型的两难困境。

为了解决这一困境，诺顿提出了"理性的生态世界观"和"环境主义者统一体"的主张。首先，他承认环境主义者之间存在争论是现实的，也是可接受的，[①] 因为不同国家和地区的人们具有不同的政治、经济和文化背景，也拥有不同的利益诉求，使得环境主义者在环境问题的争论中看问题的角度各有不同，并且用不同的词汇表达自身诉求，这导致他们无法具有共同的世界观和价值观。不像其他社会运动，环境运动缺少共同的理论原则。

但是，诺顿强调，人们不应当夸大这种争论，并在争论面前踟蹰不前。有时候，争论人为造成的，那些环境主义者并没有看到，他们实际上是可以拥有共同的生态世界观的。诺顿认为，只要人们理性地和现实主义思考环境问题，那么纵然大家在许多具体问题上无法达成一致，但至少可以形成三点基本共识：其一，赞同以生物学和进化论为基础的本体论，即赞同生物进化过程是一种受自然环境制约的、相互联系的有机系统；其二，赞同一种怀疑论的和建构主义的知识论，即承认人类认识能力的有限性，知识建构虽然有助于理解自然，却无法穷尽自然；其三，赞同一种在自然面前保持谦卑的伦理学，即人类在追求自己的目标和干预自然时，要有节制，不能打乱稳定的生态系统。[②] 诺顿认为，只要环境主义者接受这些基本共识，形成理性的生态世界观，那么他们就会接受一种较少物质主义和消费主义的环境友好型价值观。

另一方面，诺顿认为，与理论建设相比，环境运动首先应当是实践导向的和实用主义的，是以解决现实问题为目标的。既然人们有保护环境的共同的现实目标，那么他们就可以在没有共同价值观的情况下仍然进行合作，从而形成行动联合体，也就是"环境主义者统一体"。诺顿指出，这种统一体的基本特征就是："共享政策目标"而非"共享共同的基本价值"，[③] 也就是说，即便人们在导致环境恶化的原因以及如何保

① Bryan G. Norton. Toward Unity among Environmentalists. New York：Oxford University Press，1991：91.
② 杨通进. 环境伦理：全球话语 中国视野. 重庆：重庆出版集团，2007：158－159.
③ Bryan G. Norton. Toward Unity among Environmentalists. New York：Oxford University Press，1991：12.

护环境等问题上无法达成一致，但只要他们承认当前的环境现状在伦理上是难以接受的，那么他们就会优先考虑采取行动和制定政策的决定，而不是追求在理论上的基本认同。毕竟环境政策的制定主要依据现实状况和科学原则，而非共享某种形而上学的或道德的价值。

在《走向环境主义者统一体》的第二部分，诺顿详细论证了在诸如增长的压力、控制污染、生物多样性以及土地使用政策等现实环境问题中采取"环境主义者统一体"的必要性。他认为，环境主义者在这些问题上的理论分歧都只具有工具意义，其最终目的是统一的，即保护地球生态和维护生物多样性，因此，他们应当也能够形成一个环保运动的统一体。他乐观地总结道，即便人们并不共享统一的世界观，但是他们在如森林政策、能源政策和人口增长等方面的政策选择上走向广泛的共识，这说明人们已经在走向不同于物质主义导向发展模式的"环境主义者统一体"了。①

二、卡特尔的环境政治学

顾名思义，所谓环境政治学，就是把环境问题与政治问题结合起来，或者说把环境问题看作政治问题，把对环境问题的关切纳入政策制定和政治活动的范围。在《环境政治学：理念、行动与政策》一书中，卡特尔明确指出，环境政治学的典型特征就是优先考虑人类社会与自然界的关系，它包括三个主要方面：研究与环境相关的政治理论和理念，检验政治党派和环境运动，以及分析国际和国家层面上的影响环境的政策的制定和实施。②

（一）环境理念

卡特尔认为，研究各种各样的环境理论或理念对环境政治学是相当重要的，因为在讨论绿色政治意识形态或者"生态主义"这样的环境政治学话语时，它们有助于我们探究人们迄今为止是否充分理解了环境问题。卡特尔深入讨论了环境伦理学中的各种价值理论、人类中心论与生态中心论的区分、动物解放论和道德扩展主义（extensionism）等环境理论，并提出用"生态主义"的理念来超越人类中心论与生态中心论相对立的观点，因为生态主义融合了二者，"它包含了这样一些观点，这些观点承认人总是价值的赋予者，但他们并不必是价值的唯一承担者"。③

卡特尔认为，生态主义是一种典型的绿色政治意识形态，它强调可持续的社会发展，并认为这种发展需要人们从根本上改变我们与非人类自然的关系以及我们的经济、社会和政治生活。卡特尔指出，生态中心主义的中心理念包括两个方面。第一，生态中心主义要求一种作为指导原则的"增长的极限"理念。"增长的极限"观点出自米德斯研究小组出版的《增长的极限》（1972）一书，该书认为，人类社会的增长是存

---

① Bryan G. Norton. Toward Unity among Environmentalists. New York：Oxford University Press, 1991：113 – 114.

② Neil Carter. The Politics of the Environment：ideas. Activism. Policy. 2nd. New York：Cambridge University Press, 2007：3.

③ Neil Carter. The Politics of the Environment：ideas. Activism. Policy. 2nd. New York：Cambridge University Press, 2007：36.

在极限的，而这种极限是由于地球资源的有限性造成的，地球系统的五个变量，即工业发展、人口增长、食品、污染和资源是相互影响的，工业发展和人口增长会导致食品短缺、环境污染和资源匮乏，而后三者又会反过来限制工业发展和人口增长。因此，人们必须改变传统的无限的发展观，代之以有限的观点，来保持地球的均衡状态。卡特尔认为，这种地球的有限性和增长的极限性观念，已经成为了绿色政治的基石。第二，生态中心主义要求一种可持续社会的绿色规划、民主的绿色政治以及绿色的社会立法等等。这些要求可以从传统的政治意识形态和绿色运动如保守主义、自由主义和新自由主义、人类中心主义、社会主义和马克思主义、女性主义以及无政府主义等理论中汲取资源，从而为生态主义的合法性提供充分的理论基础。

（二）环境运动

可持续的社会不仅是一种理论理念，它更是一种实践需要。人们需要采取实际行动去实现它。人类行动分为集体行动和个体行动两类。卡特尔更加关注环境政治中的集体行动，即绿党和环境组织的行动。

绿党是提倡保护生态可持续性的政党。从 1972 年第一个绿党在新西兰建立，到 21 世纪初，绿党出现在许多国家，并且在政治事务中发挥着越来越重要的作用，例如参与议会或政府竞选，担任政府要职，积极推动环境立法等等，以至于许多人把绿党称为一种新政治（a new politics）。卡特尔认为，这种说法是笼统的，无法解释不同国家绿党活动的差异性，在一些国家，绿党活动显得积极高涨，方兴未艾，而在诸如德国这样最早建立绿党的国家，绿党活动已经"变老"或"走向黄昏"了，绿党在政治选举中获得的选票越来越少。卡特尔认为，虽然绿党在各国发展程度各有不同，虽然它们也能影响国家的环境立法和政策，但总体来说，绿党仍然摆脱不了少数党、在野党或反对党的地位。因为仅仅关注环境问题，绿党很难和许多政党竞争。而在现实的环境问题面前，其他政党也越来越关注环境问题。例如在英国，"其他政党经常宣称自己才是'真正的'绿党"。[1] 因此，对于绿党来说，为了在竞选中获胜，就必须扩展自己的角色。

除了绿党，各种环境组织也在环境运动中发挥重要作用。卡特尔把这些环境组织分为四类，它们是专业的游说组织，专业的保护组织、参与的游说组织、参与的保护组织。[2] 他以作为专业保护组织的"绿色和平组织"和作为参与保护组织的"地球之友"为例，详细讨论了非官方环境组织的职能、规模、结构、人员组成以及在环境运动中的作用。[3] 卡特尔认为，这些非官方的环境组织与上述绿党一样，在经历建立初期的繁荣昌盛并产生许多积极后果之后，都面临着各种各样的问题和困境，都有逐渐被边

① Neil Carter. The Politics of the Environment：ideas. Activism. Policy. 2nd. New York：Cambridge University Press，2007：141.

② Neil Carter. The Politics of the Environment：ideas. Activism. Policy. 2nd. New York：Cambridge University Press，2007：147.

③ Neil Carter. The Politics of the Environment：ideas. Activism. Policy. 2nd. New York：Cambridge University Press，2007：148－154.

缘化（marginalisation）的趋势。因此，绿党和环境组织必须积极灵活地调整自己的目标和策略，以便在环境运动中产生更大的作用。

（三）环境政策

卡特尔指出，在当代，环境也是政策制定者所关注的重要议题，也成了一种政策问题。环境政策之所以如此重要，一是因为环境资源本身就是一种公共善品，必须制定政策来保证每个人对环境资源的公共利用；二是因为环境本身的复杂性、不确定性、不可逆性和时空可变性等特点，要求政策制定者处理环境问题时能够做出科学的决策；三是环境污染日益严重，并且跨越国界成为全球问题，要求各国政府联合起来制定相应的政策来防止环境继续恶化。

卡特尔认为，传统的政策范式，即在处理环境议题时仍然把经济增长放在优先于环境保护的位置上，已经被证明在解决环境问题上不够的，那种"先污染后治理"的政策不仅不能够有效地保护环境，还会导致环境污染的进一步加重。卡特尔提倡用可持续发展（sustainable development）和生态现代化（ecological modernisation）的新型政策范式取代这种传统的环境政策。所谓可持续发展，就是既能满足当代的需要，又不危及后代需要的发展模式。可持续发展之所以不同于传统的政策范式，在于它强调"可持续性"，把保护环境放在了优先地位。可持续发展是一种"平等的"发展，它不仅强调代内平等，还强调代际平等。所谓生态现代化，并不是极端环境保护主义者所说的从根本上重组市场经济和自由民主政府，而是通过改革现存的经济、社会和政治制度，使得资本主义制度变得更加"环境友好"。① 因此，生态现代化包含两个核心理念：一是去物质化（dematerialisation），即在生产过程中消耗更少的环境资源；二是分离化（decoupling），即使经济发展与环境消耗相分离，一方面保持收入和生活标准的上升，另一方面减少对环境破坏的依赖。

卡特尔指出，环境政策的制定可以分为全球和国家两个层面。其中全球层面的环境政策涉及诸如臭氧层保护和气候变化等问题，还处理全球化、贸易活动与环境之间的关系问题。国家层面的环境政策讨论一种绿色政府的可能性，它涉及诸如机构改革、行政技术、国家绿色计划、民主和参与政策等问题。卡特认为，无论在哪个层面，环境政治中为人熟知的那些议题，如平等、社会正义和民主等问题，都是环境政策的核心问题。

第三节　从彼德·辛格的动物解放论到汤姆·雷根的动物权利论

随着人类生存环境的日益恶化，保护环境的社会运用越来越多。在这些运动中，"动物解放运动"尤其引人注目。动物解放运动的积极分子们倡导素食主义、认为人们有必要把对宠物如狗、猫的同情心扩展到其他动物如养殖场的猪和牛，甚至实验室的

---

① Neil Carter. The Politics of the Environment：ideas. Activism. Policy. 2nd. New York：Cambridge University Press，2007：227.

老鼠等。许多人都把"动物解放运动"归功于著名伦理学家彼得·辛格的《动物解放》一书。该书于1975年初次出版，并产生了巨大影响，甚至被称为"动物解放的圣经"。1990年出版了该书的修订本，修订的内容增加了之前发生的重大动物运动事件。在该书中，辛格提出了所有动物一律平等，人类有义务减少对非人类动物的破坏的主张。除了辛格，汤姆·雷根也被认为是当代动物解放运动的精神领袖，他的《为动物权利辩护》（1983）、《捍卫动物权利》（2000）、《动物权利争论》（合著，2001）和《打开牢笼：面对动物权利的挑战》（2003）等著作指出，非人类动物也与人一样，具有不应遭受痛苦的道德权利。因此，人类应当扩展自己的道德视界，把道德思考的范围从人自身延伸至非人类动物。

一、彼得·辛格的动物解放论

辛格把自己的著作称作《动物解放》。在他看来，所谓解放，就是从某种偏见、歧视或压迫中解脱出来；所谓动物解放，就是使动物从人类的偏见、压制和迫害中解脱出来。要实现这一解放，首先要求人类改变"人是其他动物的主宰"的传统观念，接受一切动物一律平等的主张。此外，人们需要改变传统的对待动物的方式，并努力做素食主义者。

（一）一切动物一律平等

现代道德哲学普遍认为，人与人在道德上是平等的，因为人有理性，能区分善恶，具有道德权利并能承担道德义务，但人与非人动物在道德上不是平等的，人是超然于非人动物的，因为非人动物没有道德，它们既不能区分善恶，也不能承担道德义务。辛格批评了这种偏见，认为人和非人动物是平等的，人们应当把平等的考虑扩大到动物界。

辛格从功利主义的角度论证了这种平等论。他接受了系统功利主义创始人边沁的两个主张，即快乐主义和平等主义的主张。所谓快乐主义，是指人的感受快乐和痛苦的能力是一切道德思考的出发点。辛格认为，由于许多非人动物和人一样，具有感受苦乐的能力，因此，到进行道德思考时，必须把非人动物也考虑在内，他说道："如果一个生命感到痛苦，道德上便没有理由拒绝考虑这个痛苦。不论这个生命的天性如何，只要大致可以作比较，平等的原则要求把他的痛苦与任何其他生命的相似的痛苦平等地加以考虑。如果一个生命不能感受痛苦和快乐，就无须考虑。就是说，唯有感受性（用感受性这个词只是为了简便，虽然不能十分准确地代表感受痛苦和/或快乐的能力）的界限才是关怀他者利益的合理正当的划界"①在辛格看来，动物也能感受苦乐，我们必须要把动物的苦乐也纳入我们的道德计算。在进行苦乐计算时，辛格坚持平等主义的观点，这种观点正如边沁所说，每个人都算作一个，不是更多，也不是更少。辛格也说，我们不能认为不同物种之间的苦乐是不可比较的，实际上，人类的苦乐并不比非人动物的苦乐更高级，痛苦就是痛苦，不管它是发生在人身上还是发生在

---

① ［美］彼得·辛格. 动物解放. 祖述宪，译. 山东：青岛出版社，2006：9.

动物身上；带来痛苦的行为，就是不道德的行为，不管痛苦的承受者是人还是动物。因此，在计算人类和非人动物的苦乐时，我们应当把平等地、不偏不倚地关心所有利益相关者的苦乐利益，而不能所有偏私。

那么，动物解放理论如何应对不同物种之间的利益冲突，特别是人类利益与非人动物之间的利益冲突呢？辛格认为，在解决物种之间的利益冲突时，要考虑两个因素，一是发生冲突的利益的重要程度（是基本还是非基本的）；二是利益冲突各方的心理复杂程度。基于这两个因素的种际正义原则就是：一个动物的基本利益优先于另一动物的非基本利益，心理较为复杂的动物的利益优先于心理较为简单的动物的类似利益。例如，在不得不做出选择时，我们会优先选择挽救人的生命，而不是动物的生命；这种优先选择是根据正常人具有比动物更为复杂的自我意识、抽象思考、计划未来和进行复杂交流的能力。但是，如果一个人不具有正常人的能力，那么或许相反的选择才是对的。① 可见，虽然辛格主张平等地对待所有动物的利益，但是鉴于不同物种在苦乐感受能力上是不同的，辛格并不主张所有生命都具有同样的价值，而是认为我们应该根据它们感受性的不同而有区别地对待它们。

（二）动物解放和素食主义

既然从苦乐感受能力来看，动物与人在道德上是平等的，人类并没有奴役、压迫和利用其他动物的道德理由。因此，辛格主张，人们有道德义务废除那些给动物带来痛苦，或使动物遭受折磨的习惯作法，如动物实验和商业养殖行为，并倡导人们做素食主义者，从而实现动物解放。

许多动物实验的辩护者主张，人类进行动物实验之所以具有道德合理性，其根据在于它是为了人类的利益。辛格从两方面对这种观点进行了驳斥。一方面，根据所有动物一律平等的原则，人类利益并不是动物实验道德合理性的有效辩护。因为有些人类利益并不是基本的，而实验动物的利益却是根本的。另一方面，许多动物实验根本是不必要的，完全可以有其他替代方案。总之，在辛格看来，动物实验是一种典型的物种歧视，它剥夺了实验动物的权利。这种实验除了给许多实验动物造成了极大的痛苦外，既不能给人类带来好处，也不能提供真正重要的知识，其结果毫无意义。

辛格也反对工厂化养殖。为了满足人们的食肉欲望和获得更多的商业利益，现代养殖业通常都采用工厂化养殖，即对鸡、猪和牛等动物进行密集圈养。在现代的养殖场里，这些动物除了吃食、睡觉、站立和躺下以外，不能再有任何其他活动。在辛格看来，这种将动物加以监禁约束，不让它们表现正常的行为模式是残忍和不道德的，都是人类为了自己的利益而人为地对动物制造痛苦，如对猪进行去尾、对牛进行去角、烙号和阉割，让它们在惊恐和痛苦中被屠杀等。鉴于此，辛格尝试提出一种较少制造痛苦又能减少环境成本却增加食物产出的途径——做素食主义者。他认为，无论在实践上还是在心理上，一个人既关心非人类动物，又继续在餐桌上吃它们，二者是不可调和的。因此，素食不仅是人们联合起来抵制现代化养殖场产品的一种形式，也

---

① ［美］彼得·辛格. 动物解放. 祖述宪，译. 山东：青岛出版社，2006：20 - 21.

是支撑人类为动物的利益所做的全部活动的基础，是结束非人类动物遭受屠杀和痛苦的必要步骤。有人担心素食会导致人们营养不良的问题，辛格用大量事例表明，素食不仅不会导致人们营养不良，甚至还会使人们比吃荤时更有精神、更健康而且更有热情等。

虽然辛格认为人应当承担不伤害动物的义务，但他并没有从动物权利的角度来论证自己的观点，对动物权利进行详细论证的哲学家是汤姆·雷根。

二、汤姆·雷根的动物权利论

汤姆·雷根指出，他之所以主张动物权利论，是为了一个激进的、甚至是极端的目的——废除主义，即"它的目标不是去改革动物被剥削的方式，使得我们对动物的所作所为更为仁慈，而是要废除对动物的剥削，是要终止这种剥削。完全彻底的终止。更具体地说，这个事业的目标包括：完全废除商业性的动物农业，完全废除皮毛工业，完全废除科学对动物的利用。"[①]为了实现这种废除主义的极端目标，雷根首先揭露了人类对动物的残酷剥削，然后分析批判了处理人和非人动物的关系的伦理学理论，并在此基础上提出了自己的天赋价值和动物权利理论，最后依据动物权利理论提出了素食主义、反对狩猎和动物实验等主张。在这些理论中，他的天赋价值论和动物权利学说无疑是最为引人注目的。

（一）天赋价值

雷根认为，要想证明动物具有权利，就必须首先证明动物具有天赋价值。所谓天赋价值（inherent value，也被译为固有价值），是指个体道德主体本身所具有的独立的价值。这种价值首先不同于工具价值，即由于某一道德主体相对于其他道德主体具有某种有用性而被赋予的价值，天赋价值不关注这种外在的有用性，它是道德主体自身具有的价值。天赋价值也不是由于道德主体的某些内在体验或特质得到满足而被赋予的。例如快乐满足程度的大小，理性能力的大小，并不决定天赋价值的大小，道德主体具有天赋价值，并不是因为道德主体是这些体验或特质的载体，而是因为道德主体本身。

那么随之而来的问题就是，哪些存在者才是具有天赋价值的道德主体呢？雷根认为，判断是否具有天赋价值的标准就是这些道德主体是否是"生活主体"。生活主体是这样的主体：

它们不仅仅是这个世界上的生活的主体；它们还能够意识到这个世界——意识到那些发生在"内心世界"中的事情，即感觉、信念、愿望领域里的事情。作为这种生活的主体，它们不仅仅是一个有生命的存在物，也不同于活着和死去的植物；生活主体是它们的生活的体验中心，是这样一些个体，它们能够过某种对它们自己来说是或好或坏（这种好坏它们完全能够体验到）的生活；从逻辑上说，这种生活独立于他人对它

---

①　汤姆·雷根，卡尔·科亨. 动物权利论争. 杨通进，江娅，译. 北京：中国政法大学出版社，2005：3.

们的评价。①

可见，"生活主体"包含三层含义：第一，生活主体是有生命的存在物；第二，生活主体是能够意识到生活好坏的存在物；第三，生活主体的生活无涉于他人的评价。雷根认为，动物(至少是哺乳动物和鸟类)都符合这种标准，它们都是生活主体，都具有天赋价值。因此，人们必须摆脱只有人才具有天赋价值的物种歧视主义偏见，把道德关切的领域扩大到非人动物界。

既然动物具有天赋价值，那么不同种类的动物作为生活主体，其天赋价值是程度上各有不同还是平等具有这种价值呢？雷根选择的是后者，他认为只要生活主体具有天赋价值，那么这种天赋价值就是平等的，"要么拥有它，要么没有，不存在中间状态"。②雷根认为，只有这样才能避免精英主义和物种歧视主义。

(二)动物权利

既然不同物种的动物作为生活主体具有平等的天赋价值，那么从中我们可以得出一个重要的道德原则，即尊重原则，它要求我们应该以尊重其天赋价值的方式对待具有天赋价值的个体存在者。既然人类和其他非人动物都具有天赋价值，那么尊重的对象就并非像康德所说的那样，只针对作为有理性存在者的人，而是包含人在内的所有动物。雷根把有理性能力，能够借助道德原则进行思考并行动的存在者称为道德行为者(moral agent)，把缺乏这种能力的存在者称为道德病人(moral patient)。前者主要是指具有道德行为能力的正常的人，而后者指的是人类中的婴幼儿、精神有缺陷的成年人以及其他非人动物等。雷根认为，尊重原则把道德行为者和道德病人包含在内，体现了正义的平等主义的、而非完善主义的特征，"该原则不只是适用于我们对待某些具备固有价值(即天赋价值——引者注)的个体(比如具备艺术或智力特长的人)，它命令我们以尊重其固有价值的方式对待所有具备天赋价值的个体，因此要求尊重对待所有满足生命主体标准的个体。"③总之，尊重原则要求人们不能把道德主体当作是某些价值的容器，而其本身却没有任何价值的东西来对待，而是把道德主体当作具有天赋价值的主体来对待。

从尊重原则可以引出权利和义务的概念。一方面，尊重原则要求人们作为道德行为者，承担如下义务，即不仅不去伤害具有天赋价值的存在者，还要去帮助那些受到这样伤害的存在者。另一方面，与义务相对应，所有具有天赋价值的存在者，包括道德行为者和道德病人，都拥有两项权利，即不被伤害和获得帮助的权利。雷根把自己对动物权利的逻辑论证浓缩为10条命题，其中前8条都是在批判各种否认动物权利的观点，而最后两条则根据天赋价值理论正面论证了动物具有权利的主张：第9条，由于具有天赋价值的人所共享的有关的相似性是，我们是生活的主体(在前面理解的意义上)；由于那些与我们有关的非人类动物在这一点上与我们相似，即它们也是生

① 汤姆·雷根，卡尔·科亨. 动物权利论争. 杨通进，江娅，译. 北京：中国政法大学出版社，2005：140.

② 汤姆·雷根. 动物权利研究. 李曦，译. 北京：北京大学出版社，2010：203.

③ 汤姆·雷根. 动物权利研究. 李曦，译. 北京：北京大学出版社，2010：209.

活主体；由于对具有相关类似性的事情应当作出类似的评价，因而这些非人类动物也拥有天赋价值。第 10 条，由于所有拥有天赋价值的存在物都拥有获得尊重的平等权利，因而，所有拥有天赋价值的人和所有拥有天赋价值的动物都拥有获得尊重对待的平等权利。①

很明显，动物权利理论认为所有动物作为道德行为者或者道德病人都具有权利，但只有作为道德行为者的人能够承担义务。这种权利义务观不同于传统的权利义务对等原则，因而遭到了很对人的反对。比如，虽然非人动物拥有得到人类尊重的权利，但是它们却不会尊重人类的权利。雷根认为，只有道德行为者，即正常的有理性的人才具有义务，非人动物作为道德病人，不具有道德行为能力，因此，你不能要求它们有尊重人和其他种类非人动物的义务。由于对非人动物来说不存在道德义务，因此，狼攻击人或者羊，它并没有侵犯人或羊的权利。但是如果作为道德行为者的人攻击了狼或者羊，那么人就违反了尊重的义务。雷根认为，我们在这里不能要求互惠性原则，正如我们不会要求在我们有义务尊重孩童之前，孩童必须首先尊重我们的权利一样。

这里还有一种被称为"救生艇"情形的道德困境，即当人类与非人动物共同遭遇生命危险，并且救生艇只能在人和非人动物之间进行非此即彼的选择时，该如何选择呢？如果选择放弃非人动物，是否是对它们权利的侵犯呢？雷根认为，非人动物不受伤害的权利只是一种初始权利，而非绝对权利，在某些情况下这种权利是可以被压制的。就救生艇来说，虽然救生艇上面的人和其他非人个体都具有天赋价值，也具有平等的、不受伤害的初始权利。但是，任何有理性的人都会同意，虽然其他动物的死亡也是伤害，但这个伤害与任何人类遭受的伤害都无法比拟。不受伤害的平等初始权利，要求人们不能对不平等的伤害做出平等的考虑。雷根进一步解释说，选择救人，不是出于人优先于非人动物的物种主义的考虑，而是基于对每一个体所面临的损失的平等评估。

第四节　保罗·泰勒的尊重自然的生物中心论

与彼得·辛格从功利主义角度论证人对自然尤其是对动物的义务不同，保罗·泰勒（Paul Warren Taylor）试图从义务论的角度建立一种以"尊重自然"为核心的环境伦理学理论体系。在其名著《尊重自然：一种环境伦理学理论》中，泰勒明确指出，他要为之辩护的"尊重自然"的环境伦理学体系由三个相互支撑的组成部分：一个道德行为者如何对待自然的终极道德态度，一种构成了有关自然秩序和人类在自然中的位置的哲学世界观的信念系统，以及一套约束道德行为者应该如何对待自然生态系统的标准和规则。②

---

① 汤姆·雷根，卡尔·科亨. 动物权利论争. 杨通进，江娅，译. 北京：中国政法大学出版社，2005：145.

② ［美］保罗·沃伦·泰勒. 尊重自然：一种环境伦理学理论. 雷毅，等译. 北京：首都师范大学出版社，2010：26－28.

一、"尊重自然"的终极道德态度

泰勒把自己的环境伦理学体系概括为"尊重自然"的伦理学理论。这里人们必然要追问的就是，什么是尊重自然呢，人们为什么要尊重自然呢，或者说自然有哪些特征值得人们去尊重它呢？泰勒对这些问题都做了详尽的回答。

泰勒首先指出，所谓尊重自然的伦理态度，"就是把地球自然生态系统中的野生动植物视为拥有固有价值"。① 他接下来就解释了什么是"固有价值"，以及为什么野生动植物都具有固有价值。泰勒认为，固有价值（Inherent worth）不同于工具价值和天赋价值，后面二者都是人类赋予某个存在物的价值，而固有价值是独立于这类评价的。泰勒说道，当说实体 X 拥有固有价值，也就是说：X 的善得到实现的状态好于 X 的善得不到实现（或未得到同等程度的实现）的状态，而且，这种好坏的比较，既独立于人这一评价者（从内在性或工具性的角度）对 X 所做的评价，又独立于 X 在事实上是否促进了有意识的存在物的目的，或是否有助于其他存在物（无论是人还是人之外的其他存在物，也无论是有意识的还是无意识的）善的实现。②

可见，说某物 X 具有固有价值，就是说 X 具有自身的善，这种善是否得到促进对 X 本身至关重要，但与它是否促进人或其他事物的善无关。例如，对于一只蝴蝶来说，它有自己正常的生命周期，在有利的条件下它能得到健康成长，我们就说这有利的条件促进了它自身的善；反之，如果它生长的环境遭到破坏，其成长就受到损害，我们就说它自身的善受到了损害，在这两种情况下，蝴蝶的固有价值或自身善都与它是否促进了其他存在者的善无关。

泰勒接着指出，与蝴蝶一样，自然界中有生命的动植物都具有这种固有价值，而无机物则没有这种固有价值，因为人们可以说动植物都有生长和繁荣的善或福利，但说砂石或机器也有生长和繁荣的善或福利是荒谬的，它们的价值只能是工具性的，是实现动植物或人的目的的手段。

既然自然界的动植物拥有固有价值，那么人们就应当尊重这些价值，进而尊重自然。这种尊重是出于对野生生物的善的考虑和关怀而采取的行动或者不行动，而不同于为了人类利益的行动或不行动，后者是一种人类中心主义的态度，而前者是"生物中心主义"的道德态度。尊重自然的伦理态度要求人们在评价维度上把自然生态系统中的生物视为有固有价值的存在者，在意动维度上要有不仅不破坏，还力图保护野生生物生存的自然状况和自然秩序的意图，在实际维度上要做或者不做影响生物自身善的实际行为，在情感维度上要对维持或伤害地球野生生命共同体的事情感到愉快或者不快的情感。

泰勒甚至指出，尊重自然的态度不仅是一种道德态度，而且是一种终极态度。它作为一种最高水平的态度，"制定了最终的标准来判断哪些影响自然界的行为正当或

---

① ［美］保罗·沃伦·泰勒. 尊重自然：一种环境伦理学理论. 雷毅，等译. 北京：首都师范大学出版社，2010：44.
② ［美］保罗·沃伦·泰勒. 尊重自然：一种环境伦理学理论. 雷毅，等译. 北京：首都师范大学出版社，2010：46.

不正当的理由是否是好的理由。同时，它也是一个人所有具体态度的基础，这些态度就是以各种方式赞成或反对人类对待地球自然生态系统中的生物"。① 也就是说，作为终极的道德态度，是评判各种派生的道德态度的标准。在这层意义上，尊重自然的终极态度并全然否认对待自然的科学的、审美的、享乐的或开发的态度，这些态度作为派生的态度，只要不与尊重自然的终极态度相冲突，就具有其合理性。

二、"生物中心主义"的信念系统

泰勒指出，要使人类作为道德行为者尊重自然并承担保护自然的义务，还需要他们接受一种根本信念系统作为基础。因此，在其环境伦理学体系的第二部分，他把这种基本信念系统看作是一种"生物中心主义的自然观"，并认为它为人们理解和采取尊重自然的态度提供了合理基础。

那么，什么是"生物中心主义的自然观"呢？泰勒认为它至少包含如下四点：

第一，人类与其他生物一样，都是地球生命共同体中的一员。

第二，人类与其他物种一起，构成了一个相互依赖的系统，每个生物的生存和福利的好坏不仅取决于其环境的物理条件，也取决于它与其他生物的关系。

第三，所有生物都把生命作为目的的中心，因此，每个都是以自身方式追求自身善的独特的个体。

第四，人类并非天生地优于其他生物。②

很明显，这种"生物中心主义"立场是与"人类中心主义"立场相对立的，它并不把人类自身的利益看作是人与自然关系的基础，而是把人类看作地球生命共同体中的一员，甚至认为人类不优于其他生物。但是，这种"生物中心主义"的立场也不同于利奥波德和考利科特等人从生态系统的整体出发而提出的"生态中心论"，它认为无生命物体如石头、冰雪、空气和水火等并不属于"能够得到正确或错误对待和道德代理人能够对其负有责任和义务"③的道德主体，而一切有生命的存在者都是整个地球生命共同体的平等成员。

泰勒不满足于仅仅提出"生物中心主义自然观"的主张，他还对这种立场的适当性进行了详细的论证。他的论证分为两个步骤。第一步，泰勒试图证明，生物中心主义自然观作为一个整体考虑，与判断哲学世界观的可接受的公认标准是一致的，例如它们都强调综合性和完整性，系统的秩序性、一致性和内部的一贯性，不模糊、概念不混淆和语义不空洞，与所有已知的经验真理的一致性等。④ 这些一致性表明，生物中心主义自然观与人们的传统信念并不矛盾，它能够理所当然地为道德行为者所接受从

---

① ［美］保罗·沃伦·泰勒. 尊重自然：一种环境伦理学理论. 雷毅，等译. 北京：首都师范大学出版社，2010：60.

② ［美］保罗·沃伦·泰勒. 尊重自然：一种环境伦理学理论. 雷毅，等译. 北京：首都师范大学出版社，2010：62－63.

③ ［美］保罗·沃伦·泰勒. 尊重自然：一种环境伦理学理论. 雷毅，等译. 北京：首都师范大学出版社，2010：9.

④ ［美］保罗·沃伦·泰勒. 尊重自然：一种环境伦理学理论. 雷毅，等译. 北京：首都师范大学出版社，2010：101－102.

而成为他们的世界观信念。第二步，泰勒试图从道德行为者的角度，来证明人们接受生物中心主义自然观是正当的。他指出，一个理性的道德行为者必定会按照内部逻辑一致的信念体系去评价一种信念体系，而第一步骤所提出的那些标准，如综合性、一致性、系统性、内部连贯性和不模糊性等，也正好是一个合格评价者所需要使用的标准，否则他就是在做不理智的或不合逻辑的判断。通过上述两步，泰勒说道："我的结论是，完全能够胜任评价世界观的评价者肯定会使用所列举的公认的标准。如果是这样的话，那么，我们就有了确凿的证据证明把生物中心主义自然观作为认识我们这个星球上的生命领域和自然领域的世界观是正当的，因为我们已经看到生物中心主义自然观确实在很大程度上符合我们所说的标准。"①泰勒最后指出，一个以生物中心主义的自然观为基本信念的人，在看待人和自然的关系这一问题上，必定会采取尊重自然的态度。

三、义务规则和德性品质

泰勒指出，一种完善的环境伦理学体系不仅要有正确的自然观和合理的道德态度，同时还需要有一套正当的行为标准或规则体系来规范人们的行为。因此，在讨论了"尊重自然"的道德态度和"生物中心主义"的自然观之后，泰勒尝试在其基础上提出指导人们具体行为的一系列规则和美德标准。

泰勒提出了人们对待自然的四条义务规则，它们分别是不伤害规则、不干涉规则、忠诚规则和报偿正义规则。所谓"不伤害规则"，指的是这样一种义务："不伤害自然环境中拥有自身善的任何实体。这种义务包括：不杀害生物，不毁灭物种种群和生物共同体，以及避免任何严重损害生物、物种种群和生物共同体的行为。"②不伤害规则是一个消极的或者否定性的规则，它只是禁止人们做出伤害或者毁坏自然生物的行为，并不要求人们对它们采取任何积极行动。"不干涉规则"也是消极义务，它包含两个方面：一方面要求人们不要限制生物个体的自由，另一方面要求人们还要不干涉对整个生态系统和生物共同体，充分尊重自然秩序的充分性和完整性。"忠诚规则"仅仅适用于与个体动物相关的行为，它要求人们不要打破野生动物对人们的信任，不要欺骗或误导任何能够被我们欺骗或误导的动物，维护动物在我们过去对其的行为基础上形成的期望，要有会使动物对我们产生信赖的真诚意图等。③ 泰勒指出，人们通常在狩猎、诱捕和钓鱼活动中采用欺骗的手段，从而违背了忠诚原则。"补偿正义规则"要求人们履行这样的义务：即当个体生物或生态系统受到人类行为的伤害时，人类有义务重新恢复人类与它们之间的正义平衡关系。例如，伐木工人在伐木的同时也不断地在相关地域植树，这就符合补偿正义规则。

---

① [美]保罗·沃伦·泰勒. 尊重自然：一种环境伦理学理论. 雷毅，等译. 北京：首都师范大学出版社，2010：106.

② [美]保罗·沃伦·泰勒. 尊重自然：一种环境伦理学理论. 雷毅，等译. 北京：首都师范大学出版社，2010：110.

③ [美]保罗·沃伦·泰勒. 尊重自然：一种环境伦理学理论. 雷毅，等译. 北京：首都师范大学出版社，2010：114.

在分别讨论了这四个义务规则之后，泰勒又讨论了它们之间的关系。他指出，与尊重自然的态度最一致的优先原则是：不伤害义务优先于忠诚义务和补偿正义义务。很明显，不伤害义务都消极的禁令性义务，也是底线义务，是人们几乎完全可以遵守的，而且它本身就要求人们不干涉生物，还要对它们忠诚和正义。

泰勒指出，尊重自然的环境伦理学体系不仅要求人们在行为上遵守上述义务规则，还要求人们具有良好的道德品质或美德。在他看来，与尊重自然相联系的美德既有一般美德，也有特殊美德。一般美德包括良知、正直、耐心、勇气、节制、无私、毅力和忠于义务的"道德力量"，和仁慈、怜悯、同情和关怀的"道德关怀"。特殊美德包括尊重、不偏不倚、公正、公平等等。泰勒甚至把这些美德看作是人们的道德义务，因为它是正确的行为所需要的。因此，美德和上述四个义务规则也是密不可分的，有德性的行为者总是会按照上述义务规则去行动，而按照上述义务规则的行为者也必然是有德性者。

本章小结

本章讨论了西方生态伦理学在 20 世纪 90 年代初至 21 世纪的深入发展。第一节介绍了 1992 年联合国环境与发展会议通过的《里约环境与发展宣言》《21 世纪议程》《气候变化框架公约》《保护生物多样性公约》等文件，指出全球治理的环境与发展问题已经真正走上日程。第二节介绍了诺顿和卡特尔的环境治理理论，其中诺顿不仅主张一种弱化的人类中心主义，还强调所有环境主义者都应当走到一起，为共同的环境政策目标而行动；而卡特尔则主张把人与自然的关系，甚至人与人以及人与社会的关系问题，都纳入到环境政治学的考察之中。两人都认为，环境治理不仅需要环境伦理学理论建设，更需要保护环境的政策和实践，需要所有环境主义者，各种环境运动团体乃至政府组织的参与和合作。第三节介绍了动物保护运动过程中产生的两种重要理论，即辛格的动物解放论和雷根的动物权利论，辛格提出了所有动物一律平等，人类有义务减少对非人类动物的破坏的主张；而雷根则认为，非人类动物也与人一样，具有不应遭受痛苦的道德权利，人类应当扩展自己的道德视界，把道德思考的范围从人自身延伸至非人类动物。第四节讨论了泰勒的环境伦理学思想，他倡导人们具有"尊重自然"的终极道德态度和"生物中心主义"的道德信念，并养成保护环境的生态德性。总之，这一时期的西方生态伦理学不仅在理论上有进一步的深入和拓展，而且对全球范围内风起云涌的环境保护和治理提供了有力支持。

【思考题】

1. 1992 年在巴西里约热内卢召开的联合国环境与发展会议产生了哪些重要文件？这次会议具有什么重要意义？

2. 诺顿是如何论证一种"弱人类中心主义"的？它与"人类中心主义"和"非人类中心主义"分别有什么区别？

3. 卡特尔是如何理解"环境政治学"的？它涉及哪些重要问题？

4. 在辛格那里，"动物解放"意味着什么？他是如何论证"一切动物一律平等"的？他又是如何论证素食主义的合理性的?

5. 雷根是如何理解"天赋价值"的? 他又是如何论证"动物权利"的?

6. 在泰勒那里,"尊重自然"的理由是什么? 它主张的"生物中心论"与"人类中心论"的区别是什么?

【参考文献】

保罗·沃伦·泰勒. 尊重自然:一种环境伦理学理论[M]. 雷毅,等译. 北京:首都师范大学出版社,2010.

彼得·辛格. 动物解放[M]. 祖述宪,译. 山东:青岛出版社,2006.

国家环保总局生物安全管理办公室. 我国与履行《生物多样性公约》相关的国际合作[J]. 环境保护,2006(7)B:32-36.

环境保护部国际合作司. 保护人类赖以生存的生命系统——《生物多样性公约》回顾与展望[M]. 北京:科学出版社,2011.

倪桂荣.《生物多样性公约》的回顾与前瞻[J]. 上海大学学报(社会科学版),2012(11):1-12.

汤姆·雷根,卡尔·科亨. 动物权利论争[M]. 杨通进,江娅,译. 北京:中国政法大学出版社,2005.

汤姆·雷根. 动物权利研究[M]. 李曦,译. 北京:北京大学出版社,2010.

徐再荣. 1992年联合国环境与发展大会评析[J]. 史学月刊,2006(6):62-68.

杨通进. 环境伦理:全球话语 中国视野[M]. 重庆:重庆出版集团,2007.

BRYAN G. Norton. Toward Unity among Environmentalists[M]. New York:Oxford University Press,1991.

CARTER N. The Politics of the Environment:ideas[M]. Activism. Policy. 2nd. New York:Cambridge University Press,2007.

HONDERICH T. The Oxford Companion to philosophy[M]. New York:Oxford University press,2005.

第八章

西方生态伦理学的拓展：
从深生态学到社会正义

本章提要：20 世纪中下叶，西方环境运动由关注具体的环境事件或问题转移到了关注价值观、社会制度乃至宗教伦理等更深层次因素，环境运动推动着生态伦理不断向纵深拓展。深生态学是生态伦理思想中向价值观这一维度深度探讨的典型代表。社会生态学、生态社会主义和生态女性主义则是向社会制度维度挖掘的典型代表。与传统的生态运动相比，深生态学、社会生态学、生态社会主义和生态女性主义这些思潮，重视的是社会与生态之间更为深刻的内在关联，这些思潮更多地体现出了对生态学、社会责任感、基层民主、非暴力和女权主义的重视和追求，而其核心，则在于对"权力"与"生态"问题的持续关注。

近代工业文明不但创造了巨大的生产力，也呈现出了对自然巨大的破坏力。从 20 世纪中叶开始，工业化发展过程中的气候异常、臭氧层空洞、酸雨、资源枯竭、核竞赛和有毒物排放等生态问题不断突显，频发的环境恶性事件（如日本的水俣病事件、富士山痛痛病事件、美国的黑风暴事件以及洛杉矶光化学烟雾事件等）对民众生活造成的影响日益严重。20 世纪下半叶，环境问题与社会的可持续发展问题已被视为人类面临的最富挑战性的难题之一。

随着公众环境意识的日益觉醒，西方工业国家的生态运动蓬勃兴起。"生态入侵者"（Eco-raiders）、"破坏者"（Monkey-Wrentchers）、"地球第一"（Earth First!）、"绿色和平"（Greenpeace）、"地球之友"（Friends of the Earth）、"海洋守护者协会"（Sea Sheperds Conservation Society）等环境团体积极开展运动以期解决各种具体的环境问题。随着环境运动的深入推进，环境抗议运动逐步与反战、反核和平运动、民权运动以及妇女解放运动逐步融合。一批具有生态意识的科学家、和平主义者、种族主义者、性别主义者、社会主义者、无政府主义者乃至后现代主义者，以生态关切为纽带，共同聚集在生态运动的旗帜下。

在生态运动蓬勃发展的同时，西方理论界围绕环境问题成因涌现了形形色色的理论学说。生态学者康芒纳（Barry Commoner）曾经归纳过有关环境问题根源分析的各种学说，包括人口说、需求说、进取意识说、教育说、利润说、宗教说、技术说以及社会制度说等等。这些学说都试图提供分析问题的视角和解决问题的路径，虽然各派结论不同，但他们的共识是——表现为人与自然之间矛盾的生态问题，实际上有着更深层的社会和历史根源。自此，从环境问题的悲观派与乐观派之争、自然的保全派与保存派之争、生态阵营中深绿派与浅绿派之争，到绿色绿党与红色绿党之争，乃至激进生态阵营内部的争论，围绕环境问题的诊断性与救治性的理论探索就从未停止过，且随着这些争论的扩大，讨论问题的深度逐步向社会纵深发展——由对人类价值观的反思逐步转向了思考更深的社会层面，生态批判的矛头亦由对历史和价值观的批判深入到了对社会制度的批判，更加深入地探究人类政治、经济和社会生活、乃至性别差异对自然的影响，并探寻与之相适应的政治组织形式。

第一节　奈斯与深生态学

挪威深生态学学者奈斯（Arne Naess，中文亦译为纳斯，1912—2009），出生于挪威奥斯陆附近的斯勒姆达鲁，1933 年毕业于挪威奥斯陆大学，之后游学于巴黎、维也纳。"深生态学"一词（The Deep Ecology，中文亦译为"深层生态学"）是奈斯提出的概念。奈斯的深生态学建立在生态学整体主义思想基础上，他认为，正是生态学知识和生态领域工作者的生活方式提示、鼓励和增强了深生态学运动的观点。

1972 年，奈斯在名为《浅的与深的、长远的生态学运动》演讲中将日益严重的环境问题归因于人类中心主义的价值观，将局限于人类本位的环境、资源保护运动称为"浅层生态运动"（The Shallow Ecology Movement），并对建立在"人类中心主义"基础上的浅生态学展开了批判。并在批判浅生态学的基础上，阐发了深生态学的基本观点和价值观念，试图通过激进的生态价值观的重塑来扭转生态危机。

一、深生态学对浅生态学的批判

在奈斯看来，浅生态学关心的是环境问题的"症候"，深生态学关注的是环境问题的"根源"。浅生态学在根本上是人类中心主义的，一切以人类的利益为出发点和关注点。与之相对，深生态学则是非人类中心主义和整体主义的，关心的是整个自然界的福祉。浅生态学是在现有社会基本结构、生产模式和消费模式下，依靠改良主义的调整和技术进步来改变环境现状，其目标也是追求人与自然之间的和谐，但浅生态学运动解决环境问题的方案通常是技术主义的，在浅生态学的观念中，依靠科技创新或者经济和政策方案的调整，在不触动人类伦理价值观念、生产与消费模式、社会政治、经济结构的前提下，单纯依靠改进技术的方式来解决人类面临的生态环境危机。也就是说，浅生态学追求的人与自然之间的和谐，往往是以新技术的发展为核心的——或者是通过技术将人类对自然的破坏最小化，或者运用技术手段对环境破坏进行修复。深生态学认为，浅生态学改良主义的环境运动对于环境问题的解决是无望的。

二、深生态学的主要观点

深生态学以互相关联的全方位思想思考人类在地球上的位置。在深生态学看来，生态系统中的生物之间、生物与环境之间从未间断地进行着复杂而有序的物质、信息和能量的交换，构成了一个动态平衡的有机统一体。没有万物之间的联系，有机体不能生存。而任何有机体又都是生物圈网络中的一个点，大家都是彼此相连，互相平等的。深生态学坚持生物圈的平等原则——任何生命形式，在生存与发展上权利平等，反对等级的态度，坚持"多样性和共生原则"，坚信"生存并让他人生存"(Live and let live)是比"要么你活，要么我活"(Either you or me)更为重要的生态学原则。基于生物圈的平等原则，深生态学主张"区域自治和分散化"原则。

深生态学认为，人类面临的生态危机在本质上是文化危机，其根源在于人类的价值观念、行为方式、社会政治、经济和文化机制的不合理方面，人类必须确立保证人与自然和谐相处的新的文化价值观念、消费模式、生活方式和社会政治机制，才能从根本上克服生态危机。而深生态学的宗旨是批判和反思现代工业社会在人与自然关系上的种种失误及其背后的深层根源，目的是寻求人类生活的真正价值以及现代社会的合理构建①，从人类精神史的深层视角出发关注人类何去何从。

深生态学理论主要由"最高前提""生态智慧"以及"八大基本原则"三部分组成。

(一)最高前提

深生态学的发展建立在生态学发展的基础上，尤其是建立在生态学整体主义思想基础上。深生态学的"最高前提"指的就是深生态学秉持的建立在现代生态学基础之上的整体主义的世界观。这种整体主义的世界观认为，人不是与自然相分离的存在，而

---

① 雷毅．深层生态学：一种激进的环境主义．自然辩证法研究，1999(2)：51－55.

是自然的一部分，包括人类在内的所有存在物的性质，是由它与其他存在物以及自然整体的关系所决定的。

(二) 两个终极规范

"自我实现"和"生态中心的平等主义"是深生态学的两个终极规范。奈斯指出，当人类体认到自然的整一性与个体的关系性时，便通过"自我实现"(Self – realization)具备了"生态智慧"(Ecosophy T)，领悟到"生态中心的平等"(biocentric equality)或"生物圈平等主义"(biospherical egalitarianism)。深生态学反对主流哲学将主体与客体、主观性与客观性对立起来的二元论传统，主张个体通过生态直觉，在认知上达到与生态系统的"一体化"。

受东方宗教和哲学影响较深的深生态学相信人的直觉在"自我实现"中的重要作用，相信人类借助于神秘主义的直觉和顿悟可以超脱狭隘的人类中心主义价值观，相信人类可以为了生态整体利益限制人口增长并改变破坏性的经济增长方式。深生态主义者福克斯认为，世界并不是分为各自独立的主体与客体，人类世界与非人类世界之间实际上并不存在任何分界线，若看到了界线，则说明还没有具备深生态学意识。

1. 第一个终极规范——自我实现

"自我实现"就是人类从个体"自我"(ego)到社会"自我"(self)，再由社会"自我"(self)到形而上的"大自我"(Self)的认知过程，这个"自我"(Self)不是传统意义上的"自我"(ego, self)，而是"深广的生态自我"。这种"大自我"，或"生态的自我"，才是人类真正的自我。这种自我是在人与生态环境的交互关系中实现的。

人类自我实现的过程是人类精神对非人存在物乃至自然整体的认同过程，也即是人类精神向非人类存在物以至自然整体认同的过程。在自我实现中，人不再是孤立的个体，而是无所不在的关系物；自然也不再是与人分离的僵死的客体，而是"扩展的自我"。因此，自我实现不只是某个个体的自我完成，同时也是所有事物的潜能的实现，奈斯以"最大化共生""最大化多样性""生存并让他人生存"来形容。

2. 第二个终极规范——生态中心的平等主义

生态系统中物种的丰富性与多样性是生态系统稳定性和健康发展的基础。人们会在"自我实现"的过程中领悟到，从整个生态系统的稳定与发展来看，一切生命形式都有其内在目的性，它们在生态系统中具有平等的地位，都有"生存和繁荣的平等权利。"其他生物与人类一样，是生态整体中相互关联着的、具有内在价值的成员；非人生物及其栖息地，不论其对人类有用与否，都应因其自身的价值而受到尊重，这便是"生态中心的平等"的含义所在。奈斯将这种生态中心的平等看作是"生物圈民主的精髓。"生态中心的平等是以一种超越我们狭隘的当代文化假设、价值观念和我们时空的俗常智慧来审视后得到的直觉，无需依靠逻辑证明。

而当生态中心主义的平等在实践上展开的时候，人类面临着生存与发展的需要与保护生态环境的需要会出现矛盾。对此，奈斯指出，首先把人类的"生死攸关的需要"

（vital needs）、"基本的需要"与"边缘的、过分的、无关紧要的"需要区别开来，"如果人类的非基本需要与非人类存在的基本需要发生冲突，那么，人类的需要就应放在后位"。奈斯甚至举例说，他也会杀死他孩子脸上的蚊子。

（三）深生态学的八大基本原则

深生态学的"纲领或原则"（platform or principles）即奈斯和乔治·塞申斯（George Sessions）在1984年提出的八项以"生命平等"为基础、同时具有广泛包容性的生态中心主义政治宣言，八大基本原则内容如下：

基本原则一：人类与非人类在地球上的生存与繁荣具有自身内在的、固有的价值。非人类的价值并不取决于他们对于满足人类期望的有用性。

基本原则二：生命形式的丰富性和多样性是有价值的，并有助于人们认识它们的价值。

基本原则三：人们除非为了满足生死攸关的需要，否则无权减弱这种生命的丰富性和多样性。

基本原则四：人类生活和文化的繁荣是与随之而来的人类人口的减少相一致的。非人类生活的繁荣要求这种减少。

基本原则五：目前人类对非人类世界的干涉是过分的，并且这种过度干涉的情形正在迅速恶化。

基本原则六：因此，政策必须改变。这些政策影响基本的经济、技术和意识形态的结构。事情变化的结果，将与现在的情形有深刻的区别。

基本原则七：这种观念的变化主要在于对"生活质量"（富于内在价值情形）的赞赏，而不是坚持追求一种不断提高着的更高要求的生活标准。人们将认识到"大"（big）与"棒"（great）的巨大差别。

基本原则八：同意上述观点的人们有责任直接地或间接地去努力完成这个根本性的转变。

三、深生态学的影响

深生态学的最高前提、两个"最高规范"和八个基本原则集中反映了深生态学理论的特点，即深生态学既是一种新的价值理念，也是一种环境保护运动的行动纲领。

深生态学否认传统形而上学把人类从自然界中分离出来并视"人类为万物之灵长"的观点，而是持有一种生态中心主义的价值观，试图以自然的整体性、有限性以及自然的价值来限制人类的自由与活动，以此谋求人类与自然的和谐共生。可以说，深生态学与爱默生、梭罗和缪尔等美国超验主义传统存在着千丝万缕的联系，其对荒野的热爱和保护仍带着保全主义的色彩。

西方主流哲学传统中的"自我"与"人类"，往往被理解为与自然隔绝的个体存在，而"深层生态学代表的是对西方主流哲学的根本转型。它认为，把个体看成是某种脱离各种关系之网的、彼此分离的实在，那就是打破了实在的连续性和完整性。人的自然(本性)与大自然密不可分。"①可以说，深生态学看到了西方思想史上及环境运动中仅重视自然工具价值的错误倾向，力图以生态中心原则矫正"人类中心主义"价值观念的偏颇，用自然的"内在价值"概念来与只考虑人类利益的狭隘视角相抗衡，并以自然的价值作为保护自然的伦理依据。因此，深生态学的出现被喻为西方思想史上"哲学范式的转换"，并发展成为支持众多社会运动用以捍卫周围自然环境免受政府和跨国商业进一步理性化损害的重要理论力量。

第二节　布克金与社会生态学

自 20 世纪环境问题出现后，理论界有关环境问题的原因分析与拯救方案就层出不穷，生物学、经济学、法学乃至神学等诸多领域都提出了相应的对策与解决方案。在生态社会的设想上，各学科亦存在着视角上的差异。美国左翼社会理论家默里·布克金(Murray Bookchin)从"自然"概念的分析入手，提出了"辩证的自然主义"社会自然观，并以其作为社会生态学的理论基础及批判其他生态思潮的武器。布克金的社会生态思想体系包括对资本主义反生态性质的批判；对等级制与环境问题关系的论证以及对生态社会的建构和规划等。

一、布克金对资本主义的批判

默里·布克金(1921—2006)，出生于纽约的俄罗斯犹太人后裔，生前是美国新泽西拉马波学院(Ramapo College)教授。布克金是 20 世纪左翼运动和生态运动中的激进革命派，生态思潮中社会生态学流派的重要代表人物。

20 世纪中叶，在《致生态运动的公开信》中，布克金批评了环境主义环境问题的工具性解决路径，指出，生态问题不能通过渐进性的改革或单一性的议题来解决，而应该被当作社会问题来理解，应向更深入的社会制度层面挖掘环境问题的社会制度成因。布克金认为，人类的社会组织形式与环境问题之间存在着密不可分的关联，生态危机源于等级制的资本主义统治结构。也就是说，在布克金看来，建立在"要么增长、要么死亡"基础上的资本主义社会必然会破坏生物圈，这源于资本主义的律令——不断的资本积累——必然会使社会沿着反生态的路径发展；很多试图在资本主义体系内"绿化"资本主义的路径对环境问题的解决亦是不彻底的。

布克金将反抗资本主义制度与对地球生态的关注结合起来，将迫在眉睫的环境危机视为瓦解资本主义体系内在逻辑的突破口，对于形态变化了的资本主义时代下左翼的任务进行了重新界定。布克金认为，若要变革这种不可持续的发展模式，必须走向对制度正义和社会公平的追求。布克金反对通过对"工业社会""技术"或"西方文明"的批评代替对资本主义的批评，因为这种批判，在他看来，无非是在呼唤更好版本的"资本主义"出现。另外，布克金将仅关注社会批判的理论称为"半截子工程"，因为这种仅关注社会批判的理论并没有提供解决问题的更为重要的"第二截"——生态社会

① 何怀宏. 生态伦理——精神资源与哲学基础. 河北：河北大学出版社，2002：508.

重建方案——的设想。布克金认为，若无社会方面的重建，所有的生态批判都是无意义的。

布克金不赞同生态中心论、自然权利论以及自然内在价值论等环境运动流派解决问题的思路，而是从激进左翼立场出发对生态社会进行了谋划，即通过自由社群的邦联架构实现权力的重新分配，建立以地方自治为基础、遵循生态学指导的、人与自然和谐共处的生态社会。生态优先、直接民主、互助合作和分散化是理想社会坚持的重要价值原则。

二、布克金眼中的生态学

生态学（Ecology）是研究生物体与其周围环境（包括非生物环境和生物环境）之间相互关系的科学。这是德国生物学家恩斯特·海克尔（Ernst Heinrich Haeckel）在1869年提出的概念。到了20世纪30年代，作为生物学分支的生态学已经发展成为一门具有特定研究对象、任务和方法的独立的学科。20个世纪，生态学的发展在自然科学领域和社会科学领域都产生了深远的影响。利奥波德在《沙乡年鉴》中对生态学的学科地位给予了高度评价。他指出，20世纪最杰出的科学发现不是电视或者收音机，而是生态学所发现的大地有机体的复杂性。人类学家谢帕德（Paul Shepard）将生态学称为"颠覆性的科学"。

布克金1964年在《生态学与革命》一文中，将生态学地位的探讨推向了深入，并提出了"社会生态学"这一全新观点。布克金认为，生态学不仅是"颠覆性的"，还是"革命性的"和"重建性的"。布克金指出，"几乎从文艺复兴以来的每个阶段，自然科学的激进进步与社会思想的提升之间都存在着密切的联系。"[1]在社会生态学看来，正如进化论引发了社会思潮上的革命，生态学亦能够发生同样的社会震撼作用。生态学的颠覆性体现在，它并不是从培根式精神及主旨中发展出来的科学，也即它并不是服务于世界的技术性改造的科学；生态学所具有的爆炸性含义，不仅在于它的社会批判性，亦在于它的社会重建性。因此，布克金开创性地将"生态学"引入社会批评领域，并将其与无政府主义传统结合起来，将生态批判与对现存社会秩序的批判有机结合起来，构成了独树一帜的社会生态批判理论；同时，布克金又将生态学原则作为他所构想的生态自治社会的指导原则，在其所构想的生态社会中发挥着重要作用。

首先，布克金将生态学作为批判等级制的武器。布克金指出，在自然界中，没有像等级制这样的制度系统能如此深远地影响人类社会。动物中所谓的"等级系统"与人类社会中的等级制有着根本性的不同，它并不是制度化的。经过历史性考察，布克金认为，正是人类等级制系统的确立，使得人类社会内部的关系以及人与自然的关系都出现了问题。因此，布克金得出结论：这种等级制系统本身是反生态的。

其次，布克金认为，在生态系统的脆弱性面前，人类整体的生态利益都受到了威胁，这使得受到环境威胁的人都有可能成为挑战资本主义的主体力量。也就是说，在生态问题日益凸显的情况下，资本主义的掘墓人并不是境遇悲惨化的无产阶级，而是

① Janet Biehl. The Murray Bookchin Reader. Cassell，1997：31.

在地球悲惨化下受危害的人类整体，尤其是处于资本主义链条末端的弱势地区和弱势人群。更为重要的是，环境问题的解决也必须以生态学法则为指导。可以说，资本主义矛盾的发展变化使得生态学的学科地位大大提升。

三、社会生态学的基本观点

"社会生态学"（Social Ecology）是布克金在 1964 年的《生态学与革命》一文中针对"自然生态学"提出的一个概念。布克金特别强调"社会"这一界定对于"社会生态学"所具有的重要意义。他认为，像一些普遍的指称，如"人类的""深层的"或者"文化的"之类的"生态学"，尽管也很有价值，但这些理论并没有明确指出我们的自然图景在多大程度上由我们生活的社会类型和社会生活依赖的恒久的自然基础所决定；社会由自然进化而来以及社会与自然之间持久的相互影响，往往没有出现在这些普遍的指称当中，它们也没有充分体现出既从"自然的"、也从"社会的"角度来界定经济学、心理学和社会学的重要性。在布克金看来，"在'生态'前加上'社会'一词——相比于更常被使用的'人类生态学'——意味着强调文明不能将社会分离于自然，也不能将精神与肉体分离。"①

布克金反复强调社会与自然之间的连续性，并认为，这种连续性基于相同的进化过程，而人类是自然进化过程中的最高形式，可以理解和参与自然进化，并可以选择、创造和变革社会的组织形式。而人类社会如何对待"第一自然"或者"生物进化"，则取决于他们所处社会的社会组织形式。总之，社会生态学强调人类社会组织形式对于人类对待自然态度的影响以及对于解释环境问题根源的重要性。但布克金并不认为所有的社会组织形式都会产生环境问题。社会生态学的任务就是发现怎样的社会组织类型能促成支持宰制大自然的意识形态并在特定社会背景下造成生态危机，而怎样的社会组织类型是与生态原则相一致的、且又不意味着回归原始主义。

社会生态学的理论基石是其社会自然观，其基本观点是：人类是在自然界中表现其自由、理性和伦理特点的，是作为自然之一部分走上历史舞台的；社会是自然进化的一部分；一个社会看待自然的方式直接来源于该社会成员看待他人的方式——当一个社会的社会成员视他人为统治和剥削的工具时，也必将自然视为剥削的对象和统治的目标。因此，人对自然的压迫归根结底来源于人对人的压迫。而自然界要摆脱人类的支配只能从人类摆脱人类的支配开始。

从这一观点出发，布克金的社会生态学断定，自然界出现的生态问题只不过是社会问题的外化，所有的生态问题均植根于社会问题，而且本身就是个社会问题；目前人类面临的环境失衡植根于非理性的、反生态的社会，根源于人类剥削性的政治结构；生态问题必须在社会内部才能得到解决——只有解决了社会问题，才能从根本上解决环境问题。

如果说自然生态学是将生态学运用于第一自然中去，那么，社会生态学则试图将生态学原则运用到社会领域，并按照第一自然的结构和特点来组织第二自然。布克金

---

①　Murray Bookchin. The Modern Crisis, Revised Edition. University of Toronto Press, 1987: 16.

在第一自然中发现了非等级性、分散化、多样性与互助等几个重要的生态学原则，并将其运用到社会领域的构建中去。

社会生态学支持在生态原则的基础上形成自主的生态社区，其中，市民可以面对面地管理社会和政治事务从而复活古典社会生活的公共层面；布克金对公民进行了重新界定，将公民集会放在公共生活的中心，公民集会掌握着政治和经济决定的权力。另外，为了协调利益冲突，各个社区又在自由的基础上形成不同层次的邦联，以处理更大范围的问题。市议会和地区集会的代表被授权来执行人民的意志。布克金认为，地方自治主义既容纳了社群与国家之间的潜在矛盾冲突，又吸取了历史上从希腊城邦到新英格兰集会的直接民主的经验教训。在它"自下到上"的管理模式方面，它体现了社会生态学所倡导的自由原则；在它坚持权力必须由邦联的共同体掌握方面，它又是社会主义的。

在20世纪的生态运动中，很多生态思潮都针对日益严重的生态问题与社会不公问题提出了各自的危机——重建理论，试图通过制度变革建立起公正的生态社会。布克金的生态社会构想代表了激进左翼在政治制度设计方面的构想与规划，实质上是一种带有浓重政治理想主义色彩的理论设想，这种政治理论设想深信人类具有依据审慎思考行动并建构文明的禀赋。

总之，社会生态学是探讨社会制度与自然界之间关系的一种社会理论。为了弄清环境问题背后的原因，布克金发展出了一种揭示人类与自然之间特定关联的哲学人类学，描述了历史发展中等级制出现的谱系，并提出了人类应如何与自然界关联的伦理以及激进的制度变革形式。社会生态学试图证明，地方的、乃至蔓延全球的生态问题都源于权威主义的和剥削性的资本主义社会制度。社会生态学关心的是如何结束人类社会内部的剥削和统治以消解人类与自然界之间的支配统治结构。

四、社会生态学的生态正义理论

20世纪70年代，布克金参观纽约自然历史博物馆，当时，该博物馆正通过展出的方式展现地球遭到人类污染和破坏的事实。博物馆出口处立着一面镜子，上面写着："地球上最危险的动物"（The Most Dangerous Animal on Earth）的标语，意将地球上出现的所有问题，尤其是环境问题，归因于整个人类①。布克金认为，这种做法是在表达"人类是令人憎恶的"这一意象，并且，这种意象和想法在生态运动中并不少见，比如说，深生态学以及神秘生态学就持有类似的观点。布克金分析道，在深生态学那里，"人类"以一种"模糊的"和"非尘世的"姿态出现，这种理论把所有人都卷入到一种普世的罪恶感中，而看不到"人类"内部男人、女人、不同民族以及压迫者和受压迫者之间的社会差异。因此，布克金将深生态学称为"迪斯尼生态学"（迪斯尼动画世界里作为"类"出现的人总是占据或者破坏了动物的生存空间与家园，因此，在迪斯尼动画中，人类总是被放置在动物的对立面，以生态系统的破坏者形象出现），并认为，以这种面貌出现的生态思潮对于环境问题的解决来说是无望的。在这种批判的基础

---

①　Murray Bookchin. Remaking Society, Black Rose Books, 1989: 23.

上，布克金阐发了他的生态正义观点。

首先，布克金批判了环境运动中将环境责任主体简单化的批评方式。

早在种族权利运动中，布克金就反对针对"白人"这一称谓的笼统批判。在布克金看来，在环境责任的划分方面，抹杀个体区别的笼统批判是一种过于简单化的思维方式；另外，企图让所有的人对生态破坏负相同的责任或是简单地将矛头指向"男人""资本家""白人"乃至"西方人"等抽象概念，这样的指责方式既是不负责任的，也是不公平的。更为重要的是，把环境问题归因于"人类"或"男人""白人"等抽象概念，很容易将资本对自然的掠夺、发达国家对发展中国家的剥削等环境问题更深层次的原因掩盖起来。布克金指出，"生态思维面临的真正危险不是一种二元主义感知——神秘生态学家所极力批评的对象，而是一种简约主义——将所有差异都简化为难以言说的'整体性'的一种智力消解。"①而在环境责任主体的认定方面，这种简约主义就体现为对环境问题责任主体的简单化批判。在布克金看来，不同社会下的不同个体乃至同一社会中的不同阶层，所应承担的生态责任是不同的。而更为严重的是，当我们过多地追究个人责任时，政府和公司的责任则溜之大吉。因此，布克金在批判深生态学的理论时，反复强调环境责任的个体差异和环境问题的社会制度根源。

其次，布克金批判了生态运动中将环境问题归因于穷国的人口过剩这一观点。

在20个世纪的生态运动中，出现了一种倾向，即由对环境问题的批判走向了对穷国人口过剩问题的批判。比如说，1968年，美国生物学家埃利希在《人口炸弹》一书中声称，世界人口的迅速增长(主要是发展中国家)，已经超过了地球生态环境的承载能力，正威胁着整个人类的生存。美国学者哈丁认为，穷国人口数量的增加，已经引发了严重的粮食问题、能源问题以及污染问题。在哈丁的救生艇伦理学看来，"彻底的冷漠就是彻底的正义"，因此，哈丁建议不给穷国提供任何援助。奈斯在他的八条深生态学原则中主张，工业社会中的人口数量过多是环境问题的重要原因之一，减少人口是解决环境问题的方式之一。而将深生态学视为理论支柱的"地球第一"组织成员更激进地认为，"艾滋病的出现是地球消减人口的一种方式"，并阻止富国向贫穷国家实行人道主义援助，而是"让自然寻求自己的平衡"。

生态运动中对于人口过剩的指责以及部分成员对贫穷国家生命的淡漠态度激怒了布克金。布克金将这种观点斥责为"生态残忍主义"，并认为，类似的"通过减少人口的方式以达到生态平衡的目的"的观点是马尔萨斯主义的当代复活。布克金将深生态学通过"减少人口数量"来保护荒野的手段斥责为"环境法西斯主义"。布克金认为，将环境问题归结为人口数量问题，这忽视了穷国与富国、同一国家中富人与穷人间的差别；而且，人口增长与特定的历史背景、社会状况有着密切的关联，人口增长背后隐藏的是更深层次的社会与历史问题。一个社会的过度生产和过度消费也都不过是更深层原因的一种表现——真正在背后起支配作用的是特定的社会条件，比如说，受资本主义制度下资本逻辑的支配等。另外，即使以强制的手段减少了人口，也未必能解决环境问题，因为，"尽管现代资本主义——由于其竞争性市场经济特征——即使世

---

① 默里·布克金. 自由生态学：等级制的出现与消解. 郇庆治，译. 山东：山东大学出版社，2008：41.

界人口减少到现有数量的百分之一，也不会停止对这个星球的掠夺。"①更为重要的是，不是人口的数量——而是人与人之间的联结方式——导致了人与自然关系的破坏。在布克金看来，"人类的需要是高度受制于社会条件的。因而，它必须被当作社会议题而不仅仅是地球物理学或人口数量问题来讨论的。"②因此，布克金认为，所有的生态问题都是社会问题或者更确切地说是制度问题。当代的问题，无论是生态的、经济的、还是政治的，都必须通过社会原因的分析并通过社会方法来修补，而生态运动中某些反人类的观点误导我们将注意的焦点放在了社会症状上而非社会根源上。

最后，布克金认为，在资本主义的代议制民主中，公众只有在政治选举代表的自由，而无亲自做出决定的自由，这在一定程度上是不公正的。

尤其对于环境问题来说，受环境问题决策影响最深的人往往没有参与制定影响他们周围环境规则的权利与机会，很多决策都是"被做出"的，这对于被隔离于政治决策之外的人来说，显然是不公正的。因此，布克金对于社会的公平和正义问题尤其关注，在他看来，生态社会必然是个公正的社会；也只有在公正的社会中才有可能实现人与自然之间的真正和谐。从这种生态正义观点出发，布克金认为，环境问题的解决必须致力于改变现存的政治制度体系的核心，解决代议制民主存在的弊端与问题，并不断促进社会的公平；生态运动，尤其是环境正义运动，往往与社会底层民众利益的捍卫结合在一起，因此，生态运动必须与左翼运动结合起来，共同致力于公正、平等的社会的建设。可以说，社会生态学不仅将生态问题，而且将社会的公平正义问题放到理论关注的中心；不但寻求自然的解放，还追求人类的解放；不但寻求人类社会的公正，而且寻求人类社会对待自然的公正。布克金认为，通过从下而上的制度设计赋予政治弱势地位的公民以参与的权力和自由，使得被隔离于决策之外的公民能参与决策的制定，公正、自由的社会才有可能实现；而生态社会只有在公正、自由的社会中才有可能建成。

五、布克金社会生态学的影响

布克金对人类在文明史中的地位乃至人与自然关系问题进行了反思，并给处于市场繁荣中的人们以启示：当前社会面临的问题就是如何走出这个海市蜃楼般的陷阱，走出科技乐观主义的神话；社会发展不仅意味着经济增长和消费水平的提高，还包括建立一个良好的生态环境。也就是说，对于社会的发展和进步，要从自然进化与社会进化两方面来衡量。布克金一再强调，人类并非是自然中异质性的存在，而是自然进化的产物；人类既不高于自然，也不低于自然，而是处于自然之中；人类既可以使自然进化向着生态的方向发展，也可以使得环境问题变得更加严重，而这主要取决于人类所处的社会，取决于人与人之间的社会联结方式。通过社会生态学的研究，布克金试图表明，在生态问题面前，人类应该发挥生态问题面前的主体能动作用；而人类理性的发挥、尤其是生态理性的发挥，只有在一个公正、自由的社会中才能实现。布克

---

① 默里·布克金. 自由生态学：等级制的出现与消解. 郇庆治，译. 山东：山东大学出版社，2008：47.

② 默里·布克金. 自由生态学：等级制的出现与消解. 郇庆治，译. 山东：山东大学出版社，2008：19.

金希望按照生态要求重新确定人类社会的发展方向和人类的生活方式，以生态尺度作为衡量社会发展的坐标。可以说，在这样的理论分析架构中，布克金完成了他的由生态批判、社会批判发展到社会建构理论的社会生态理论图景。

布克金的理论加深了人们对基层民主以及分散化等生态原则的认识。在市场经济以及全球化大力推行的今天，布克金对市场经济的批判乃至对全球化的批判虽似螳臂当车。布克金的社会生态学在理论上虽然存在着不成熟甚至包含着空想的成分，但其理论的现实批判意义却不应被我们忽视。实际上，社会生态学是一种未来取向的社会理论，它的重要意义在于对传统的政治权力关系构成了一种挑战。作为一种政治设计理想，布克金的社会生态理论为反思现实制度的压迫性和局限性提供了一个参照系。可以肯定的是，布克金社会生态理论引发的思考远超出了其思想本身。

第三节　生态社会主义及对资本主义的批判

20世纪70年代，西欧成为生态运动活动的中心。1966年，西德社会民主党勃兰特当选总理，这为生态运动和社会主义运动的结合创造了特定的条件。可以说，生态社会主义思潮便是生态运动和社会主义思潮相结合的产物。生态社会主义（eco - socialism）也称生态马克思主义，是生态运动和社会主义思潮相结合的产物。作为当今世界十大马克思主义流派之一，生态社会主义致力于反对资本主义制度的不正义性及反生态性。

一般说来，生态社会主义流派的形成大致是按照两条路径进行的，一是对马克思、恩格斯著作中有关生态问题论述的整理和发掘；二是运用马克思主义的基本观点和方法来阐释当代环境问题并试图找到解决方法。

大卫·佩珀的《生态社会主义——从深生态学到社会主义》（1993）、高兹的《资本主义、社会主义、生态学》（1994）等著作是生态社会主义的代表作。

一、大卫·佩珀的《生态社会主义——从深生态学到社会正义》

戴维·佩珀（David Pepper），英国牛津布鲁克斯大学地理系教授，主要研究领域是生态社会主义和环境政治理论，相关著作有《现代环境主义的根基》、《现代环境主义：导论》和《环境主义：地理学与环境中的批判性概念》等。勾勒了生态运动中的"红色绿党"和"绿色绿党"的轮廓，促进了生态社会主义与生态主义争论的进一步深化。作为90年代生态社会主义阵营代表人物，佩珀自称为生态运动中的"马克思主义左派"，《生态社会主义——从深生态学到社会正义》一书是其重要代表作。

佩珀通过确立激进的生态社会主义，批驳生物中心主义以及环境问题上过分简单化的经济增长极限与人口过多理论，同时，也批判了后现代政治和深生态学绿色方法的缺陷和矛盾。佩珀强调，资本主义的生态矛盾使可持续发展以及绿色资本主义成为不可实现的梦想；历史唯物主义和生态学不仅不矛盾，历史唯物主义理论批判的就是资本主义工业化和资本主义生产方式对环境的破坏以及对工人和农民的剥削。佩珀指出，比第三世界的人口膨胀更为严重的问题是第一世界的过度消费。因此，"实现更多的社会公正是与臭氧层耗尽、全球变暖以及其他全球难题做斗争的前提条件。"①佩珀将对资本主义的批判与生态社会主义的建设结合起来，提出了激进的生态社会主义理论，并强调依赖社会工人力量继续进行社会改革的发展方案。

二、生态社会主义对资本主义反生态性的批判

作为当今世界十大马克思主义流派之一，生态社会主义致力于反对资本主义制度的不正义性及反生态性，力图在超越资本主义以及传统社会主义模式基础上，构建一种新型的人与自然和谐的生态社会模式。生态社会主义者注意到了新时代工业化条件下资本主义的进步与发展。比如说，工业革命带来了科技的突飞猛进的发展，彻底打破了许多世纪以来人类社会的封闭与隔绝状态，将不同国家和地区都纳入到了资本主义的世界链条中去，这在一方面提升了社会文明程度，也在一定程度上推动了人类自身的解放。但生态社会主义者认为，资本主义的新变化并没有缓解资本主义的基本矛盾，并且在资本主义经济危机之上，又增加了生态危机这一资本主义不能彻底解决的痼疾。生态社会主义力图在超越资本主义以及传统社会主义模式基础上，构建一种新型的人与自然和谐的生态社会模式。

莱易斯在《对自然的统治》和《满足的极限》中，阐述了他对生态社会主义的基本观点。莱易斯认为，"控制自然"的观念已经成为一种意识形态，这种观念是生态问题最深刻的根源；控制自然实际上就是为了控制人，控制自然资源是人与人之间斗争的决定性武器。人们所说的"奴役""掠夺""和谐"自然，都是拟人化的说法，因为这些只能发生在人类主体之间。所以说，与其说是在"掠夺"和"统治"自然，不如说是在掠夺与统治他人。资本主义要通过控制自然实现对人的控制。控制自然的程度必然加剧控制人的程度，同样，控制人的程度也必然加剧控制自然的程度。而现代科技则在控制自然的过程中成为有利的工具。而资本主义生产以追求利润为目的，从而造成过度生产，造成生产力和资源的严重浪费，这就导致人的异化和生态危机。要解决生态危机问题，必须实行一种新的"稳态经济"，以缩减资本主义的生产能力，扩大资本主义国家的调节功能，并重新评价人的物质需求，并大大减少这种需求，改变人的现行的消费方式，调整人与自然的关系，实现一种新的发展观。

针对资本主义社会的反生态性，生态社会主义者詹姆斯·奥康纳（James O'Connor）提出了资本主义的双重危机理论。在奥康纳看来，资本主义包含着双重矛盾——资本主义不仅存在着生产力和生产关系之间的矛盾，还存在着生产力、生产关系与生产条件之间的矛盾。资本主义制度所具有的反生态性质，使得资本主义的生态体系具有不可持续性。

生态社会主义者福斯特（John Bellamy Foster）指出，"由于技术本身（在现行生产方式的条件下）无助于我们摆脱环境的两难境况，并且这种境况随着经济规模的扩大而日趋严重。我们要么接受杰文斯的结论，要么选择一种他从未触及而且显然也从未想

---

① 戴维·佩珀. 生态社会主义：从深生态学到社会正义. 刘颖，译. 山东：山东大学出版社，2005：2.

到过的替代方案：沿着社会主义方向改造社会生产关系。"①福斯特认为，历史唯物主义在本质上就是生态唯物主义。因为唯物史观内在地就包含了生态学和生态的思维方式。在福斯特看来，当今环境问题根源于资本主义的剥削性结构。资本主义社会是建立在对自然的盘剥和对其他劳动者的盘剥基础之上的，资本主义文明天生就是反自然的文明形态。在资本主义制度下，人与人之间、人与自然之间的矛盾不断激化。资本主义制度是全球生态危机的真正根源，因此，资本主义不可能为解除生态危机找到根本出路。

生态社会主义者克沃尔（Joel Kovel）在《自然的敌人——资本主义的终结还是世界的终结》一书中，将科技革新、经济增长和生态危机联系在一起，并认为，只要不从根本上改变资本主义生产方式，任何科学技术都无法阻止人类走向环境灾难的脚步。

生态社会主义者安德列·高兹（Andre Gorz）认为，资本主义是追求经济合理性的社会，其市场经济和生产模式是与生态合理性的要求不相容的：资本主义不断追逐利润的最大化和消费的不断扩张。资本主义的扩张本性，使人与人之间的关系异化为金钱关系，也使得人与自然的关系变成工具关系。资本主义社会的一个重要特征就是人们把大部分时间花在生产和出卖并非是绝对需要的东西上，因此，应该限制不必要的消费，以换来更多的自主活动的空间。除非资本主义的经济理性被根本性扭转，否则生态问题是无法得以解决的。当人们发现更多的并非必然是更好的、消费得越多并非必然导向更好的以及还有比工资需求更重要的需求之时，他们也就逃脱了经济理性的禁锢；当人们认识到并不是所有的价值都是可以量化，认识到不能用金钱买到的东西恰恰是更为重要的东西时，以市场为根基的秩序就被从根本上动摇了。

三、生态社会主义的影响

在生态社会主义者看来，资本寻求利润最大化的动力必然追求生产和消费的最大化，而过度生产和过度消费必然会给地球生态系统带来毁灭性的破坏。因此，面对日益严峻的环境问题，应受责备的，不是个性贪婪的资本家或消费者个体，资本主义生产方式本身——资本主义社会制度和消费主义文化——才是生态危机的真正根源。资本主义的生态矛盾使得"可持续的"或"绿色的"资本主义成为一个不可能实现的梦想。因为，资本扩张的本性使得资本主义必然走向生态帝国主义或生态殖民主义的道路。也就是说，资本主义的成本外在化倾向必然导致对发展中国家实施生态掠夺，生态帝国主义的出现是资本主义发展的必然结果。

生态社会主义经历了"从红到绿""红绿交融"和"绿色红化"三个阶段，构成了20世纪生态运动中不可或缺的力量。生态社会主义坚信，从根本上解决生态危机就需要消灭资本主义私有制和人与人之间的关系异化。这就不仅要消灭资本对劳动的剥削，而且要消灭资本对自然的掠夺。因此，在生态问题的解决过程中，不但要寻求自然的解放，也要寻求人类的解放。生态社会主义将生态视域引入历史唯物主义观点之中，

---

① 约翰·贝拉米·福斯特. 生态危机与资本主义. 耿建新，宋兴无，译. 上海：上海译文出版社，2006：96.

力图把生态运动引向激进的社会主义运动，从而开拓了资本主义批判的新维度。

第四节　卡洛琳·麦茜特与生态女性主义

20 世纪的新社会运动包含着对性别压迫、种族压迫、阶级压迫以及对自然压迫的反抗，其中，生态女性主义(ecofeminism; ecological feminism)就是将反对性别压迫与自然压迫结合起来的一个政治流派。20 世纪 60 年代以后，人类生态文化史上的三篇文献的作者均是女权主义者：美国生物学家雷切尔·卡逊的《寂静的春天》(1962)，英国经济学家巴巴拉·沃德的《我们只有一个地球》(1972)，挪威前首相布伦特兰夫人的《我们共同的未来》(1992)。这些文献的共同点是基于女性的视角，对于人类社会面临的诸多问题进行了解答和寻找解决问题的突破口。

20 世纪 70 年代以来，西方妇女解放运动与生态运动相结合形成了生态女性运动，这一运动从反对对妇女的压迫走向了对社会不合理制度的反抗，关注的内容从反对性别社会歧视、延伸到反对人类对生态自然的歧视，把争取男女平等的社会权利与生态环境保护联系起来，关注的视角包括妇女解放、环境保护动物福利、反战等诸多方面。1974 年，F·奥波尼出版了《女性主义或死亡》一书，书中首创了"生态女性主义"(Ecofeminism)这一概念，生态女性主义将生态学与女性主义结合在一起，指出，男性对妇女的压迫与人类对自然的压迫之间存在着直接的联系。

20 世纪 80 年代初，美国生态女性主义思想家卡洛琳·麦茜特系统考察了现代机械主义自然观对自然和女性的剥削与压迫。在她看来，对自然界的支配和压迫与对女性的支配和压迫在思维框架上是同源的，并对这种人与自然、男性与女性的二元论展开了批判。

一、卡洛琳·麦茜特眼中的生态学

卡洛琳·麦茜特(1936—)出生在纽约，是美国生态女性主义思想家，UC Berkeley 大学环境史、哲学和伦理学教授。麦茜特非常尊崇生态学的学科地位，指出，生态学这一学科的学科方法与 20 世纪思想界整体性、系统性思维方式的兴起有密不可分的关系。麦茜特指出，生态学的前提是自然界所有的东西都是和其他东西联系在一起的，强调自然界相互作用过程的第一位。自然中的所有部分都与其他部分以及整体相互依赖、相互作用，是一个共同体。自然共同体的每一部分、每一小生境(niche)都与周围的生态系统处于动态联系之中。处于任何一个特定的小生境的有机体，都影响和受影响于整个有生命的和非生命环境组成的网。作为一种自然哲学，生态学扎根于有机论，也即认为宇宙是有机的整体，它的生长发展在于其内部力量，它是结构和功能的统一整体。生态学的重要贡献在于使自然的整体论预设复活。

二、生态女性主义视域的自然之死

生态女性主义将"自然歧视"与"性别歧视"联系起来，并置于社会政治、经济权力的历史背景下加以考察。经过历史的梳理，生态女性主义者坚持，自然概念同性别概念一样，都是被社会建构起来的，并且都随着文化、历史以及时代的变迁而发生变化。生态女性主义将自然的有机体观念同母亲形象等同起来，认为，女性与自然具有一定的相似性。"自然的概念和妇女的概念都是历史和社会的建构。性、性别或自然，并没有不变的'本质'。每一个个体在其出生、社会化和受教育的社会里有许多观念和规范，正是吸取这些观念和规范，每一个体组建关于自然以及他们与自然之关系的概念。"

麦茜特经过对女性与对自然的压迫的历史梳理后得出结论：男人在控制自然与控制女性方面有着极大的相似性。从历史维度出发，麦茜特详细描述了有机自然观被机械自然观替代的过程，以及在这种价值观转变下，人类对自然由"崇敬""敬畏"到肆无忌惮开发态度上的转变。

（一）亚里士多德扭转了有机自然观占主导地位的局面

在有机自然观的理论框架中，女性之地球是有机宇宙理论的中心，这种价值观将自我、社会和宇宙视为一个有机体，强调个体间、个体与家庭、社群和国家社区间的相互依赖。在这一时期，自然被视为万物之母，虽然这一万物之母有时有些野性。在柏拉图和新柏拉图主义的符号体系中，自然和物质都是女性化的，而思想是男性化的。但自然作为上帝的代理人，在她作为物质世界的创造者和产生者的角色扮演中，比人类艺术家造出了更富创造性、更加高级的产物，她比人类更有力量，但依然还是从属于上帝。但是，亚里士多德扭转了这种观念。亚里士多德将物质和形式统一于每个个体存在中，并将主动性与男性相联系，被动性与女性相联系，男人统治着女人，如同灵魂统治着肉体。亚里士多德在这一类比中找到了男人统治家庭的基础，理性与沉思作为男人的特征，应该统治女人中占优势的欲望[①]。

（二）启蒙运动破坏了自然的母性供养者形象

麦茜特指出，"在乔叟及典型的伊丽莎白时代作家的笔下，自然是一个友善、关爱的母性供养者形象，是把预定秩序赋予世界的上帝的化身。这种秩序把道德行为准则强加在人类头上，其核心就是使人们通过行为上的自我抑制保持与自然秩序的协调一致。"[②]但是，自启蒙始，这种隐喻逐步被科学革命的"征服"模式所替代，自然的神秘面纱被逐步揭开。当自然不再神秘，自然也逐步成为被控制的对象，养育者地球变成了一个无生命的死气沉沉的物理系统，成为"惰性的"物理存在。

（三）科技革命认可了人类对自然的开发和利用

麦茜特指出，当科学越来越自信人类可以知道关于自然界的一切，并可随意志地加以改变，"揭开自然神秘的面纱"在科学的话语体系不断盛行，孕育了万物生命的地

---

① ［美］卡洛琳·麦茜特. 自然之死 ——妇女、生态和科学革命. 吴国盛，等译. 长沙：吉林人民出版社，1999：16.
② ［美］卡洛琳·麦茜特. 自然之死 ——妇女、生态和科学革命. 吴国盛，等译. 长沙：吉林人民出版社，1999：6－7.

球逐步转变为被开发利用的资源（resource），"新的开采活动已将地球从一个慷慨富足的母亲变成了一个被人类奸污的被动接受者。"①主张新商业活动的开采者们，将作为养育者母亲的地球形象转变成向人类隐藏那份应得和需要之慷慨的邪恶继母形象。17世纪的自然哲学家弗兰西斯·培根（1561—1626）阐述了挖掘自然的隐蔽和裂缝处，揭示自然的秘密以增进人类幸福的必要性，这时，自然的形象发生了另一种转变②。

（四）工业化进程的加快和资本主义的崛起凸显了自然的死亡

麦茜特指出，16、17世纪之际，女性的纺织工作被机器所替代，人类被驱赶进入城市。与此同时，有生命的、女性的大地作为中心的有机宇宙形象，开始让位于一个机械的世界观，自然被重新建构成一个死寂和被动的、被人类支配和控制的世界。有机体理论逐渐被科学革命和市场导向的文化的崛起削弱，导致活生生的自然存在逐步死去。

三、生态女性主义对父权制的批判

生态女性主义将"自然歧视"与"性别歧视"联系起来，揭示出了人与自然、人与人的压迫性结构，并批判了传统等级制的二元主义和男性文化基础——父权制。生态女性主义认为，如果没有批判父权制就等于没有批判资本主义。"与女性是次等人这种等级制观念完全不同的一种观念，出现在古代诺斯替教的一元论形式中。它建立在对立面统一和男性－女性原则的平等基础上。两性同体和神授知识思想的传播，提供了另一种生育观点，其中包含着对文艺复兴时期女性自然的更加积极的含义和态度。"③

生态女性主义批判二元对立的理论，反对将人与自然分离，将思想与感觉分离。对于生态女性主义者来说，应该区别人类中心主义与男性中心主义。实际上，女性更接近于自然；而男性伦理的基调是对自然的仇视。生态女性主义主张自然世界与女性主义精神的结合。它认为应当建立不与自然分离的文化。生态女性主义提出："对地球的一切形式的强奸，已成为一种隐喻，就像以种种借口强奸女性一样。"生态女性主义者格里芬（Susan Griffin）指出："我们不再感到我们是这个地球的一部分。我们把其他造物视为仇敌。森林消失，空气污染，水污染……很久以前，我们就已经放弃了自我。我们的生活方式正在毁掉我们的环境，我们的肉体，甚至我们的遗传基因。"

生态女性主义所追求的目标是消除社会对女性的歧视以及对自然的歧视，在人与人、人与自然之间建立平等的关系。生态女权主义作为范围更广的文化多元主义潮流的组成部分，是公民权利运动的一个分支。生态女性主义表现出的是"身份政治学"的

---

① ［美］卡洛琳·麦茜特. 自然之死——妇女、生态和科学革命. 吴国盛，等译. 长沙：吉林人民出版社，1999：46.
② ［美］卡洛琳·麦茜特. 自然之死——妇女、生态和科学革命. 吴国盛，等译. 长沙：吉林人民出版社，1999：39.
③ ［美］卡洛琳·麦茜特. 自然之死——妇女、生态和科学革命. 吴国胜，等译. 长沙：吉林人民出版社，1999：17.

倾向。对于身份政治学来说，社会运动产生的社会基础不在于阶级结构，而在于种族、性别、性取向、公民身份和信仰等。

本章小结

　　针对日益恶化的环境问题，生态运动团体"地球第一"提出了"为了地球母亲，毫无妥协可言！"的口号，这正是 20 世纪激进生态运动不妥协性的充分体现。但是，随着生态运动的发展，很多思潮由激进转向了在不改变现有社会体制情况下、诉求于改良的环境主义，走向了与现实政治妥协的道路，并试图通过主流政治来影响环境政策和法规的制定，从而趋向了温和与保守，这在一定程度上导致了激进绿色阵营的衰退。随着绿色运动制度化和组织性的不断上升，生态运动越来越趋于实用化和现实化，越来越寻求与现实的妥协，在短视的功利原则指引下，生态运动正变得越来越温和，环境主义的种种改良主张就是这种温和性的典型表现。生态运动的支持者也越来越变成"支票和信用卡"的赞助者，而不是致力于社会全面改造运动的主动参与者，群众动员性越来越低。生态运动由原来的群众参与运动逐渐演变成了社会精英运动和专家运动，参与者日益职业化；更为严重的问题是，有的环境运动团体甚至转而成为过去所批判的政府和谋利公司的伙伴及合作者。环境运动的制度化、职业化、专业化甚至官僚化都与参与性的大众化运动趋势相背离。无论是深生态学、社会生态学还是生态社会主义、生态女性主义，都将批判的矛头指向环境主义。在激进生态运动阵营看来，改良派或者说实用派关注个人如何能够实践自由并被融入稳定的现代社会秩序中，希望通过调整和改革工业资本主义来扭转生态恶化，这种倾向在现实性上往往与自由主义甚至保守主义站到了一起，这样的趋势越来越背离环境运动的初衷，结果会使环境运动被资本主义商业化并吸收。

　　深生态学、社会生态学、生态社会主义、生态女性主义对环境问题的分析，是环境激进主义对于环境改良主义和环境实用主义的批判。环境激进主义与环境实用主义在理想与现实、应然与实然、激进与保守、理论和实践之间存在着一系列的悖论与张力。激进生态学阵营的这种不妥协使其理论具有一定的超现实激进主义色彩，这也正是激进绿色左翼阵营的理想性乃至乌托邦倾向的体现，而正是这种乌托邦精神构成了对现实的批判性反思，引导着生态运动向着更加平等和公正的方向前进。

【思考题】

　　1. 西方生态伦理学为什么向社会深层次发展，开始追问社会正义问题？

　　2. 社会生态学、生态社会主义有什么观点上的差异？二者在批判资本主义方面有什么观点上的异同？

　　3. 生态女性主义是如何看待"自然之死"的？

　　4. 深生态学是如何批判浅生态学的？"深"与"浅"的差异体现在哪里？

　　5. 社会生态学是如何看待生态正义的？生态正义与社会正义有什么关系？

　　6. 谈谈你对生态社会主义者佩珀提出的"实现更多的社会公正是与臭氧层耗尽、全球变暖以及其他全球难题做斗争的前提条件"这句话的理解。

7. 你是否认同生态社会主义对资本主义反生态性的批判？谈谈你对资本主义"资本的扩张"与"生态的破坏"之间关系的理解。

【参考文献】

戴维·佩珀. 生态社会主义：从深生态学到社会正义[M]. 刘颖，译. 山东：山东大学出版社，2005.

何怀宏. 生态伦理——精神资源与哲学基础[M]. 河北：河北大学出版社，2002.

卡洛琳·麦茜特. 自然之死 ——妇女、生态和科学革命[M]. 吴国盛，等译. 长沙：吉林人民出版社，1999.

默里·布克金. 自由生态学：等级制的出现与消解[M]. 郇庆治，译. 山东：山东大学出版社，2008.

约翰·贝拉米·福斯特. 生态危机与资本主义[M]. 耿建新，宋兴无，译. 上海：上海译文出版社，2006.

JANET B. The Murray Bookchin Reader[M]. Cassell，1997.

MURRAY B. Remaking Society[M]. Black Rose Books，1989.

MURRAY B. The Modern Crisis[M]. Revised Edition. University of Toronto Press，1987.

第九章
西方生态伦理学的前沿动态

本章提要：本章重点介绍当代西方生态伦理学的前沿动态。要了解当今西方生态伦理学的最新前沿动态就必须深入其思想观念的深处，在现实与思想观念的碰撞中把握其全貌。首先，立足于西方生态伦理学的道德困惑，这是了解它内在逻辑的关键。以之为基础，简要探讨了西方生态伦理学的观念演化。最终，我们将看到在不同的思想观念中，西方生态伦理学所形成的不同流派。

当代西方生态伦理学经历几十年的发展，已经成为西方伦理学的主流之一。这几十年的发展过程，一方面表明我们对当今生态问题的反思已经在伦理学领域成为一种思想自觉；另一方面也表明，西方伦理学同生态性内容融合，形成新的学科。当代西方生态伦理学的发展史既是一部观念历史，也是一个实践过程。观念与理论，一体两面，都是人类对生态认识不断发展的体现，又是生态激发人类自身并推动人类发展的反作用。

不过，伦理学作为一门古老的学科，有其自身发展的独特范式。对于善的关注，对于良善美好生活的追求，对于实践理性的推崇，是伦理学长久以来的核心。伦理学在学科基础上，总是伴随完善的形而上学①研究路径，无论是目的论还是道义论或者美德伦理，都要诉诸超越性辩护方式，即使元伦理学对这种传统哲学形而上学进行了严厉批判，但却重建了另一种道德语言形而上学。对于人类来说，只要将反思同道德问题相结合，那就必须面对哲学形而上学式的超越性方式。哲学作为时代精神的精华，伦理学作为道德哲学本就应当同现实保持关注，只有如此，伦理学才能保持生命力。然而，如同任何一个学科一样，一旦形成一个框架，总会受到范式束缚，甚至形成偏见。

传统伦理学，特别是西方伦理学，已经习惯了对道德的超越性反思，对普遍性的追求，这导致其对社会现实的关注大都囿于观念之中。客观而言，具体人文社会学科、自然科学的发展已经侵蚀了道德哲学甚至哲学的大多数领域，道德哲学与哲学只能在这种观念中打转，并试图以观念把握现实。但是，这种以观念把握现实的方式，再也没有了历史上那种具体学科归于哲学的气概，反倒有一种被"逼迫"到墙角的无奈。这种无奈使得哲学形成了习惯，道德哲学也同样如此，伦理学虽然同社会现实紧密相连，但是，不少伦理学思想仍然沉迷于具体文本之中而不能自拔，仿佛在观念之中就可以理解道德本身。道德哲学或者说伦理学如果脱离了现实生活，脱离了具体经验，就会丧失前进的方向与发展的动力。在思想史或者学科史的角度之上讨论古代道德没有问题，但如果将古代文本中的道德视为最高道德法则，则偏离了道德本身，道德应当在不同时代接受各种洗礼，而不是一直不变。

但是，以上客观原因并不能够成为哲学或者伦理学逃避现实的理由，这只会走到背离哲学和伦理学的道路上。20 世纪之后，哲学的语言学转向并不是哲学的"黑夜"，而是哲学发展的"黎明"。对于伦理学来说，在剧烈的社会现实变化之中，如何找到新的道德理解范式，提出新的伦理学解决方案成为关键。事实上，伦理学在社会与学科发展的新时期，也在主动进行学科本身的反思：既然具体学科可以研究哲学曾经研究的诸多领域，那为何哲学不能研究具体问题？只要进行哲学的反思，任何学科的研究

---

①　这里的形而上学并不是我们黑格尔对其之前哲学评价时候所使用的"孤立、静止、片面"的意义，是哲学当中的一个分支，主要研究哲学的基础性问题，比如存在、同一性、精神、物质等概念。亚里士多德后人编撰其著作，发现研究这些问题的作品在物理学后面，所以将之称为"物理学之后"，即古希腊文 φυσικάμετά，英语 metaphysics。在中国哲学当中，《易经·系辞》中有"形而上者谓之道"的说法，表明超越具体形态之上的是道，这一涵义同物理学之后所研究的内容类似，所以，日本明治维新时期哲学家将之翻译为形而上学。在狭义上，形而上学同哲学同义，或者说，形而上学所研究的问题是哲学当中的基础问题，也有人将形而上学理解位第一哲学。

领域都可以重新回归哲学的视野之中。同理，只要进行哲学伦理学式的反思，只要将具体问题诉诸道德性的思考，那么伦理学同样可以包容诸多具体领域。

20世纪50年代之后，随着各类现实问题日益显现，伦理学开始更多关注现实具体问题，并逐渐发展出了应用伦理学这一分支，其中，生态伦理学肇始于环境伦理，不断突破环境的界限，演化为了生态伦理。生态伦理的发展经历了诸多阶段，这在前面几章大家可以看到具体论述，在观念演化与流派纷争上也有体现，这在本章后面两节将进行具体论述。现在，我们需要在前面几章的背景之下，探讨当今西方生态伦理学所面临的一些前沿性问题，这些问题体现了当代西方生态伦理学的发展动态。

第一节　西方生态伦理学的道德困惑

当代西方生态伦理学虽然已经有了学科自觉，并且发展越来越迅速，作为道德哲学的一个分支，其同生态学、生态科学、伦理学、生态文学、生态史等学科之间的界限应当清晰而明确，但在具体学科发展中，这些学科之间相互交叉则是很正常的。只是，在交叉性研究的过程之中，生态伦理学自身必须确立自己的学科特点，那就是立足于对生态的道德审视。不过，当前西方生态伦理学却面临着道德困惑，这些困惑实质上反映的是人与自然、社会与环境、美德与生态之间的关系，对于这些关系，我们将在下一章具体论述。同时，这些困惑也体现了当代西方生态伦理学不同学派之间的观点差异，这将在本章第三节进行具体讨论。

一、道德主体与客体的界限

当代西方伦理学在学科基础上所面临的最核心问题可能就是道德主体与客体的界限问题。哲学或者伦理学同其他学科一样，都有研究的对象，哲学的研究对象是整个世界，但这种表述过于抽象。虽然哲学是一门抽象的学科，但是，整个世界在哲学的角度之上仍然可以做一个划分，那就是主体与客体。所谓主体就是具有主观能动性、积极性的事物，在绝大多数情况下主要是指人类本身。因为人类具有主观意识，可以认识和改造自己之外的事物。而客体是同主体相对应的事物，这些事物是被动的，它们不具有主观能动性，比如，一个石头不能去认识和改造它自己之外的事物。这种主客体二元认识结构反映了人类在认识论上的特点，同时也体现了人类在本体论层面上的理性结构，那就是将世界分化为两个不同的方面。主体与客体在哲学上被视为不同的实体，所谓实体就是指那些不能再被划分的并且是作为一类事物本质性的东西。在西方哲学史上，世界被分为了精神实体与物质实体两种实体，两种实体之间不能通约，界限明确。人类就被视为精神实体与物质实体的统一体。

由上可以看到，精神实体与物质实体是本体论视角，对应于认识论层面上的主体与客体。可以说，精神实体就是主体，而物质实体就是客体。在西方哲学史上，古希腊哲学家们早就自觉认识到了这一点，苏格拉底之前，古希腊哲学家大都关注物质实体，这也催生了原始自然科学的发展。然而，从智者学派①和苏格拉底开始，认识人类自己②成为古希腊哲学的核心，并迎来了古希腊哲学的巅峰。从那个时候开始，西方伦理学就奠定了其传统范式，那就是研究主体行为，研究主体之间的关系，也就是研究人与人之间的关系。从西方哲学的源头之上，伦理学就被打上了烙印，具有人类中心主义的影子。

所以，对于两千余年历史的西方伦理学来说，确立道德主体的地位十分关键，因为西方伦理学大都认为，只有具有主体性的事物才是值得研究的，神固然具有主体性，但是对人类而言确实无法把握的，因为神是无限的并且是全知全善全能的，研究人在伦理或者道德上的主体性关系实际上就是以有限的方式把握神的这种无限性。到了近代，笛卡尔与培根等人开创的认识论范式同样将世界划分为了主体与客体，与古希腊和中世纪不同，对于人的主体性的推崇到了无以复加的程度，以至于康德要以人的主体性为整个世界立法，并且形成了义务论这种纯人类认识形式化的伦理学与功利主义这种注重人类自我感受的目的论伦理学。如前所言，虽然元伦理学试图解构西方传统伦理学，并试图通过诉诸道德语言的辩护而消除道德形而上学，但是语言本身就是人类主体性的反映，本质上，伦理学仍然以人类自我为中心。

西方当代生态伦理学的出现恰恰改变了这种模式，其同以往任何一个流派的伦理学所不同的恰恰是，它试图突破伦理学历史上长久以来所形成的这种范式，不再以人类为中心。当然，在第三节大家可能会看到，当代西方伦理学同样有人类中心主义思想传统，但是，客观而言，任何关注生态或者自然的哲学都具有突破主客二元对立模式的可能，更何况现代人类中心主义是一种弱化了的人类中心主义。而另一个方面，人类中心主义只是当代西方生态伦理学的一个流派，其他流派都更加重视人之外的事物。

然而，问题来了，何以突破主客二元分立？或者说，生物、自然界是否是道德主体？如果我们认为生物甚至整个自然界都是道德主体的话，那么，显然我们可以将生物和自然界纳入伦理学的研究领域之中，这样，生态伦理学本身也就成为合法的伦理学。这是目前当代西方伦理学的一大道德困惑。

生物、自然界是否具有主体性是一个复杂的形而上学问题，对这个问题的回答关乎许多其他形而上学问题。在以往，人类之所以具有主体性，在于人类拥有主观能动性，人类具有精神。这是人类可以达成的共识，也是以往传统西方伦理学的共识。但是，并非所有西方哲学家都认为只有人类具有主体性。比如，斯宾诺莎著名的泛神论，他认为"所有的存在物或客体——狼、枫林、人、岩石、星星——都是由上帝创造的同一种物质存在的暂时表现。一个人死后，构成其躯体的物质就会变成另外的事物。例如，变成一株植物所需的土壤和养料，这株植物会为一只鹿提供食物；反过

---

① 智者学派是公元前 5 世纪到公元前 4 世纪古希腊所出现的一批哲学家，他们大都教授城邦公民修辞辩论等技艺，聪明睿智，涌现出了如普罗泰戈拉和高尔吉亚等著名哲学家。他们的思想虽然不统一，但是却推动古希腊哲学由对神性、自然的研究转向对于人类本身的研究。

② 这原是古希腊德尔菲神庙上的一句谶语，后来被苏格拉底推广。

来，这只鹿又会为一只狼或另一个人提供食物"。① 斯宾诺莎的思想当中蕴含整体有机的生态思想，其基础就在于世界万物的同一性，即都由共同的基础。虽然斯宾诺莎认为万物统一于同一种物质，但其思想却有较为明显的"万物有灵"倾向。大卫·梭罗在《瓦尔登湖》当中所表达的意义也体现出了万物有灵的自然主义。②

万物有灵是不是表明了主体性并非人类所独有？当然是的。灵性虽然具有某种程度上的神秘主义倾向，但是，却同精神实体有关，所以，我们有"精灵"这个词语。这样，我们就应当回答如下两个问题：万物是否都具有精神实体？主体性是否可以划分层次？

西方生态伦理学自诞生以来都要回答以上第一个问题，但是，这也只能进行立场之上的回答，很难给出圆满的哲学论证或者科学论证。从梭罗到利奥波德，他们只能给出自己的立场性判断，即认为万物和人类一样，都具有主体性或者说灵性，但却无法让反对者真正信服。而对第一个问题的回答直接关乎第二个问题。

在当代西方哲学中，心灵哲学、人工智能哲学异军突起，同计算机科学、脑神经科学、生命科学等一起刷新着人们对于精神或者心灵的认识。既然人们已经由此开始讨论人工智能是否具有主体性，为何不能以此为契机重新将西方生态伦理学当中固有的道德困惑纳入新的讨论之中呢？所以，对于当代西方生态伦理学而言，万物是否都具有精神实体和心灵哲学、人工智能哲学当中"人类是否可以创造心灵或者精神"的问题一道，引发了对最核心的一个形而上学问题的讨论：世界是统一于物质还是精神？笛卡尔式的物质精神二元论则必须回答一个难以回答的问题：如果世界有两个实体，物质或者精神，那么这两个实体该如何相互联系？如果像笛卡尔那样，认为有一个"松果腺"勾连着肉体与灵魂，那么，这个"松果腺"是物质的还是精神的呢？如果是物质的或者是精神的，则难以同另外的实体勾连，如果既不是物质的也不是精神的，则会出现第三实体。所以，我们一般不再追问，世界为何不是既统一于物质又统一于精神。

当今西方生态伦理学如果能够真正在主体性问题上取得进展，则能够推动生态伦理学取得重大突破。如果能够找到了可以有效辩护的方式，使人们达成共识，认为世界万物具有不同层次的主体性，那么，我们则可以将之纳入传统伦理学的讨论范围之内，并且将人类中心主义进一步消解。

需要指出的是，西方生态伦理学所面临的这一大道德困惑远比我们想象的要难以解决，虽然未来道路似乎较为明确，但是，我们应当看到，仅仅在动物是否具有道德主体性的问题上就已经分歧巨大，更何况对于植物甚至石头这类我们通常认为没有生命的事物是否具有道德主体性。

---

① 卢风. 应用伦理学概论. 北京：中国人民大学出版社，2015：112.

② 同西方人类中心主义背景下的伦理学不同，中国古代思想中的伦理思想则具有明显非人类中心主义倾向，比如儒家一直在讲"天人合一"，道家一直推崇"道法自然"，佛家一直认为"一切众生悉有佛性"。儒释道三家的思想对于当今中国乃至世界生态伦理学意义重大，值得我们引起高度重视。

二、道德哲学方法

从当代西方生态伦理学在道德主体性问题上的困惑当中，我们可以进一步发现，从传统神秘主义到当今可以看到前景的，同心灵哲学、人工智能哲学相关的新方式，在方法上，当代西方生态伦理学存在道德困惑。如前所述，这实际上是立场上的分歧。

这种困惑虽然从立场之上就已经形成，并且对于持有某种立场的人来说不是严重问题，但是，一旦放到西方生态伦理学的整体中去看，放到不同立场的交锋之中去看，则成为明显的问题。在道德哲学的方法上，西方生态伦理学存在着神秘主义和规范主义，整体主义和个人主义的困惑。

神秘主义的方法即通过诉诸万物有灵或者以隐喻等修辞方式表明自身立场。神秘主义的方式往往或多或少同宗教有着渊源，所以，同传统理性的辩护方式存在一定差异。神秘主义在当代西方生态伦理学之中有着悠久历史，从起源式人物大卫·梭罗那里就已经奠定了这种方式。这种道德哲学的方法在表面上不会使用严格的哲学论证方式，甚至在某些人看来缺少逻辑性。通过文学方式的表达，神秘主义像一团烟雾一样笼罩在西方生态伦理学内部。它或明或暗，虽然不是通过严密的逻辑让人信服，却使用独特的语言表达营造一种氛围，这种氛围使得许多人产生共鸣，进而让他们接受其生态主义立场。神秘主义在方法上的特点一定程度上是西方哲学当中宗教式辩护方式的再现。但是，对于当今时代的许多人来说，这种辩护方式缺乏一般意义上的科学性或者说明确性，让其反对者不能信服，这也成为一些反对生态伦理学的人指责生态伦理学的地方——缺乏基本的哲学方式。

不过，神秘主义的道德哲学论证方式却有一个明确的立场，那就是生态本体论，也就是将生态视为生态伦理学的根本。与神秘主义相反，当代西方生态伦理学还持有规范主义的道德哲学辩护方式。所谓规范主义的道德辩护方式是指，运用理性与逻辑严密的方式来论证生态伦理问题。比如，彼得·辛格通过功利主义的方法论证动物权利。以规范的方式进行生态伦理讨论与论证往往具有强大的辩护力度，因为这种论述以理性与逻辑为基础，循序渐进，清晰明了。规范化的道德哲学论证方式为西方生态伦理学找到了同主流伦理学衔接的桥梁，毕竟神秘主义式的论证方式不可能为主流伦理学接受。规范化的论证方式还有一大优势，那就是它同时也为西方生态伦理学同自然科学找到了沟通的桥梁。如果说神秘主义的论证方式使得西方生态伦理学同自然主义文学、艺术接近，那么，规范化的论证方式则使得西方生态伦理学同自然科学在方法上保持了同一性。这种一致性使得西方生态伦理学在学科范围、学科实践力度、学科影响力上得到了提升，使得生态视角下的道德涵盖范围扩大。同时，由于在方法上的一致性，社会科学同西方生态伦理学之间也逐渐相得益彰，社会学、政治学、经济学、传播学等学科同生态伦理学之间开始相互影响。然而，同神秘主义的道德立场不同，规范化论证的方式虽然逻辑清晰明确，在本体论意义上却有着人类中心主义的倾向。因为逻辑与规范化的理性论证方式本身就是人类的主观能力，人类往往以自我为中心展开论述，比如功利主义就以人的自身感受为基础，以之推广到动物身上。此外，在方法论上，规范化的道德论证方式由于在方法上同自然科学的经典主客二元对立方法论基础相一致，使得当代西方生态伦理又不得不面对上面所讲的第一个困惑，即道德主体困惑。

神秘主义和规范化的论证造成了当代西方生态伦理学在道德哲学方法上的困惑：一个立场符合生态伦理的基础，但是方法却得不到广发认同；另一个虽然方法符合主流，但是却在立场之上同生态伦理的真正内涵存在差别。要想在立场与方法上都符合生态伦理学的未来发展，必须综合神秘主义与规范化的论证方式。这是未来西方生态伦理学应当处理好的关系，但同样有很长的路要走。

在道德哲学方法之上，当代西方道德哲学还面临另外一个困惑，那就是整体主义与个体主义的方法论纷争。所谓整体主义就是将生态视为一个有机整体，并将整体的优先性置于最高位置，一切以整体的存在与发展作为最高标准。这种观点的方法论基础就是本体论层面上的整体主义，一定程度上也可以认为，整体主义在本体论与方法论上是一体两面的。整体主义道德方法论将生态整体视为一个道德实体，并将整个生态有机体的存在与有序发展视为最高的善，一切破坏生态整体的行为都是非善的甚至是恶的。显然，这种方法具有很强的约束性，将人类行为置于一个更低层次之上，生态整体的优先性始终先于人类行为，人类行为必须受到生态整体性的约束。道德方法论上的整体主义对于生态本身的理解立足于生态本体论，同神秘主义的论证方式一致，有些时候同神秘主义的论证方式纠缠在一起。这主要由于，整体主义的提出最早大多是由具有神秘主义论证方式的思想家完成的。但是随着生态学、生物学等学科的发展，整体主义逐渐变得规范化与理性化。可以说，整体主义的道德方法越来越成为当代西方生态伦理学的方法论共识。

可是，当代西方生态伦理学的整体主义道德方法并没有在方法论上占据绝对优势，甚至在其背后还有许多方法论上的隐患，那就是方法论上的个体主义。方法论上的个体主义或者说个人主义立足于个体或者个人，具有人类中心主义倾向。这一方法论在经济学当中体现得较为明显，因为经济学的传统在于将个体进行原子化理解，将个体置于优先考虑的地位。方法论个体主义并不仅仅限于对个体的原子化理解，在更为广泛的维度之上，这实际上是一种较为普遍的规范化论证方式。当代自然科学、相当一部分哲学思想都持有这种论证方式，将研究对象进行抽象化理解，分割为特点一致的不同部分。所以，方法论个体主义同上面所提到的规范化论证方式之间有着不小的交集，这就造成在立场之上，方法论个体主义同规范化论证方式一样，同生态伦理学的基础存在差异。

整体主义与个体主义的道德方法差异并非难以综合，这是未来西方生态伦理学应当努力发展的一个方向。整体主义同个体主义一样，都容易走向两个极端，要么过分推崇整体而忽视个体，要么过分推崇个体而忽视整体。

三、道德建构的路径

在立场与方法上的道德困惑之后，当代西方生态伦理学在道德的建构路径之上也有困惑。这种困惑主要就是人类中心主义与非人类中心主义之间的对立。这种对立并非一开始就像当今一般激烈，这主要由于西方生态伦理学源于非人类中心主义在生态问题上的自觉，只是后来随着生态伦理学的不断发展，人类中心主义开始进入生态伦理学的讨论之中，并提出了自己的人类中心主义解释路径。

人类中心主义顾名思义，就是以人类为中心，坚持人类自身的核心地位。人类中心主义的一些具体观点与代表人物我们将在第三节具体讨论。"在人类中心主义者看来，我们之所以要保护环境，无非是为了人类的幸福和发展。他们往往不认为环境破坏对人类生存有什么根本性威胁，只认为环境破坏会降低人们的生活质量。他们只把自然当作经济发展的资源库，或当作休闲场所。"①在人类中心主义的立场之下，西方生态伦理学的道德建构就是以人为中心，将符合人类福祉与利益的行为视为符合道德的。随着经过几十年的发展，对生态进行全面保护也已经成为了人类的共识，人类中心主义也不断弱化，但是，立足于人类进行生态伦理学的道德建构却始终不能摆脱人类的自我霸权，不能摆脱人类权利对于其他事物的优先。现实中的人类利己主义行为的大量存在依然表面，西方生态伦理学仍然在不同程度上被人类中心主义所影响甚至主导。

非人类中心主义不以人类为中心，将生态的善定义为了生态系统之中人与其他生物的共存共生与可持续发展，对于破坏生态的行为不再以危害人类福祉作为判断标准，而是将危害其他生物存在与发展作为评价准则。非人类中心主义在非功利主义的动物保护方面体现得较为明显，但不仅仅局限于动物保护。非人类中心主义同上面所讲的道德主体的扩展密切相关。非人类中心主义将人类的道德主体性推广到了各种生物和其他事物之上，并且强调主体与客体之间的相互转换。在本质上，非人类中心主义真正提倡的是一种生态内在价值，也就是说，生态本身就具有价值，这是其存在的理由，并非只有人类才有价值，其他生物或者事物的价值也不是人类赋予的，也不能以人类价值的尺度作为衡量其他生物或者事物价值的尺度。

以非人类中心主义建构生态伦理中的道德，是人类自我放低自身姿态的体现，其背后蕴含着对于自然或者生态的敬畏之情。人类中心主义则是人类自我狂妄的体现。

就表面来看，我们很显然可以得出结论，当代西方生态伦理学应当选择非人类中心主义的道德建构而抛弃人类中心主义的道德建构。这里好像并没有什么道德困惑可言，但是，当代西方生态伦理在是否选择非人类中心主义的问题上仍然有困惑，一方面这是由于人类中心主义的弱化，另一方面同样还是由于当代西方生态伦理学对于道德主体界限上的困惑。

第二节　西方生态伦理学的观念演化

西方生态伦理学的观念演化相比于伦理学的其他分支而言时间较短，但是却阶段性鲜明，并且有一条主线，那就是对于生态价值的认识程度不断加深，虽然不同流派的观点不一，但是却可以达成一个共识，那就是要保护生态。

① 卢风. 应用伦理学概论. 北京：中国人民大学出版社，2015：117.

从西方生态伦理学的观念演化当中我们可以把握其思想发展历程，同时也就能看到当今西方生态伦理学的前沿动态。按照演化的不同阶段，西方生态伦理学可以分为立场自发阶段、诞生阶段、发展阶段、成熟阶段和深入阶段五个不同时期。这五个阶段的具体内容与代表人物请大家参考第三到七章，在此不再赘述。

一、自然主义的立场自发

西方生态伦理学的立场自发阶段同时也是其学科产生的酝酿阶段，这一阶段的代表人物有大卫·梭罗、马什、杰弗逊、泰勒、平肖、缪尔等人。这些人大都不是专业伦理学家，他们面对当时日益严重的生态问题，在立场之上予以反思，自发展现出保护生态的基本立场，并没有形成学科自发。

在立场自发阶段，西方生态伦理在观念上推崇自然，体现出了浓厚的自然主义。这种自然主义集中表达为了对于自然的热爱，对于自然灵性的表达，对于田园的歌颂，对于环境破坏的反对。这一时期的观念体现的是现代性与前现代性的观念对立。所谓现代性就是工业化时代所具有的种种特性，比如推崇人类理性，大量生产、大量消费、大量排放等等。所谓前现代性就是农业社会所具有的种种特性，比如敬畏自然，顺应自然，适度生产、消费、排放等等。

田园牧歌式的社会，自然与人是一体的，人类保护和利用环境，适度开发，虽然生产力水平不高，但是却可以从自然当中体会到生命的价值与意义。

立场自发阶段的西方生态伦理学奠定了西方生态伦理学的基础，那就是拒斥生态破坏，追求生态价值。

二、道德主体扩展与生态伦理诞生

遵循着西方生态伦理学的基础，史怀泽、利奥波德等人将伦理学同生态联系起来，形成了西方生态伦理的学科自觉，西方生态伦理学诞生。"敬畏生命"与"大地伦理"表明，构建起一套符合生态发展的伦理学是有可能的。

这个时期的西方生态伦理学自发扩展道德主体。史怀泽将道德主体性扩展到了所有生命，并以敬畏这一具有价值指向的词汇表明生命的内在价值与相互之间的平等。他认为，"到目前为止的所有伦理学的最大缺陷，就是它们相信，它们只需处理人与人之间的关系"。利奥波德则以整体主义构建其生态伦理，他批判功利主义与人类中心主义，提出"像山一样思考"，并认为地球是一个完整生命体，其中任何一个部分都有生命力，我们不应当征服地球，而是应当保护地球。

诞生时期的西方生态伦理以生命与灵性扩展道德主体，使生态成为伦理学的研究对象。不过，客观而言，这一时期的西方生态伦理学观念同立场自然时期的西方生态伦理学观念一样，或多或少具有神秘主义倾向。

三、在批判中不断成长

史怀泽和利奥波德等人的思想影响开始逐渐扩大，卡逊和埃利希等人受到他们的影响，开始自发关注生态问题。在观念上，这一时期的西方生态伦理学遵循之前自然主义①的哲学路径对物质主义与享乐主义进行了严厉批判。这一时期的西方生态伦理学同社会学、经济学、文学等融合在一起，卡逊和埃利希等人的作品难以称得上是纯哲学性著作或者说纯伦理学著作，同史怀泽和利奥波德相比，他们更加关注生态问题，对环境污染、人口问题、资源问题等现实问题进行具体分析。不过，他们的分析直接批判了物质主义与享乐主义，这是西方生态伦理学的一大进步。这表明，西方生态伦理学在观念之上已经找到了自己的理论对手与批判对象。

四、观念多元化与理论成熟

西方生态伦理学进一步走向成熟，在观念上除了对基本的生态价值立场进行延伸之外，对于自己的学科独立性开始发出声音。鲁特莱首先论证了生态伦理学形成的可能性，并认为生态伦理学形成的关键在于扩大道德共同体。② 从此，一石激起千层浪，生态问题全面进入伦理学视域之中。

此时的西方生态伦理学观念逐渐多元化，不同的哲学家以各自的方式论证生态伦理。辛格以功利主义、里根以道义论的方式论证了动物权利，罗尔斯顿完善了整体主义生态伦理学，考利科特则进一步捍卫了利奥波德的大地伦理等等。

成熟时期的西方生态伦理学独立成为一门伦理学学科，在多元化的观念之下，哲学家们进一步就生态伦理问题达成共识，即无论以何种方式为生态伦理进行辩护，都必须立足于保护生态的基础之上。

五、于反思中走向深入

西方生态伦理学的深入阶段就是当前的发展动态，这一点我们在前一节的道德困惑当中所论述的内容集中体现了深入阶段的西方生态伦理学的观念演化。这一时期的西方生态伦理学除了上述道德困惑之外，在观念之上，这集中体现了生态正义。

自西方伦理学经历了罗尔斯的正义转向以来，正义问题成为了当今伦理学所有分支都必须严肃探讨的内容。而正义问题在当代西方生态伦理学的视野下则主要体现为代际正义与全球环境正义两个方面。这两个问题同权利与平等直接相关。

所谓代际正义就是我们对于生态的利用同我们的后代之间应当是平等的，我们不能侵犯后代合理利用生态的正当权利。所谓全球环境正义是全球正义的重要方面，是指不同的国家、民族、地区都应当合理分配保护生态环境的义务。在伦理学的视野之下，生态正义问题本质上属于分配正义范畴，即如何处理和分配人类在时空中的生态伦理责任与义务。

此外，对于当前西方生态伦理学来说，如何进一步利用现有哲学、自然科学、人文社会学科的研究成果，扩展自身研究领域与研究方法仍然是观念进一步深化的助推力。比如前面我们所说的，通过心灵哲学与人工智能哲学的最新研究成果，有助于以

---

① 需要特别说明，这里的自然主义主要是指推崇自然的哲学，比如卢梭、梭罗等人的思想。自然主义在哲学上还指当前科学哲学、心灵哲学、形而上学等当中的物理主义，即注重物质实体的唯一性。

② Richard Routley，Is There a Need for a New, Environmental Ethic?. Proceedings of the XVth World Congress of Philosophy. Philosophy and Science，Morality and Culture，Technology and Man，Sofia，Bulgaria，1973：205－210.

更有力的方式扩展生态伦理学的道德主体。

当代西方生态伦理学的观念演化是一个由少到多，由浅入深的过程，这个过程当中，保护生态作为共识一直都是观念主线，围绕这一共识，西方生态伦理学由神秘主义与自然主义奠定了其基本立场，进而以不同方式构建生态伦理学。

第三节 西方生态伦理学的流派纷争

西方生态伦理学自诞生到现在，形成了众多的思想流派，如敬畏生命理论、动物解放论、动物权利论、大地伦理学、自然价值论、深层生态学、社会生态学、生态女性主义、生态马克思主义、环境正义论、环境美德伦理等。这些理论大致可被归入现代人类中心主义、动物解放/权利论、生物中心主义和生态中心主义四大阵营，这四大阵营在道德共同体的范围上是依次扩大的，反映出生态伦理学的视野不断扩大，理论不断进步的趋势。下面将分别就四大阵营的主要思想以及各自的优点与局限进行梳理与分析。

一、现代人类中心主义

现代人类中心主义是针对过去的那种狭隘的人类中心主义而言的。狭隘的人类中心主义认为，人类的利益是价值的原点和道德评价的最终依据，只有人类才是价值判断的主体，因此，人类中心主义只强调人对自然的权利，而忽视人对自然的义务，认为人对自然的征服是天经地义和理所应当的。狭隘的人类中心主义的核心观点可归纳如下："①在人与自然的价值关系中，只有拥有意识的人类才是主体，自然是客体。价值评价的尺度必须掌握和始终掌握在人类的手中，任何时候说到'价值'都是指'对于人的意义'。②在人与自然的伦理关系中，应当贯彻人是目的的思想。③人类的一切活动都是为了满足自己的生存和发展的需要，如果不能达到这一目的的活动就是没有任何意义的，因此一切应当以人类的利益为出发点和归宿。"[①]

现代人类中心主义又称"弱人类中心主义"，它超越了上述那种狭隘的主张，提出科学管理、明智利用自然的主张。现代人类中心主义的核心观念是："第一，人由于具有理性，因而自在地就是一种目的。人的理性给了他一种特权，使得他可以把其他非理性的存在物当作工具来使用。""第二，非人类存在物的价值是人的内在情感的主观投射，人是所有价值的源泉；没有人，大自然就只是一片'价值空场'。""第三，道德规范只是调节人与人之间关系的行为准则，它所关心的只是人的福利。"[②]

现代人类中心主义的主要代表有吉福特·平肖（Gifford Pinchot）、布赖恩·诺顿（Bryan Norton）、帕斯莫尔（J. Passmore）。吉福特·平肖虽主张保护自然，但他更关心国家的经济发展。针对当时美国自然资源遭到毁灭性破坏现状，他提出对国家自然资源进行科学管理的规划，以便更好地利用自然的主张。虽然其保护自然的目的还是

① 王旭烽. 生态文化辞典. 南昌：江西人民出版社，2012：104－105.
② 余谋昌，王耀先. 环境伦理学. 北京：高等教育出版社，2004：52.

为了更好地开发和利用，但相比于过去那种对自然肆意破坏的做法有了很大的改善。布赖恩·诺顿认为，现代人类中心主义必须建立在理性分析的基础之上，为此他区分出四个重要的概念：感性偏好、理性偏好、满足的价值和价值观改变的价值。感性偏好指的是一个人可以感觉或体验到的任何一种欲望或需要；理性偏好则是一种经过审慎的理智思考后才表达出来的欲望或需要。诺顿认为，对人的感性偏好不加任何限制的满足狭隘人类中心主义是有问题的，只有满足人的理性偏好的弱人类中心主义才是合理的。需要价值即自然满足人的需要的价值，转化价值即自然转变人的价值观的价值。二者相比，诺顿更强调后者。帕斯莫尔同样认为，人类之外的存在物既不具有内在价值也不拥有道德权利，导致我们目前的生态灾难的主要原因是人类的贪婪和短视，只要采取符合古老道德要求的、明智的行为，这些问题就能得到解决。①

由此可见，现代人类中心超越了过去那种把个人利益、集团利益作为最终价值依据的狭隘人类中心主义，把人类的整体利益、长远利益作为最终的根据，这是一种巨大的进步，但是即使在这种修正和弱化之后，它依然没有跳出功利主义、实用主义的藩篱，现代人类中心主义依然存在着诸多问题与挑战。首先，现代人类中心主义无视人的有限性。人是有限性的存在，而大自然是永恒的，人只是大自然的一个环节和组成部分，大自然的诸多奥秘还依然不能被人类所认识和理解，如果以人的价值作为判断自然的唯一根据，那么自然的丰富性将会人类这种有限的存在缩减。第二，现代人类中心主义在道德共同体边界的界定上存在问题。在人类中心主义者看来，正是由于人具有了某种其他动物所不具有的特性，道德才只与人有关，而与其他存在物无关。而这种特性是什么，人类中心主义给出的答案并不具有说服力。不论它给出任何标准，人们都可以找到相反的例证来加以反驳。正是由于这些问题的存在，现代人类中心主义遭到非人类中心的质疑与挑战。

二、动物解放/权利论

不论是狭隘的人类中心主义还是现代人类中心主义，都认为只有人享有道德关怀的权利，人之外的存在物是没有道德权利可言的。从历史的角度看，也并非所有的人类都实际享有道德关怀的权利，比如，在远古社会里，异族人和战俘是没有权利享受道德关怀的。在一个氏族的人眼中，氏族之外的人几乎和动物没有差别；在奴隶制社会里，奴隶也被排除在道德的保护之外，他们没有任何的人身权利，可以被任意地买卖和屠杀；在以父权为主的封建社会里，女人是作为男人的从属或附庸而存在的，在某种意义上也不能完全享受道德保护的权利。随着社会的发展，上述各种阶级和身份的人都逐渐被纳入到了道德的保护范围之内，享受到最基本的人道主义待遇。② 与人类解放的大踏步前进的趋势相比，动物的解放却一直被人类所忽视，换言之，在人类逐渐超越阶级歧视主义、种族歧视主义、性别歧视主义的同时，物种歧视主义却一直没有任何的改变，直到动物解放论和动物权利论的出现，这种情况才有所改变。

① 余谋昌，王耀先. 环境伦理学. 北京：高等教育出版社，2004：53 - 54.
② 张卫. 当代技术伦理中的道德物化思想研究. 大连理工大学博士论文，2013：64.

动物解放论和动物权利论是非人类中心主义生态伦理学的早期代表。1972 年，古德洛维奇和哈里斯编辑了讨论动物权利问题的文集《动物、人与道德：关于对非人类动物的虐待的研究》，其中的"动物实验"一文指出："总有一天，人们那启蒙了的心灵将能够像目前痛恨种族歧视主义那样痛恨物种歧视主义。"①随后，辛格和雷根分别从动物解放和动物权利的视角论证了"动物为何应该享有道德地位"这一重要问题。

辛格认为，人类之所以能够成为道德关怀的对象，是因为人拥有的感受痛苦和欢乐的能力。也就是说，感受痛苦和享受愉快的能力是获得道德关怀的充分条件。照此而言，动物同样也有感受痛苦和享受快乐的能力，那么，动物为何不能享受道德关怀呢？为此，辛格明确指出："如果一个存在物能够感受苦乐，那么拒绝关心它的苦乐就没有道德上的合理性。不管一个存在物的本性如何，平等原则都要求我们把它的苦乐看得和其他存在物的苦乐同样（就目前所能做到的初步对比而言）重要。"②辛格还提出了处理物种利益冲突的"二因平等主义"（two factor egalitarianism）原则，即在解决动物物种之间的利益冲突时，必须同时考虑两个因素：发生冲突的各种利益的重要程度和利益冲突方的心理能力，在权衡感觉和心理能力不同的动物的类似利益时，感觉和心理能力较为复杂的动物要优先于那些感觉和心理能力较为简单的动物。这就避免了绝对的物种平等主义所带来的理论困境，为现实的实践活动提供了可操作的行动原则。

但是，辛格的这种标准也遭到了许多人的质疑。反对者提出的理由是，快乐并不是人们所追求的最后目标，它只是人们所追求的"善"的伴随物，而不是"善"本身。另外，给动物带来痛苦的行为也不一定是不道德的行为，动物之间的相互捕食同样也会带来痛苦，这是生态系统存在的必要前提。我们应该做的只是在利用动物的时候使他们所遭受的痛苦不大于它们在自然环境中所遭受的痛苦而已，而没必要把它们列入和人类想并列的"道德对象"（moral patient）。尽管如此，辛格的动物解放理论仍对我们重新思考动物的道德地位产生了重要的启示意义。他的《动物解放》一书被视为"当代动物权利运动的圣经"。

雷根认为，把动物解放的理论基础奠基在功利主义之上是不恰当的，相反，功利原则正好可以用来证明人们虐待动物是合理的，因为这样做在某些情况下可以带来最大的功利效果。因此，雷根认为，只有假定动物也拥有权利才能从根本上杜绝人类对动物的无谓伤害，而我们可以通过人类证明人拥有权利的理由来证明动物同样也拥有权利。试问，人类获得道德权利的资格是什么？理性、自由意志吗？显然不全是，因为先天智障患者、痴呆患者、丧失精神能力的植物人等不具有上述能力的人也享有被道德关怀的权利。由此可见，道德权利不是被授予的，而是先天获得的，其根据是人是"生活的主体"，而动物也是其自身"生活的主体"，因而动物也拥有值得我们予以尊重的天赋价值，这种天赋价值赋予它们一种道德权利，即避免不应遭受的痛苦的权利。

① 何怀宏. 生态伦理. 保定：河北大学出版社，2002：312.
② 辛格. 所有的动物都是平等的. 江娅，译. 哲学译丛，1994（05）：25－32.

如果说辛格的动物解放理论的理论基础是功利主义的话，那么雷根的动物权利理论则是基于道义论，每一个物种都是目的，而不是工具，不能牺牲一个物种来为另一个物种服务。但不论是辛格还是雷根，他们的论证都带有人类中心主义的影子，因为"他们都从将人类看做有道德身份的生物开始，而后他们都问'为什么给人类以道德身份呢？'费因伯格答'拥有权利'，辛格说'忍受苦难的能力'，里根说'作为生命的主体'。但为什么这样划定界限呢？在效果上，费因伯格、辛格和里根都说，道德价值的拥有者的范例是人，只要动物足够像我们，他们就有（或我们就可给他们以）道德身份。"此外，辛格和雷根的理论还带有个体主义性质，即伦理学旨在保护和提高个体的利益，而不是群体、社会或其他"共同体"的利益。拥有道德身份的只是单个生命体，而不是物种。我们不能以生态的整体利益随便牺牲某一个体生命，这就使他与多数的整体主义的生态伦理流派产生差异，因此受到后来兴起的整体主义生态伦理学流派的批判。① 总之，动物解放论和动物权利论虽然在理论中还存在着一些问题，但它们至少打破了人类中心主义的迷思，扩展了伦理学的思维视野，使伦理学第一次突破了对人的"自恋"。

三、生物中心主义

生物中心主义的出现是对动物解放/权利论的进一步发展，它试图把道德关怀的对象从动物拓展到一切生命体之上。生物中心主义的代表人物是人道主义者阿尔贝特·史怀泽和美国学者保尔·泰勒。

史怀泽对伦理的理解是，"敬畏我自身和我之外的生命意志"。他认为，"一个人只有当他把植物和动物的生命看得与人的生命同样神圣的时候，他才是有道德的。"正是出于这种信仰，他建立了"敬畏生命"的伦理学。敬畏生命的伦理原则要求"把爱的原则扩展到动物，这对伦理学是一种革命。"②之所以要这样做，史怀泽给出了如下理由：第一，对生命的敬畏能够使我们过上一种充实而有意义的生活。第二，正是通过对其他生命的同情和关心，人把自己对世界的自然关系提升为一种有教养的精神关系，从而赋予自己的存在以意义。第三，帮助我们意识到伤害或牺牲某些生命时所包含着的道德责任，使我们避免随意、残忍地伤害和毁灭其他生命的行为。

与其他环境伦理学家不同的是，史怀泽并没有用一整套定义明晰的学术概念来演绎和构造完整、系统的伦理体系，而是以一种散文式的诉诸情感和直觉的写作方法来表述其思想，虽然这种方式具有很强的感染力，但却使他的理论显得过于浪漫，从而影响了其实际的效用。但敬畏生命的伦理仍以其悲天悯人的博大胸襟感召着人们从事保护生命的环境运动。

从理论的角度来对生物中心主义进行论证的工作是由泰勒完成的。他的《尊重大自然》一书是论述生物中心主义环境伦理学的最具代表性的著作之一。在此书中，泰勒从职业伦理学家的视角，在借鉴传统人际伦理学和吸收当代生态学理论的基础上，

---

① 戴斯·贾斯丁. 环境伦理学. 3 版. 林官明，杨爱民，译. 北京：北京大学出版社，2002：134 – 136.
② 余谋昌，王耀先. 环境伦理学. 北京：高等教育出版社，2004：19.

建构了一套完整的生物中心主义伦理学体系。

泰勒的生物中心主义的中心原则是："当其要表达和体现的具体的最终的道德态度是尊敬自然时，其行为和品德就是好的和道德的。"①针对这一原则，他首先论证了所以生命存在物都有其自身的善，换言之，所有生命都是"生命的目的中心"。泰勒的"生命的目的中心"概念比雷根的"生命主体"更加具有一般性，这一概念把所有的生命都被纳入到道德关怀的范围之内。泰勒的生物中心主义伦理包含四个信条：第一，人类与其他生命一样，是地球生命系统的一员；第二，所有生命是相互依赖的；第三，所有生命以其特有的方式维持着自己的善；第四，人类并不是天生优越于其他生命。

从上述基本原则和信条，泰勒接着提出了四个可用于环境实践的四个法则：不伤害法则、不干涉法则、忠实法则和补偿正义法则。不伤害法则要求我们不伤害任何生物；不干涉法则要求我们不去干涉个体生物的自由；忠诚法则要求我们不欺骗生物，如设陷阱、钓鱼等手段都是通过欺骗的手段来捕杀生物，这在泰勒看来是不道德的；补偿正义法则要求在伤害其他生物的同事对该生物进行补偿。当然，这四条法则的并不是并列的关系，而是具有优先性的差异。其中，不伤害发展是"基本的责任"，当冲突不可避免，补偿正义法则优先于忠实法则，忠实法则优先于不干涉法则。

与其他非人类中心流派一样，生物中心主义面临的最大问题也是人类利益与非人类利益的冲突，这也是对所有非人类中心主义生态伦理学流派的最大考验。泰勒就此问题给出了五个处理原则：自卫原则、均衡原则、最小失误原则、分配公平性原则和恢复公平性原则。当人类的利益受到威胁时，自卫原则发挥作用，当人类利益没有面临威胁时，其他四个原则起作用。其中，均衡原则和最小失误原则适用于非人类生物的基本利益和人类的非基本利益相冲突之时，分配公平性原则适用于人类和非人类的基本利益发生冲突之时，恢复公平性原则适用于在没有满足最小失误原则和分配公平性原则之时。

当然，尽管泰勒的生物中心主义较之于史怀泽的生物中心主义已有了很大的改进，但仍面临着问题和质疑。近年来，詹姆士·斯提巴（James Steba）对泰勒的生物中心主义做了进一步的发展，他的论证包括如下几步：

1. 若某物体 X 可受到伤害或受益，则它有其自身之善；

2. 若某物有其自身之善，则除非有好的理由，否则伤害它就是错误的；

3. 不存在必然的理由假设人类利益总是超越 X 的善；

4. X 有道德身份，即 X 是同样支配人类关系的基本的公平性原则的主体；

5. 自由公平性，对自由和公平的平衡是指导人与非人之间关系的最可靠的社会公平性。②

四、生态中心主义

生物中心主义虽然把道德共同体拓展到一切生命个体，但是它却忽视了作为生物

① 戴斯·贾斯丁. 环境伦理学. 3 版. 林官明，杨爱民，译. 北京：北京大学出版社，2002：157.
② 戴斯·贾斯丁. 环境伦理学. 3 版. 林官明，杨爱民，译. 北京：北京大学出版社，2002：166.

共同体的存在，否认人类对物种和生态系统负有的道德责任，这表明生物中心主义还存在着一定的局限。针对这种局限，生态中心主义提出生态伦理学还需要关心作为整体的生态系统、自然过程以及其他自然存在物。所以，与前几种生态伦理学流派相比，生态中心主义更加关注生态共同体而非生命个体，它是一种整体主义而非个体主义的伦理学。其中，利奥波德的大地伦理学、罗尔斯顿的自然价值论和奈斯的深生态学是生态中心主义的三个典型代表。

利奥波德的大地伦理学进一步拓展了道德共同体的范围，把土壤、水、植物、动物等一切自然存在物都纳入进来，同时把人类视为这个扩大了的道德共同体的一个普通成员。大地伦理学的基本原则是："一件事情，当它有助于保护生命共同体的完整、稳定和美丽时，它就是正确的；反之，它就是错误的。"①这就意味着，单一个体的利益并不是最高的善，生态共同体的利益才是最高的善，后者是确定一切行为的最高标准。尽管大地伦理学进一步扩大了生态伦理学的视野，但是这种整体主义的视角却也带来了问题，试问，如果猎杀某个生物或物种可以起到更好地保护生态系统整体利益的时候，我们是否可以这样做？更进一步讲，如果杀掉一些人类能够使生态系统更完整、更稳定、更美丽，是否可以对无辜的人群下手呢？因此，反对者认为大地伦理学具有一种"环境法西斯主义"的倾向。

罗尔斯顿的自然价值论对价值进行了重新了定义，他把价值定义为创造性，凡是存在创造性的地方，就存在着价值。价值是进化的生态系统的内秉属性，大自然创造出地球上一切的价值，是价值的最终源头，更为重要的是，它还创造出具有欣赏、体验和评价这种价值的能力的人类。从这个意义上讲，不是人类把价值赋予自然，而是自然把价值赠给我们。"在生态系统层面，我们面对的不再是工具价值，尽管作为生命之源，生态系统具有工具价值的属性。我们面对的也不是内在价值，尽管生态系统为了它自身的缘故而保卫某些完整的生命形式。我们已接触到了某种需要用第三个术语——系统价值——来描述的事物。"②罗尔斯顿对价值的这种理解打破了传统的以主体需要为最终根据的工具价值观，为我们重新理解价值提供了一个新的思路。但是，罗尔斯顿仍然没有解决西方传统伦理学面临的价值与义务之间的逻辑通道问题。

奈斯的深生态学是相对于通常的浅层生态学而言的。浅层的生态学虽然对保护生态环境有一定的积极促进作用，但它只是把生态学当作实现人类最大利益的工具，它默认的还是人类中心主义的价值观。深生态学则相反，它把生态学视为一种"思想范式"，试图从哲学、宗教、伦理、经济、文化、政治等各方面彻底反思和揭示生态问题出现的根源，倡导一种全新的生活方式。很明显，深生态学认可的是非人类中心主义的价值观，认为自然有其内在的价值。深生态学有两个基本范式：第一，若无充足理由，人类没有权利毁灭其他生命。通常被称为"生物圈平等主义"；第二，与其他生命同甘共苦。通常被称为"自我实现论"。可以说，"自我实现论"是深生态学最有价值的理论贡献，但是，也有人对之进行了质疑，如普拉姆伍德认为，"自我实现论"不

① 余谋昌，王耀先．环境伦理学．北京：高等教育出版社，2004：86.
② 罗尔斯顿．环境伦理学．杨通进，译．北京：中国社会科学出版社，2000：255.

仅没有批评利己主义，而且进一步扩大了利己主义，鼓励把自我利益（尽管已经得到放大）作为行动的动力。

本章小结

本章从三个方面介绍了西方生态伦理学的前沿动态。对西方生态伦理学而言，在道德领域中的困惑决定了其思想观念的基本走向，结合其观念演化与流派纷争，可以进一步看到，西方生态伦理学的动态实际上一直紧紧围绕道德主体与客体的界限、道德哲学方法与道德建构的路径展开。

作为哲学与伦理学的一大主流，西方生态伦理学的发展一直与其对时代问题的高度关注有关，为此，更应体会到哲学作为时代精神精华的巨大作用。从西方生态伦理学的前沿动态当中，中国思想界与所有关心生态伦理问题的人都应当将哲学方法同时代问题紧密结合。只有这样，才能脱离纯哲学思辨的形式化甚至神秘化和纯问题讨论的无规范化甚至无原则性。

【思考题】

1. 当今西方生态伦理学同时代的关系是什么？
2. 你认为西方生态伦理学所面临的最大道德困惑是什么？
3. 对西方生态伦理学的几大流派，你更赞同哪一个？为什么？
4. 中国生态伦理发展可以从西方生态伦理的前沿动态中得到什么启示？

【参考文献】

戴斯·贾斯丁. 环境伦理学[M]. 3 版. 林官明，杨爱民，译. 北京：北京大学出版社，2002.

何怀宏. 生态伦理[M]. 保定：河北大学出版社，2002.

卢风. 应用伦理学概论[M]. 北京：中国人民大学出版社，2015.

罗尔斯顿. 环境伦理学[M]. 杨通进，译. 北京：中国社会科学出版社，2000.

王旭烽. 生态文化辞典[Z]. 南昌：江西人民出版社，2012.

辛格. 所有的动物都是平等的[J]. 江娅，译. 哲学译丛，1994(05)：25－32.

余谋昌，王耀先. 环境伦理学[M]. 北京：高等教育出版社，2004.

张卫. 当代技术伦理中的道德物化思想研究[D]. 大连理工大学博士论文，2013.

RICHARD R. Is There a Need for a New, Environmental Ethic? [C]. Proceedings of the XVth World Congress of Philosophy. Philosophy and Science, Morality and Culture, Technology and Man, Sofia, Bulgaria, 1973：205－210.

第十章
西方生态伦理学的理论进路

本章提要：环境问题及其引发的人类生存危机，迫使人们所面对的，不仅仅是如何解决问题、摆脱危机的技术性或专业性问题，还有深深触及人类生产生活的基本价值观念问题。从而，人类在自然界的位置如何，以及我们应当怎样对待大自然等紧迫问题，与基本的伦理问题——人类应当如何生活或行动——在现时代不可避免地交织在一起。西方生态伦理学应运而生，秉持着自己的学科本性，因循不同的思想资源和路径方法予以理论上的回应。作为当代西方规范伦理学最为典型和重要的三种理论形态，后果主义、义务论和德性论以不同的提问方式开启人与自然之间道德关系的阐释和论证，成为西方生态伦理学研究的主要进路。对于后果主义者来说，生态伦理学的基本问题是，损毁人类以外的自然存在物，是否会造成某种不好的道德后果？义务论者并不关心行为的后果，而是以另一种视角提出问题：这个行为是否违背了某个普遍适用的道德法则？德性论者关心人的品质而不仅仅是个别的行为，他们相信，置身于自然界的人应当展示人类特有的优秀品质，而这样的优秀品质有助于人们过一种好的生活。

面对前所未有的环境危机，生态伦理学是以一种新伦理学的姿态强势出场的。正如罗尔斯顿所认为的那样，生态伦理学寻求一种与传统伦理学脱离关联的，超越人类文化基础的伦理。"旧伦理学仅仅强调一个物种（人）的福利，新伦理学关注构成地球进化着的生命的几百万物种的福利"。[①]然而，生态伦理学作为应用伦理学的一个新兴领域，不可能背离其学科的基本属性，更不可能不汲取这个学科的理论资源。生态伦理研究之所以必要，恰恰在于伦理学作为一个特殊学科提供了一种不同于技术主义的视角，提供了"权利""义务""功用""价值""正义"等诸如此类的范畴，使人们可以从更深层次上把握、思考和探讨环境问题，明确人类整体以及个体的环境道德责任之所在。从这个意义上说，西方生态伦理学是应用、反思和创新西方传统人际伦理学理论和方法的产物。

---

① 罗尔斯顿. 环境伦理学：大自然的价值以及对大自然的义务. 北京：中国社会科学出版社，2000：1.

第一节　后果主义与生态伦理

近现代以来，西方伦理学以后果主义和义务论为主导范式。前者以功利主义为典型，后者以康德伦理学为代表。二者一方面体现为两种相互对立、相互竞争的价值立场、理论姿态和思维方法，另一方面又步调一致地构建了西方"现代性"的道德价值观念和道德规范体系。通常说的现代规范伦理学，就其狭义理解而言就是指这两大理论流派。① 也因此，西方生态伦理学从一开始就与这两种伦理学的理论和方法纠缠在一起。这一节，我们先探讨后果主义理论和方法如何被应用于人与自然关系的伦理构建。

一、后果主义的内涵与渊源

一般认为，后果主义（consequenitalism）作为一个划分不同类型伦理学理论的术语最早见于英国当代哲学家安斯库姆在 1958 年发表著名文章《现代道德哲学》。顾名思义，后果主义关注行为的后果，是一种依据行为后果来对行为进行善恶评价的伦理学理论和方法。对于一个后果主义者来说，没有任何行为内在地，或者从其内在属性上来说是道德上正确的行为，行为的正确与否仅仅取决于该行为引发的效果或影响。这就意味着，遵循后果主义的道德评判首先要预设一个"善"的观念，也就是说，我们必须先确定"什么样的效果或影响是好的"；否则我们无法判断一个行为的后果是好是坏，从而也无法判断这个行为在道德上正确与否。用汤姆·雷根的话来说，就是，"支持任何一种后果主义理论的人，都必须提供一个关于内在价值的附带理论。这是因为后果主义者认为道德对错和道德责任依赖于最佳后果，而什么使得一些后果优于另一些后果，这最终取决于哪个后果内在地更有价值（善），或者没有价值（恶）"。② 因而，在后果主义伦理学中，评判什么是道德上正确的行为的前提，首先是回答什么是"善"、什么是"好"；其次是确定这个"善"或"好"是对谁而言的，或者说，哪一个人或哪些人所追求的"善"应当被考虑在内。在西方伦理学传统中，"善"的概念可能被理解快乐或幸福，也可能被理解知识、自我实现、健康等本身就有价值的东西。如果以行为产生的整体结果来决定行为的道德正确性，不仅行为者本人的快乐或幸福要考虑在内，而且还要把其他可能受到影响的相关者的快乐或幸福也考虑在内，这就构成了功利主义理论的基本思路。

功利主义（utilitarianism），也被称为"功用主义"或"效益主义"，是现当代西方伦理学最重要的一个伦理学流派，也是最基本的后果主义伦理学理论。在安斯库姆的论述中，后果主义主要就是功利主义伦理学理论。从渊源上说，功利主义可以追溯到古希腊德谟克里特的感性快乐论和伊壁鸠鲁的快乐主义。作为一种系统的伦理学说和方

---

① 广义的规范伦理学是相对于元伦理学而言的，以给实际生活以伦理上的指导为使命，包括后果主义、义务论和德性伦理学，当然也包括应用伦理学的各个分支。

② 汤姆·雷根. 动物权利研究. 北京：北京大学出版社，2010：120.

法，其主要的创始人和代表人物则是英国近代哲学家边沁（Jeremy Bentham）和密尔（John Stuart Mill）。边沁把幸福等同于快乐，认为快乐就是"善"，是具有内在价值的东西；痛苦就是"恶"。追求快乐或避免痛苦人的行为的最终目的。道德上正当的行为就是那些最大限度地实现内在价值的行为，亦即最大限度地增加快乐之数量的行为。从边沁这里开始，功利主义就与利己主义区别开来，强调"功利"的主体不只是行为者自身，应当追求"最大多数人的最大幸福"。也就是说，对于行为后果的计算应当是不偏不倚的，每一个行为相关者的利益都应当被平等地考虑在内，决不能厚此薄彼。密尔使对于功利主义学说最为重要的修正和完善就是把一种内涵更加广泛的幸福概念作为该理论的基础，认为快乐不仅有量上的区别，也有质上的区别。在他看来，功利主义就是"最大幸福主义，主张行为的是与它增进幸福的倾向为比例，行为的非与它产生的不幸福的倾向为比例"。①

　　"最大多数人的最大幸福"意味着每个人类的个体都可能被考虑在内，但也只限于人类的范围，因而，在一些批评者看来，功利主义原则这一经典表述使其不容争辩地与生态伦理学所反对的"人本主义"或"人类中心主义"联系在一起。例如，威廉·巴克斯特（William Baxter）就曾经依据功利主义理论指出，企鹅之所以有价值，那是因为碰巧人们喜欢观看他们在岩石上走路的样子。② 这忽略了功利主义的一个重要方面。实际上，在近现代的西方主流伦理学理论中，功利主义是最早被用于论证动物之拥有"权利"的理论工具。这个论证出现于边沁的一段论述中："总有一天，其他动物也会获得只有暴君才会剥夺的那些权利……总有一天，人们会认识到。腿的数量、皮肤绒毛的形式、骶骨终端的形状都不足以作为让一个有感知能力的生命遭受类似厄运的理由。还有什么其他东西能够追踪不可超越的界线吗？是理性能力，还是交流能力？可是，一匹成熟的马或一条狗与只有一天、一周甚至一月大的婴儿相比，显然是更具理智和交流能力的动物……问题不在于'它们能推理吗？'，也不在于'它们能说话吗？'，而在于'它们会感受到痛苦吗？'"③显然，在边沁看来，动物能够感受痛苦，也拥有被纳入苦乐计算的道德权利；对任何有感觉的存在物施加不必要的痛苦，如同造成他人的痛苦一样，都是道德上错误的。一百多年后，作为西方生态伦理学发展进程中的重要一环，当代美国哲学家彼得·辛格更为精细地发展了边沁的这一论证路径，构建了一种基于功利主义的动物解放理论。

二、功利主义的动物解放论

　　边沁和密尔所倡导的古典功利主义，强调的是增加快乐和减少痛苦。辛格则提出了一种"基于利益的功利主义"，并且认为这种功利主义是一种最低限度的伦理立场，一种自然而然的伦理思考。在他看来，我们在选择一个行为时的基本考量是该行为如何影响我们利益，亦即这个行为是推动还是阻碍我们愿望的实现。同时，伦理思考必

---

　　① 密尔. 功用主义. 北京：商务印书馆，1957：74.

　　② J. Baird Callicott, Robert Frodeman, ed. . Encyclopedia of Environmental Ethics and Philosophy. Macmillan Reference，2008：368.

　　③ 边沁. 道德与立法原理. 北京：商务印书馆，2000：349.

然是一种普遍性的视角，亦即超越"我"和"你"的利益，基于不偏不倚的旁观者或理想观察者的立场做出可普遍化的判断。这就意味着，"我现在不得不把受自己行动影响的所有人的利益纳入考虑，以取代对自己利益的单方面考虑。这就要求我权衡所有这些利益，然后采取这样的行动——它最有可能最大限度地促进所有受此行动影响的人的利益。因此，至少就我的道德推理的某个层次而论，我必须选择结果最优的行动，也就是对于所有受此行动影响的人而言的、结果最优的行动"。① 这也就是辛格所谓的"利益平等考虑的原则"。它像一架道德评判的天平，不偏不倚地在利益之间进行权衡，决不因为是这个人或那个人的利益而采取不一样的标准，因而在辛格看来排除了种族主义和性别主义。

相比较边沁和密尔而言，辛格以一种较为宽泛的利益概念来界定"善"，把道德行为所追求的"最优结果"视为所有被影响者的利益的增进，而不仅仅是增加快乐和减少痛苦。这实际上扩展了功利主义的适用范围，使之更好地应用于论证和阐明动物的"解放"。首先，"利益平等考虑的原则"提供一切人平等的恰当基础，却不只局限人类的范围。因为，这个原则所关心的是"利益"，我们在伦理的慎思中要对受到我们影响的所有对象的类似利益予以同等程度的考虑，而不管这个利益的主体是谁。智力、表达能力和道德天赋不是区分人与人之间的利益的恰当根据，同样也不能成为区分人与其他存在物的利益的根据。动物有感觉能力，能感受痛苦和体验快乐，所以拥有其自身的利益。它们的利益与人的利益同等重要。这样，辛格将功利主义的逻辑性和普适性贯彻到底，强调把动物的苦乐利益也当作后果计算的相关因素。否则，我们犯了类似性别歧视、种族歧视那样的道德错误。"种族主义者违背了平等原则，因为当自己种族成员的利益与其他种族成员的利益有冲突时，他们更关心自己种族成员的利益……类似地，我所称的'物种主义者（speciesists）'在自己物种成员的利益与其他物种成员的利益发生冲突时，就更关心自己物种成员的利益。人类物种主义者不承认，猪或老鼠遭受的痛苦与人遭受的痛苦一样坏。"②动物拥有利益，因而也应当是道德关怀的对象。

辛格遵循功利主义的理论逻辑提出了一种跳出人类中心主义的伦理观。它扩展了西方主流传统伦理，把一切有感觉能力的生物都纳入道德考虑的范围，从而成为伦理关怀的对象。这并不说要平等地对待人与动物，而是说避免给动物带来不必要的痛苦。正是因为辛格的这一努力，动物的道德地位问题开始成为西方生态伦理学领域一个极具活力的争论话题。然而，正如辛格自己所承认的，他的以功利主义为路径的动物解放理论存在不可逾越的局限，因为它"把其他生命形式置于范围之外。淹没原始森林、一整个物种的消失、几种浮躁生态系统的破坏、原始河流的拦腰截断、那些怪石嶙峋的峡谷的消失，所有这些因素，只有当它们对知觉生物形成负面影响时，才被纳入道德考虑的范围"。③ 当然，在辛格看来，拥有自身利益的主体才应当被纳入道德

---

① 彼得·辛格. 实践伦理学. 北京：东方出版社，2005：13.

② 彼得·辛格. 实践伦理学. 北京：东方出版社，2005：58.

③ 彼得·辛格. 实践伦理学. 北京：东方出版社，2005：272.

考虑的范围，这种以有感觉生物的利益为基础的功利主义对于发展生态伦理来说是足够的。他也因此批评阿尔贝特·史怀泽、保罗·泰勒的生物中心论，认为把伦理范围拓展到有感觉生物之外是没有说服力的，因为他们不过是以比喻的言说方式主张植物拥有"利益"。

三、后果主义的生物/生态中心论

古典功利主义强调人与人之间的平等，要求对一个行为后果的计算需要把每一个相关者的幸福考虑在内。这尽管使之与伦理利己主义区别开来，但其出发点和归宿却是个体主义的。因为只有个体才能感受快乐和痛苦，实现自己的利益，因而，所谓的"最大多数人的最大幸福"，不过是个体幸福的汇总，并不是任何社会性的抑或整体意义上的幸福。在边沁看来，社会是"一种虚构的团体，由被认作其成员的个人所组成"，社会幸福不过是"组成社会之所有单个成员的利益总和"。[①]　正因为如此，就像我们在辛格那里看到那样，基于功利主义的动物解放论、乃至更为一种完备的生态伦理，以有感觉的生物个体感受快乐和痛苦、具有自身的利益为基础的，也必然是个体主义或原子主义的。这就意味着，基于功利主义的伦理拓展，目标在于保护和提高个体的利益，例如反对捕食动物、提倡素食主义、反对动物实验。在这种伦理框架之下，道德行为的受益者并不包括物种、生物圈，以及生态系统，因为它们不具有感觉快乐和痛苦的能力，因而并不具有道德地位。即便是为了确保生物链或生态系统的平衡而杀死某些生物个体，在功利主义者看来也是不道德的。在美国政治理论家约翰·罗曼德（J. Rodman）看来，这种以"智力、意识或感觉"为基础的"道德等级制"，仅仅把权利拥有者的范围扩展到那些最像人类一样的动物身上，却使"大自然中的大部分存在物都置于一种万劫不复地境地"。[②]

从西方生态伦理学的发展趋势来说，功利主义的理论路径确实存在其不可否认的局限性。但这并不意味着它被宣判为一种完全无效的方法，更不意味着后果主义在人与自然关系的伦理思考中失去了生命力。正如前文已经指出的，功利主义只是后果主义的一种，尽管是最为基本、最具影响力的一种理论。相比较而言，后果主义有更为宽泛的界定和更为广阔的视野。例如，当代英国生态伦理学的领军人物阿提费尔德（Robin Attfield）就是遵循一种与功利主义不同的后果主义路径来论证他所主张的生物中心论。与辛格一样，阿提费尔德也认为拥有"利益"的存在物才应当被纳入到伦理关怀的范围；但与之不同的是，他所说的"利益"不取决于感觉或体验能力，而是以拥有支撑和延续自己生命所需的能力为前提条件，因而，所有能够生长、发展和繁殖的生物——而不仅仅是有感觉能力的动物——都拥有自己的"利益"。在他看来，任何拥有可以实现的潜能、天性和能力的存在物，都像人和动物一样可以从某些行为中获得帮助和受到伤害，从而都拥有自己的"善"。也就是说，生物个体自身的能力得到发展和实现的状态，就是具有内在价值的状态，就是道德行为所应追求和实现的那种好的后

---

① 周辅成. 西方伦理学名著选辑（下卷）. 北京：商务印书馆，1964：212.
② 纳什. 大自然的权利. 青岛：青岛出版社，1999：185.

果。树虽然没有感受能力，却有获取营养和不断生长的能力，有呼吸和自我保护的能力，因而也有自己的"善"。据此，即便地球上只剩下一个人和一棵树，这个人去毁灭这棵树的行为也是道德上错误的。

阿提费尔德的后果主义生物中心论进一步拓展了伦理的范围，但仍然是个体主义的。实际上，在"谁是道德行为的受益者"以及"哪些后果可以算得上是好的后果"这两个相关的问题上，如果我们不再拘泥于边沁、密尔、乃至阿提费尔德的设定，而是将诸如物种、生物圈、乃至整个生态系统作为道德行为的"受益者"，把维护或提升它们的"利益"视为好的后果，从而一个行为或决策的后果考量不再是相关个体的苦乐计算，而是它对于整体的影响，那么，这种伦理思考就既是后果主义的，也是整体主义的。奥尔多·利奥波德所倡导的大地伦理就是这样一种遵循后果主义理论路径、同时又坚持整体主义立场的生态中心论。

大地伦理学所关心的，不是动物避免所遭受的痛苦，而是生态系统、或者说"大地共同体"。生物个体，包括个人，在重要性上总是低于作为整体的大自然。如果有必要，比如说，当一种动物不断繁殖以至于在数量上超过了其环境的承载能力时，杀死一定数量的动物是正当的。这是因为，在利奥波德看来，生物个体的快乐或痛苦是生态系统运行中的必然现象，与善恶无关；如果作为整体的大地共同体是好的，那么痛苦和死亡也是好的。大地共同体拥有自己的"善"，这并不是辛格所批评的那样仅仅是一种比喻，而是生态学发展所提供的一个洞见。"'地球——它的土壤、高山、河流、森林、气候、植物，以及动物——的不可分割性'就是把地球当作一个'活生生的存在物，而非是有用的仆人'来尊重的充足理由。"[1]利奥波德将"大地有机体的复杂性"称为20世纪杰出的科学发现，并且进一步认为大地共同体的完整、稳定和美丽是最高的善，是具有内在价值的东西，因而是道德行为所应实现的好的后果。这样，大地共同体成为了道德行为的受益者；任何一种行为，只有当它有助于保护大地共同体的和谐、稳定和美丽时才是正确的，反之则是错误的。

当然，也正是因为利奥波德的后果主义理论消解动物解放论和生物中心主义赋予生物个体的"权利"，只是把大地共同体的"利益"考虑在内，它就不能不包含着一种危险的倾向——个体、甚至包括人类个体，应当为更大的整体的'好'做出牺牲。在这里，后果主义理论路径一直以来备受义务论者诟病的一个重大缺陷，以一种生态法西斯主义的面目呈现出来。另外，后果主义存在另一个问题——一个行为的可能后果如何被准确地计算——也在它被用于生态伦理学时更加凸显。生态系统中因果系列的复杂性与不可知，使得我对一个行为结果的计算，只能在我的知识所能及的范围进行；尤其是当我的这个行为与他人的行为发生联系时，其后果更加难以确定了。这也就造成了所谓的"后果主义失灵（inconsequentialism）"。"如果个人的贡献，尽管是需要的（即便不是必要的），对环境问题的解决几乎没有什么影响，而且从这个人自身生活的角度来说还可能要求付出成本，那么，为什么这个人要做出努力，尤其是再无法断定

① 纳什. 大自然的权利. 青岛：青岛出版社，1999：80.

其他人是否也这么做?"①后果主义预先假定人类根本不可能普遍具有的一种预测或控制行为后果的能力,这实际上也是义务论者批评功利主义者的一个重要方面。

第二节　义务论与生态伦理

决定一个行为是否具有道德价值,以及它在道德上是正确还是错误的,可以依据这个行为所带来的实际后果或预期效用,也可以不闻不问这个行为的后果或效用,单单从这个行为本身进行考量。后果主义和非后果主义,这构成现代西方伦理学的两种基本进路。阿提费尔德据此将生态伦理学区分为两大类:后果主义的生态伦理学与非后果主义的生态伦理学。② 如果说功利主义是后果主义的基本形态,则义务论就是非后果主义的典型理论。本节将主要讨论非后果主义的生态伦理学如何可能。

一、义务论的内涵与特质

义务论(deontology)也被称为道义论,主张行为的对错并不取决于行为的实际后果或预期效用,而是由行为本身及其性质所决定的。换言之,义务论关心的是行为本身,从一个行为的特点或类型来判断该行为是否具有道德价值,是否是道德上的正确行为。"对个人、社会或人类来说,即使一种行为或其准则不可能使善最大限度地超过恶,它仍然可能在道德上是正当的,或尽义务的。正当或尽义务仅仅是因为与之相关的其他事实,或它自身所具有的性质。"③举例来说,例如,说谎是否是道德上正确的行为,对于一个后果主义者来说取决于说谎所导致的后果;如果在某种情况下说谎能够带来更好的后果,比如挽救一个人的生命,那么它就是正确。但对于一个义务论者来说,不管说出的谎言是为了达到什么样的目的,会导致什么样的后果,即便它可以挽救一个人的生命,说谎也是错误的行为。这是因为,如果我们根据康德的义务论来提供理由的话,说谎是一种不尊重人性的行为,是把他人仅仅视为一个手段的行为。

康德的道德哲学是最具代表性、最有影响力的义务论。在西方伦理思想史上,康德第一次将"义务"或"责任"(duty)置于道德的核心位置。在他看来,当且仅当一个行为的目的是履行义务时,这个行为才是具有道德价值的行为。或者说,以履行义务为动机的行为才是道德上正确的行为,才是一个源自善良意志的行为。那么,如何确定一个行为是履行义务呢? 首先,义务不是为实现某种后果而对一个人提出的要求。凡是出自义务的行为,其道德价值不在于由此行为达成的目的,而在于此行为所遵循的准则。如果一个人的行为所遵循的准则是所有理性人都会采取的准则,亦即能够成为意志的客观原则或实践法则,那么这个行为就是具有道德价值的。这也就意味着,出自义务的行为不是出自欲望、利益、兴趣和偏好而偶尔为之的行为,不是"想做就做"

---

① Ronald Sandler. Ethical theory and the problem of inconsequentialism: why environmental ethicists should be virtue - oriented ethicists. Journal of Agricultural and Environmental Ethics, 2010, 23(1 - 2): 167 - 183.

② 杨通进. 环境伦理: 全球话语 中国视野. 重庆: 重庆出版社, 2007: 35.

③ 弗兰克纳. 伦理学. 北京: 生活·读书·新知三联书店, 1987: 30.

的行为，而是"不得不做"的行为。用康德的话来说，义务就是尊重法则而产生的行为必然性。

义务是由道德法则所规定的，那么，要知道什么是我们的义务，必须知道什么是道德法则。康德认为人是理性的存在物，道德法则也就是理性的要求。对于人类这样一种并不必然地依照理性而行动的存在者来说，道德法则是一种以"应该"来表达的命令。并且，道德法则作为理性的命令，不能是"如果你想要达成某个目的，你就应当做什么"这样的有条件的命令，必须无条件的"你应当"，是一种"定言命令"（或者说"绝对命令"）。这是因为，道德法则必须是普遍有效的，它命令的对象是所有的理性存在者，亦即对每一个人都构成限制和约束；它所规定的行为就是为了实现该行为本身，而不是为了某个主观的、特殊的目的。由此，康德将道德法则表述如下：要只按照你同时认为愿意成为普遍法则的准则行动。也就是说，如果一个行为是道德正确的，则它依据的准则是可以普遍化的。这个普遍化原则作为定言命令的一种表述只是一个形式原则，并不涉及内容。目的原则作为另一种表述则呈现了道德法则的实质内涵："你的行动，要把你自己人身中的人性，其他人身中的人性，在任何时候都同样看作目的，永远不能只是看作是手段"。① 康德认为，理性能够选择或确定什么目的，能够知道什么是善或恶；人作为理性存在者，可以实践道德行为、呈现善良意志，因而不论其社会地位高低、道德品性好坏都应当被视为目的本身，也就是要尊重并给予平等的道德关切。康德对人性中的理性所具有的内在价值的崇尚，对人格尊严的强调，为人的权利观念提供了最为坚实的理论基础。

然而，相比于边沁的功利主义来说，康德的义务论伦理学显现出更为强烈的人类中心主义倾向，或者更准确地说，表达了一种理性中心主义的立场。他"把有理性的存在者尊为一个目的，可以扩展到人类之外，或者说，实际上扩展到了人类之外"②，但其扩展的方向却不是、也不可能是我们对动物抑或其他自然存在物负有直接的道德义务。在康德看来，我们对动物只负有间接义务，也就是说，我们之所以不应当虐待动物，不是因为动物拥有权利，而是因为虐待动物会使人性变得残酷，进而导致人对人的残酷。正因为如此，罗尔斯顿认为康德伦理学是一种应当被生态伦理学超越的"人本主义伦理学"，他批评康德"所关注的他者却仅仅是其他人"，"是一个残留的利己主义者；他虽然对伦理主体谆谆教诲道：他们应成为人本主义的利他主义者，但他本人并不是他们所希望的那种真正的利他主义者。他认为'自我'（个人）才与道德有关；他还没有足够的道德想象力从道德上关心真正的'他者'（非人类存在物）——树木、物种、生态系统。"③这虽然不是宣判义务论理论路径不能通达自然环境的理由，却表明发展一种康德式生态伦理学的确是一项富有挑战性的事业。

① 康德. 道德形而上学原理. 上海：上海人民出版社，1986：81.
② 龚群，陈真. 当代西方伦理思想研究. 北京：北京大学出版社，2013：260.
③ 罗尔斯顿. 环境伦理学：大自然的价值以及人对大自然的义务. 北京：中国社会科学出版社，2000：464.

二、康德式义务论的伦理扩展

如果在一种较为宽泛的意义上来界定义务论理论进路的话，那么，它对于西方生态伦理学的论证方式和话语表达有着出人意料的广泛影响。例如，罗尔斯顿虽然批评康德的人本主义立场，却将"价值""义务""尊重"概念置于优先地位，从而在很大程度上因袭了义务论的论述方式。他说，"伦理学所关涉的，不仅仅是什么样的事情让人喜好、令人愉悦或者觉得值得去做，也不仅仅是什么事情令人感慨、使人变得高尚、抑或让人觉得有历史意义。有时候，它是无论你是否愿意都应该去行动的问题，这些应该去做的事情可能不总是依赖于其他人的喜好，也并不使品格变得高尚。"①在他看来，我们对于自然负有义务乃是因为自然存在物具有内在价值，与我们所欲求的快乐或幸福、以及希望的后果完全没有关系。然而，就严格意义上的康德式义务论而言，首当其冲的挑战就是如何突破康德的人本主义立场，拓展伦理范围从而确认那些不具有理性能力的自然存在物也具有与人的一样的价值或权利。在这个方面，汤姆·雷根、保罗·泰勒、艾伦·伍德（Allen Wood）、克里斯汀·科尔斯戈德（Christine M. Korsgaard）等都是敢于接受挑战、投身生态伦理学事业的义务论者。限于篇幅，我们主要介绍雷根和伍德遵循和发展康德的理论，从而论证我们对动物负有直接义务。

汤姆·雷根的动物权利理论是遵循康德义务论路线来实现伦理扩展的。雷根认为，我们对待动物的方式和态度存在根本性错误，这个错误不是给动物造成痛苦，而是我们仅仅将其视为实现自身目的的资源或手段。他与辛格一样运用类比的方法，但类比的不是低能儿、精神病患者、乃至动物具有感受快乐和痛苦的能力，而是内在价值和获得尊重的权利。在他看来，每一个人都具有独立他人之目的、无须借助其他参照物就存在的价值。这种价值为每一个人所有拥有的内在价值，意味着每一个人都不是作为他人的手段或资源而存在的，都拥有获得尊重的平等权利。然而，如果像康德那样把理性或理性能力作为拥有内在价值的依据，则那些不具有或具有较少理性能力的人就会被剥夺获得尊重的平等权利。为避免这个有悖于道德直觉的结论，雷根重新将"生命主体"（the subject of a life）确立为内在价值的基础。也就是说，拥有内在价值的条件不再是成为一个具有理性能力的主体，而是一切能体验自身福利的存在者。这样，不仅包括低能儿、精神病患者在内的所有人具有内在价值，而且一些动物也因为具有生命主体的特征和能力而拥有内在价值，从而雷根通过修正康德的部分观点，使平等尊重的权利至少扩展到了高等动物身上。

当代极负盛名的康德研究专家伍德试图在康德道德理论的框架下寻求一种不同于康德本人的替代性论证路径，以表明"尊重自然"不仅是可能的，而且与"尊重人"具有一致的理论依据。人性或理性本性作为目的自身，具有绝对的、无可比拟的价值，从而必须受到我们无条件的尊重，这在伍德看来并没有问题。但他进一步指出，康德为更确切地说明"尊重"的对象采纳了"人格化原则"（the personification principle），即

①　Holmes Rolston. Environmental Virtue Ethics: Half the Truth but Dangerous as a Whole. in Ronald Sandler and Philip Cafaro, eds. , Environmental Virtue Ethics（Lanham, MD: Rowman and Littlefield Publishers）, 2005: 72.

"尊重理性本性只有通过尊重人格中的人性才能得以实现，因而每一项义务都必须被理解为对一个人格或者对人的义务"。① 由于这个原则，我们尊重一个人的理性本性，就是尊重这个人本身；同时，我们对"抽象形式的人性或理性本性"的尊重就被拒之门外了。伍德认为，如果摒弃"人格化原则"，理性本性具有最高价值不仅为尊重人类存在物提供根据，而且也使尊重非人类存在物成为与尊重人同样有效的道德要求。他指出："我们也应当尊重抽象形式的理性本性；这意味着要求尊重理性本性的不完整形式（fragments）或它的必要条件，甚至在它们并非出现在完整的理性存在者或人之中的情况下。"②首先，非人类动物虽然不拥有理性本性本身，但我们可以辨认出它们确实拥有理性本性的不完整形式。并且，尊重理性本性也要求我们尊重非理性生物中的自然目的。例如自我保存、享用饮食。其次，对理性的尊重也要求我们尊重无生命的自然。在伍德看来，康德关于人类是自然的终极目的的主张，是看待理性本性尊严的另一种视角。当我们把自身视为自然的终极目的时，自然作为一个统一、和谐的目的体系（teleological system）无论在什么时候都是我们对自然进行理性反思的产物。只有对具有理性目的的存在者，自然才能显现为一个要求被促进和保持的体系。因此，对理性的尊重禁止我们任意地处置自然，而是将其视为一个有目的的体系，从而作为维护者和允诺者而行动。

雷根主张内在价值之基础的生命主体具有体验能力，伍德的关键论点则是我们应当予以尊重的是抽象形式的理性本质。他们的论证不仅存在语焉不详的地方，也并不是完全令人信服的。根据康德的论述，理性本性要求我们予以无条件尊重的，不是由于与之相关的欲求或感受苦乐的能力赋予它以尊严，而是由于自主（自律），亦即服从绝对命令、使道德行为成为可能的能力。无论如何，这种自主的能力在动物和非人类的生物身上是完全缺乏的。同时，如果我们对人的义务与对非人类存在物的义务发生冲突时，义务论者也会陷入两难的境地。实际上，正如前文已经提到的，义务论还存在着与功利主义一样的问题。为了表明肆意砍伐森林是道德上错误的行为，这两种理论进路主导下的生态伦理学通常只会追问：是否植物的权利或利益被忽视了？一棵树和一片森林存在的内在价值是什么？这样追问在德性伦理学家看来不仅不会有令人满意的答案，而且无法与普通公众发生联系。

第三节　德性论与生态伦理

西方伦理思想史上的一个已经被普遍认可的事实是，后果主义和义务论所主导的现代道德哲学采取了一种不同于传统德性伦理学的视角。英国哲学家安斯库姆（G. E. M. Anscombe）1958 年发表的著名论文《现代道德哲学》，开启了西方学者对现代道德哲学深刻而持久的反思，致使德性伦理学的复兴成为一股强劲的潮流。由此，德

---

① Allen Wood. Kant on duties regarding non-rational nature. Proceedings of the Aristotelian Society (Supplementary Volume LXXII), 1998: 189 – 210.

② Allen Wood. Kant on duties regarding non-rational nature. Proceedings of the Aristotelian Society (Supplementary Volume LXXII), 1998: 189 – 210.

性论作为一种与功利主义和义务论相抗衡的伦理学理论和方法，逐步渗透、并自觉参与生态伦理学的对话、争论以及理论建构。

一、德性伦理走向自然

安斯库姆注意到，现代道德哲学对道德评价的理解被限制在狭窄的领域，亚里士多德意义上的理智德性上的失败在现代人看来是与道德无关的，也不应当受指责的。同时，现代道德哲学中占主导地位的概念和思想在古代并不存在。功利主义理论强调产生或者促进可能最好的结果是我们的义务，道义论强调无条件地遵守和服从"绝对命令"是我们的义务，以这两种理论为代表的现代伦理学都把"义务"作为道德生活的核心概念，使得个体的行动只是源于行为本身在道德上的正当性，与他的需要、情感、愿望毫无关系。安斯库姆为摆脱现代伦理学这种危机而提出的建议是，我们必须回到对人类心理和人类幸福的研究考察，尽可能回归以亚里士多德为代表的德性伦理学传统。[①] 德性伦理学"以人类个体或群体的道德品格和伦理德性为其基本研究主旨，意在通过具体体现在某些特殊人类个体或社会群体的行为实践之中的卓越优异的道德品质，揭示人类作为道德存在所可能或者应该达成的美德成就或道德境界。"[②]在德性伦理学的视域中，道德的核心概念不是义务，不是德性；道德的中心问题不是"我应当做什么"，而是"我要成为什么样的人"；因而它所关心的是人的自我发展和自我完善，是以实现人的幸福生活为目的的。

正如安斯库姆反思和批评现代道德哲学、并在此基础上重新唤起人们对德性伦理的兴趣一样，托马斯·希尔（Thomas E. Hill）和约翰·奥尼尔（John O'Neill）看到了后果主义和义务论应用于生态伦理学所造成的缺陷，呼吁、并推动德性伦理走向自然。在希尔看来，现实中的很多道德问题并不像现代伦理学狭隘眼界下所看到的那样，仅仅是行为的道德正当性问题，仅仅涉及义务、利益、权利、原则或内在价值。例如，一个阿谀谄媚的孙子在等待继承祖母的遗产时假意孝顺，当祖母终于离世时却偷偷地朝她的坟墓上吐口水。这种行为虽然让大部分人感到道德上的愤慨，但向坟墓吐口水的行为没有什么严重的后果，或许也没有违背什么人的权利。评价和反思他作为一个人的品质、而不是诉诸后果计算、权利或价值来说明他不应该这么做的理由，显然是更合适，也更有说服力。基于同样的思路，希尔提议，我们没有必要执拗于似是而非的自然权利或内在价值来表明破坏自然环境的行为是道德上错误的；我们可以用另一种方式来审视环境问题的道德症结：什么类型的人会恣意破坏自然环境？希尔的基本主张是，如果恣意破坏环境的意欲、态度或情感反映了人类品质的缺乏，而这些品质有助于我们成就人性的卓越（美德），那么，漠视或破坏自然环境就侵蚀了我们培养某些美德的自然基础。例如，人们往往会认为，那些总是破坏自然环境的人一定没有恰当地领会他们在自然秩序中的位置，因而要么是无知的，要么是不够谦逊的。因此，就"追求卓越人性的理想"这样一个古老使命来说，我们有充足的理由去关心和保护自

---

①　G. E. M. Anscombe Modern Moral Philosophy, Philosophy, 1958, 33(124): 1 - 19.

②　万俊人. 关于美德伦理学研究的几个理论问题. 道德与文明, 2008(3): 17 - 26.

然存在物，也能够合理地说明为什么不应该漠视和破坏自然环境。① 尽管希尔只是试图表明对待自然的态度与培养美德之间存在着间接联系，但他的提问拓展了审视环境问题的道德眼界，被公认为是西方环境德性伦理研究的起点。②

相比于希尔来说，奥尼尔将德性伦理视角引向环境问题的思路更为直接和激进。奥尼尔不反对环境伦理学探究自然的内在价值问题，但他关心的是动机问题：如果非人类存在物在某种意义上具有内在价值，这种内在价值的存在或损益如何能够激发起我们的道德关切？用他的话来说，"如果生物具有自身的、客观的善，为什么我们应该增进它们的善？"③他还举例说，生物具有客观的善，并不意味着人类必须承担增加这种善的义务。一个园丁"能接受蚜虫拥有自身的善的看法，却在同时一贯地相信他们应当被杀死"，因而"环境伦理学领域中的大多数理论建构——其中尤以'内在价值'的寻求为典型——忽略了何者引发环境关切的问题。"④奥尼尔运用德性论的基本思路是这样的：第一，我们能够在亚里士多德的意义上谈论生物个体及其群落的兴盛（flourishing），也可以谈论对他们而言的好与坏；他们可以拥有自身的善或内在价值，而与人类的利益无关。第二，根据亚里士多德，人类的幸福或兴盛不是以某种主观状态或单纯的偏好满足为基础，而是拥有和立足于一系列客观的善，例如健康、友谊、知识的获得、能力的发展、对美和壮丽事物的沉思。第三，综合上述两个方面，我们应当承认和推进生物的兴盛，因为他们的兴盛是人类兴盛的构成要素。这就像我们把友谊作为实现幸福的构成要素（而不是作为手段）一样，"友谊要求我们为他人自身的缘故而关心他们，而不仅仅是因为他们可以带来愉悦或好处。这与友谊是一种兴盛生活的构成要素是一致的。我们就是这样一类存在，一个人如果没有朋友就不会生活得幸福。基于同样的思路，我们可以说，对于大多数——尽管不是所有的——个体生物与生物群落而言，我们应该把它们的欣欣向荣作为目的本身予以承认和推进。"⑤奥尼尔试图向我们表明，承认和关切非人类存在物的内在价值，与关心人类的福祉并非不能相容；对于一种美好生活的理解和追寻，能够为我们保护自然环境提供充足的道德动机。

如果环境问题仅被视为资源保护、抑或"成本-收益"的问题，我们就会忽略或逃避其背后至关重要的道德问题；如果以强硬的非人类中心主义立场审视或应对环境问题，环境伦理研究就会陷入形式主义与抽象主义的泥潭。在这两种走向极端的思维路径的比照之下，德性伦理显现出其特有的优势和魅力。对于希尔来说，德性伦理呈现和强调了日常道德的许多重要面向，提出了环境问题与追寻美德之间的关联性问题；

---

① Thomas E. Hill, Jr. . Ideals of Human Excellence and Preserving Natural Environments. Environmental Ethics, 1983, 5(3)：211 - 224.

② Ronald Sandler. Towards an Adequate Environmental Virtue Ethic. Environmental Values, 2004(13)：477 - 495.

③ John O'Neill. The Varieties of Intrinsic Value. The Monis, 1992, 75(2)：119 - 37.

④ John O'Neill. Meta-ethics. in A Companion to Environmental Philosophy, ed. Dale Jamieson（Oxford：Blackwell），2001：174.

⑤ John O'Neill. Meta-ethics. in A Companion to Environmental Philosophy, ed. Dale Jamieson（Oxford：Blackwell），2001：170.

对于奥尼尔来说，德性伦理重视和关照了道德行为的动机和目的问题，从而显现了环境问题与人类兴盛之间的内在联系。他们的共识在于，环境问题归根到底是人与自然的关系问题；作为其中能动性的一方，我们应当培养怎样的相关态度、情感和意向，我们如何追求卓越、幸福、兴盛，这些是环境伦理学不能、也不应该回避的问题。正如环境德性伦理学家罗纳德·桑德勒（Ronald Sandler）所指出的，"一种完整的环境伦理不仅要求行动的伦理（an ethic of action）——就我们对自然应当做什么或不应当做什么提供指导——而且要求一种品格的伦理（an ethic of character）——就我们对自然应当或不应当培育什么样的态度和性情提供指南。"[1]如此看来，只要环境伦理学有其存在的必要性，则德性伦理走向自然就是必要的。

二、环境美德的追寻

德性伦理虽然有不同的形式和方法，但其基本洞见和独特视角是强调"我应当成为什么样的人"优先于"我应当做什么"，并且体现于"我培养或拥有什么样的德性"；德性伦理学家致力于德性的阐释和培育，并说明德性如何有助于、抑或构成了一种兴盛的人类生活。因而，德性伦理走向自然，首先意味着界定"人类在与环境交往和关系方面应当拥有的文雅性情或品格特征"。[2] 问题在于，我们从何处寻求这样的环境德性，又如何说明这些环境德性是值得寻求和拥有的？

1. 扩展传统德性

扩展传统德性是一种便捷、可能也是最为常见的方式。如果说，希尔以一种间接的方式将德性问题（怎样更好地培养"谦逊""感恩""自我接纳"的德性）延伸到自然领域，从而开启了环境伦理学的一个新领域；那么，环境德性伦理的兴起，首先意味着以一种直接的方式使传统德性走向自然，重新阐释古老而熟悉的德性，以便它们能够被应用于人与自然之关系的新领域。用德性伦理学家赫斯特豪斯（Rosalind Hursthouse）的话来说，这是"依据古老的德性与恶习来捍卫绿色信念"，[3] 从而我们对于传统德性的理解也不再局限于个人、群体和社会层面。扩展传统德性的策略通常是，以人际交往关系中被普遍认可为德性的品格特征为起点，例如审慎、仁慈、节制、同情、谦逊、实践智慧；基于人与自然关系的视角重新考虑这些德性，说明它们在人与环境的交往活动中同样发挥作用。只要我们相信这些传统德性使其拥有者过一种好生活或成为一个优秀的人，则这些扩展而来的环境德性就是值得追求的。这方面的典型例子是弗拉茨把友谊作为一种环境德性的论述：正如人与人之间存在可贵的友谊一样，人与大地之间的友谊使彼此充实和获益；正如一个人应当培养与其他人的友谊一样，他也

---

① Ronald Sandler. Introduction：Environmental Virtue Ethics. in Ronald Sandler and Philip Cafaro, eds. , Environmental Virtue Ethics. New York：Rowman and. Littlefield, 2005：2.

② Ronald Sandler. Introduction：Environmental Virtue Ethics. in Ronald Sandler and Philip Cafaro, eds. , Environmental Virtue Ethics. New York：Rowman and. Littlefield, 2005：3.

③ Rosalind Hursthouse. Environmental Virtue Ethics. in Rebecca L. Walker, P. J. Ivanhoe, ed. Working Virtue：Virtue Ethics and Contemporary Moral Problems. Oxford：Oxford University Press, 2007：155 – 171.

应该培养与大地的友谊。① 此外，詹尼弗·威尔士曼(Jennifer Welchman)认为"仁爱"与"忠诚"是环境德性，雷恩·瑞克森(Ron Reickson)试图证明"团结"是一种环境德性，比尔·肖(Bill Shaw)把"尊重"作为一种环境德性，也都是扩展传统德性的结果。②

2. 解读环境典范

德性伦理崇尚道德英雄主义，因为道德英雄或道德高尚的人不仅激励和示范我们应当成为怎样的人，而且为界定和说明德性的提供了一种路径。这一路径对于寻求环境德性来说同样是有效的，因为环境领域的道德英雄"提供了榜样和范例，使我们知晓一个人作为更大自然共同体的成员应当如何生活"；研究这些令人敬佩的人物，"我们能够看到各种环境德性如何在他们的品性与活动中闪耀光芒"。③ 在一些环境德性伦理学家看来，亨利·梭罗、阿恩·奈斯、利奥波德和蕾切尔·卡逊等环境主义者就是这样一些道德英雄。他们不只在书斋里探讨自然，而且倡导和践行一种尊重自然、欣赏自然的生活方式；他们的生平和著作告诉人们在与自然交往中应当培养怎样的态度和意向，也表明这些态度和意向不仅道德上值得称赞的、而且令人心动、富有回报或者是符合人性的。例如，卡法罗对亨利·梭罗推崇备至，认为他的《瓦尔登湖》"将环境保护与人类的幸福、卓越和兴盛联系起来，提供了一种论述详尽的、令人鼓舞的环境德性伦理。由此，梭罗指明了走向一种包容的、彰显生命的环境伦理之路：通过认可自然的价值，我们自己的生活变得更加充实；通过限制大量的物质消费，我们更有可能过一种健康的、愉悦的的生活，同时也创造了使我们未来人过这样的生活的条件。"④ 卡法罗还把梭罗与卡逊、利奥波德放在一起解读，认为他们的生平与思想足以成为任何一种未来环境德性伦理的"前言"；他们所拥有和赞扬的德性，比如节制，和谐，同情，诚实和正义，表明了环境德性伦理的基本主张。这就是："①意愿将经济生活置于合宜位置——亦即，将其视为获得舒适与体面的人类生活的支撑，而不是为了满足无止境的占有与消费；②信奉科学，同时认识到它的界限；③非人类中心主义；④欣赏荒野世界，支持荒野保护；⑤人类与非人类的生命都是好的基本信念"。⑤

3. 构建德性理论

在构建德性理论方面，奥尼尔首先做出积极的努力，开创了一种复兴和发展亚里

---

① Geoffrey B. Frasz. What is Environmental Virtue Ethics That We Should Be Mindful Of It? Philosophy and the Contemporary World, 2001, 8(2): 5 – 14.

② Jennifer Welchman. The Virtues of Stewardship. Environmental Ethics, 1999, 21 (4): 411 – 423. Ron Erickson. On Environmental Virtue Ethics. Environmental Ethics, 1994(16): 334 – 36. Philip Cafaro, Thoreau, Leopold, and Carson: Toward an Environmental Virtue Ethics. Environmental Ethics, 2001(22): 3 – 17.

③ Frasz, Geoffrey B. What is Environmental Virtue Ethics That We Should Be Mindful of It? Philosophy in the Contemporary World, 2001, 8 (2): 5 – 14.

④ Philip Cafaro's. Thoreau's Living Ethics: Walden and the Pursuit of Virtue. Athens: University of Georgia Press, 2004: 139.

⑤ Philip Cafaro. Thoreau, Leopold, and Carson: Toward an Environmental Virtue Ethics. Environmental Ethics, 2001(22): 3 – 17.

士多德德性伦理思想、以人类或非人类的兴盛（或幸福）为目的的研究框架。温斯维恩、桑德勒等环境德性伦理学家进一步推进了这方面的工作。温斯维恩试图从生态和谐的角度为评判真假德性提供一个标准。她强调自然世界的兴盛是人类须臾不可脱离的生态环境和生存基础，相信我们应当将自然世界的兴盛视为一种目的本身。因而，德性是推进人类和非人类作为个体或共同体达到兴盛的品格特征。① 桑德勒主张以一种多元主义的目的论视角来理解德性：一个人是有德性的，意味着他在情感、欲求和行动方面表现良好，有助于"①他的生存；②所属物种的繁衍；③免于痛苦的个性化自由与欢愉；④健全的社群；⑤他的自主；⑥知识的积累；⑦有意义的生活；⑧非幸福主义之任何目的（根植于幸福之外的善与价值）的实现——以人类特有的方式（亦即，以一种可以被视为优秀的方式）。"这也就是说，德性植根于一种宽泛意义上的人类兴盛观念，但却留有余地：德性之为德性也可能是因为其拥有者承认或推动另外一些善好，例如非人类存在物的内在价值。当我们将这一结合了幸福论与自然主义的德性理论应用于人类与自然环境的交往和关系时，可以发现一些德性涉及对环境实体的回应，一些德性服务于环境目的或由于环境因素而值得称赞，还有一些德性能够增进或维持环境善好或环境价值。这些"回应环境的""合乎环境的"与"促进环境的"德性都是环境德性，可以进一步划分为六种类型（表10-1）。② 可以说，桑德勒在《品格与环境》一书中提出了迄今为止最具系统性的环境德性理论。

表 10-1　环境德性的类型

回应环境的，合乎环境的，促进环境的					
大地德性	增进可持续性的德性	融通自然的德性	尊重自然的德性	环境行动主义的德性	环境托管的德性
热爱	节制	惊异	关心	协作	仁爱
体贴	节俭	开明	同情	坚韧	忠诚
和谐	富	审美情感	补偿正义	奉献	正义
生态意识	远见卓识	专注	不伤害	乐观	诚实
感恩	和谐	热爱	生态意识	创造力	勤奋
	谦逊				

最后，值得指出的是，界定和说明环境德性的上述三种方式各有所长、各有所短，是相互映衬和相互支持的。评估一种有待扩展的德性，涉及追问这种德性是否合宜，及其实践是否真正关乎自然环境的问题；考察一个环境典范的品格和德性，首先要求我们辨别他是否，以及为什么是值得称赞的道德英雄。这两种方法所关联的评判依据或辨别标准问题，归根到底要求第三种界定和说明环境德性的方式，亦即建构一种基础性的德性理论。反过来，对于德性理论的构建来说，如果不承认、不接受传统德性与环境德性

———————————

① Louke van Wensveen. Ecosystem Sustainability as a Criterion for Genuine Virtue. Environmental Ethics, 2001, 23(3): 227 – 241.

② Ronald Sandler. Character and Environment: A Virtue-Oriented Approach to Environmental Ethics. New York: Columbia University Press, 2007: 28, 42 – 43, 82.

的联系，如果忽略具有"描述加展示（descriptions cum demonstrations）"之价值的环境道德典范，那它就会丧失其本身的优势，而陷入抽象主义和形式主义的泥潭。

三、环境德性伦理学的前景

环境德性伦理学的兴起，改变了后果主义和义务论在生态伦理学中的主导性地位，提供了另一种探讨环境伦理问题的视角与资源。这就是它不可避免地面对挑战，遭受到来自各方面的质疑和诘难。首先，从环境德性伦理的发展来说，它的自足性、独立性、乃至于必要性始终是一个问题。罗伯特·艾略特（Robert Elliot）质问说，"是否存在一种以态度、品性、动机为中心的伦理评价模式，不会转变为后果的考量，也不会转变成应用权利或其他义务论要素的考量？"艾略特分析了希尔的论证，认为指涉自然的德性和恶习话语虽然以"自然本身具有内在价值"为前提，却不便言明，因而"基于德性的环境伦理看起来前景黯淡"①。另一位学者詹姆斯·斯特巴（James Sterba）似乎更为乐观一些，但仍然认为"亚里士多德式的环境伦理"是不充分、不自足的，"如果要在道德上站得住脚，就需要辅之以某种自由主义、康德主义、抑或生物中心论的限制与论据"②。斯特巴担忧的是，我们不能单凭德性去禁止或阻止损害自然的集体行为和公共政策，即便它们是道德上应受谴责的。这也就将我们引向环境德性伦理面对的第二个质疑：缺乏操作性与执行力。桑德勒清醒地认识到，环境德性伦理是否可以成为另一种选择，不仅在于它能否对环境德性提供一种客观的理论解释，还在于能否为批判盛行的观念、实践与政策提供足够的资源；能否提供充分的行动指导，告诉人们在具体情境下如何行动；能否对人类涉及自然环境的行为活动施加有效的约束。③ 最后，环境德性伦理受到的最持久、最激烈的批评是它坚持或隐含着危险的人类中心主义立场。罗尔斯顿尖锐地指出，"如果说我们保护这些濒临灭绝的物种是为了追求品格的高尚，那么这似乎是不高尚的——卑劣和伪善的。"④在他看来，环境德性伦理不是把自然存在物的价值"置于"该事物本身，而是强调关心和保护该事物能够使行为主体变得高贵和优秀，因而不适合用来探讨和解决环境伦理问题。赫斯特豪斯也承认，"这一说法在实践中可能不无道理。毕竟，如果我们思考与感受自然界的方式、从而对待自然界的行为方式没有发生根本变化，重构那些熟悉的德性与恶习就是不可能的事情。"⑤

不难看出，担忧与质疑环境德性伦理之前景的声音，很大程度是源于一般德性伦

---

① Robert Elliot. Normative Ethics. in A Companion to Environmental Philosophy, ed. Dale Jamieson, Oxford: Blackwell, 2001: 189 – 190.

② James P. Sterba. A Morally Defensible Aristotelian Environmental Ethics. Philosophy in the Contemporary World, 2001, 8(2): 63 – 66.

③ Ronald Sandler. Towards an Adequate Environmental Virtue Ethic. Environmental Values, 2004, 4(.13): 477 – 495.

④ Rolston Hursthouse. Environmental Virtue Ethics. in Rebecca L. Walker, P. J. Ivanhoe, ed. Working Virtue: Virtue Ethics and Contermporary Moral Problems. Oxford: Oxford University press, 2007: 70.

⑤ Rosalind Hursthouse. Environmental Virtue Ethics. in Rebecca L. Walker, P. J. Ivanhoe, ed. Working Virtue: Virtue Ethics and Contemporary Moral Problems. Oxford: Oxford University Press, 2007: 160.

理的发展困境，表达了对于德性伦理方法的不信任。艾略特、斯特巴关于环境德性理论不能自成体系的批评，对于那些坚持德性第一性、规则第二性的德性伦理学家来说肯定不是陌生的。与一般的德性伦理受到的批评一样，环境德性伦理也被指责不能提供规则和程序以解决具体情况下的道德问题。罗尔斯顿的激烈批评则不过是复活了一个针对古代德性伦理学家的渊源久远的诘难：德性伦理在本质上是自我中心的，适合于提出一种好生活的观念，却不适合用以考虑对他者的义务。事实上，德性伦理的"当代复兴"似乎一直面对着一个宿命论式的困境：如果从德性伦理向近现代规范伦理的范式转换有其历史的必然性，那么，历史的选择已经表明，德性伦理不能适应当代社会了。基于这样的视野与场景去看，当艾略特声称希尔式的环境德性伦理"前景黯淡"时，当罗尔斯顿断言"环境德性伦理学作为整体来看是一种不合时宜的伦理，一种偏离正轨的伦理"①时，他们是在确认这个困境的存在。同样的，如果环境伦理学的发展需要德性伦理视角、并且彰显了它的独特性与当代性，如果环境德性伦理学家竭力提供另一种选择，并且也能够有力地回应质疑和批评，那么，我们就看到了突破这个困境的可能。

因此，环境德性伦理能够走多远，这不仅是环境伦理学是否，以及在何种程度上需要德性伦理之视角和资源的问题，也是关乎德性伦理能否，以及如何实现其"当代复兴"的问题。更进一步说，这也是环境伦理与德性伦理如何相互支持，协同共进的问题。由于这样的内在关联以及由此产生的理论意义和实践影响，我们有理由相信环境德性伦理是方兴未艾的，是值得期待的。

一方面，正如我们已经在希尔、奥尼尔那里看到的，对于环境伦理学来说，德性伦理提供了另一种不同的、必要的视角，带来了新的活力与资源。弗拉茨指出，"环境德性伦理的发展，能够深化我们对于环境伦理学所探讨的问题的理解，比如污染问题、能源与自然资源问题，对于未来人与非人类存在物的责任和义务问题。环境德性伦理并不寻求取代探讨环境问题的传统道德理论，而是提出不同类型的问题，并从德性与恶习的角度探究问题，从而扩展环境思考的范围。它能继承、发展当前环境哲学关于自然世界具有内在价值的观念，它能够运用相关理念，把创建环境友好型共同体的方法和实践落到实处。因此，环境德性伦理与那种确认环境正当性行动、并为之辩护的理论相互补充。"②如果认可理论的解释力与实践的影响力、而不是建构一种革命性的新伦理，才是发展环境伦理学的目的所在，那么，即便环境德性伦理的出场真得干扰了环境伦理学"激进的"或"革命的"非人类中心主义立场，这也不是——如罗尔斯顿批评的那样——环境伦理学不需要德性伦理视角的理由。更何况说，德性伦理也并非如罗尔斯顿认为的那样保守和以自我为中心，而他自己的环境伦理理论也不可能激进到摆脱一切传统的牵绊。

另一方面，环境德性伦理学家的努力和成果已经表明，环境伦理问题提供了一个

① Holmes Rolston III. Environmental Virtue Ethics: Half the Truth but Dangerous as a Whole. in Environmental Virtue Ethics, eds. Philip Cafaro and Ronald Sandler, Lanham, MD: Rowman & Littlefield. 2005: 61 – 78.

② Geoffrey B. Frasz. What is Environmental Virtue Ethics That We Should Be Mindful Of It? Philosophy and the Contemporary World, 2001, 8(2): 5 – 14.

理解和发展德性伦理的平台与路径，表明了它的应用意识和适应能力。以德性伦理的当代适应性困境、缺乏操作性和执行力、自我中心和利己主义作为质疑和批评环境德性伦理的理由，实际上表明了质疑者和批评者是在以静止的、而不是发展的眼光看问题。首先，德性伦理渊源于前现代的事实，并不意味着它是守旧的，也不意味着它不能与时俱进。根据温斯维恩的看法，德性话语"尽管穿越现代性之重重拦阻而来，但其内在一致性与可理解性不依赖于现代世界观。现代世界观随着科学与工业革命而大行其道，在很多批评者看来，是导致生态危机的一个重要因素。因而，生态德性语言将有助于我们获得一种与这种世界观没有太多合谋的道德话语。即便德性伦理一直带有保守主义的色彩，一种建基于环境运动之鲜活话语的德性伦理仍然会产生令人惊奇的激进效果。"①与此同时，环境德性伦理以人类兴盛勾连自然环境、通过环境德性的界定和阐明，不仅以不同于后果主义与义务论的方式显现了人与自然之间丰富的、深层的道德关系，也体现和发展了德性伦理的生态向度。

其次，以德性论的视角探讨环境伦理问题绝非一厢情愿，恰恰是环境伦理学关注行为动机、回应实践吁求的结果。卡法罗的一个总结性评述表明了环境德性伦理的实践指向和现实关切："①它运用多姿多彩的德性与恶习概念，为我们与自然环境的关系和交往提供了丰富而微妙、兼具描述性和规范性的语言"——正如温斯维恩所表明的，德性话语在西方语言中意味着意图与行动的结合，显现着彻底而持续地改变事物的严肃性，因而是我们意愿承诺并公开表达承诺时所运用的话语;② ②它揭示了人类兴盛与自然的联系，使得倡导有益于环境的行为和政策有了更多的理由，而不再只是出于义务的要求与对恶果的恐惧；③它阐发了一种把握生态真谛、关注所有环境价值的人类兴盛理论，提供了一种与消费主导型人类兴盛观念不同的选择；④它宣示了人与自然共同走向兴盛的可能，改变了人要么掠夺资源和破坏环境、要么否定自我和克制欲望的人与自然之关系，提供了一种积极有为、鼓舞人心的愿景；⑤它界定了那种促成环境欣赏与个人节制的品格类型，有助于从从根本上勾画出一个能够真正永续发展的社会：不是在各种环境问题之间顾此失彼，寻求技术性的修修补补、而是真正解决它们；⑥它致力于实现环境持续改善所需要的人格境界，凸显了道德培养与道德教育对于环境伦理的重要性。"③相比于功利主义与义务论环境伦理学的理性话语与抽象理论，环境德性伦理明辨环境选择、鼓励人们承当环境责任的方式不是更加平易近人、切实可行吗？如果一定要在一般意义上指责德性伦理不能提供具体的行动指导，那么，我们至少可以反问，"其他环境伦理学理论能够提供行为方式或改变生活方式方面的具体道德要求吗？事实上，他们与环境德性伦理一样只是提供了同样显见的

---

① Louke van Wensveen. Dirty Virtues：The Emergence of Ecological Virtue Ethics. Amherst，NY：Humanity Books，2000：18.

② Louke van Wensveen. Dirty Virtues：The Emergence of Ecological Virtue Ethics. Amherst，NY：Humanity Books，2000：7.

③ Philip Cafaro. Environmental Virtue Ethics Special Issue：Introduction. Journal of Agricultural and Environmental Ethics，2010，23(1－2)：3－7.

戒律。"①

最后，即便环境德性伦理在某种意义上以自我为中心，也不意味着这是不可理解、不可接受的人类中心主义，也不意味着德性伦理不能自我超越。希尔说，如果人类中心主义表达的是"所有的道德义务和责任、美德和恶习、应受的谴责与赞扬，严格来说，都仅仅归属于人类"；或者是强调"我们应当珍视自然而不是将其视为工具（把自然视为具有道德地位的），这一看法的最终理由必然要诉诸自然世界以及我们置身其中的相关事实，也要诉诸道德辩护的本质——这一点最终是依赖于人类理性、情感、体验、对话和反思的过程"，②　那么，反对这样的人类中心主义就是颠覆道德理论的重大进步，对于环境伦理来说没有理论或实践上的好处。在赫斯特豪斯看来，德性伦理指引我们思考如何过一种幸福或兴盛的生活，关心自身品格的培养和提升，这不是社会层面上的利己主义——因为"我只能过的唯一生活是我的生活"；也不是物种沙文主义——因为"我是一个人，我不可能去另一种生活"。③　如果我们把幸福理解为一种有德性的生活，并且接受人与自然应当共同走向兴盛的观念，则环境德性的养成与实践，将意味着我们不再专注于自我与自我的德性，并且领会和关心非人类自然的善之好，并视之为值得追求和保护的善之好。因此，正如桑德勒指出的，我们不应该"混淆了德性理论研究（doing virtue theory）与有德性地生活（living virtuously）之间的区别，把品格特征何以成为德性与一个有德性的人基于何种理由而行动混为一谈……即便使品格特征成为德性的因素是人类中心主义的，拥有此种德性之人的考量，作为行动的理由仍然可能是非人类中心主义的。"④

本章小结

西方生态伦理学既是反思和批判西方传统伦理思想的产物，也是应用和发展西方传统伦理思想的成果。在此意义上说，后果主义、义务论和德性论构成了西方生态伦理学三种主要的理论进路。后果主义以行为引发的后果评判该行为道德与否，义务论以行为本身性质决定行为的对错与否。二者虽以不同的资源和方法寻求尊重和保护自然的道德依据、促使道德共同体的边界拓展至动物、植物，乃至整个生态系统，但实际上存在的相同之处甚至多于相异之处。它们所聚焦的都是规则或行为，可以统称为原则伦理学（ethic of principles）或行为伦理学（act ethics），从而在德性伦理学家看来存在着类似、并且同等程度的褊狭和不足。与这两种理论进路不一样，德性论基于"我要成为什么的人"而不是"我应当做什么"的理论起点探讨实现人与自然和谐的必要性与可能性。显然，正是后果主义、义务论、德性论，以及本章篇幅所限未能涉及的其

① Rosalind Hursthouse. Environmental Virtue Ethics. in Rebecca L. Walker, P. J. Ivanhoe, ed. Working Virtue: Virtue Ethics and Contemporary Moral Problems. Oxford: Oxford University Press. 2007: 167.

② Thomas Hill. Finding Value in Nature. Environmental Values, 2006(15): 331-341.

③ Rosalind Hursthouse. Applying Virtue Ethics to Our Treatment of the Other Animals. in Contemporary Readings in Virtue Ethics. ed. by Jennifer Welchman. Hackett Publishing, 2006: 136-155.

④ Ronald Sandler. Character and Environment: A Virtue-Oriented Approach to Environmental Ethics. New York: Columbia University Press, 2007: 41.

他伦理学理论和方法(例如关怀伦理学、实用主义)超出人际范围的应用和发展，共同造就了西方生态伦理学蓬勃发展、流派纷呈的景象。因而，以一种多元主义的、而不是一元论的规范伦理视角来理解和应对环境问题，以及由此提出的人与自然之间的道德关系问题，更符合实际，也更具实践性。对于我们来说，学习和借鉴西方生态伦理学遵循不同理论进路而形成的成果，是有助于深化生态道德观念、激发生态文明意识的。

【思考题】

1. 如何理解"种族主义"与"物种主义"之间的跨越？
2. 辛格对于功利主义理论的发展体现在哪些方面？
3. 大地伦理学在何种意义上是一种后果主义的生态伦理学理论？
4. 为什么罗尔斯顿批评康德是"一个残留的利己主义者"？
5. "尊重人"与"尊重自然"能否建立在共同的基础之上？为什么？
6. 相对于后果主义和义务论而言，德性论的生态伦理学理论有什么样的优势？
7. 基于德性论的生态伦理学是否必然是人类中心主义的？
8. 西方生态伦理学遵循不同理论进路的发展过程，对于当代中国的生态文明建设有什么样的启示？

【参考文献】

包尔生. 伦理学体系[M]. 北京：中国社会科学出版社，1988.

彼得·辛格. 实践伦理学[M]. 北京：东方出版社，2005.

弗兰克纳. 伦理学[M]. 北京：三联书店，1987.

龚群. 当代西方道义论与功利主义研究[M]. 北京：中国人民大学出版社，2002.

江畅. 德性论[M]. 北京：人民出版社，2011.

康德. 道德形而上学原理[M]. 上海：上海人民出版社，1986.

林火旺. 伦理学入门[M]. 上海：上海古籍出版社，2005.

罗尔斯顿. 环境伦理学：大自然的价值以及人对大自然的义务[M]. 北京：中国社会科学出版社，2000.

密尔. 功用主义[M]. 北京：商务印书馆，1957.

汤姆·雷根. 动物权利研究[M]. 北京：北京大学出版社，2010.

尤金·哈格洛夫. 环境伦理学基础[M]. 重庆：重庆出版社，2007.

DALE J, et al. A Companion to Environmental Philosophy[M]. Oxford：Blackwell, 2001.

LOUKE V W. Dirty Virtues：The Emergence of Ecological Virtue Ethics, Amherst[M]. NY：Humanity Books, 2000.

REBECCA L W, IVANHOE P J, et al. Working Virtue：Virtue Ethics and Contemporary Moral Problems[M]. Oxford：Oxford University Press, 2007.

RONALD S, PHILIP C, et al.. Environmental Virtue Ethics[M]. New York：Rowman and Littlefield, 2005.

第十一章
西方生态伦理学的价值取向

本章提要：从西方生态伦理学的发展历程来看，无论是人类中心主义还是非人类中心主义，都强调人类应该尊重自然，对自然讲道德。西方生态伦理学以对自然的善作为自己的价值追求，人类善待自然的道德观念根源于人类的伦理直觉。伦理直觉不同于经验和理性之处在于其自明性。直觉主义生态伦理学的当代价值在于全面反思和批判现代西方哲学，提出颠覆性的哲学命题，彰显生态文明的时代精神。以善待自然为核心价值的西方生态伦理学，全面考量人与自然、当代人与后代人、当代人与当代人之间的道德关系，将自然、当代人和未来后代都纳入人类道德关怀的视野，构建了种际道德、代际道德和人际道德三位一体的道德结构，三者相互联系、相互影响、相互作用，共同构成西方生态伦理学的道德结构系统。西方生态伦理学的主要理论任务是为人类保护自然寻求道德理由和依据。西方生态伦理学的发展过程充斥着人类中心主义与非人类中心主义之争。两大流派各有自己的逻辑困境：人类中心主义从人类的利益出发，极端的人类中心主义具有反自然性。自然中心主义从自然的内在价值出发，犯了从"是"推出"应当"的自然主义谬误。审视西方生态伦理学的发展历程，搁置人类中心主义和非人类中心主义的理论纷争，需要我们实现生态伦理学研究的问题转向和理论超越，重塑公民的环境美德，化解生态伦理学面临的逻辑困境，引领人类走向绿色未来。

第一节　西方生态伦理学的伦理直觉

西方生态伦理学认为，人类不仅要善待人类，还要善待自然，人类不仅要对人类自身讲道德，还要对自然讲道德。人类善待自然的道德观念，既不是来源于人类的直接经验，也不是来源于人类的理性思考，而是根源于人类的伦理直觉。

一、伦理直觉的基本内涵

直觉，英文为"intuition"，指自明性，与经验和理性相对。伦理直觉是指把道德认识建立在自明的逻辑基础之上，"把直觉作为道德认识的唯一方式，认为人们对道德概念和本性的把握，既不能诉诸经验事实或自然事实的简单规定，也不能靠所谓的形而上学的'知识论'来获取。"[①]以直觉作为道德认识的唯一方式，什么是善，什么是应当，完全凭借人们的直觉，没有理由，没有根据，不可推导。

伦理直觉不同于经验和理性之处在于其自明性。摩尔是直觉主义伦理学的重要代表，在《伦理学原理》一书中讨论了"什么是善"这一伦理学的核心问题。摩尔认为，当我们讨论"什么是善"时，我们实质上在讨论两个问题，第一个问题是"哪类东西具有'善'的属性"，第二个问题是"善事物所具有并使其为善的'善'属性是什么"。第一个问题讨论的是"善事物"，第二个问题才是给"善"下定义。摩尔认为，善是简单的、不可分析的，我们只能靠"直觉"来把握。一些基本的价值判断之所以为真，是因为我们的直觉。伦理直觉是自明的，我们知道为真，这是一种信念，至于为什么我们知道这是真的，无法提供任何理由，这也是摩尔受人质疑的地方。如果有人与摩尔所说的一些自明的价值判断观点不同，摩尔的回答只能是"你是错的，因为我知道"。

W. D. 罗斯也是伦理直觉主义者。罗斯在 1930 年底的《正当与善》一书中，提出了自明义务，被称为义务论的伦理直觉主义。罗斯的最重要概念是"正当"和"义务"，有别于摩尔的"善"。罗斯的自明义务清单包括：

(1) 忠诚义务——做已经明确许诺或暗暗答应过去做的事情；

(2) 赔偿义务——赔偿因自己过去的过错而给人带来的损害；

(3) 感激义务——报答自己曾从其受过惠的恩人；

(4) 公正义务——确保人们得到因其功德而应得到的东西；

(5) 仁爱义务——为其他一切人谋利益；

(6) 自我发展义务——使自己成为更优秀的人；

(7) 不作恶义务——约束自己不伤害他人。

罗斯认为，这些义务是自明的，如果其他条件相同，履行这些义务都是应当的。"一个履行义务的行为，一看就知道是正当的。这不是因为我们一出生或第一次注意到它时就会明白无误地知道它是正当的，而是因为只要我们的智力发展到足够成熟的阶段，只要我们对它给予足够的注意，其正当性就是显而易见的，而无需任何证明或

---

① 万俊人. 现代西方伦理学史(上卷). 北京：中国人民大学出版社，2010：243.

其自身之外的任何证据。"①

虽然罗斯的道德理论与摩尔的道德理论有很大的区别，但两者的共性之处在于，都承认基本的道德真理是自明的，不需要证明，但摩尔和罗斯在所谓自明的直觉问题上也存在很大的分歧，对于这样的分歧他们无法给出解释和证明。罗斯曾经说过："如果有人告诉我们，我们应该放弃这样一种观点，即谨守诺言是一种特殊的义务，因为唯一的义务是带来尽可能多的善，并且这是自明的，那么，我们就必须问问自己，在我们思考时，我们是否真的相信它是自明的，以及我们是否真的能够消除这样的看法，即守诺的约束是完全不依赖其是否会带来最大的善的。从我自己的经验中，我发现，即使全心全意地想这样做，我也无法办到。"②

尽管摩尔、罗斯等人的伦理直觉主义受到人们的质疑，但用直觉对一些简单的、明晰的和不可定义的道德判断进行界定，成为伦理学发展的一个重要阶段，推动着伦理学的发展。具有自明性的直觉，虽然不能告诉我们为什么要做出这样的道德判断，但却让人们确立自明性的道德判断信念，趋善向善，自觉履行道德义务。

二、尊重自然的伦理直觉

西方生态伦理学是在人与自然的关系出现严重危机的情况下而产生的一门学科，是探讨人与自然之间道德关系的哲学领域。人类应该如何对待自然，怎样把自然纳入人类道德关怀的视野，这是西方生态伦理学的核心问题。从西方生态伦理学的发展历程来看，无论是人类中心主义还是非人类中心主义，都强调人类应该尊重自然，对自然讲道德。

人类为什么要尊重自然？对于这一问题主要有三种回答：

第一，人类尊重自然的道德观念，来源于人类的直接经验。这种观点认为，人类尊重自然，是人类根据以往的经验而产生的道德观念。人们发现，人类只有尊重自然、顺应自然、保护自然，才能拥有良好的自然环境，喝上干净的水、呼吸新鲜的空气、吃到安全的食物。反之，一味地掠夺和破坏自然，必然招致自然的报复，带来严重的环境问题。人类从自己的直接经验中，感受到人类应该尊重自然，关爱自然。

第二，人类尊重自然的道德观念，来源于人类的理性思考和逻辑推论。这种观点认为，人类不仅可以通过自己的直接经验来认识自然的价值，还可以通过人类的理性思考和逻辑推理的形式，预见并认可自然的价值和人对自然的道德态度。人类的理性思考和逻辑推理能力主要基于自然科学的发现，以及地质和考古方面资料。

第三，人类尊重自然的道德观念，来源于人类的伦理直觉。这种观点认为，人类之所以尊重自然，甚至敬畏自然，是源于自己的伦理直觉，它是不证自明的，无需任何道德理由和根据。人类尊重自然，不是根源于自己的经验或科学知识、理性逻辑，而是因为人们的直觉。比如，我们来到一座高山面前，看着高山的巍峨，内心油然而生一种敬畏之情，这是一种对山的敬畏，对自然的敬畏，没有理由，没有根据。

①　宋希仁. 当代外国伦理思想. 北京：中国人民大学出版社，2000：279.

②　W. D. Ross. The right and the Good. UK：Oxford Unhversity Press，1930：39－40.

西方生态伦理学关于人类尊重自然的道德理念，主要来源于人们的伦理直觉。在利奥波德看来，土地伦理"是要把人类在共同体中以征服者的面目出现的角色，变成这个共同体的平等的一员和公民。它暗含着对每个成员的尊敬，也包括对这个共同体本身的尊敬。"①土地伦理，是一种对土地的热爱、尊敬和赞美，是把包括土壤、水、植物和动物在内的大地共同体纳入人类道德关怀视野的伦理观。人类对大地共同体的尊敬，不是源于经济利益的考虑，也不是出于什么其他的理由，而是出于人类的道德直觉。在共同体中，我们不能以实用主义的态度来对待共同体中的成员。对农场主而言，他们只是关爱那些对他们有用的自然物，关注那些对他们有利可图的自然保护措施。而对那些有利于共同体，但对农场主本人没有益处的自然物和措施不予关注。"在一个全部是以经济动机为出发点的资源保护体系中，一个最基本的观点是，土地共同体的大部分成员都不具有经济价值。"②对于不具有经济价值的大地共同体成员，人类为什么要尊重他们，经验主义和理性主义者又找了很多的托词。比如，野花和鸣禽，大多数不具有经济价值，如果鸣禽要灭绝，鸟类学家们马上会提出许多令人震惊的证据，说明这些物种的灭绝会给人类带来严重后果，进而采取措施来挽救它们。在利奥波德看来，读到这些托词"令人痛苦"，这表明，"我们还不具备土地伦理观"③。利奥波德以"保护生物共同体的和谐、稳定和美丽"，作为土地伦理的道德原则，否定了从经济动机出发的伦理观，提出了基于伦理直觉的土地伦理。

人类对自然的尊重，不是出于商业价值的考虑，而是出于人类的非理性的直觉。如美国土著印第安人信奉"万物有灵论"。据资料记载，1852年，在得悉政府要向他们购买一些土地后，美国西部几个土著印第安人部落的首领西雅图写道："华盛顿的总统先生派人表达了想要购买我们的土地的意思。但蓝天与大地怎么可以买呢？这想法对我们来说太奇怪了。这新鲜的空气与闪亮的河水并不为我们所有，那你们又怎能买这些东西呢？这土地上的每一个角落对我的人民都是神圣的。……我们是大地的一部分，大地也是我们的一部分。散发着清香的花是我们的姐妹，熊、鹿，还有雄鹰，都是我们的兄弟。岩石的山顶、草地中的汁液、小马的体热，还有人，都属于同一个大家庭，……它与它所支撑的一切生命共有一个灵。"④西雅图的这封信表明，人类对自然的尊重，源于非理性的直觉，这里的直觉是不证自明的，带有某种神秘主义的成分。利奥波德在为《沙乡年鉴》撰写的"未发表的序"中提到，自己对荒野的着迷，"未破坏的荒野"是完美的，处于原始的健康状态，对这种荒野的爱恋，不能要靠经验或理性来说明，仅仅是出于直觉。

罗尔斯顿是一个走向荒野的哲学家。他认为，人类保护大自然，不是为了什么其他的目的，自然就在那里，值得我们尊重。"我对苔藓产生了一种特殊的兴趣，因为苔藓在阿巴拉契亚山的南段生长得极为繁茂，也因为别人似乎都不怎么关心它们。但它们就在那里，不顾那些哲学家和神学家的话，也不给人带来什么好处，只是自己繁

---

① ［美］奥尔多·利奥波德. 沙乡年鉴. 侯文蕙，译. 长春：吉林人民出版社，1997：194.
② ［美］奥尔多·利奥波德. 沙乡年鉴. 侯文蕙，译. 长春：吉林人民出版社，1997：200.
③ ［美］奥尔多·利奥波德. 沙乡年鉴. 侯文蕙，译. 长春：吉林人民出版社，1997：200.
④ 刘耳. 从西雅图的信看美洲印第安人的自然观. 环境与社会，2004(4)：13.

茂地生长着。"①在罗尔斯顿看来，我们对苔藓的兴趣，不是出自某种利益的需要，就是因为苔藓本身。换句话说，是苔藓本身，或者进一步说，所有的自然世界——森林和土壤、阳光和雨水、河流和山峰、循环的四季、野生花草和野生动物——所有这些本来就存在的自然事物本身让我们着迷。我们对自然的尊敬，不需要什么理由，不需要考虑是否给人类带来什么好处。人类应该尊重自然，这是自明的，自然就在那里，花开花落，宠辱不惊。

三、直觉主义生态伦理学的当代价值

西方生态伦理学从经验主义、理性主义发展到直觉主义阶段，对当代哲学的发展和人类社会的进步具有重要意义。从伦理直觉的角度来把握生态伦理道德原则和规范，其价值在于全面反思和批判现代西方哲学，提出了颠覆性的哲学命题，体现了生态文明的时代精神。

1. 改变主客二分的思维方式

现代西方哲学的核心理念在于把人与自然看作是主体与客体的关系。人是主体，非人存在物是客体。主体是自主、自足、自为的存在者，客体是无自主性、无灵性的物。主体对客体可以认识、分析、解剖、操纵和控制。主体与客体之间是一种认识与被认识、控制与被控制、征服与被征服的关系。根据现代哲学的观点，在茫茫宇宙，人是主体，自然是客体，人与自然关系成为一种支配与被支配、控制与被控制的主奴关系，人类是对自然进行征服、控制和掠夺的主体，自然是被征服、被控制、被剥夺的对象。在主客二分的哲学理念支配下，现代资本主义制度对金钱的崇拜，对利润无止境追求的本质，催生并加剧了人类对自然的掠夺和破坏，生态危机由此爆发。西方生态伦理学尊重自然的伦理直觉，是对人类主体地位的解构。人类不再把自己看作自然万物的主宰，而是把人与自然看作一个有机统一的整体，人与自然主客二分的思维方式被一种整体主义的思维方式所取代。根据马克思的观点，人是自然的组成部分，自然是人的无机身体，人与自然是本质统一的关系。人类尊重自然，实质上就是尊重人本身。西方生态伦理学与马克思的理论主张遥相呼应，不少西方生态伦理学家改变了主客二分的思维方式，他们不再把人类看做自然的主体，不以主人的心态来面对自然，而是把人与自然看作统一整体，把包孕万有的大自然看作终极实在，尊重自然、敬畏自然，自然被践踏、被剥夺的命运开始有所改观。

2. 承认大自然的内在价值

价值有两层含义：一是指主体的目的；二是指客体满足主体需要的某种属性。价值有工具价值和内在价值之分。工具价值是指其有用的功能，一个事物有工具价值，是因为它可以用来达到某种目的，满足人们的某种需要。水杯的工具价值在于水杯能用来盛水，满足人类喝水的需要。内在价值是指它本身有价值而非其可供使用的特

---

① ［美］霍尔姆斯·罗尔斯顿 III. 哲学走向荒野. 刘耳，叶平，译. 长春：吉林人民出版社，2000：9.

性。当我们说一个事物有内在价值，是指事物有不依赖于人类和其他外部因素而存在的价值，有它自己的善，而不是因为他们对人类有什么效用。

现代西方哲学中根深蒂固的人类中心主义，从人类的利益出发，把自然看作是满足人类需要的存在物，强调的是自然的工具价值。当自然仅仅被看作是对人类有用的物，人类为了满足自己的需要，就会不断利用自然、盘剥自然、压榨自然，造成对自然环境的污染和破坏。西方生态伦理学改变主客二分的思维方式，确立自然的伦理地位，主要是通过承认大自然的内在价值来实现的。在西方生态伦理学的发展过程中，非人类中心主义从伦理直觉出发，提出人类应该尊重自然。从价值论的视角来看，尊重自然，不是因为自然对人类有什么工具价值，而是自然本身值得人类尊重，荒野、国家公园、苔藓等等，无论他们是否对人类有用，它们就在那里，有自己的内在价值，值得人类尊重。

当人类承认自然具有内在价值，应受人尊重，原先的人类道德共同体的范围开始扩大。人类有内在价值，自然也有内在价值，因此，人类不仅要对人讲道德，还要对自然讲道德。自然和人类一样，都成为人类的道德顾客，受到人类的道德关怀。

3. 消解事实与价值的二分

西方现代哲学的主客二分，派生出了事实与价值的二分。逻辑学开宗明义讲自然主义谬误，认为从自然的描述性前提推不出价值论的或伦理学的结论，否则就是犯了自然主义谬误。根据事实与价值的二分法，"是"与"应当"、事实与价值、描述与评价、科学与伦理学、自然规律与社会规范都有着严格的区分，二者不能混为一谈。

西方生态伦理学的兴起，宣告了事实与价值二分法的破产，瓦解了现代伦理学的基石。西方生态伦理学用生态学和新物理学来论证生态道德原则，消解了事实与价值的严格二分，从自然之是直接推出生态之应当。当我们从直觉上感受大自然的尊严、感受生命的尊严，进而提出尊重自然、敬畏生命的生态伦理要求，我们就跨越了"是"与"应当"的鸿沟，从自然之是推出了尊重自然、敬畏生命之应当。在罗尔斯顿这里，从自然规律推出生态伦理之要求，是一个瓜熟蒂落的过程。人类要把自然纳入道德关怀的范围，把自然生命纳入人类的道德关怀对象，因为自然的生命本身就值得人们尊重，"生命是在永恒的由生到死的过程中繁茂地生长的。每一种生命体都以其独特的方式表示对生命的珍视，根本不管它们周围是否有人类存在。实际上，我们人类也是自然史的一部分。"①

人类对自然生命的尊重源于人的直觉，人的直觉来源于自然规律或是生态规律，人类由事实判断合理地推出了价值判断。在克里考特看来，西方生态伦理学框架中没有事实与价值的严格二分，也没有物理学与伦理学的严格二分，"物理学和伦理学……都同样是对自然的描述。"希拉里·普特南用语言分析的方法，对事实与价值的关系进行了分析，提出事实与价值是相互渗透的理论，消解了事实与价值的二分。在《事实与价值二分法的崩溃》中，普特南认为，事实与价值是相互缠结的，"如果我们

---

① ［美］霍尔姆斯·罗尔斯顿 III. 哲学走向荒野. 刘耳，叶平，译. 长春：吉林人民出版社，2000：9－10.

观察我们的整个语言的词汇，而不是被逻辑实证主义者认为足以描述'事实'的极小的部分，即使在个别谓词的层次上，我们也会发现事实与价值（包括伦理的、美学的和每一种其他的价值）之间的一种更为深刻的缠结。"①事实与价值相互渗透，物理学与伦理学之间也是相互渗透的，伦理学并非只是主观的情绪表达，在物理学和伦理学之间也存在着连续性。西方生态伦理学以伦理直觉为基础提出善待自然的道德理念，消解了事实与价值的严格二分，对现代伦理学的根基提出了质疑和挑战，"现代伦理学企图与实证科学截然分开，以守住价值论的独立堡垒，结果是，它既无法确保伦理学的知识地位，又无法确保道德规范的有效约束力。"②

4. 倾听大自然的言说

现代哲学认为，人是主体，自然是客体。只有人类才有语言，大地无言，不能与人类进行有效的沟通。人类的狂妄自大，带来的是对自然的掠夺和破坏。大自然虽然没有人类的语言，但它无时无刻不在透露人类各种各样的信息。恩格斯曾经警告我们"不要过分陶醉于我们人类对自然界的胜利。对于每一次这样的胜利，自然界都对我们进行报复。"③人类正在面临严重的大气污染、水污染、土壤污染、生物多样性减少等环境问题，从本质上来说，环境危机的爆发，既是大自然对人类的报复，也是大自然以自己特有的言说方式表达不满。但现代人无视大自然的声音，依然过着大量生产、大量消费、大量废弃的生活，大量生产造成自然资源严重短缺甚至枯竭，大量消费带来了大量废弃并推动了大量生产，人类向大自然排放的废弃物给自然打来了沉重的负担，有些废弃物无法被自然所还原和吸收，人类社会与自然之间的物质、信息和能量变换出现了无法弥补的裂缝，生态危机由此产生。西方生态伦理学要求我们尊重自然，学会倾听自然的言说，走进自然深处，培养生态良知。什么叫倾听自然的言说，"满怀敬畏之情地探索自然奥秘就是倾听自然的言说！"④古往今来，人们从未停下探索自然的脚步，但现代人探索自然的奥秘，目的主要在于认识自然、征服自然。西方生态伦理学让我们倾听自然的言说，是要我们以敬畏自然、尊重自然的心态去倾听自然，从而更好地理解自然、顺应自然。尊重自然，要求人类把自然纳入人类道德关怀的视野，培养生态良知。人类的道德关怀对象不仅包括人，还包括自然界的一切生命，甚至扩展到整个生态系统。良心是人根据一定的道德规范和价值原则判断善恶是非进而做出行动选择的能力。有良心的人能够明辨是非善恶并择善而行。生态良知是指人类不仅要善待同类，还要善待自然。有了生态良知，我们就会知道，对待自然不仅要看经济上和技术上是否可行，还要看应该不应该，我们不仅要对人讲良心，还要对自然讲良心。有了生态良知，我们就会发现，现代化的大量生产、大量消费、大量废弃的生产、生活方式对自然是不公平的，也是不可持续的，敬畏自然，要求人类在生产和生活中实现生态的转向。

---

① ［美］希拉里·普特南. 事实与价值二分法的崩溃. 应奇，译. 北京：东方出版社，2006：43.
② 卢风. 整体主义环境哲学对现代性的挑战. 中国社会科学. 2012(9)：49.
③ 马克思恩格斯选集. 4 卷. 北京：人民出版社，1995：383.
④ 卢风. 论环境哲学对现代西方哲学的挑战. 自然辩证法研究，2004(4)：93－97.

第二节　西方生态伦理学的道德结构

探讨西方生态伦理学的道德结构，首先要了解什么是道德的结构模式。在伦理学意义上的道德结构模式，是指道德作为普遍依赖于社会经济条件基础上形成的系统，其内部各构成要素遵循某种关系连结并相对稳定的整合形式。① 传统伦理学根据道德主体的不同，将道德分为社会道德和个体道德，道德的结构模式分为社会结构模式和个体结构模式。西方生态伦理学的道德结构涉及三对关系：人与自然的道德关系、当代人与后代人的道德关系、当代人与当代人之间的道德关系，道德结构包括种际道德、代际道德和人际道德。

一、种际道德

种际道德研究人与自然之间的伦理关系，探讨人对自然的义务，它是西方生态伦理学的重要内容。种际道德结构模式，指把人看作道德代理人，自然看作道德顾客，从宏观上揭示人与自然之间的连接构架模式。

道德代理人（moral agent），又称为道德主体，指任何一种有这样一些能力的存在物，依据这些能力，该存在物能够做出道德的或不道德的行为来，能够承担某些责任和义务，并对其行为后果负责。这些能力包括：判断道德上正确或错误的能力、权衡赞成和反对某些选择的道德理据的能力、依据这些权衡的结果做出决定的能力、拥有实现这些决定所需的意志和能力，为自己那些未能履行义务的行为做出解释的能力等等。在种际道德中，人类作为道德代理人或者道德主体，具有道德认识、道德选择、道德评价和道德实践的能力，应该对自然承担道德关怀的责任和义务，做自然的看护者，促进自然的生生不息。

道德顾客（moral patient），又称为道德受体、道德承受者，指道德代理人对之负有道德责任和义务，且可以对之做出道德上正确或错误的行为的存在物。一个存在物要想成为道德顾客，必须拥有自己的利益、善或目的，也有学者认为，一个存在物，只要具有内在价值，就有资格成为道德顾客。人类中心主义者认为，道德代理人和道德顾客的外延重合，只有人类有资格成为道德顾客。非人类中心主义者认为，道德代理人和道德顾客的外延不是重叠的，除了人类，许多非人类存在物也能够获得道德地位，成为道德顾客，有资格获得人类的道德关怀。道德地位（moral standing），又可以译为道德资格、道德身份，指一个存在物所具有的，能够获得道德代理人提供的道德服务的道德资格或身份。所有的道德顾客都拥有道德地位。道德关怀（morai consideration），又译为道德考量，指道德代理人从道德的角度（不同于经济的或自利的角度）对拥有道德地位的道德顾客所给予的关心和爱护。② 道德关怀，意味着道德代理人不能以工具主义的态度对待道德顾客，不能把道德顾客当做一种工具，应该尊重道德顾

---

① 罗国杰. 伦理学. 北京：人民出版社，1989：58 - 64.
② 杨通进. 环境伦理：全球话语 中国视野. 重庆：重庆出版社，2007：26 - 29.

客。在种际道德中，自然和人类一样，获得了道德顾客的身份，成为人类的道德关怀对象。西方生态伦理学的发展就是不断扩大道德顾客的范围，最终将整个大自然纳入人类道德关怀的过程。种际道德结构包括种际道德的关系结构、种际道德的现象结构、种际道德的水准结构。

（一）种际道德的关系结构

道德关系，是道德代理人基于某种既定的种际道德意识，并遵循某种既定的种际道德准则，而以某种特有的活动方式与道德顾客之间发生的社会关系。种际道德的关系结构包括国家与自然之间的道德关系、社会与自然之间的道德关系、个人与自然之间的道德关系。

国家与自然之间的道德关系，是指国家基于对自然的保护意识，遵循种际道德原则（权利原则、平等原则、整体主义原则、尊重原则），通过制定生态保护政策、法律、制度等方式，自觉承担起对自然的保护义务。社会与自然之间的道德关系，是指社会主体基于保护自然的生态意识，在遵循种际道德原则的基础上，自觉遵守生态道德准则，积极承担自己的生态道德责任，通过自己的实际行动对自然尽义务。企业与自然的道德关系，是指企业作为社会的重要主体，要改变传统的黑色的、不可持续的生产方式，大力发展循环经济、低碳经济、绿色经济，实现循环利用、低排放、零污染，履行自己的生态道德责任。个人与自然之间的道德关系，是指公民个人基于特定的生态忧患意识、生态保护意识、生态参与意识，遵循种际道德的基本规范，改变传统的生产、生活方式，少消耗、少废弃，善待自然，履行自己的生态道德责任。

（二）种际道德的现象结构

道德现象，是人们在道德代理人与道德顾客之间各种现实的社会关系中，可以感知到的道德的表象形态。种际道德的道德现象，是指人们在人与自然的现实关系中，可以感知到的生态道德的表象形态。

种际道德的现象结构包括种际道德意识现象、种际道德规范现象、种际道德活动现象。

种际道德意识现象包括种际道德心理（道德认知、道德情绪、道德意志、道德风尚等）和种际道德意识形式（动物解放论、动物权利论、生物中心主义、生态中心论等）。

种际道德规范现象指一定历史条件下，指导和评估道德代理人行为价值取向的善恶准则，包括自发形成的判断善恶的常规惯例和自觉概括或表达的善恶准则体系两种形态。自觉的道德准则体系一般包括种际道德原则（如不作恶原则、不干涉原则、忠诚原则、补偿正义原则）、道德规范、道德范畴、道德准则等内容。

种际道德活动现象指道德代理人具有善恶意义的群众性活动，包括一切具有善恶价值的群众性活动（如道德决策活动、道德建设活动、道德整饬活动等）和直接为培养和评价社会成员道德品质而进行的群众性活动（如道德教育活动、道德评价活动等）。

种际道德意识现象、种际道德规范现象、种际道德活动现象三者紧密相连，种际道德意识是种际道德规范形成的思想前提，对种际道德活动具有导向作用。种际道德活动是种际道德意识和种际道德规范形成的实践基础，是形塑种际道德意识和种际道德规范巩固、深化、完善和目标实现的重要条件。种际道德规范作为一种社会法则，指导和制约种际道德意识和种际道德活动。

(三)种际道德的水准结构

一个社会的道德状况往往包括三种类型的道德：过时道德、应世道德和趋前道德。过时道德与历史发展趋势相悖，应世道德与当前社会发展趋势相吻合，趋前道德顺应社会历史发展的趋势，在未来社会占主导地位。种际道德的水准结构，指某一个时期内在相当范围的各种关系中实际流行的道德意识、道德准则和道德活动，同当时整个社会利益关系和历史发展必然趋势的适应程度。

从西方生态伦理的发展过程来看，1967 年怀特在《科学》杂志上发表了《我们的生态危机的历史根源》，认为犹太教和基督教根深蒂固的人类中心主义理念是人类环境危机的深刻根源。此后，传统的人类中心主义道德观念成为过时道德，受到西方生态伦理学家的深刻反思和批判。20 世纪 80 年代末，现代人类中心主义、动物解放/权利论、生物中心主义、生态中心主义四大理论流派登上学术舞台，非人类中心主义的道德观念成为应世道德，受到人们的普遍关注。当前，西方生态伦理学界有两个新的学术动向值得我们关注，这就是环境实用主义和生态现象学的兴起①。他们所倡导的道德既消除了传统的人类中心主义、男性中心主义、伦理虚无主义等消极因素，又抵制了某些非人类中心主义流派所体现出来的厌人类癖、把人与自然融入某种完全同质的存在单元之中的危险倾向，预示了未来种际道德的发展方向。

若把种际道德视为一类特殊的社会关系，那么种际道德关系可以简要地表述为人与自然的道德关系。从种际道德的表现形态或存在形态来看，道德现象或道德存在有三种形态：种际道德意识现象、种际道德规范现象和种际道德活动现象。根据道德现象与时代发展的趋势来看，每一种道德现象都内含着三种成分，趋前道德成分、应世道德成分和过时道德成分，显示种际道德的总体水准状况。

二、代际道德

在人类以往的历史中，由于人口的稀少和人类对自然的破坏能力有限，人类对自然的利用和破坏活动还没有逼近自然的临界，人类不仅没有考虑自然的道德地位，也没有考虑子孙后代的生存和发展，人类遥远的子孙后代尚未进入人类道德关怀的视野。随着人口的不断增长和人类对自然破坏活动的加剧，地球的承载能力已经逼近极限，人类开始意识到自己的活动不仅危及当代人的生存，更是在吃"子孙粮"、断"子孙路"。人类不仅要对自然讲道德，还要对子孙后代讲道德，这就是代际道德。

代际道德的核心内容是代际正义，如何在当代人和后代人之间公平分配地球上的有限资源，实现代际正义，受到国际社会的普遍关注。1997 年，联合国教科文组织通

---

① 杨通进. 探寻重新理解自然的哲学框架. 世界哲学，2010(4)：15.

过了《当前世代对未来世代责任宣言》，其中第 4 款指出，当代人有责任把这样一个地球留给后代，这个地球不会因人类的行为而在任何一天遭受不可逆转的破坏；暂时栖息在地球上的每一代人都应细心而合理地使用自然资源，并确保人类对生态系统的改变不会危及地球上的生命，确保各个领域的科技进步不伤害地球上的生命。第 5 款指出，当地人应确保后代人不遭受那些威胁着他们的健康和生存的污染的危害。《联合国千禧年宣言》第 21 款强调：我们必须不遗余力，使全人类，尤其是我们的子孙后代不致生活在一个被人类活动造成不可挽回的破坏、资源已不足以满足他们的需要的地球上。

(一)代际道德的理论困境

由于对未来后代人数、偏好的不确定性，人类是否要对未来后代承担责任以及承担怎样的责任，是一个令人深思的问题。否认我们对未来后代负责任的理论方法可归结为三种："出于无知"型、"受益人失踪"型、"时间坐标"型①。

第一，"出于无知"型。这种观点认为，我们对未来的人们几乎一点也不了解，我们不知道他们是谁，是怎么样的，他们需要什么，喜欢什么，由于我们对未来人知之不多，因此无法确定我们是否要承担责任，具体承担怎样的责任。

第二，"受益人失踪"型。未来人是否存在，取决于某一代人是否继续愿意生养下一代。如果某一代人集体决定不再生养下一代，那么受益人就集体失踪。因为没有具体的负责任的对象，我们就可以对未来后代的出生不负任何责任。

第三，"时间坐标"型。认为我们现在不应该对那些许多年也不会出现的后代人负责任。

这三种观点都认为，当代人无需对未来人尽义务。西方生态伦理学界对这三种观点进行了反思和批判。

第一，对于"出于无知"论的批判。人们普遍认为，我们虽然对未来后代不太了解，他们是谁，有什么样的偏好，如何看待生活，如何理解幸福，我们都不得而知。但只要他们是人，他们的基本生活需要还是应该得到满足，比如干净的水、洁净的空气、安全的食品、健康的身体、舒适的居所。我们已经预见到未来人的基本需要，但只是因为我们对他们的偏好未知，就放任自己的行为，恣意破坏生态环境，给未来后代造成损害，这是不道德的。

第二，对于"受益人失踪"论的批判。生态伦理学家认为，生养后代，是人类的义务。人的生命是有价值的，人类创造的物质、文化成果也是有价值的，需要一代一代传承下去。人类作为一个物种，不应该因为自己的贪婪和私欲，而拒绝繁衍后代。人类繁衍后代，传承文明，人类的可持续发展，是我们应尽的义务。

第三，对于"时间坐标"论的批判。生态伦理学家普遍认为，无论我们的后代的利益和权利如何打折扣，后代人对痛苦的感受不会打折扣，我们不能因为一个人生活在遥远的地方而否认我们对他所应承担的道德责任，也不能因为一个人生活在遥远的未

① [美]戴斯·贾丁斯. 环境伦理学. 林官民，杨爱民，译. 北京：北京大学出版社，2002：80-97.

来就不承担自己的道德责任。

代际道德之所以会遇到这样的理论困境，是因为当代人和后代人之间不是一种双向的关系，不存在相互交换权利和义务的情形。当代人对后代人的关系而言，只承担义务，而不享有权利。后代人对前人既不会进行报复，也不会给予任何补偿。正是由于代际道德的不对称性，才会引起人们对代际道德的质疑。

(二)代际道德的合法性论证

当代人对遥远后代负有伦理义务，需要从理论上给予解释和说明。从伦理学理论来看，功利主义观、未来人权利观、关怀伦理都为代际道德的合法性论证做出了自己的努力①。

1. 功利主义观

功利主义强调最大多数人的最大幸福。根据功利主义理论，我们有义务最大化未来后代的幸福。未来人的幸福与当代人的幸福同样重要，我们在制定各项政策时，不仅要考虑它们对当代人的幸福所产生的影响，还要考虑对未来后代的幸福所产生的影响。对于未来后代，尽管我们不能确认未来后代的身份，但我们仍然可以把他们视为幸福的抽象拥有者，致力于最大限度地增加他们的幸福，符合功利主义原则。最大限度地促进人们的幸福是压倒一切的任务，如果未来后代生活质量下降，他们的幸福减少，那么人类所追求的幸福总量就相应减少。在功利主义看来，我们不仅有义务满足当代最大多数人的最大幸福，而且有义务满足未来后代的最大幸福，这是人类对后代承担义务的伦理根据。

2. 未来人权利观

功利主义关于未来后代价值打折的理论所受到的最直接、最严厉的批判来自于道义论上的对未来人权利的考虑。未来后代价值打折理论允许现代人为了生活的舒适而侵害未来后代的生活和健康利益。未来人权利观认为，未来后代同样拥有权利，如生命权、健康权等，现代人不能为了自己简单的舒适侵害未来后代的生命权和健康权。权利受到法律保护，一旦承认未来后代具有权利，就意味着现代人的行为要受到某种制约。权利的功能在于限制别人的行为。② 后代人的权利限制了现代人的行为，它通过让现代人承担具体的责任和义务来实现。人类赋予未来后代以权利，这就承认了代际道德存在的合法性，人类应该对未来后代承担道德义务和责任。人类有义务保护自然，这不是现代人的仁慈，而是基于后代人权利的一种义务：他们有权拥有一个健康的生态环境。人类有责任合理预见到自己的行为对未来后代所带来的危险，人类在自己的能力范围减少这种危险是必要的，不采取措施的行为与犯罪没什么两样。履行代际道德，是为了未来的人类能达到我们现在的生活水平。我们要将人口保持在合适的

---

① 杨通进. 环境伦理：全球话语 中国视野. 重庆：重庆出版社，2007：316 – 327.
② [美]戴斯·贾丁斯. 环境伦理学. 林官民，杨爱民，译. 北京：北京大学出版社，2002：89.

范围内，给人类一个可持续的未来。

3. 关怀未来观

关怀伦理学认为，当代人对未来后代的义务，既不是出于最大限度地增加幸福的功利主义目的，也不是因为后代有道德权利，而是因为人类具有对未来后代的关怀。从某种意义上来看，关怀是关心他人的需要和利益，具有利他性。关怀，要求我们对他人的幸福安宁承担责任并积极行动。如果我们发现某人对他人的关怀是出于自己利益的需要，我们会认为这不是真正意义上的关怀。诺丁斯认为："从关怀的角度看，理解他人的现状，尽可能地感受他人的感受是关怀内容中的重要一环。如果我处于他的情况且开始感受这个现状，我也感到必须相应地采取行动，即，我似乎是为自己的利益而去做，但实际上是在为他人。"

代际道德正是源于人类对未来后代的关怀，我们应当尽量站在未来人的利益立场，维护和促进未来人的安全、健康和幸福。

尽管这些理论分析不尽如人意，但在人类对未来后代承担责任的问题上达成了共识。功利主义、未来人权利观和关怀伦理学对代际道德的论证，为我们深度思考人类对未来后代的伦理责任做出了理论贡献。

三、人际道德

人际道德，调整的是人与人之间的道德关系。协调当代人之间的道德关系，主要是在环境事务领域，调整不同主体之间权利的分配和义务的分担，实现环境正义。环境正义，要求人类在环境事务中，不同的群体、区域、族群和民族国家之间在享有权利与承担义务方面公平分配权利、承担义务。环境正义运动缘起于美国，可追溯至1982 年美国北卡罗来纳州华伦郡（Warren Country）所发生的反对有毒废弃物掩埋场运动。环境正义的基本内涵包括三个方面：一是分配正义，二是承认正义，三是参与正义。

（一）分配正义

分配正义，是指在国与国之间、一国内部不同地区、不同阶层之间、当代人与后代人之间公平地分配环境权利和公平地承担环境义务。正如温茨所言，"每个人都想得到公正的份额"①。分配正义既包括代内的分配正义，也包括代际之间的分配正义。

代内分配正义要求在当代人之间公平合理地分配自然资源、承担保护环境的责任、公平合理地取得生态补偿。代内不正义包括两个方面：一是国与国之间的环境不正义，指发达国家与落后国家在享有地球资源、承担环境风险方面的不正义。二是国家内部存在的环境不正义，主要有城乡不公平、区域不公平、阶层不公平。

代际分配正义属于代际道德，指在代与代之间的分配正义，即当代人和后代人在利用自然资源和谋求生存发展方面享有同样的权利。代际不正义表现为当代人对非再

---

① ［美］彼得·S. 温茨. 环境正义论. 朱丹琼，宋玉波，译. 上海：上海人民出版社，2007：25.

生性资源的过度消耗而造成对后代人环境权利的剥夺和对后代人生存环境的破坏和污染。

(二)承认正义

承认正义,是指人与人之间基于尊严、人格方面的相互承认而实现权利义务的公平交换。戴维·施劳斯伯格(David Schlosberg)曾通过考察"环境正义运动"所提出的各种主张指出,"至少在政治实践的领域,环境正义的概念不应仅仅局限于分配正义,因为当遭遇到环境正义问题时,人们除了会因为环境利益和负担的不公平分配而激发不正义感之外,同样也会因感到自身的尊严和价值没有得到应有的承认,而激起对于正义的渴望。"[①]

承认正义既包括人们之间的相互承认,也包括人对自然存在物享有平等的权利和价值的承认。人们之间的相互承认属于人际道德。人对自然存在物享有的权利和价值的承认属于种际道德。

(三)参与正义

参与正义,是指国家要允许并重视所有公民对环境保护公共决策的共同参与和意见表达,让所有公民共同控制人与自然的关系。环境污染问题涉及每个公民的切身利益,国家在制定任何一项与环境相关的公共政策时,一定要允许所有公民参与和表达,要尊重和重视公民所提出的意见和建议,实现"联合起来的生产者"对人与自然之间物质变换的"共同控制"。

环境正义的诉求需要全体社会公众和世界各国人民的共同参与。环境保护与每个人的利益息息相关,政府是民意的代表机关,保护环境的政策、法律和制度往往都是由政府制定的,这就涉及政府在制定环境保护公共政策时的正义性问题。人民参与环境保护的广度和深度是判断公共政策程序正义与否的重要标准。在国内层面,仅靠政府或是个人、特定的区域、阶层、族群,是很难实现环境正义的,以往的历史已经雄辩地证明,那些未能参与决策或意见表达的往往是社会的弱势群体、贫困人群等,这些人处于社会的最底层,他们通常享有更少的环境权益却承担了更多的环境负担,社会对他们来说是不公平的;在国际层面,需要全球参与,无论是大国、小国、富国、贫国、强国、弱国,在国际舞台上都应该允许他们参与环境保护的决策和意见表达。没有参与正义,没有联合起来的生产者,环境正义很难真正实现。

概而言之,种际道德、代际道德和人际道德相互联系、相互影响、相互作用,三者共同构成西方生态伦理学的道德结构系统,使自然、当代人和未来后代都能纳入人类道德关怀的视野,为应对全球性环境难题而进行一场深刻的变革。

---

① 王韬洋. 西方环境正义研究述评. 道德与文明,2010(1):128.

第三节　西方生态伦理学的未来进路

西方生态伦理学的主要理论任务是为人类保护自然寻求道德理由和依据。西方生态伦理学的发展过程充斥着人类中心主义与非人类中心主义之争。两大流派各有自己的逻辑困境：人类中心主义从人类的利益出发，极端的人类中心主义具有反自然性。生态中心主义从自然的内在价值出发，犯了从"是"推出"应当"的自然主义谬误。审视西方生态伦理学的发展历程，搁置人类中心主义和非人类中心主义的理论纷争，需要我们实现生态伦理学研究的问题转向和理论超越，化解生态伦理学面临的逻辑困境，引领人类走向绿色未来。

一、西方生态伦理学的理论旨趣

在人与自然的关系问题上，尊重自然、顺应自然和保护自然，实现人与自然的和谐，已经成为人们的共识。从西方生态伦理学的两大流派来看，其理论旨趣不是讨论"人类要不要尊重自然、顺应自然、保护自然？"而是追问"人类为什么要尊重自然、顺应自然和保护自然？"，为人类善待自然寻求道德理由和依据。

1. 人类中心主义

人类中心主义的理论旨趣在于把人类自身的利益看得高于自然界其他一切非人存在物，认为人类保护自然的最终目的是出于对人类全局的、长远的生存利益的保护。人类中心主义从人类自身利益出发，为保护自然寻求道德理由和根据。人是自然之子，人类的生存和发展离不开自然环境，包孕万有的大自然为人们提供了衣食住行等生产生活条件。在人类中心主义看来，保护自然就是保障人类的生存环境，保护人类自身的全局利益和长远利益，让人类在地球生活得更长久，更幸福。破坏自然必将破坏人类的生存条件。环境的恶化导致人类不能喝上干净的水、呼吸清洁的空气、获得安全的食品，人类的生活幸福指数下降，当代人和后代人的生存利益都得不到保障，威胁到人类的生存。保护自然，是为了人类的全局利益和长远利益得到保障，这就是善待自然的道德理由和根据。

2. 非人类中心主义

非人类中心主义的理论旨趣在于把自然的利益看得高于一切，认为人类保护自然的最终目的是为了保持自然界的"完整、稳定和美丽"。非人类中心主义从自然的利益出发，为人类保护自然寻求道德理由和根据。非人类中心主义离开了人类生存利益的尺度，认为人类和大自然其他非生命体一样，都是大自然的组成部分，共同构成了整个自然界。人与万物是平等的，自然界有其自身的内在价值，这种内在价值是不以人类的意志为转移的。人类保护自然，不是为了满足人类自身的利益需要，而是因为自然本身就有内在价值，值得人们尊重。一个行为，能够促进自然界的"完整、稳定和美丽"的，就是善的；凡是破坏了自然界的"完整、稳定和美丽"，就是恶的。

从本质上来看，人类中心主义与非人类中心主义虽然各有自己的理论主张，并且针锋相对，但从分析方法上来看，也有共性之处。两大流派把人与自然看作二元对立关系，两者相互竞争，此消彼长。他们认为，在处理人与自然的关系问题上，人和自然的利益难以同时兼顾。考虑了人类的利益，自然的利益就会受损；尊重了自然的利益，人类的利益就得让步。这种对立的、一元化的思维，让西方生态伦理学的发展陷入困境。

二、西方生态伦理学的逻辑困境

人类中心主义与非人类中心主义两大理论流派都主张人类要保护自然，实现人与自然的和谐，只不过试图说服人类保护自然的道德理由和根据不同。两者争论的焦点是"人类究竟为什么要保护自然？"他们在论证其理论主张中都存在逻辑困境，为对方攻击自己留下了余地。

1. 对"人是万物的尺度"的质疑

人类中心主义思想有着久远的西方文化传统。古希腊普罗泰戈拉关于"人是万物的尺度，是存在的事物存在的尺度，也是不存在的事物不存在的尺度"的表述，是西方文化关于人类中心论的最早表述。到了近代，康德提出了"人是目的"的著名命题，培根发出了"知识就是力量"的呐喊，人类不仅成为世界的主人，而且人类能够利用自己所掌握的科学知识来征服自然和统治自然，满足人类的利益需要。人类中心主义主张，一切以人为核心，一切人类行为都从人的利益出发，以人的利益作为唯一尺度，依照自身的利益行动，并以自身的利益去对待其他事物。人类中心主义的逻辑困境在于，何以证明人是万物的尺度，是宇宙的中心。

科学发展日新月异，人类中心主义思想不断遭到质疑。如果说托勒密的地球中心论是支持人类中心论的一个有力的佐证，那么哥白尼的日心说则对人类中心论提出了挑战。地球中心论认为地球是宇宙的中心，而日心说则认为太阳才是宇宙的中心，地球只不过是太阳系的一颗普通的行星，不是上帝创造的宇宙的核心。因此，在日心说论支持者看来，人类中心论把人固化为万物的中心，没有科学的依据。达尔文的生物进化论也对人类中心主义提出了质疑，生物进化论指出，人是从类人猿进化而来，不是上帝的创造物。细胞学说告诉我们，地球上所有的生命都是由细胞构成，人同其他所有的生命有着相同的遗传物质和通用的遗传密码。科学的发展证明，人类只不过是大自然的组成部分，不是万物的尺度，不是宇宙的中心，也不是自然的主人，人与自然之间是平等的关系，不是统治与被统治的关系。人类中心主义的逻辑困境要求我们必须"走出人类中心主义"①。

2. 对非人类中心主义自然主义谬误的指控

非人类中心主义认为，人并非大自然中唯一具有内在价值的存在物，大自然中的

---

① 余谋昌. 走出人类中心主义. 自然辩证法研究，1994(7)：14.

其他存在物也具有内在价值，这种价值具有客观性，不以任何人的主观意志为转移。自然物具有内在价值，应纳入人类道德关怀的视野，成为人类的道德顾客，受到人们的道德关怀。非人类中心主义的代表性人物有澳大利亚的辛格（Peter Singer）、美国的雷根（Tom Regan）、法国的施韦兹（A. Schweitzer）、美国的泰勒（Paul W. Taylor）、美国的罗尔斯顿（Holmes Rolston）等，他们分别提出或发展了动物解放论（animal liberation theory）、动物权利论（animal rights theory）、生物中心论（biocentrism）、生态中心论（ecocentrism）等多种理论主张，把道德义务和伦理关怀的范围从人类依次扩展到了动物、一切生命和整个自然界。

非人类中心主义的逻辑困境在于，从存在论之"是"直接推出价值论之"应当"，把自然生态系统的"完整、稳定与美丽"作为人类行为的终极目的和人类对待自然的道德行为的终极尺度。而从"是"中推导不出"应当"，这是休谟提出的重要伦理原则。英国哲学家摩尔把从"是"推出"应当"，称为"自然主义谬误"这里的"是"，是一个存在论概念，指事物存在的客观事实，"应当"是一个价值论概念，指伦理的规范和人类的道德行为。非人类中心主义把生态自然规律"是"作为人类保护自然的道德行为"应当"的终极根据，被认为陷入了"自然主义谬误"。"抛开对人类利益的关注，企图从生态规律之'是'中直接推导出生态道德之'应当'的做法是行不通的"①，这是非人类中心主义最主要的理论困境。

对于非人类中心主义者而言，从"是"推出"应当"的错误在于，把生态规律等同于人类价值。生态规律是一种存在事实，是客观的存在，与人的主观性、目的性没有关系。人类价值是人的主观选择，与人的主观性、目的性直接相关。如果我们从"是"推出"应当"，从生态规律中直接推出人类价值，"必然会否认人在自然界中应有的价值地位，从而走向'自然主义'和'唯生态主义'"。② 美国学者 W. F. 弗兰克纳指出，从生态学事实"是"推出"应该"是不符合逻辑的，除非是在某些索然无味的问题上做文字游戏。

三、西方生态伦理学的环境美德转向

人类中心主义与非人类中心主义对人类保护自然的道德理由和根据的讨论，推进了西方生态伦理学的发展，但无休止的争论及其两大理论流派的内在逻辑困境，引发了人们的理性思考，部分学者转向环境美德伦理，从美德伦理向度来研究生态伦理。

1. 西方生态伦理学问题转换

1983 年，美国加州大学托马斯·希尔（Thomas Hill）在《环境伦理》（*Environmental Virtue Ethics*）杂志发表了《人类卓越的理想与保护自然环境》（*Ideals of Human Excellence and Preserving Natural Environments*），提出了环境美德伦理（Environmental Virtue Ethics，EVE）。希尔的邻居将自家院子里的大树、草地和各种植物全部砍伐铺成沥青，此事

---

① 刘福森. 自然中心主义生态伦理观的理论困境. 中国社会科学, 1997(3): 47.

② 傅华. 生态伦理学探究. 北京: 华夏出版社, 2002: 167.

引发希尔的反思。希尔很反感邻居的这种行为，但邻居是在私人领域处理私有财产，是受法律保护的。那么，希尔反感的道德理由何在？希尔经过思考发现，以功利主义、基督教伦理和内在价值论为基础的各种生态伦理学理论都不能很好地予以说明。因此，希尔认为，生态伦理学与其在"自然物是否具有内在价值""非人类存在物有没有权利""为什么破坏环境在道德上是错误的"等这类问题上争论不休，不如转向思考"是什么样（品德）的人倾向于破坏自然环境""如果我们肆意破坏自然环境，那么我们将会变成什么样的人"这类问题。希尔对环境问题从价值和规范角度的思考转向对人之品德的思考，实现了生态伦理学研究的"问题转换"。希尔的"问题转换"，不是从个人偏好出发规避原有问题，而是提出一个新的道德问题，即从美德伦理角度研究环境伦理①。此后，不少生态伦理学家对环境美德伦理展开了深入的研究，比如，科罗拉多州立大学的菲利普·卡法罗（Philip Cafaro）、美国东北大学的罗纳德·赛德勒（Ronald Sandler）、北德州大学的杰弗里·弗拉茨（Geoffrey Frasz）等一批学者在此领域展开了深入研究。2001 年，美国《当代哲学》（Philosophy in the Contemporary World）第 2 期专门刊发了环境美德伦理研究专辑。2005 年，卡法罗和赛德勒合编的第一本《环境美德伦理》（Environ-mental Virtue Ethics）文集出版。2007 年，赛德勒出版了环境美德伦理研究专著《性格与环境，以美德为导向的环境伦理方法》，该书影响较大，引提起了生态伦理学界的广泛关注。2010 年，美国《农业与环境伦理杂志》（Agriculture and Environmental Ethics）第 23 卷是环境美德伦理研究专辑，环境美德伦理成为西方环境伦理研究的重要方向。

2. 环境美德伦理的建构方法

环境美德伦理主要研究人类在与自然和谐相处过程中所需要的人格特征、心理定势和各种具体的品格和特征。环境美德伦理的建构方法主要有三种：

第一种方法是通过解读经典绿色人物的生活事迹，提炼环境美德伦理的德目。比尔·邵（Bill Shaw）通过分析美国大地伦理创始人利奥波德的生活事迹及其大地伦理思想来阐发环境美德伦理，提出环境美德伦理是一种大地美德，是培养以共同体的整体、稳定和美丽为"善"的习惯品格特征，包括尊重、审慎和实践判断。菲利普·卡法罗通过对绿色代表人物梭罗、利奥波德和卡逊三位绿色人物的生活及其品格的考查，将环境美德伦理概括为："①将经济生活置于恰当的位置——也就是人类舒适的和好的生活不是无止境地获得和消费；②既倚重科学，又要正确评价科学的有限性；③持非人类中心主义的观点；④对荒野的欣赏和支持荒野保护；⑤应具有基本的信念是好的生活既包括人类，也包括非人类在内。"②

第二种方法是诉诸直觉，从一般的意义上探究使人具有环境美德的品格特征。如果说第一种方法主要是从特殊的、个体的层面来提炼环境美德，第二种方法则是从一

① Thomas Hill Jr. . Ideals of Human Excellence and Preserving Natural Environments. Environmental Ethics，1983（5）：211 - 224.

② Philip Cafaro. Thoreau，Leopold and Carson：Toward an Environmental Virtue Ethics. Ronald Sandler and Philip Cafaro ed. . Environmental Virtue Ethics，Rowman&Littile field Pubishers，Inc. 2005：33.

般的、共性的层面来研究环境美德。什么是一般意义上的环境美德？托马斯·希尔认为是谦逊（humble）。希尔认为，人们之所以会破坏自然，就是因为缺乏"谦虚"的美德，没有正确认识人在自然中的位置，对自然的态度过于冷漠，保护自然，需要人类对自然怀有"适度的谦虚"的美德。乔弗里·弗拉茨则认为，自然共同体和生态系统有自己的内在价值，人类不仅要对人类自身讲道德，还要对自然讲道德。把人与人之间应当坚守的美德运用到人与自然之间，建立起人与自然的友好关系，有利于人类的长远利益，人类对自然应该怀有仁慈（benevolence）、友谊（friendship）和开放（openness）的美德。罗纳德·赛德勒建构了以"自然主义、目的论和多元性"为特征的环境美德伦理，将生态感悟力作为环境美德的德目。

第三种方法是将美德伦理德目拓展到环境问题，形成新的环境美德伦理。美德伦理学家罗莎林德·赫尔斯特豪斯（Rosalind Hursthouse）认为，环境美德伦理是依据美德伦理来捍卫她称之为的"绿色信仰"（green belief），可以通过旧的德目拓展和创建新的德目来实现。[①] 从人类美德角度看待环境，将人对待自然环境的态度纳入到美德领域思考，借此整合或者催生在环境方面的美德概念，这种理论建构方法植根于西方强大的美德伦理传统，与当代的美德伦理复兴思潮相呼应[②]。

四、环境美德伦理的培养目标

环境美德伦理的最终目的是要培养具有环境美德的生态公民。作为生态公民，应该具有什么样的环境美德，仁者见仁，智者见智。罗伯特·赫尔（Robert Hull）提出了"好的生态公民"（good ecocitizenship）概念，认为好的生态公民具有如下美德："①价值观上认同我们是地球的普通公民，我们的物理、智力和道德上的利益都要与其他形式的生命共享；②学习关于自然界的知识，特别是关于我们所生活的生态区域的知识，学习生态学和生物学的科学方法；③具有欣赏自然的能力，并善于培养这种能力。好的生态公民能够积极活跃地关注全球环境和地域环境，尊重自然的动机不是出于自利或看重自然的财产价值，而是关注使人成为全球环境的普通公民；④把追求物质财富仅仅看成是一个维持其物理存在状况良好的手段，认为有比'消费'和'获得'更重要的追求。"[③]

西方环境美德伦理讨论人类对自然应该具有怎样的品质，对于促进人与自然的和谐具有积极的意义。每一个人都应该从自身做起，以道德的方式对待自然，加强环境美德的养成。

当然，西方环境美德伦理的兴起，也受到不少的理论批评。比如，有学者认为，环境美德偏重于个体的德性要求，对集体的道德、制度的善关注不够；环境问题是一个全球性难题，应对环境危机，不仅需要个体加强自身的环境美德修养，也需要外在

---

① Rosalind Hursthouse. Virtues in Institutional Issues Involving Ethic sand Justice. Encycl opedia of Life Support Systems（EOLSS），Developed under the Auspices of the UNESCO，EOLSS Publishers，Oxford，UK.

② 姚晓娜. 西方环境美德伦理研究述评. 哲学动态，2010（9）：51.

③ Robert Hull. All about EVE：A Report on Environmental Virtue Ethics Today. Ethics and the Environment，2005，10（1）：89－110.

的法律、制度的约束；美德伦理的方法是生态伦理研究不可或缺的，但仅仅依靠个体的自觉意识形成良好的生态美德，这是远远不够的；完善制度伦理、实现环境正义，从个体的美德养成到社会改造实践，再到全球的共同行动，还有漫长的路，需要全体社会成员的共同努力。

本章小结

西方生态伦理学以对自然的善作为自己的价值追求。人类尊重自然的道德认识来源于人类的伦理直觉。直觉主义生态伦理学对现代西方哲学的发展提出了全面挑战，彰显了生态文明的时代精神。以善待自然作为核心价值的西方生态伦理学，全面考量人与自然、当代人与后代人、当代人与当代人之间的道德关系，构建了种际道德、代际道德和人际道德三位一体的道德结构。人类中心主义和非人类中心主义作为西方生态伦理学的两大流派，理论纷争不断，面临着难以克服的逻辑困境。善待自然，需要重塑公民的环境美德，实现西方环境伦理学的美德伦理转向。

【思考题】

1. 西方生态伦理学的价值取向是什么？
2. 人类为什么要尊重自然？谈谈你对这一问题的哲学思考。
3. 如何理解西方生态伦理学的道德结构？
4. 人类要不要对未来后代承担伦理责任？请从理论上予以说明和论证。
5. 结合环境美德伦理和你的生活实际，谈谈你对生态公民的认识。

【参考文献】

［美］奥尔多·利奥波德. 沙乡年鉴［M］. 侯文蕙，译. 长春：吉林人民出版社，1997.

［美］彼得·S. 温茨. 环境正义论［M］. 朱丹琼，宋玉波，译. 上海：上海人民出版社，2007.

［美］戴斯·贾丁斯. 环境伦理学［M］. 林官民，杨爱民，译. 北京：北京大学出版社，2002.

［美］霍尔姆斯·罗尔斯顿 III. 哲学走向荒野［M］. 刘耳，叶平，译. 长春：吉林人民出版社，2000.

［美］希拉里·普特南. 事实与价值二分法的崩溃［M］. 应奇，译. 北京：东方出版社，2006.

［英］罗斯. 正当与善［M］. 牛津，英文版，1930：39－40.

傅华. 生态伦理学探究［M］. 北京：华夏出版社，2002.

刘耳. 从西雅图的信看美洲印第安人的自然观［J］. 环境与社会，2000(4)：13.

刘福森. 自然中心主义生态伦理观的理论困境［J］. 中国社会科学，1997(3)：45－53.

卢风. 论环境哲学对现代西方哲学的挑战［J］. 自然辩证法研究，2004(4)：93－97.

卢风. 整体主义环境哲学对现代性的挑战［J］. 中国社会科学，2012(9)：43－62.

罗国杰. 伦理学[M]. 北京: 人民出版社,1989.

马克思恩格斯选集(第4卷)[M]. 北京: 人民出版社,1995.

宋希仁. 当代外国伦理思想[M]. 北京: 中国人民大学出版社,2000:279.

万俊人. 现代西方伦理学史(上卷)[M]. 北京: 中国人民大学出版社,2010:243.

王韬洋. 西方环境正义研究述评[J]. 道德与文明,2010(1):48-53.

杨通进. 环境伦理: 全球话语 中国视野[M]. 重庆: 重庆出版社,2007.

杨通进. 探寻重新理解自然的哲学框架[J]. 世界哲学,2010(4):5-19.

姚晓娜. 西方环境美德伦理研究述评[J]. 哲学动态,2010(9):48-53.

余谋昌. 走出人类中心主义[J]. 自然辩证法研究,1994(7):8-14.

PHILIP C. Thoreau, Leopold and Carson: Toward an Environmental Virtue Ethics[M]. Ronald Sandler and Philip Cafaro ed. , Environmental Virtue Ethics, Rowman&Littile field Pubishers, Inc. 2005.

ROBERT H. All about EVE: A Report on Environmental Virtue Ethics Today[J]. Ethics and the Environment, 2005, 10(1): 89-110.

ROSALIND H. 'Virtues' in 'Institutional Issues Involving Ethic sand Justice'[M]. Encycl opedia of Life Support Systems(EOLSS), Developed under the Auspices of the UNESCO, EOLSS Publishers, Oxford, UK.

THOMAS H J. Ideals of Human Excellence and Preserving Natural Environments[J]. Environmental Ethics, 1983(5): 211-224.

第十二章

西方生态伦理学的全球实践

本章提要：西方生态伦理学的全球实践包括绿色报告的出台、环境保护宣言的发布、生态国际公约的缔结三部分主要内容。绿色报告包括发展中国家报告、发达国家报告和国际报告等；绿色宣言包括《人类环境宣言》《内罗毕宣言》《里约环境与发展宣言》《约翰内斯堡可持续发展宣言》等；生态国际公约包括天空、陆地、海洋环保公约等。

第一节 绿色发展报告的出台

在缪尔、史怀泽、利奥波德、海德格尔、福格特、卡逊、罗尔斯顿等环保先知及其生态伦理观念与思想感召下，全球各地都积极行动起来，对人类的前途与命运进行求索。人类生存何以为继？这是拥有强大智慧与科技力量的现代人类面对生存危机困扰发自内心的深度思考与苦苦追问。西方发达国家与国际社会基于此议题发表了一系列具有纲领性的警醒报告，为人类的持续生存与发展导航。

一、发展中国家报告

随着人类知识水平与文明程度的不断提升，世界各发展中国家在致力于本国经济发展与突破其制约瓶颈、改善人民生活与提高国际竞争能力进程中，从不同程度上认识与讨论人与自然关系、维护生态平衡与环境保护，发表了一系列有影响力的指导本国发展的绿色经典报告。代表性的主要有《中国 21 世纪议程》《北京宣言》《非洲环境展望》《加勒比海环境展望》《亚太环境报告》等。

（一）亚、非、拉主要国家环境报告

1992 年，南非政府颁布《建立南非的可持续发展基础》的报告，成立"南非可持续发展委员会"和"环境协调委员会"，负责协调各部从可持续发展角度来利用自然资源与保护环境。1999 年，巴西国家环境保护局颁布了《1997—1998 年度环境报告》，墨西哥政府在这方面也很重视，墨西哥环境、自然资源与渔业部每年发表一次关于《生态平衡和环境保护总形势报告》，以便让国民了解国家环境状况。中国更是发展中国家之楷模，每年 6 月发布前一年度《环境状况公报》。此外，中国科学院也专门成立可持续发展研究组编写年度《中国可持续发展战略报告》，动员全社会关心、参与环境保护，提高全民环境意识，促进环境建设与环境管理的发展。《非洲环境展望》于 2002 年 7 月在乌干达首都坎帕拉正式发行，报告长达 410 页，分为"非洲环境与发展""非洲环境现状""环境变化对人类的影响""非洲环境展望"和"政策分析与行动建议"五部分。是迄今为止非洲环境状况最完整、最权威的报告。报告剖析了造成非洲环境现状的原因并确定了相应的解决途径，这对非洲国家及全世界环境保护都具有重大意义，也为联合国约翰内斯堡可持续发展首脑会议提供了重要的储备资料。印度洋岛屿、太平洋岛屿、加勒比岛屿和加勒比海等的《环境展望》各报告则突出强调小岛屿发展中国家的环境状况，表明国家、区域乃至全球关注环境与可持续发展趋势的重大意义，就环境威胁提供政治指导与预警咨询，呼吁在良好研究的基础上、进行合作、采取行动并为建设小岛屿发展中国家而实施可持续发展战略。

（二）《中国 21 世纪议程》

1994 年中国政府发表《中国 21 世纪议程》(《中国 21 世纪人口、环境与发展白皮书》，以下简称《议程》)，为中国 21 世纪的发展描绘了一幅宏伟蓝图，是中国制定国

民经济与社会发展中长期计划的指导性文件和实施可持续发展战略的行动纲领，同时也是中国政府认真履行联合国环发大会的原则立场与实际行动，表明中国在解决环境与发展问题上的决心与信心。《议程》共包括20章、78个方案，是"从我国的基本国情和长远发展出发，从促进经济发展、社会进步、保护环境与资源、实行计划生育、发展教育和科技事业以及促进可持续发展政策和法规建设、科学的决策和管理等方面提出了我国持续发展的战略目标。"其内容涵盖"可持续发展总体战略与政策""社会可持续发展""经济可持续发展"和"资源合理利用与环境保护"等方面。《议程》认为，中国走可持续发展道路是解决经济发展与环境保护之间矛盾的首要问题，也是21世纪发展的需要与必然抉择，目前中国的环境污染主要源于技术水平低下与管理不善两个方面，这与中国的发展阶段相关联，是发展不足所致，故必须毫不动摇地以经济建设为中心，把发展国民经济置于首要地位，而经济发展又分为数量的增长与质量的提高两类。《议程》中围绕促进经济发展所列出的行动，基本上都是针对提高发展的质量。这是其精髓所在，也是其别于其他文件的一大特点。《议程》把资源与环境作为可持续发展的两大基础来协调社会进步与持续发展的关系，将控制人口增长与提高人口素质、消除贫困、解决住房问题以及发展卫生保健事业等列为重要行动领域。此外，自然资源的保护与可持续利用、生物多样性保护、荒漠化防治、保护大气层、固体废物的无害化管理等重要方面也列专章论述。总之，《议程》的实质就是造就一种可持续发展的能力，以达到持续发展的目的。《中国21世纪议程》是新发展观的集中体现，是发展中国家环境保护由理论走向实践的典范。它力求结合中国的现实国情，使中国在有计划、有重点、分区域、分阶段摆脱传统发展模式而逐步由粗放型经济增长过渡到集约型经济发展，充分认识到中国资源所面临的挑战及注重处理好人口与发展、中国环境与发展战略和全球环境与发展战略等关系的基础上，以强烈的历史使命感与责任感去履行中国对国际社会应尽的责任和所承担的义务。

二、发达国家报告

发达国家在实行工业化和现代化过程中付出了资源短缺、环境污染与生态破坏的沉重代价，使人类社会面临严重的生存困境。但其内部不乏思维敏锐与意识前瞻的科学家与思想家对人类的前景深表忧患，对单向度畸形发展进行揭示、批判与反思，闻名于世的罗马俱乐部堪称典范。

（一）"人类困境""全球均衡"观念的提出

罗马俱乐部是1968年由民间有识之士在罗马成立的非正式组织，也可形象地称其为"无形学院"。《增长的极限》是罗马俱乐部关于人类困境的第一份研究报告。该书被称为"70年代的爆炸杰作"。它的问世引起了世界思想界与学术界的强烈震撼，引发了一场激烈的、旷日持久的学术争论。《增长的极限》采用世界模拟模型，运用系统分析方法与现代计算机进行信息处理，深刻地阐明了环境的重要性以及资源与人口之间的基本关系。报告认为，"如果在世界人口、工业化、污染、粮食生产和资源消耗方面按现在的趋势继续下去，这个行星上增长的极限有朝一日将在今后100年中发生。最可能的结果将是人口和工业生产力双方有相当突然的和不可控制的衰退。"为避免因超越地球资源极限而导致世界崩溃的最好方法是有计划地抑制增长，达到全球平衡状态。罗马俱乐部从全新视角启迪人们重新审视与厘定人与环境、人与发展、人与地球的复杂关系，首创对当代威胁人类生存的全球性问题研究，在唤醒人类的生态意识方面发出了"全球生态危机"的预警，在激发人们的社会责任感方面有着不可抹杀的历史功绩。同时《增长的极限》也是近代工业文明不可持续发展的控告者和判决书，做出了人类必须走可持续发展道路的预言，还提出了人们需要尽早准备进入一个伟大过渡时期，即从增长转向实现全球均衡。总之，《增长的极限》为可持续发展观的诞生提供了可贵探索和有效铺垫。

《增长的极限》关于人类面临空前困境的危言警示招致了许多批评与反对。荷兰出版《反罗马俱乐部》(1972)、塞塞克斯大学一研究小组出版《毁灭的模型——对增长极限论的批评》(1973)、柯尔主编《崩溃的模型》(1973)、尤其是赫尔曼·卡恩等的《今后二百年——美国和世界的一幅远景》(1976)对《增长的极限》进行了几乎是逐条的批评。20世纪七八十年代，随着西方发达国家间的经济危机进一步加深，资源、能源、环境及对世界未来的影响等问题以非常现实的方式引起了人们的高度警觉与深度忧虑。围绕《增长的极限》的争论再次进入高潮，其中围绕《公元2000年的地球》展开的热烈讨论尤具世界意义。《公元2000年的地球》是美国环境质量委员会与国务院根据总统吉米·卡特的指示，于1980年发表的一份研究报告。该报告旨在探索"到本世纪末时，世界人口、自然资源和环境可能发生的变化，以此作为我们长期规划的基础。"其基调与《增长的极限》形成和弦共振。报告强调地球的自然资源基础正在逐渐衰竭和贫化。针对《公元2000年的地球》的悲观论调，美国未来学者、马里兰大学教授朱利安·林肯·西蒙于1981年发表了《最后的资源》(中译版亦译为《没有极限的增长》)与《资源丰富的地球——驳〈公元2000年的地球〉》两部书与其进行论战，在此姑且不谈其争论孰是孰非，但《公元2000年的地球》反映的地球自然资源正在逐渐衰竭与贫化却是一个不争的事实。

(二)"全球合作""有机增长"思想的倡导

罗马俱乐部另一个影响很大的报告《人类处在转折点》(即《明天的战略》，1974)由美国的米萨诺维克和德国的帕斯托尔联合研究。作者以多层次系统理论的最新发展为基础，将世界划分为十个在政治、经济和环境方面相互依赖、相互作用的地区，对经济、政治、地理、人口、能源、生态等一系列问题，借助于不同国家发展模式的计算机进行分析，既定性又定量地勾勒出了2025年之前人类发展前景。作者认为解决世界发展危机的战略要求世界系统实现有组织的增长，这既是避免地区性甚至全球性灾难的唯一途径，又是控制世界不同地区以不同方式出现的无差异增长的正确方法。与《增长的极限》相比，《人类处在转折点》的特点在于在观察世界时，必须考虑当前在文化、传统与经济发展方面存在的差异，即把世界看做一个由相互影响的地区组成的系统，世界系统不会崩溃，但可能在地区一级发生灾难或崩溃，而且也许远远早于下个世纪中叶，全球问题只有由全球采取一致合力行动才能解决，在解决全球问题时重视全球通力合作是罗马俱乐部第二个报告的重要特点及可资借鉴之处。

此外，罗马俱乐部还发表了《前途如何?》（贝切伊，1974）、《重建国际秩序》（廷伯根，1976）、《摆脱浪费的时代》（D. 加博尔、U. 科伦布，1977）、《人的素质》（贝切伊，1977）、《人的目的》（F. 拉兹罗，1978）、《学习无极限》（J. 波德金、M. 埃尔罗杰拉、M. 马利查，1979）、《未来一百页——罗马俱乐部主席的看法》（贝切伊，1981）、《微电子学与社会》（弗里德里希、沙夫，1982）等一系列综合性研究报告，它们像地球上长鸣的警钟，表达了对人类未来发展的高度忧虑和殷切关怀。

三、国际报告

保护地球、持续生存与发展需广泛的国际合作。许多国际机构与组织都发表了颇具影响的报告从各个层面对其进行论证。代表性的有《只有一个地球》《我们共同的未来》《21 世纪议程》《保护地球——可持续发展战略》（1991）、《公元 2000 年的地球》（1995）、《全球环境展望 2000》（1999）、《全球生物多样性评估》（1995）、《世界资源报告》《世界发展报告》（1990—1996）、《人类发展报告》（1990—1996）、《北方和南方：争取生存的纲领—发展中国家和发达国家经济关系的研究》（1979）、《共同的危机：南北合作争取世界经济的复苏》（1983）等。

（一）《只有一个地球》

《只有一个地球——对一个小小行星的关怀和维护》是为 1972 年斯德哥尔摩联合国第一次人类环境大会准备的非官方报告，但它却起到了基调报告的作用，其许多观点被会议采纳并写入大会通过的《人类环境宣言》。报告认为，自二战以来，"人类正以史无前例的速度和深度，对大自然进行改造。"其结果造成人类生活的双重世界业已失衡并处于潜在的深刻矛盾中。人类何以持续存在？什么样的地球秩序适合人类生存？这是值得现存人们认真反思的问题，生活于不同地区、代表不同利益集团的人们尽管对某些科学事实尚无严重争议，但对现在许多重要技术在社会上的应用却存在着相异的见解与分歧，这正是环境与生活方式多样性的现实表现。报告自始至终把环境与发展结合在一起进行探索。

报告指出，对于地球的精心维护已成为人类继续生存和为全世界人民创造舒适生活必不可少的条件，每个人都应树立起两个家园的意识——祖国和地球，人类在全球发展过程中必须学会明智地管理地球，使地球不仅成为现在适于人类生活而且将来也适于子孙后代居住的场所。报告还指出，建立理想的人类环境，不仅包含保持生态平衡、自然资源的经济管理以及对威胁机体和智力健康的因素的控制，而且还需要给社会集团和个人机会选择各自的生活道路和各自的环境。人类在改造环境，同时环境也在改造人类。正是由于这种不断地反复影响的结果，双方都得以在自然法则下发展各自的特征，因而使人类克服对自然现象的盲目的宿命论。《只有一个地球》是国际合作中一种独特尝试的结果，是世界环境运动史上一份有着重大影响的文献，正如联合国人类环境会议秘书长莫里斯·夫·斯特朗所言，这份报告的最大价值将在于"当人类活动对环境正在产生深远影响的时候，使世界上第一流的专家和思想家们，就人类与其所处的自然环境之间的关系方面，都能准确地表达出他们的知识和主张。"

(二)《我们共同的未来》

20世纪80年代，人类对环境与经济、社会发展间的关系有了更为深刻的认识，相应地促进了环境保护和发展思想方面的突破。1983年联合国第38届大会通过38/161号决议，决定成立世界环境与发展委员会(WCED)；1984年10月以挪威首相布伦特兰夫人(G. H. Brundland)任主席的世界环境与发展委员会正式成立，其主要任务为以"可持续发展"为基本纲领，制订"全球变革日程"。由世界各地环境与发展著名专家组成的委员会经过实地考察、深入研究与充分论证，于1987年完成了《我们共同的未来》报告，并于1987年12月在联大42届大会上通过。

报告将"从一个地球到一个世界"作为其总观点，全文分为"共同的关切""共同的挑战"和"共同的努力"三篇。报告以可持续发展为基本纲领，从保护环境资源、满足当代和后代的需要出发，提出了一系列政策目标与行动计划。报告认为，可持续发展是"既满足当代人的需要，又不对后代人满足其需要的能力构成危害的发展。它包括两个重要的概念：'需要'的概念，尤其是世界上贫困人民的基本需要，应将此放在特别优先的地位来考虑；'限制'的概念，技术状况和社会组织对环境满足眼前和将来需要的能力施加的限制。"这样一个概念便将人类的思维视野作了一个革命性的置换，即以当代人的角度去观察后代人的生存与发展，从而建构出从"当代到后代"的思维模式与价值取向。可持续发展概念也为环境政策与发展战略的统一提供了一个基本框架。

《我们共同的未来》把环境与发展作为一个不可分割的整体加以考虑，强调人类社会的持续发展只有以生态环境和自然资源的持久稳定的支持能力为基础，环境问题只有在社会与经济的持续发展中才能得到解决。其阐述的指导思想是积极的，对各国政府与人民的政策选择具有重要参考价值。它是一份关于人类未来发展的权威性经典文献，它以丰富的资料论述了当今世界环境与发展方面存在的问题并提出了解决这些问题的具体和现实的行动建议，是关于可持续发展的具有国际性的宣言。《我们共同的未来》以鲜明、创新的前瞻观点，把人们从单纯考虑环境保护引导到把环境保护与人类发展切实结合起来，实现了人类有关环境与发展思想之重要飞跃，为各国采取一致行动提供了重要基础。

(三)《保护地球——可持续生存战略》

世界自然保护同盟、世界野生生物基金会与联合国环境规划署等组织于1980年共同发表了《世界自然保护大纲》(*World Conservation Strategy*，以下简称《大纲》)，其主题是为了使发展得以持续，人们必须考虑社会与生态因素以及经济因素，尤其是生物与非生物资源基础。《大纲》的出版引起了广泛的、积极的反响，唤醒了人们对日益遭到破坏的地球生态环境的深度重视和对保护自然环境、合理利用自然资源的高度关注，增强了人们保护大自然的决心和意愿。《保护地球》(*Caring for the Earth*)(1991)是《大纲》的续篇，针对全球环境危机的进一步扩展趋势和人们对环境与发展问题认识的深化做更为深入和全面的论述，报告分为三篇，包括确定可持续社会生存的9项原则、58个行动建议与实施原则将其应用于环境与政策更为普通领域所需的62个额外行动以及关于实施和后续行动。《保护地球》为人类提供了一个新的保护战略——在全世界保护生态环境以实现可持续发展。《保护地球》既有分析又有行动计划，为我们执行政策与必须采取行动提供了一个内容广泛而实际的指南，它是环境与发展领域一部权威性的报告，在实施联合国环境与发展大会中被各国所共同接受的可持续发展战略中，是极具价值的参考资料。

（四）《21 世纪议程》

《21 世纪议程》是联合国环境与发展大会通过的 5 个重要文件之一，其实质是一个广泛的行动计划与行动纲领。全文分为序言、社会与经济方面（第一篇）、促进发展的资源保护和管理（第二篇）、加强主要团体的作用（第三篇）及实施手段（第四篇）等40 章，共 40 余万字。《21 世纪议程》为人类可持续发展提供了一个全球范围的总体框架，为世界各国政府制定本国的可持续发展战略提供了可供参考的方案。它可能是环境领域中最突出、最重要、最有影响力的非约束性文件，虽然不具有法律约束力，但其影响比有约束力的文件更为深刻，有助于引起社会各阶层态度和观念的改变，从而成为世界上大多数地区环境管理的指导性文件。它最重要的影响是"将环境问题的辩论拓展到环境部门和非政府组织之外，为决策者提供了一个联系环境和社会经济问题的出发点。"它反映了环境与发展领域的全球共识与最高级别的政治承诺，提供了全球推进可持续发展的行动准则，为实现《21 世纪议程》的要求，大多数国家都制定了国家环境战略或行动计划，并建立了相关的环境管理机构。

四、剖析绿色发展报告

深入剖析和深度考察绿色经典报告，从《增长的极限》到《中国 21 世纪议程》，从《只有一个地球》到《我们共同的未来》，表达出的一个鲜明主题是人们对发展问题的普遍关注以及对可持续发展终极目标的孜孜以求。

（一）人类发展观的嬗变

回顾人类发展观的演变历程，探求人类认识发展的轨迹，能够帮助我们认识发展的内涵及实质。从发展思想的演进来看，经历了从"注重财富增长"到"注重能力建设"的转变；从发展强调的内容来看，经历了从"一维"发展观（强调经济增长）到"二维"发展观（强调经济与环境相协调发展），再到"三维"发展观（强调经济、社会与环境协调发展），最后到"多维"发展观（强调可持续发展）的变迁；从评判发展的指标来看，目前正在经历着从"GDP"到"绿色 GDP"，再到"扩展的财富"，最后到"可持续发展能力"的演进过程。

1. 以经济增长为中心的"一维"发展观

这是发展经济学早期的发展观，是传统发展观的典型代表。在美国经济学家刘易斯和罗斯托看来，社会发展的基本含义就是经济增长。刘易斯的《经济增长理论》长期被西方学界视为发展问题的经典著作，刘易斯把经济增长问题归为如何提高按人口平均的产值问题，认为资本及其积累是发展的动力；罗斯托自 20 世纪 50 年代起就依据经济增长水平和物质消费水平提出了阐述全球各地区和国家"共同发展规律"的"经济成长阶段论",随后又不断地改进和充实,使其成为国际上有影响的一种全球性发展理论。此外,西方发展经济学还就如何促进经济增长提出了种种模式,代表性的有熊彼特的经济发展论、罗森斯坦—罗丹等的大推进平衡增长论、缪达尔达的经济发展论、库兹涅茨的经济发展论、艾伯特.O.赫希曼的不平衡增长论。代表性模型有哈罗德—多马模型、索洛—斯洛斯长模型、卡尔多增长模型、罗宾逊增长模型等。尽管上述各理论和模型提出了各种不同的具体措施,但它们在一些根本性的问题上观点却是相同的。它们都把社会发展等同于经济增长,把国民生产总值(GNP)的增长作为评判发展的唯一标准,把依靠大量资本与资源的投入作为实现经济增长的手段。固然,在这种发展观指导下,人们创造了历史前所未有的增长奇迹,但许多发展中国家发现在达到经济增长的同时,并没有实现预期的社会发展目标,即只有生产的量的增加而没有和质的提高——社会经济结构、社会状况、政治体制没有明显的进步,取而代之的是资源匮乏、环境污染、社会两极分化、严重的分配不公及政治动荡,人们把这种"只计量人工创造的价值,无法准确地计量自然资源的价值;只计量人造财富的积累,无法去计量经济增长对生态环境造成的破坏;只重视经济总量的增长,而不重视经济结构的变化;只重视人造财富的创造,而不重视人造财富的分配"的只有增长而没有发展的现象称为"没有发展的增长"。

这种忽视不同国家或地区特殊性与差异性,无视发展与增长区别的单纯以经济增长为中心的线性发展观和用 GDP 作为测量一个国家或地区经济发展的标尺缺陷太多,无法真正反映出一个国家或地区的真实发展状况。"一维"发展观的这些局限敦促人们对其反思,新的以"经济增长+社会变革"为中心的"二维"发展观应运而生了。

2. 以"经济增长+社会变革"为中心的"二维"发展观

这种发展观是在肯定增长是发展的基础上,更多地注意到发展中质的变化,强调发展是建立在经济增长基础上的社会多维变化过程。正如德国经济学家 H. W. 辛格所言:"发展是增长加变化,而变化不单在经济上,而且还在社会和文化上,不单在数量上,而且还在质量上。"瑞典发展经济学家缪尔达尔也认为,发展不只是 GDP 的增长,还包括整个经济、文化和社会发展过程的上升运动。影响经济发展的有产量和收入、生产条件、生活水平、工作和生活态度、制度、政策等因素,因而应从质和量上去把握发展问题。

与单纯强调经济增长的"一维"发展观相比,以"经济增长+社会变革"为中心的"二维"发展观对发展的认识更为深刻,它扬弃了单纯追求经济增长的发展理论,厘清了增长与发展的关系,但它同样对"一维"发展观所面临的人与自然的矛盾并未涉足,未能透彻理解发展的系统性特征,仍具有片面性。

3. 以经济、社会与自然协同发展为中心的"三维"发展观

"经济—社会—自然"协同发展观的雏形是美国经济学家 K. E. Boulding 在其专著《宇宙飞船经济观》(1968)中提出的"循环经济"理论;罗马俱乐部的"零增长"理论对

这一发展理念的形成与发展起到了承前启后的作用；联合国第二个发展十年(1970—1980)报告认为，发展已不再是单纯的经济增长，社会制度和社会结构的变迁以及社会福利设施的改善具有同等重要的地位；法国经济学家佩鲁在其专著《新发展观》一书中提出了"整体的""综合的""内生的"新发展理论，为协同发展思想提供了理论基石；中国学者马士骏院士等提出的"自然界—经济—社会"协同演化的生态系统理论，对以"经济—社会—自然"协同发展为中心的"三维"发展观的形成与发展做出了开拓性贡献。

协同发展观强调经济与政治、人与自然的协调，将人与人、人与环境、人与组织、组织与经济的合作视为新的发展主题，把发展诠释为以民族、历史、文化、环境、资源等内在条件为基础，包括经济增长、政治民主、科技水平、文化观念、社会转型、自然协调、生态平衡等各种因素在内的综合发展过程。与发展观演进相适应，世界银行于 1995 年 5 月在《1995 世界发展报告》中首次向全球公布了以"扩展的财富"作为衡量全球或区域发展的新指标。从而使财富概念超越了传统范式。协同发展观强调经济、社会与环境的内在联系与有机统一，强调影响发展的各种因素的综合协调，有其合理性，但它无视后代的发展空间，是其最大的局限性。

4. 以可持续发展能力建设为中心的"多维"发展观

在前述《我们共同的未来》中首次清晰地表述了可持续发展观；以及《里约宣言》与《21 世纪议程》则标志着可持续发展观被全球执不同发展理念的各类国家所普遍接受。"多维"发展观的核心理念是寻求"人与自然之间的协调"和"人与人之间的和谐。"其评判发展的指标是可持续发展能力。这种发展观既是人类对以往走过的发展道路的反思，也是人类对未来发展道路与目标的希冀与预设。

(二)可持续发展之简析

可持续发展有多重含义，它是人类在面临环境问题日益恶化、以至于危及人类自身的生存发展的困境下的醒悟；是对过去不可持续道路的反思；是对未来发展道路的预设和塑造。今天，可持续发展已得到各国朝野的普遍共识与高度重视。

1. 可持续发展理论的形成轨迹

"可持续发展思想"的产生既是人类解决环境问题的必然结果，又是人类文明演进的必经之路；这种观念自古有之而非空穴来风，其形成渊源向前可追溯至古代文明的哲理精华，但它又具有与时俱进的品格，蕴含了现代人类活动的实践和理念。人们习惯上把"可持续发展思想"的直接发端归于国际自然资源保护联合会(ICUN)、世界自然基金会(WWF)、联合国环境规划署(UNEP)共同发表的《世界自然保护大纲》(1980)，因其表达了为使发展得以持续而必须考虑社会与生态及经济因素，考虑生物及非生物资源基础的思想；美国世界观察所所长莱斯特.R.布朗在《建设一个可持续发展的社会》(1981)中首次提出实现可持续发展的三大途径——控制人口增长、保护生态环境、开发再生能源；联合国环境与发展委员会在《我们共同的未来》(1987)中首次准确又严格的界定了"可持续发展"；联合国环发大会(1992)则努力尝试着把"可持续发展"理念根植于世界各个国家和地区，会议通过的《21 世纪议程》就其实质而言是一个可持续发展的实践纲领。

2．可持续发展概念的审视维度

据美国环境学家哈瑞斯统计，全球"可持续发展"的定义已达 113 种。从自然、社会、经济、科技、伦理等维度定义可持续发展是目前学界流行的做法。从自然属性上把可持续发展定义为"保护和加强环境系统的生产和更新能力"（国际生态学联合会、国际生物科学联合会，1991）；从社会属性上把可持续发展定义为"在生存不超出维持生态系统承载能力之情况下，改善人类的生活品质"（世界自然保护同盟、联合国环境规划署、世界野生生物基金会，1991）；从经济属性把可持续发展定义为"不降低环境质量和不破坏世界自然资源基础的经济发展"（世界资源研究所，《世界资源手册（1992—1993）》）；从科技属性把可持续发展定义为"转向更清洁、更有效的技术，尽可能接近'零排放'或'密闭式'工艺方法，以此减少能源和其他自然资源的消耗"（Spath，James Gustave：The Greening of Technology，1989）；从伦理方面定义可持续发展认为其核心是目前决策不应损害后代人维持和改善其生活标准的能力。虽然各种定义见仁见智，但基本上没超出"布伦特兰"定义，问题之关键是"布伦特兰"定义仍有其局限性，主要表现为它是一个哲学色彩很浓的表述，它仅从人与人关系方面定义了可持续发展，没有明确突出人与自然的关系；在人与人的关系中只指出了代际关系（纵向），忽视了当代人之间（横向）的矛盾，更没突出人与自然关系的基础地位；它提出可持续发展目标是满足人的需求，没有突出"以人的发展为中心"这个具有根本意义的问题，更没有提及人的全面自由发展这个终极目标。随着时间的推移和人们认识水平的提高，人们对可持续发展的认识也在进一步深化。目前人们认为可持续发展的中心思想为不断提高人群生活质量和环境承载力的、满足当代人需求又不损害子孙后代满足其需求能力的、满足一个地区或一个国家的人群需求又不损害别的地区或别的国家人群满足其需求能力的发展。它既是实现解决发展的目标，又是实现人赖以生存的自然资源与环境的和谐，使子孙后代能够安居乐业、得以永续发展。

3．可持续发展内涵的基本界定

可持续发展的内涵包括发展和可持续性两方面。发展是指扩展、产生潜力与能力，从一个低级状态到高级状态的改善，它意味着改善和进步。从发展角度看，可持续发展并非要降低发达国家的发展水平，而是要减少贫困、文盲、饥饿、疾病等，缩小贫富差距，以实现真正的公平。可持续性并非一个静态或停滞的状态，而是一个动态的过程，它在经济上、社会上和环境上分别具有不同的含义，分别称其为经济可持续性、社会可持续性和环境可持续性。这三者共同构成了发展的可持续性，它是可持续发展区别于其他概念的一个重要特征。可持续发展观强调环境与经济协调发展，追求人与自然和谐。其核心理念为，健康的经济发展应建立在生态持续能力、社会公正和人民积极参与的自身发展决策基础上。它追求的目标是，既要使人类的各种需求得到满足、个人得到充分发展，又要保护环境，不对后代的生存和发展构成危害。它格外关注各种经济活动的生态合理性，鼓励对环境有利的活动，摒弃对环境有害的活动，倡导将局部利益与整体利益、眼前利益与长远利益结合起来。

4. 可持续发展的实践理念设计

可持续发展不仅是一种理论思维方式，更重要的是一种实践理念。践行可持续发展需要在思想观念层面与社会行为层面并举，创建出一种新的生产方式、消费方式、社会行为规则和发展方式。具体而言，思想观念层面是指一系列基本观念的转变，包括消费观、伦理道德观、价值观、科技观、发展观乃至世界观，这是根本的、深层次上的改变。相对于思想观念的调整而言，行为的调整则具有更具体、更直接的性质，包括政府行为、市场行为和公众行为三个方面。而在可持续发展的实践理念设计层面，问题颇多，既需要人类孜孜以求的探索，也需要人类实践的进一步成熟。

总之，可持续发展以人与自然关系、人与人关系作为研究的两大基础，进而探讨人类活动的时空耦合、人类活动的理性控制、人类活动的效益准则、人与自然的动态演化、人对于环境的控制与改造、人与人之间关系的伦理道德规范，最终达到人与自然之间的高度统一，人与人之间的高度和谐。

第二节　环境保护宣言的发布

全球性生态危机促成了全球范围内各类各级生态环保组织的成立，以思想界大力宣传并确认的生态伦理原则为行动指南，开展各式各样的环保运动。其中最亮丽最夺目的是国际环境会议的召开、国际环境宣言的发表以及绿色公约的缔结等，这些活动及其发表或签署的相关文本因其作用重大已成为世界绿色运动史上富有指导意义的纲领性文献，已经并将继续发挥历史性作用，对整个人类思维方式与行为规范起到了重大引领作用。

20 世纪各国、各地区以及国际组织召开的以环境为主题的会议颇多。被前国家环保局局长、全国人大环境与资源保护委员会主任委员曲格平誉为"人类环境保护史上的三个路标"的国际会议分别是 1972 年斯德哥尔摩人类环境会议，1992 年里约联合国环境与发展大会，2002 年约翰内斯堡可持续发展首脑会议。再加上具有承前启后性质的 1982 召开的内罗毕会议，自 20 世纪 70 年代以来，呈现每 10 年就召开重大国际会议的基本格局。在这些会议上，发表了一系列契合时机、影响深远、震撼心灵的环境保护《宣言》，它们与会议共同构成了生态文明思想资源。它们是《人类环境宣言》《内罗毕宣言》《里约环境与发展宣言》《约翰内斯堡可持续发展宣言》等，这些宣言的发表在实践理念层面上极大地推动了人类的环保进程。

一、人类环境会议与《人类环境宣言》

20 世纪 50 至 60 年代接踵而来的环境公害事件震惊了世界，动摇了人类肆意恣难地球的信念，迫使人们对应该怎样对待自然环境与地球进行反思。1972 年 6 月 5 日至 16 日，联合国召开人类历史上第一次环境会议，来自世界上 113 个国家和地区的 1200

名代表云集瑞典首都斯德哥尔摩，共同讨论环境对人类影响问题。这是人类首次将环境保护纳入世界各国政府与国际政治事务之域。会议宗旨是"取得共同的看法和制定共同的原则以鼓舞世界人民保持和改善人类环境。"大会通过了《人类环境宣言》和《人类环境行动计划》，宣布了 37 个共同观点和 26 项共同原则，呼吁全球行动起来保护环境。会议还通过了由 152 位科学家参与撰写、由芭芭拉·沃德和勒内·杜博斯主编完成的《只有一个地球》的重要报告，宣告了人类对环境传统观念的终结，向世人发出"只有一个地球"的严正呼吁，这振聋发聩的呼声强烈震憾着世界各国的舆论界并赢得了全世界关心人类前途与命运的有识之士的强烈共鸣，达成了人类与环境不可分割的共识。会议的另一项重要成果是通过了《关于机构和资金安排的决议》，决定建立联合国系统第一个专门致力于国际环境事物的机构—联合国环境规划署，在肯尼亚首都内罗毕设立常设的环境秘书处。

在本次会议上发表的《人类环境宣言》由人类对生态环境的 7 项"原则"、26 条"信念"组成。7 项"原则"主要阐述了人类解决全球环境问题的基本指导思想，表达了人类希望使自己和后代在一个较适合人类需要和向往的环境中享受美好生活的愿望。26 条"信念"囊括了人类应享受的环境权利与应尽的环境义务，保护与合理利用地球自然资源的若干要求，如何处理好环境保护与经济发展关系、环境保护的有关措施及建议和开展国际合作正确处理国际环保关系的准则等内容。《人类环境宣言》首次明确了各国对开发其资源的主权权利原则、不得损害其他国家或在国家管辖范围以外地区的环境原则、遵循平等和合作精神解决国际环境冲突原则、国际环境合作原则等一系列原则。其后的国际环境保护无一不受该宣言的影响和鼓舞，更为重要的是，它体现出的将当代人与后代人共同考虑的未来意识与观念对于人类确立科学合理的社会发展观极富启迪与价值意义，鉴于此，一些人称它为"人类社会的福音书。"

斯德哥尔摩人类环境会议作为探讨保护全球环境战略的第一次国际会议，尽管其对整个环境问题的认识还较粗浅、对解决环境问题的途径尚未确定、尤其未能找到问题的根源与责任，但它毕竟唤起了人们对环境问题的觉醒与关注，正式吹响了人类共同合作应对环境问题的号角，从广度和深度上有力推进了各国政府与公众的环境意识。这是人类对严重复杂的环境问题做出的一种清醒与理智的选择，是向采取共同行动保护环境迈出的第一步，因而它是人类环境保护史上的第一座里程碑。世界环境日（6 月 5 日）就是为纪念本次大会的召开和进一步唤起全人类环境意识而设置的。

二、内罗毕会议与《内罗毕宣言》

为纪念斯德哥尔摩人类环境会议举办 10 周年，联合国环境规划署于 1982 年 5 月 10 日至 18 日在肯尼亚首都内罗毕召开由 105 个国家和 49 个国际组织组成的拥有代表 3000 多人的特别会议，总结了人类环境会议以来的工作并对环境出现的新问题规划了以后 10 年的工作，发表了《内罗毕宣言》。

《内罗毕宣言》包括 10 部分内容，总结了过去 10 年间出现的新观念，指出环境、发展、人口与资源间紧密而复杂的相互关系和进行环境管理与评价的必要性。此外，在贫富对环境产生压力、战争对环境造成影响、反对核战争威胁和军备竞赛、跨国界国际行动及发达国家对发展中国家应尽义务方面也提出了许多新观点和各国应共同遵守的新原则。《内罗毕宣言》还在能源合理利用、预防环境破坏、鼓舞公众参与及在全球区域、国家层面为保护与改善环境应承担的国际合作义务方面做出了工作计划。

内罗毕会议在人类环境保护发展史上起到了承前启后的功效，对国际环境法的进展起到了加油站的作用。自会议结束至联合国环境与发展大会 10 年间，签署了 40 多个公约、协定，极大地推进了环境保护全球一体化进程，如把人类环境会议至内罗毕会议 10 年看作是世界环境保护事业繁荣发展期，那么内罗毕会议至联合国环境与发展大会 10 年就是世界环境保护事业向成熟期迈进的一大步。

三、联合国环境与发展大会与《里约环境与发展宣言》

20 世纪 80 年代以来，国际社会对环境的关注热点已由单纯注重环境问题逐步转移至环境与发展关系上来，在此背景下，1992 年 6 月 3 日至 14 日，联合国环境与发展大会（UNCED）亦称"全球环境首脑会议"在巴西里约热内卢举行。共有 183 个国家、17 个联合国机构、33 个政府组织的代表、103 位国家元首和政府首脑与会，会议通过了《里约环境与发展宣言》（又称《地球宪章》）和《21 世纪议程》两个高度凝聚当代人类对可持续发展理论认识深化、结晶的纲领性文件，签定了《生物多样性公约》《气候变化框架公约》和《森林公约》等为今后解决环境与发展问题提供重要文件并奠定坚实基础。此外，首脑会议、"环境论坛"也是联合国环境与发展会议的重要组成部分。会议的宗旨是回顾第一次人类环境会议召开后 20 年来全球环保历程，敦促各国政府与公众采取积极措施，共同保护人类生存环境、推广"可持续发展"观念。会议设定地球宪章、行动计划、公约、财源、技术转让及制度六大议题。虽然在《气候变化框架公约》、技术转让、森林的自然资源开发及贸易等问题上，发展中国家与发达国家存有分歧，但环境保护与经济发展不可分割的理念被广泛接受，"三高"（高生产、高消费、高污染）传统发展模式被否定，搁置多年的南北对话重新启动，并在一些问题上表现出合作诚意。

本次会议通过的《里约环境与发展宣言》主要由人类关于环境与发展问题的 27 条原则构成。它确定了可持续发展的观点，首次在承认发展中国家拥有发展权力的同时，制定环境与发展相结合的方针。《里约环境与发展宣言》对所有地区和国家立法的发展都有重要的影响，是有关环境与发展方面国家与国际行动的指导性文件。

里约环境与发展会议确认了环境保护的全球性质及环境保护与发展的不可分割性，标志着人类对环境与发展的认识提高到一个崭新层次，使可持续发展思想从理论走向实践。敦促各国政府把宽泛的政策目标转化为具体行动，在环境管理上尝试并使用经济、行政和制度相结合的手段。总之，里约环境与发展会议为人类高举可持续发展旗帜，走可持续发展之路发出了总动员，使人类迈出了跨向新文明时代关键性一步，是人类环境与发展史上的一座重要里程碑。

四、约翰内斯堡可持续发展世界首脑会议与《约翰内斯堡可持续发展宣言》

里约环境与发展会议之后，各国政府与各国际组织也纷纷致力于可持续发展，使可持续发展观念逐步深入人心，全民环境意识大大增强，关心与参与环保的有志之士也与日俱增。与此同时，国际社会从总体上对各项环境问题的研究更加深入，各项环境政策措施也日益具体化。尽管环境保护取得了上述积极成果，但全球环境形势依然严峻，"局部好转、整体恶化"仍是全球环境的真实写照，南北之间贫富差距进一步拉大。里约环境与发展会议之后，国际合作进展缓慢。在资金与技术转让、开发利用资源时伴随价值观念的输入，履行环境公约、国际环境管理甚至贸易方面，发达国家与发展中国家都存有矛盾。为纪念人类环境会议 30 周年，里约环发大会 10 周年，进一步推动里约会议所倡导的全球伙伴关系与可持续发展战略的实施，联合国于 2002 年 8 月 26 日至 9 月 4 日在南非约翰内斯堡举行了可持续发展世界首脑会议，有 192 个政府、104 位国家领导、5000 多个非政府组织及 2000 多个媒体组织与会，会议最终通过了《约翰内斯堡可持续发展宣言》和《可持续发展世界首脑会议实施计划》(执行计划)。《执行计划》被认为是关系到未来 10～20 年环境与发展进程走向的路线图，是国际社会在可持续发展领域积极努力的最新结晶，虽其本身不具备法律约束力，但正式文本含有政治乃至道义含义，将对未来环境与发展产生积极影响。其最主要价值在于就促进经济发展的同时保护生态环境发出了行动信号，提出了诸多目标并设立了相应的时间表。

本次会议通过的《约翰内斯堡可持续发展宣言》由 69 条组成，强调世界各国领导人对促进和加强环境保护、社会和经济发展肩负的集体责任和做出的政治承诺；重申里约峰会的原则和全面执行《21 世纪议程》的重要性，欢迎约翰内斯堡承诺对人类基本需求的重视，认识到技术、教育、培训和创造就业的重要性，同意保护和恢复地球的生态一体化系统，强调保护生物多样化和地球上所有生命的自然延续。

约翰内斯堡世界可持续发展首脑会议为我们描绘了未来 10 年的前景，使人类对可持续发展的认识得到了进一步的深化与升华。确认经济发展、社会进步与环境保护相互联系、相互促进、协同共生、不可或缺，是可持续发展的三大支柱。虽然发展方式问题、国际经济秩序问题以及可持续发展国际合作问题没有得到有效地解决，但这些并不有损于历史性意义，对国际社会来说，最重要的是行动，贯彻执行《执行计划》定出的目标，使下一个 10 年中全球环境与发展状况能真正有所改善才是问题之关键所在。

五、洞察环境会议与环保宣言

全球环境会议的召开、环境保护宣言的发布体现了一种生态整体主义思维方式的运作。

整体主义是生态学思维方式的真谛。整体性是生态系统最主要性质和最基本特征，生态系统整体性的观点是生态哲学的根本观点。虽然各种生物在生态系统中有不同的组织层次，但它们并不是孤立的、分割的而是相互联系、相互依赖、相互作用的，是并生共荣关系。美国学者麦茜特曾指出："生态学的前提是自然界所有的东西联系在一起的。它强调自然界相互作用过程是第一位的。所有的部分都与其他部分及整体相互依赖、相互作用。生态共同体的每一部分、每一小环境都与周围生态系统处于动态联系之中……作为一个自然哲学，生态学扎根于有机论——认为宇宙是有机的整体，它的生长发展于其内部的力量，它是结构和功能的统一整体。"德国生态哲学家汉斯·萨克塞也指出："生态学的考察方式是一个很大的进步，它克服了从个体出发的、孤立的思考方法，认识到一切有生命的物体都是某个整体中的一部分。"生态整体主义思维方式是建构于普遍联系基础上的，其本质是双向度、非线性思维方式。它强调系统各部分在其相互作用中被再创造，部分的价值在生态系统层面表现出来，部分的相互作用具有互补性，系统整体大于它的各部分之和。它并非简单地否定部分的利益与价值，而是把部分溶于整体中在更高层次上肯定了部分的存在，是对单向度、线性思维方式的扬弃。

总之，生态整体主义思维方式以尖锐的审视目光、深刻的逻辑分析、深层的哲学反思，利于人们认识到人既栖身于文化共同体同时又栖身于自然共同体之中，一方面人生活于社会中，与他人相互依赖，共同的环境危机需达成共识，以共同合作的方式来解决；另一方面，人还生活于自然中，人的生活依赖于自然生态系统，社会持续发展与自然持续发展密不可分。生态整体主义思维方式还有利于人们从根本上转变传统思维方式与价值观念，启迪人们对人与自然关系做出新的观照和思考，促进人类与自然界的协调相处与和谐发展。

第三节　生态国际公约的缔结

在环境问题上升至世界政治议题以来，各国政府既要制订国内环境政策，又要在国际环境外交领域通过合作与斗争，共同制订相应的国际环境政策以统摄国际间的环境合作。国际环境公约就是国际环境外交的直接产物，它既反映了各种政治、经济利益之间的斗争与妥协，也显示出国际社会力图通过国际合作解决全球问题的努力，同时生态国际公约对全球范围都具有约束作用，在一定程度上体现了生态伦理的内涵，可以将其看是生态伦理在国际公约上的反应。20 世纪国际社会为保护全球环境签署了200 多项环境与资源方面的国际公约。从 20 世纪初至二战结束，签署有关环境资源的公约仅有 3 项(1921 年在日内瓦签署的《关于油漆中使用白铅的公约》、1939 年在伦敦签署的《保护自然环境中动植物公约》、1940 年在华盛顿签署的《西半球自然保护和野生生物保护公约》)，二战结束至第一次人类环境会议召开前涉及环境资源的国际公约有 56 项，第一次人类环境会议至内罗毕会议，共签署国际公约 40 多个，从内罗毕会议至联合国环境与发展会议，签订了 40 多项国际公约、协定。从以上国际公约发展历程可以推断出，国际环境会议是国际环境公约发展的催化剂。

一、天空环保公约

由人类排放的污染物质引起大气微量组分的一些气体浓度发生实质性变化已是不争的事实，在这方面最引人注目的是二氧化碳和臭氧等气体浓度的变化，国际社会也相应地通过了《气候变化框架公约》和《维也纳公约》。

《气候变化框架公约》(1994 年 3 月生效，现有 176 个缔约方)是 1992 年 6 月在里约环境与发展大会上通过的一项包括 21 条原则和 2 个附件的公约。它为国际社会在对付气候变化问题上加强合作提供了法律框架。《公约》直接目标是将大气圈中的温室气候浓度稳定在一个水平上，以防止人类对气候系统的有害干预。但其暗指改变未来投资模式，减排温室气体来对难以通过技术性末端治理技术加以限制，其实质是在能源利用效率与技术不能大幅度提高情况下减少煤、石油等化石燃料的消费作为减少温室气体排放的主要手段。发达国家与发展中国家基于历史、现实以及各自利益不同，在履行公约上分歧很大。最著名的事件便是 1997 年 12 月在日本东京通过了旨在审查《气候变化框架公约》的承诺执行情况并磋商如何采取措施督促已签署的框架公约的《京都议定书》，要求工业化国家在 2008—2012 年间将温室气候排放量在 1990 年基础上减少 5.2%，美国应减少 7%，对发展中国家并未规定任何义务，对此美国拒绝在议定书上签字。全球气候问题是全球问题的焦点之一，事实上围绕气候变化的斗争早已超出"气候""环境"范畴直接涉及国家的发展。这也意味着各国的经济与社会发展、生活方式将受到限制，但体现了国际社会为了持续发展而做出的巨大努力与实际行动。

自南极臭氧洞被发现以来，科学家们通过科学研究很快弄清了造成臭氧层破坏的本质原因，世界各国决策层达成了全球性的保护臭氧层协议，企业界则迅速付诸行动，淘汰破坏臭氧层物质的生产和使用，这体现了人类"决心要保护人类健康和环境使免受臭氧层变化所引起的不利影响。"1985 年 3 月 22 日，由联合国环境署（UNEP）发起并制订了第一部保护臭氧层的国际公约——《维也纳公约》（1988 年 9 月 22 日生效）。《维也纳公约》包括前言、20 条相应规定及 2 个附件，首次在全球范围建立了共同控制臭氧层破坏的一系列原则和方针。1987 年，保护臭氧层的重要历史性文件《蒙特利尔协定书》出台，规定了保护臭氧层受控物质的种类和淘汰时间表；为进一步控制大气臭氧层的损耗，1990 年通过了《议定书》伦敦修正案；1992 年又通过了哥本哈根修正案；这些措施以援助发展中国家逐步淘汰消耗臭氧层物质，相应地受控物质种类再次被扩充。保护臭氧层是人类共同的责任，帮助发展中国家参与保护臭氧层行动等开创了全球保护臭氧层工作的新机制，虽然目前由于资金短缺影响了其进程，但人们对其前景抱乐观态度。关于天空方面的主要国际环保公约见表 12-1。

表 12-1　天空环保主要国际公约一览

公 约 名 称	签约时间	签约地点
关于各国探索和利用外层空间、包括月球和其他天体的活动原则的条约	1967. 1. 27	伦敦、莫斯科、华盛顿
远程越国界空气污染公约	1979. 11. 13	日内瓦
1979 年远程越国界空气污染公约关于长期资助欧洲空气污染远程传送情况监测评价和活动合作方案（欧洲远程空污监评方案）的议定书	1984. 3. 6	日内瓦
保护臭氧层维也纳公约	1985. 3. 22	维也纳
关于消耗臭氧物质的蒙特利尔议定书	1987. 9. 16	蒙特利尔
联合国气候变化框架公约	1992. 6. 4	纽约
京都议定书	1997. 12. 10	东京

二、陆地环保公约

陆地相对于天空、海洋而言是人类最主要的活动区域，人类活动对其影响也最大。目前，许多物种正濒临灭绝，多样性的物种正在减少；湿地面积正在缩减，危险废物和垃圾正在越境扩散与转移……对此，国际社会也出台了相应的国际公约。

《生物多样性公约》（1993年12月29日生效）是1992年6月5日在里约环发会议上通过的重要文件之一。《生物多样性公约》包括序言、42条相关规定与2个附件。其目标"是按照本公约有关条款从事保护生物多样性、持久使用其组成部分以及公平合理分享由利用遗传资源而产生的惠益，实现手段包括遗传资源的适当取得及有关技术的适当转让，但需要顾及对这些资源和技术的一切权利，以及提供适当资金。"生物多样性保护包括两个方面：一是对那些面临灭绝的珍稀濒危物种和生态系统的绝对保护，如就地保护和迁地保护等，二是对数量较大的可开发资源进行可持续的合理利用。

目前全球有害废弃物增速迅速，对环境构成了严重威胁。危险物的越境转移包括有害废物越境转移与有害化学品的国际贸易及异地生产两方面问题。为控制危险废物及其越境转移对人类与环境可能造成的严重损害，1989年3月22日在瑞士通过了《控制危险废物越境转移及其处置巴塞尔公约》（简称《巴塞尔公约》），1995年9月22日在日内瓦通过了《控制危险废物越境转移及其处置巴塞尔公约》修正案。《巴塞尔公约》共29条、6个附件。《巴塞尔公约》把有害废物和非法越境转移视为犯罪行为，承认各缔约国有权禁止有害废物进境与进口，建立预先通知制度和批准制度。同时要求各缔约国根据各自经济、技术及社会能力保证将本国内产生的危险废物及其他废物减至最低限度，保证提供充分的处置设施用以从事危险废物和其他废物的环境无害化处理。但考虑到发展中国家的需要，鼓励各缔约国之间和有关国际组织之间进行合作。

在有害废物越境转移中，发展中国家是主要受害者，禁止或限制有害废物越境转移的《巴塞尔公约》首开防止向发展中国家转移有害废物的先河，尽管其实施遇到许多困难，但随着监控手段与管理有害废物经验的增加，有关机构与法规的完善，发达国家必将履行经济援助与技术转让等方面应承担的义务与责任。关于陆地方面的主要国际环保公约见表12-2。

表 12-2 陆地环保主要国际公约一览

公约名称	签约日期	签约地点
国际鸟类保护公约	1950.10.18	巴黎
国际植物保护公约	1951.12.6	罗马
东南亚及太平洋区植物保护协定	1956.2.27	罗马
南极条约	1959.12.1	华盛顿
关于特别是水禽生境的国际重要湿地公约	1971.2.2	拉姆萨尔
保护世界文化和自然遗产公约	1972.11.16	巴黎

续表

公 约 名 称	签约日期	签约地点
濒危野生动植物物种国际贸易公约	1973.3.3	华盛顿
保护野生动物移栖物种公约	1979.6.23	波恩
国际热带木材协定	1983.11.18	日内瓦
控制危险废物越境转移及其处置巴塞尔公约	1989.3.22	巴塞尔(瑞士)
生物多样性公约	1992.6.5	内罗毕
关于森林问题的原则声明	1992.6.13	里约热内卢
联合国防治荒漠化公约	1994.6.7	巴黎
关于在国际贸易中对某些危险化学品和农药采用事先知情同意程序的鹿特丹公约(PIC公约)	1998.9.11	鹿特丹(荷兰)
关于持久性有机污染物的斯德哥尔摩公约	2000.5.23	斯德哥尔摩

三、海洋环保公约

随着工业化进程与海洋运输业及采油采矿的发展，经由各种途径进入海洋的废水、废物、滥油、有毒化学品与日俱增，超出了海洋自净能力，造成了海洋污染日益严重。对此，联合国签署了一系列海洋环保公约。虽然发达国家与发展中国家、工业大国与中小国家就海洋环境保护公约方面存在着不同的观点和尖锐的矛盾，但加强海洋科学研究，防止、减少与控制海洋环境污染，"从海洋环境出发，建立一个新的、全面的海洋法体制，并在环境条例方面制定有关环境标准的实质规则及有关海洋污染的执行条例"已势在必行了。有关海洋环保主要国际公约见表12-3。

表12-3 海洋环保主要国际公约一览

公 约 名 称	签约日期	签约地点
国际防止海上油污公约	1954.5.21	伦敦
公海生物资源捕捞及保护公约	1958.4.29	日内瓦
海洋捕鱼合作公约	1962.7.28	华沙
国际海洋勘探委员会公约	1964.9.12	哥本哈根
国际油污损害民事责任公约	1969.11.29	布鲁塞尔
防止倾倒废物和其他物质污染海洋公约	1972.12.29	伦敦
国际防止船舶污染公约	1973.11.2	伦敦
关于油类以外物质造成污染时在公海上进行干涉的国际公约	1973.11.8	伦敦
防止陆源海源污染公约	1974.6.4	巴黎
联合国海洋法公约	1982.12.10	蒙特哥湾

此外还有关于核能方面的（《核能损害民事责任维也纳公约》《禁止在大气层、外层空间和水下进行核武器试验条约》等）；区域性海域方面的（《关于莱茵河防止污染国际委员会的协定》《保护东南大西洋生物资源公约》《保护波罗的海区域海洋环境公约》）等其他方面的国际环保公约。

综上，联合国各环境保护公约是国际社会为协调人类与环境关系，保护与改善环境以保护人类健康与保障经济社会持续、稳定而制定并签订的，各公约在调整人类在开发利用、保护改善环境的活动中起到了约束及制约等积极作用，随着科技的发展与资金的到位，各国在承担"共同但有区别的责任"下，必将很好地履行各国际公约，促进人与环境之间的关系更加协调与和谐。

四、探究环保公约

生态国际公约的缔结体现了对公正、公平理念的追求。公正理念是全球合作解决环境问题的基石。对公正可作以下维度的诠释：在自然属性与生物前提层面，倡导种际公正；在社会属性和文化存在层面，推崇人际公正。我们可以从时序谱上和空域谱上对其进行具体的解读。

在自然属性上，人类与其他物种均具有内在价值，均占有一定的生态位，为整体的稳定、美丽与和谐均做出了各自的贡献，故应提倡生物多样性。在这种意义上，人类不具备超越其他物种的优越性，它们是平等的，都是整体中普通的一员。深生态学的创立者阿伦·奈斯曾把"生物中心主义平等"视为生物圈民主的精髓，深生态学倡导"在生物圈中的所有事物都有一种生存与发展的平等权利，有一种在更大的自我实现的范围内达到他自己的个体伸张和自我实现的形式的平等权利。"

人际公正是指不同时代、不同民族、不同性别的利益群体在利用资源、保护生态、维护发展过程中取得权利与义务、贡献与索取、机会与风险、恶行与惩罚、善行与奖赏、作用与地位等等的对应。它主要包括代内公平与代际公平两种。代内公平是一个以时间同一性、空间差异性为向度的人与人之间保持正义性的概念，它要求同一时代的人要公平享用资源，共同保护生态，合理承担责任，公正取得补偿。它是发达国家与发展中国家、富人与穷人在利用资源、承担解决环境问题责任上的公正性。代际公正是一个以空间同一性、时间差异性为维度的当代人与后代人之间行使公正的概念。它要求当代人在进行满足自己需要的发展时，又要维护支持继续发展的生态系统的负荷能力，以满足后代的需要。其实，代际公正与代内公正是一个问题的两个方面，二者互补互济、相谐共振，不可孤立而论。一方面，唯有代际公正的观照才能体现人际公正的完整性，代内公正问题也才能真正有效而恰当地解决；另一方面，唯有代内公正问题的真正解决，代际公正的解决才具有现实基础。代内公正与代际公正在时空交织上的现实体现与国家主体际范围上的扩展便构成了国际公正。如果说代内公正尚包含同一时代不同利益主体间在环境保护中的正义诉求的话，那么国际公正则首先指同一时代不同利益个体、群体之整体代表国家间在处理国际环境问题上的公正性，由于国家利益不但关系该国当代人的发展而且关乎该国后代人的生存，因此国际公正也内在地包容着以国家整体形式体现的代际公正。

总之，时序谱上的公正性与空域谱上的公正性可以通过时空耦合得到全面实现。时序谱与空域谱之间相互联系、相互识别、相互补充。一方面，时序谱的某种缺陷，有可能从空域谱得到启示和补足；另一方面，空域谱的某种缺陷，亦有可能从时序谱中得到启迪与弥补。两者通过时空耦合相辅相成，如同一只飞鸟的双翼，共同支撑着可持续发展理论体系的完善与坚定。

本章小结

本章主要考察了西方生态伦理学的全球实践：绿色报告的发表、环境保护宣言的发布以及生态国际公约的缔结。

绿色经典报告主要分为发展中国家报告、发达国家报告和国际报告三个层面。代表性的发展中国家报告主要有《中国 21 世纪议程》《北京宣言》《非洲环境展望》《加勒比海环境展望》《亚太环境报告》等；发达国家的绿色报告以罗马俱乐部发表的《增长的极限》《人类处在转折点》等系列报告为代表；国家社会的报告则以《只有一个地球》《我们共同的未来》《21 世纪议程》《保护地球——可持续发展战略》等为代表。深入剖析绿色发展报告，其表达出的一个鲜明主题就是人们对发展问题的普遍关注以及对可持续发展终极目标的孜孜以求。

环境保护宣言是在环保会议上发表并具有影响力的。"人类环境保护史上的三个路标"的国际会议分别是 1972 年斯德哥尔摩人类环境会议，1992 年里约联合国环境与发展大会，2002 年约翰内斯堡可持续发展首脑会议，在三次会议上分别发表了《人类环境宣言》《里约环境与发展宣言》《约翰内斯堡可持续发展宣言》，此外，具有承前启后性质的内罗毕会议于 1982 召开并在会上发表了《内罗毕宣言》，深度考察环境保护宣言，其体现了一种生态整体主义思维方式的运作。

20 世纪国际社会为保护全球环境签署了 200 多项环境与资源方面的国际公约。范畴涉及海、陆、空领域，从国际公约发展历程可以推断出，国际环境会议是国际环境公约发展的催化剂，深刻分析生态国际公约，其体现的是对公正、公平理念的追求。

【思考题】

1. 为什么说从《增长的极限》到《中国 21 世纪议程》，从《只有一个地球》到《我们共同的未来》的发表体现了发展观的嬗变？

2.《环境保护公约》的签订体现了哪些国际原则？

3. 怎样理解人际公正？

4. 为什么说《人类环境宣言》是人类环境保护史上的第一座里程碑？

5. 怎样理解生态整体主义思维方式？

【参考文献】

E. F. 舒马赫. 小的是美好的[M]. 虞鸿钧，等译. 北京：商务印书馆，1985.

H. 罗尔斯顿. 哲学走向荒野[M]. 刘耳，等译. 长春：吉林人民出版社，2000.

阿尔贝特·史怀泽. 敬畏生命[M]. 陈泽环，译. 上海：上海社会科学出版社，1992.

艾伦·杜宁. 多少算够？——消费社会与地球的未来[M]. 毕聿，译. 长春：吉林人民出版社，1997.

奥尔多·利奥波德. 沙乡年鉴[M]. 侯文蕙，译. 长春：吉林人民出版社，1997.

巴里·康芒纳. 封闭的循环[M]. 侯文蕙，译. 长春：吉林人民出版社，1997.

芭芭拉·沃德，勒内·杜博斯. 只有一个地球——对一个小小行星的关怀和维护[M].《国外公害丛书》编委会，译校. 长春：吉林人民出版社，1997.

保罗·霍肯，等. 自然资本论[M]. 王乃粒，等译. 上海：上海科普出版社，2000.

陈昌曙. 哲学视野中的可持续发展[M]. 北京：中国社会科学出版社，2000.

丹尼尔. A. 科尔曼. 生态政治：建设一个绿色社会[M]. 梅俊杰，译. 上海：上海译文出版社，2006.

丹尼斯·米都斯. 增长的极限[M]. 李宝恒，译. 长春：吉林人民出版社，1997.

何怀宏. 生态伦理：精神资源与哲学基础[M]. 保定：河北大学出版社，2002.

环境质量委员会，国务院. 公元 2000 年的地球[M]. 郭忠兰，等译. 北京：科技文献出版社，1981.

克里斯托弗·弗莱文，尼古拉斯·莱森. 动力潮[M]. 张康生，阎海，等译. 北京：科学技术文献出版社，1998.

联合国环境规划署. 全球环境展望[M]. 王之佳，等译. 北京：中国环境科学出版社，2000.

米哈依罗·米萨诺维克，爱德华·帕斯托尔. 人类处在转折点[M]. 刘长毅，等译. 北京：中国和平出版社，1987.

世界环境与发展委员会. 我们共同的未来[M]. 王之佳，柯金良，等译. 长春：吉林人民出版社，1997.

万以诚，万岍. 新文明的路标[M]. 长春：吉林人民出版社，1997.

王正平. 环境哲学：环境伦理的跨学科研究[M]. 上海：上海人民出版社，2004.

威廉·福格特. 生存之路[M]. 张子美，译. 北京：商务印书馆，1981.

岳友熙. 生态环境美学[M]. 北京：人民出版社，2007.

曾建平. 自然之思：西方生态伦理思想探究[M]. 北京：中国社会科学出版社，2004.

张岂之. 关于环境问题的历史思考[J]. 史学集刊，2001(3)：5 - 10.

章海荣. 生态伦理与生态美学[M]. 上海：复旦大学出版社，2005.

后　记

　　书中有真义，伦理伴自然。生态当为先，人类存良知。在"一带一路"的国家融入全球化战略兴起及生态环境保护已成社会共识的前提下，着手编写《西方生态伦理学》教材是一件契合中西对话境遇的幸事，也是一件理论创新充满困难与问题的难事。生态环境保护是中国建设生态和谐社会的任务，也是世界进行修复自然空间的事业。夹杂着挑战与希望，面临着危机与出路，生态是地球的，环境是世界的。西方生态环境是世界生态环境的题中应有之义，也是中国生态环境对望与借鉴的对象。

　　生态伦理是由对自然界及人类社会的生态环境的观察和认识而凝炼而成的，它也是人类顺应自然、尊重自然与保护自然的应然之道。在古为今用、洋为中用的思路指导下，以西方生态伦理为思考界域，编撰一部真实而又完整的《西方生态伦理学》教材就成了我们这些环境哲学的教学研究者一个小小的心愿。立足中国，了解西方，认识世界，未来生态保护之路，自然征程漫漫。以西方生态伦理学的有益营养为参考，基于中国情境与中国道路，面对全球气候变化，携手同心"一带一路"，在城乡之间共商共建共享美好环境，在世界的东西南北之间以秩序与正义进行资源的合理分配，以绿色能源促进绿色发展，才能在人口平衡化、资源循环化与环境持存化的格局之中，创建出生态中国与绿色地球的理想愿景。

　　今天，人类对当前生态环境问题的担忧程度如此之重，这恐怕在人类历史上前所未有。虽然环境问题在人类幼年时期也存在，但是人类对生态危机的集体恐惧却是在工业革命之后迅速增长的，对生态危机及环境问题所采取的集体行动也是直到当代社会才成为基本共识，才初步取得了一些成效。毕竟21世纪是人类步入生态文明的世纪，因为饱受环境问题之困的人们正在反思整个社会的运行模式乃至自身的生活方式，并开始付诸保护自然生态环境的行动。在全世界范围内，公民环境权利意识、环境参与自觉稳步提升，环境参与方式日益多样化，生态公民开始在各国家和地区逐渐崛起。随着，全球环境治理行动的推进，政府环境职能的加强，建设生态文明的步伐也随之加快。从中国道路放眼世界境遇，也要回归重新认识生态伦理的观念之路。

　　当代社会，绿色发展已经成为发展观的指导理念，"绿水青山就是金山银山"正在中华大地如火如荼地实践，生态文明建设的四梁八柱逐步构建并完善，一条清晰的中国特色社会主义的生态文明之路正呈现在世人面前。走好这条路既离不开积极有为的绿色科技、绿色生产，也离不开绿色生活、绿色消费，还需要绿色意识、绿色观念。这些实践与理论的要求离不开对生态思想、伦理的认知，离不开健康的生态世界观、伦理观的形成。

　　当前，我们要建设美丽中国，实现中华民族永续发展，一方面要积极挖掘中国传统文化中的生态思想智慧，坚持古为今用；另一方面，也要积极学习借鉴西方生态伦理思想，做到"洋为中用"。然而，在后者我们是欠缺的，必须承认西方发达国家在思辨传统以及环境哲学成效方面的确走在我们之前，这也是社会发展阶段所决定的。因此，对西方生态伦理思想、生态伦理学的系统认知尤为必要，特别是对于大学生这一未来生态文明建设主力军的培养更为迫切。

《西方生态伦理学》这部教材的编撰是因势而新、顺势而为、应时而成。本教材对西方生态伦理学的孕育、诞生、成长、成熟、深入五个阶段进行了详细阐释。具体而言，本教材第一章主要对西方生态伦理学的概念的内涵、起源、发展及特征进行了介绍。第二章，就西方生态伦理学这一分支学科的演进情况及学科特征、必要性与合理性作了详细阐释。第三章，介绍从 18 世纪末到 20 世纪初西方生态伦理学的孕育阶段情况，对这一时期的代表人物杰斐逊的"农业天然道德论"、泰勒的"田园共和主义"、爱默生的《论自然》、梭罗的《瓦尔登湖》，到马什的《人与自然》、约翰·缪尔的自然保护主义与吉福特·平肖的资源保护主义进行了介绍。第四章，介绍 20 世纪初到 20 世纪 50 年代西方生态伦理学的诞生阶段的情况，主要对阿尔贝特·史怀泽"敬畏生命"的理念、利奥波德的大地伦理学、美国第二次环境保护运动思想进行了阐释。第五章，介绍 20 世纪 50 年代到 20 世纪 60 年代末西方生态伦理学的成长阶段情况，主要对蕾切尔？卡逊的《寂静的春天》、保罗·埃利希的《人口炸弹》、怀特的《我们生态危机的历史根源》、哈丁的《公有地的悲剧》中蕴藏的生态伦理思想进行了阐释。第六章，主要介绍 20 世纪 70 年代初到 20 世纪 80 年代末西方生态伦理学的发展阶段情况，选取鲁特莱的《是否需要建立一种新的伦理，或一种生态伦理》、帕斯摩尔的《人对自然的责任》、罗尔斯顿的《哲学走向荒野》以及考利科特的《捍卫大地伦理》等经典著作进行阐释。第七章，主要介绍 20 世纪 90 年代初至 21 世纪初 西方生态伦理学的深入阶段情况，对诺顿的"环境主义者统一体"、卡特尔的"环境政治学"彼德·辛格的动物解放论、汤姆·雷根的动物权利论、保罗·泰勒的尊重自然的生物中心论等进行论述。第八章，主要论述西方生态伦理学从深生态学到社会正义的拓展趋势，主要介绍了纳斯的深生态学、布克金的社会生态学、卡洛琳·麦茜特的生态女性主义。第九章，主要阐述西方生态伦理学的道德困境、观念演化、流派纷争等前沿动态。第十章，主要阐释后果主义、义务论、德性论等西方生态伦理学的理论进路。第十一章，主要介绍西方生态伦理学的伦理自觉、道德结构与未来进路等价值取向。第十二章，主要介绍国际社会所采取的环境保护行动即生态伦理的实践情况。本教材力求系统全面、深入浅出，对西方生态伦理思想做广泛而细致的介绍。希望它能让广大学子认真而又完整地学习、掌握西方生态伦理的精华之处，能够吸取西方生态伦理正确并有价值的因素，并在理论与实践的结合中知行合一。

相信本教材的编写，能让我们更加理解人类的生存发展在 21 世纪绿色变革中所具有的宏大气魄，能让我们更加懂得自然与绿色的"一带一路"在中华民族的伟大复兴中所具有的战略视野。找到生态伦理的西方元素，也善于在中西比较中克服功利化、短期化与狭隘化，走出偏激的区域中心主义与人类中心主义，在生存得到全面满足、发展得到逐步实现的前提下，建构弱的非人类中心主义的观念系统，达成幸福之世界与自然的全面和解，形塑地球生态的系统完善。

长路迢遥，林中有道。感谢本教材顾问委员会所有专家与学者的不吝赐教，感谢所有参与编写本教材的老师与同学的辛勤付出，感谢北京林业大学马克思主义学院领导的关心，感谢中国林业出版社领导与编辑的支持及帮助。在此，要特别感谢编写同仁的不辞辛苦，感谢你们在反复修改、订正中如终保持着耐心、严谨与认真。在此，还要感谢环境哲学界众多关注本教材编写的前辈与学长，是你们的支持与理解，得以让这本教材顺利面世。

而今迈步，征程漫漫。希望本教材能为国内大学本科生与研究生的"西方生态伦理学"及相关课程的学习提供一本有益的教材，为广大读者朋友理解西方生态伦理学的过往与现状创造一个知识的窗口，为学界同仁的环境哲学及生态伦理学研究凝炼一种探索的理论。

艰难困苦，玉汝于成。本教材以西方生态伦理为基点，在诸多章节引用、编写或借鉴了国内外诸多学者的观点与理论。因编写人员多、任务重、时间紧、材料繁杂，有些观点可能在学术界尚存有争议，有些论述可能不够准确，有些观点可能还需商榷。书中所存有的不尽恰当之处，敬请各位读者与专家提出宝贵意见，以便于今后再版时做出更深更细更好的完善。

周国文　黄春桥

2016 年 12 月